当代西方语言哲学翻译与研究

本书为国家社科基金项目
“雷卡纳蒂语言哲学思想研究”
（16BZX071）成果

# 直接指称：从语言到思想

# Direct Reference: From Language to Thought



［法］弗朗索瓦·雷卡纳蒂（François Recanati）/ 著
刘龙根　李金彩 / 译

中国人民大学出版社
·北京·

图书在版编目（CIP）数据

直接指称：从语言到思想 /（法）弗朗索瓦·雷卡纳蒂著；刘龙根，李金彩译 .—北京：中国人民大学出版社，2021. 12

（当代西方语言哲学翻译与研究）

ISBN 978-7-300-30088-7

Ⅰ. ①直… Ⅱ. ①弗… ②刘… ③李… Ⅲ. ①语言哲学-研究 Ⅳ. ① H0-05

中国版本图书馆 CIP 数据核字（2021）第259626号

当代西方语言哲学翻译与研究

直接指称：从语言到思想

［法］弗朗索瓦·雷卡纳蒂（François Recanati）/ 著

刘龙根　李金彩 / 译

Zhijie Zhicheng: Cong Yuyan Dao Sixiang

| | | | |
|---|---|---|---|
| 出版发行 | 中国人民大学出版社 | | |
| 社　址 | 北京中关村大街31号 | 邮政编码 | 100080 |
| 电　话 | 010-62511242（总编室） | | 010-62511770（质管部） |
| | 010-82501766（邮购部） | | 010-62514148（门市部） |
| | 010-62515195（发行公司） | | 010-62515275（盗版举报） |
| 网　址 | http://www.crup.com.cn | | |
| 经　销 | 新华书店 | | |
| 印　刷 | 唐山玺诚印务有限公司 | | |
| 规　格 | 170 mm × 240 mm　16 开本 | 版　次 | 2021年12月第1版 |
| 印　张 | 17.25 | 印　次 | 2021年12月第1次印刷 |
| 字　数 | 360 000 | 定　价 | 65.00 元 |

著作权合同登记号
图字：01-2019-1292 号

# 译者前言

本辑包括《直接指称》、《直接引语与间接引语》与《视角思维》，均为国家社科基金项目“雷卡纳蒂语言哲学思想研究”（16BZX071）成果。原著是雷卡纳蒂教授不同时期具有重要影响的代表作。

雷卡纳蒂教授为欧洲分析哲学学会创始人兼首任主席，是当今国际公认的语言哲学（语境论）的代表人物，现为欧洲科学院院士和美国人文与科学院外籍院士、法兰西公学院首位语言哲学与心智哲学特聘讲席教授，曾在哈佛大学等多所世界著名高校任教；担任多种国际期刊编委；已在多个世界著名出版社出版专著十余部、发表高被引论文一百余篇，目前担任麻省理工学院（MIT）出版社和牛津大学出版社两套书系总主编。

几十年来，雷卡纳蒂不啻对一系列经典哲学论题做出了独特的理论阐释，而且独创或改造了许多哲学概念，为当代语言哲学与心智哲学研究增添了活力。系统研究雷卡纳蒂的哲学思想，不仅有助于消解甚或解决语言哲学中的一些重大难题，而且有利于促进语言哲学的长足发展。

本辑所含三本译著的英文原作皆由国际知名出版社出版，在国际学界具有重要影响，均为**首次**译介到我国。

**《直接指称》**为雷卡纳蒂早期语言哲学研究的经典之作。全书分为两编，第一编论述语言与思想中的直接指称。雷卡纳蒂在其多层面意义理论框架中，探索将直接指称性表达式同诸如祈使语气这种标指成分一起定义为“标指成分”的可能性。雷卡纳蒂反驳了以认知意谓做出的传统“弗雷格式”质疑，为直接指称论与单称命题论做出了辩护。本书第二编论述直接指称语用学。在直接指称论中，语用学理论的作用非同寻常。尤其是格赖斯会话含义理论，更是经常用于阐释唐纳伦的指称性 / 归属性区分以及规避模糊信念转述所引起的困难。雷卡纳蒂对这种通常的做法提出了质疑。他认为，这样地诉诸含义理论所基于的假设是错误的。雷卡纳蒂就语用学及其同语义学的关系做出了总体思考，并且对他看作关于指称性 / 归属性区分和信念转述恰当的语用学路径进行了系统阐述。

**《直接引语与间接引语》**原书由麻省理工学院出版社出版，专题研究元表征。按照元表征论，话语与思想因表征事态而具有内容。事态包含实体，实体具有特性且与其他实体结成关系。如此藉由语言或心理表征的实体包括语言表征与心理表征本身。通过语言表征或心理表征，人们可以谈论或思考自己的或他人的言语与思想。雷卡纳蒂区分两种表征，即一位表征（或“对象表征”）与元表征。并且强调，一位表征并非绝对，而只是相对的。雷卡纳蒂坚持认为，用以元表征的元表达式是“语义上清白的”。在元表征的语境中复制时，对象表征保留自己的内容。然而，假如出现元表征性时，成分句的语义性质就会发生变化。由于语境转变，内嵌句的内容就会与句子单独地理解时所具有的内容不同。本书后半部分对语境转变做出了系统分析。这些分析同直接引语的分析紧密联系。正是由于元表征内嵌能力及其所基于的自反性模拟能力是人类认知的重要特征，自然语言中内在于许多引语现象的语境转变过程最终依赖于另一种重要的认知能力，即顺从能力，这一能力在学习与理论建构过程中起着举足轻重的作用。

**《视角思维》**原书由牛津大学出版社出版。雷卡纳蒂在本书中首先区分内容的两个层面，即“所言”与完整的奥斯汀式命题。这个框架最显见的应用是分析语言与思维中的时态。关于这种分析方式及其诉诸的“时间命题”概念，存在富有影响的权威性异议，作者讨论并驳斥了这些异议。他探讨了指示性视为境况相对性之特例的可能性，将句子类型的语言意义归于“所言”一边，将话语语境归于情境一边。

在此基础上，雷卡纳蒂转向心智哲学阐释，介绍并讨论了塞尔的方式 / 内容区分，论述方式决定评价情境；就感知与事件记忆的情形而言，内容或所言是时间命题。之后，作者通过关于免犯误识谬误的讨论以表明，这一现象提供了优先应用其理论框架的恰当领域。“免犯误识谬误”表征隐性涉我思想，与包含显性自我识别的思想相对。隐性涉我思想包含一个“主观”视角，包含显性自我识别的思想中则缺乏这个视角。

在翻译上述著作的过程中，译者不仅力求译文忠实通顺，而且为汉语增添了新的语言哲学概念表达。这三部译著面世后，预期能够与业已出版的雷卡纳蒂的其他几部专著的中译本一起，有力地助推我国哲学界对当代语境论代表人物雷卡纳蒂的语言哲学思想的了解，促进我国语言（分析）哲学研究者与国际学界的互动与对话，进而推动我国语言哲学与心智哲学研究的长足发展。

本辑译著的如期出版，承蒙中国人民大学出版社的鼎力支持与全力相助，译者对此深表谢忱！限于译者水平与能力，译著中纰漏舛误在所难免，诚望学界方家与广大读者不吝斧正！

**译者**

2021 年 12 月

# 前言

我对直接指称理论的研究工作始于牛津大学，在那里我作为英国文化协会学者度过了 1978—1979 学术年。我当时深受以下事实触动，即克里普克未能成功地为名称与描述语之间的语义区分提供令人满意的表征，而名称与描述语的区分是《命名与必然性》的主要论题之一。正像克里普克自己所承认的那样，严格性概念太弱，不能起到这个作用。卡普兰的“直接指称表达式”的概念强于克里普克严格指称语的概念。此外，卡普兰提出的关于指示语的两层分析法，看来对应于表达式类型的语义性质与该表达式例型的语义性质之间的重要区分——这个区分我感到格外重要；其理由在于，将直接指称词项（名称或指示语）同描述语区分开来是直接指称词项作为表达式*类型*必须具备的一种性质。因此，我转向卡普兰的研究，并且试图在我先前关于言语行为论研究中阐发的多层意义理论中（Recanati，1979，1981b，1987b），不仅吸纳克里普克的洞见，而且借鉴卡普兰的洞见。这样做的结果相当令人鼓舞。结果证明，将直接指称词项同诸如祈使语气这种标指成分一起定义为“标指成分”是可能的。正像祈使语气标指正在实施某种言语行为那样，直接指称词项标指出现在话语中的真值条件是单称性的。在这种理论框架中，直接指称词项（作为表达式类型）的区别性特性是这些词项作为语言意义一部分所传达的某个特征：即 REF 特征。

我的下一个步骤是为直接指称与单称命题论做出辩护，反驳以认知意谓做出的传统“弗雷格式”质疑。通常的辩护基于由话语表达的命题同与之相关联的完整思想之间的新罗素式区分。这引起了我对涉物思想——一个有趣的论题——的研究。在这个领域，我从加雷思·埃文斯和约翰·佩里的开拓性研究中学到了许多东西。我发现他们两人的观点惊人地相似。（总的说来，所谓的新弗雷格派与新罗素派之间的差异被严重地夸大了。）

人们经常将直接指称论理解为这样的观点，即某些语言表达式无须任何诸如表达式的“意义”或者表达式所表达的“概念”这样的中介实体，而直接同事物相联系（例如参见 Devitt，1989）。这不是我的观点。我认为直接指称表达式具有不同于其指称的意义，并且同某种概念相联系。我根本不否认直接指称中包含“呈现方式”，而是认为在直接指称中，*两*种呈现方式同时发挥作用：（1）语言呈现方式，属于直接指称表达式的意义；（2）心理呈现方式，属于相关联的思想。

按照我的理解，直接指称性不是缺少某种本来存在的东西（呈现方式），而是存在某种更多的东西（阻止呈现方式进入话语或相关联思想之真值条件的一个特征）。直接指称表达式的意义包括一个特定的语义特征 REF，以极其相同的方式存在着一个涉物概念的内在特征——对应于直接指称表达式的思想成分——这个内在特征将其与“描述性”概念区分开来；使直接指称成为直接的，不是没有出现呈现方式的所谓事实，而是有关特征将所出现的呈现方式过滤掉，使之成为同真值条件无关的这个事实。

本书后半部分论述语用学问题。语用学，尤其是格赖斯会话含义理论，在直接指称论中起着重要作用：这个理论通常用于处理唐纳伦的指称性 / 归属性区分以及避免模糊信念转述所引起的困难。但是，这样地诉诸含义理论基于错误的假设。在本书后半部分，我提供关于语用学及其同语义学关系的总体思考，并且做出我看作关于指称性 / 归属性区分和信念转述的恰当的语用学论述。我藉以阐释有定描述语指称性用法的语用机制结果证明极其重要，因为这个机制呈现了在涉物交际中发挥作用的根本过程：即“提喻”过程，藉由这个过程，诸如同语言表达式常规性地相关联的描述性概念能够代表涉物概念（信念档案）；描述性概念则属于涉物概念的内容。

我在本书中利用了以前发表的论文中的材料。我要感谢《心智与语言》、《哲学研究》和《努斯》的编辑与出版商允许我这样做。

本书包含的许多观点 1982 年至 1988 年间曾在巴黎的“星期五小组”会议上宣讲。参加者包括丹尼尔·安德勒、斯科特·艾特兰、迪克·卡特、吉勒·福科尼耶、皮埃尔·雅各布与达恩·斯珀伯。特别要向福科尼耶、雅各布和斯珀伯致谢。四次系列讲座基于本书先前的几稿：两次分别于 1980—1981 年和 1989 年在巴黎高等社会科学研究院所做；一次于 1988 年在利物浦和谢菲尔德所做，一次于 1990 年在日内瓦所做。感谢许多听我讲座的人，尤其要感谢马克·萨克斯，我同他在利物浦进行了数次富有启迪的讨论；特别感谢埃罗斯·科拉扎和杰尔姆·多基卡，他们在日内瓦听了我的讲座，就本书第一编先前的一稿给我寄来了意见。我十分感谢伯努瓦·科尔尼利耶多年里提出的批评意见。我还在同迈克·哈尼什、保罗·霍里奇、保罗·凯、斯蒂芬·尼尔、杰夫·农贝格和查尔斯·特拉维斯等所做的许多哲学与语言学会话中获益。像科尔尼利耶那样，雅克·布弗雷斯、琼–图森特·德桑蒂、奥斯瓦尔德·杜克罗特和吉勒斯·格兰杰在 1990 年 6 月我的“国家博士”答辩期间，对本书的先前一稿提出了意见。我很高兴地向他们表示谢忱（尤其是感谢杜克罗特，他在许多方面影响了我）。我也要感谢加布里埃拉·艾伦蒂、印加·布林克、罗宾·卡斯顿、罗伯托·卡萨蒂、赫克托·卡斯塔涅达、弗朗索瓦·克莱芒、马丁·戴维斯、史蒂文·戴维斯、马克·多米尼西、琼–

皮埃尔·迪皮伊、帕斯卡尔·恩格尔、杰里·福多尔、加里·盖茨、阿贝尔·葛欣费尔德、萨姆·格滕普兰、杰里·卡茨、露丝·肯普森、萨姆·克尔斯坦、查尔斯·拉莫尔、皮埃尔·利韦、布赖恩·洛尔、阿黛尔·默西埃、迈克尔·莫里斯、凯文·马利根、杰茜卡·里斯金、艾伯特·纽温、克里斯托弗·皮科克、菲利普·佩蒂特、尤艾勒·普鲁斯特、斯蒂芬·希弗、约翰·塞尔、朱莉娅·塔内、马塞尔·维劳墨、戴尔德丽·威尔逊、安德鲁·伍德菲尔德、理查德·朱伯以及我的朋友那索夫、我在巴黎高等社会科学研究院的学生和我在应用认识论研究中心的同事。

约翰·佩里通过其著述对我的思想产生了极大的影响，我从他 1992 年学术休假期间我们在应用认识论研究中心的谈话中受益匪浅。我感谢他同我进行的这些讨论，感谢他对本书终稿前的一个版本提出的意见。也感谢肯特·巴赫对本书终稿提出的广泛而有用的意见。

我在约翰·麦基的指导下开始阐发自己关于这些论题的思想，他的帮助对我大有裨益。同时，我聆听了埃文斯的讲座。埃文斯和麦基都在我离开牛津后不久辞世。谨以此书表达对他们的缅怀。

弗朗索瓦·雷卡纳蒂

# 目录

## 第一编　语言与思想中的直接指称

## I.2 从语言到思想



## I.3 涉物思想

## 第二编 直接指称语用学



### II.1 方法论初介

## II.2 指称性/归属性区分



## II.3 信念转述

第一编

# 语言与思想中的直接指称

# 绪 论

单称词项或单称词项的使用如何才能在强式意义上（即“纯粹地”或“直接地”）为指称性的呢？[1]这是我在本书中试图回答的总的问题。当前在哲学研究文献中流行的关于指称性的直觉（很大程度上是隐喻性的）概念从下面这组陈述中浮现出来：

> （直接）指称性词项是仅仅用于指称的词项。至少在下述意义上，这个词项空无描述内容，即该词项对出现其中的句子所表达的命题做出的贡献不是概念，而是客体。这样一个句子用于就所指称的客体断言，该客体属于句子谓项表达式所表达的概念。专名与指示语被认为在这种意义上是指称性的；有定描述语尽管不是内在地指称性的，却具有指称性用法。

当代哲学中存在这样一种观点，这是毫无疑问的。但是，许多哲学家对这个观点没有好感。我猜想出现这种状况有两种原因。其一，他们认为，指称性的直觉概念太模糊，而且是过于隐喻性的，因而没有什么用处；其二，即使假定从上述那组陈述中真的出现确定的观点，他们认为这个观点也会遭到不可等闲视之的种种质疑。我并不接受这个悲观的看法。我在本书中的目的之一就是要表明，这个观点可以令人满意地界定，而假定的种种质疑也可以一一消除。

我将从提供一种将直接指称看作*语言*现象的理论入手。在讨论这个理论时，我将关注“类型–指称性”，亦即，指称性作为表达式类型之语义性质。[2]结果将证明，思想中存在类似特征：涉物思想包括构成成分，即涉物概念，这些概念以自己的方式是“指称性的”。涉物思想的性质及其同包含指称性词项之话语语义性质的关系，属于将研究的主要论题。

---

1 贯穿整本书，我将把“指称性的”和“指称性”用作“直接指称性的”和“直接指称性”的简略形式。

2 指称性*用法*（“例型–指称性”）将在本书第二编论述。

# I.1 涉物交际

第1章

## 直接指称与语言意义：规定的严格性

### 1.1 导言

在本章中，我将主要关注对“指称性”的定义。通常认为，专名和指示语具有这一性质，相反，有定描述语则不具备这个性质。[1] 我将从严格性这个与指称性相联系的概念出发；这个概念由索尔·克里普克引入哲学文献。谈论“该”严格性概念或许有点误导，因为正如我将试图表明的那样，在这个名目之下，存在三种不同的概念，这三个概念均源于克里普克将严格指称语作为在所有可能世界中指称相同客体之指称语这种表征。这三种不同概念是：涉及辖域的严格性、涉及真值条件的指称性以及作为（纯粹或直接）指称性的严格性。最后这个概念最为有趣，我将集中探讨这个概念。但是，这一概念特别难以用非隐喻性的话语表征。本章的任务就是要提供这样一个表征。

### 1.2 严格性与辖域

这样，让我们从“严格性”的第一个涵义入手。许多人提出，严格指称语只不过是在模态语境中（始终）采取宽式辖域的指称语。他们为什么这样认为呢？由于克里普克将严格指称语表征为在所有可能世界中指称相同客体的指称语，克里普克在其著述中有些地方表达了这个观点；他说道，无论我们用之谈论实际事态还是

[1] 尽管描述语可以按指称的方式*使用*（第 15 章），但认为这一对照依然成立。据称将专名和指示语同有定描述语区分开来的那种指称性是表达式*类型*的性质，不应与表达式使用中可能具有的类似性质相混淆。前一种性质我称作“类型–指称性”，后一种则称作“例型–指称性”。基于我想要为之辩护并加以阐发的那种观点，同有定描述语相反，专名和指示语为类型指称性的，而有定描述语只能是例型指称性的。尽管这样，在类型层面出现的名称与描述语的对照，可以在例型层面在有定描述语的指称性用法与归属性用法之间发现。本章将要建构的理论框架正是旨在揭示这个普遍性对照。

谈论某种反事实情况，严格指称语都指称同一个事物（Kripke，1971：145；1980：77）。这样，当指称语——比如，有定描述语——在模态语句（即，在用以谈论可能世界的语句）中采取宽式辖域时，与其出现在用于描述实际世界的句子中时确实指称相同的客体。例如，在下面的句（1）中，描述语“法国总统”在给予宽式辖域时，指称现实世界中担任法国总统的那个人，即使整个句子描述一个反事实情况。因此，看来描述语在采取宽式辖域时，严格地指称。基于这种观点，专名与有定描述语之间的区别只不过在于，同有定描述语相反，专名在模态语境中*始终*采取宽式辖域。[1] 这就是为何句（1）是歧义的，而句（2）则不存在歧义：

（1）法国总统曾经可能个儿很高。

（2）密特朗曾经可能个儿很高。

句（1）或者意谓法国曾经可能拥有一个个儿很高的人（而不是密特朗）做总统，或者意谓密特朗本人曾经可能个儿很高。根据这第二种“严格的”理解，现实世界中符合这个描述的个体据说在某个可能世界中个儿很高，而在第一种理解中，在某个可能世界——比方说，*w*——个儿高的性质归赋给在 *w*（而非在现实世界）中符合该描述的个体。根据该描述语是否处于模态算子的辖域内，其指称对象（即符合该描述的个体）或者在现实世界得到鉴别，或者在由模态算子引入的可能世界中得到鉴别。句（2）所包含的是一个专名而不是描述语。就这个句子而论，则不存在上述这种辖域歧义。

然而，关于严格性的这个观点是误导的。正如克里普克自己（在其 1980 年的书稿的前言中）所表明的那样，严格性不只是辖域问题，也不能简约为辖域问题。你不能说指称语是严格的，当且仅当该指称语在模态语境中（始终）采取宽式辖域，这样的观点使严格性这一概念仅仅与模态语境相关联，而严格 / 非严格的区分普遍地适用于指称语，甚至当它们出现在像（3）和（4）的简单句中时也是如此：

（3）密特朗个儿小。

（4）法国总统个儿小。

句（3）和（4）同句（1）和（2）一样，提供了很好的证据证明，同“法国总统”相反，“密特朗”严格地指称其指称对象。为了明白这一点，比较一下这两个句子的真值条件。句（3）相对于世界 *w* 成真，当且仅当在 *w*，密特朗个儿小。在这个实例中，存在这样一个唯一的个体 x，从而对于任何世界 *w*，这个句子相对于 *w* 成真，当且仅当 x 在 *w* 个儿小。但是，不存在这样一个个体，从而对于任何世界 *w*，句（4）相对于 *w* 成真，当且仅当那个个体在 *w* 个儿小；在吉斯卡尔是法国总统的世界中，吉斯卡尔个儿小使（4）成真，而在希拉克担任总统的世界中，（4）的成真性依赖于希

[1] 例如，参见布罗迪（1977：69）和德维特（1981：213）。（“严格指称语与非严格指称语的区别只不过是模态语境中名称与描述语不同作用的*名目*”）。还可参见克雷斯韦尔（1985：154）。

拉克个儿小的事实。（4）的真值条件中没有包括特定的个体：（4）相对于一个世界成真，当且仅当在那个世界中存在这样一个个体 x，从而 x 既是总统又个儿小。但是，相对于所有可能世界，这一个体不一定都是同一个人。另一方面，就（3）而言，其个儿小的特性会使句子成真的个体在所有可能世界中都是同一个。因此，我们再次看到严格 / 非严格的区别，这次是在简单句的层面上看到这个区别。在这个层面上，不会出现辖域歧义。正如克里普克所言，严格性理论“是关于包括*简单*句的*所有*句子（所表达命题）相对于反事实情景之真值条件的学说”（Kripke，1980：12）。

克里普克的回答在此结束了。但是，也许可能再进一步，从刚才所说的话推断，（1）中的描述语不仅在采取窄式辖域时，而且在处于模态算子辖域之外时，非严格地指称。描述语在非严格地指称时，（1）所说的是，在现实世界中是法国总统的那个人在某个其他的可能世界中个儿高。[1]（自此往下，我将把（1）的这个理解称作（1a）。）然而，这个人未加具体确定，不一定就是密特朗。毕竟，这个句子并没有告诉我们假定哪个世界起着“现实世界”的作用：相对任何世界 $w$，“现实世界”将正是世界 $w$。[2] 现在假定在世界 $w_1$ 中，吉斯卡尔而不是密特朗当选了总统。相对于 $w_1$，（1a）成真，当且仅当在某个不是 $w_1$ 的可能世界中吉斯卡尔个儿高。同理，相对于*希拉克*当选总统的世界 $w_2$，（1a）成真，当且仅当在某个不是 $w_2$ 的可能世界中，希拉克个儿高。当然，在我们的现实世界中，密特朗是总统。相对于这个世界，（1a）成真，当且仅当密特朗在另外某个可能世界个儿高。因此，我们看到，（1）中的描述语即使在采取宽式辖域时，也是非严格地指称的；其原因在于，不存在这种唯一的个体 x，从而相对于任何世界 $w$，（1a）成真，当且仅当 x 在不是 $w$ 的另外某个可能世界中个儿高。当然，（1）为我们提供了两个不同的世界，其中的一个世界起着“现实”世界的作用；采取宽式辖域的描述语意谓其指称对象应当在“现实”世界中鉴别，尽管句子用于描述另一个可能世界。但这不足以使该描述语成为严格指称性的；因为每个世界相对于本身都是现实世界，从而依然可能只是通过改变评价句子所针对的世界，来改变描述语的指称。据此推论，即使规定某个有定描述语在模态语境中始终采取最大辖域，这个描述语仍然不可能算作严格指称语。[3]

---

1　我说“在*另外*某个可能世界中”，因为我假定像“本可能是这样的情形……”这种话语是反事实性的，蕴含不是那样的情形……当然，（至少在某个理解中）这个假设是富有争议的，但在此并不涉及这个问题。我的论证并不依赖于这一点。

2　这可能看上去像是刘易斯的现实指示语理论，因而不太符合克里普克精神。但事实上，我提出的主张只不过相当于彼得·范·英瓦根在其评现实指示语理论的论文中所说的“弱式理论”，他认为这种理论平凡地正确（Inwagen，1980：410–412）。另一方面，我认为人们若不接受世界是话语境况的观点，从而不接受类似于刘易斯对应理论的话，就无法拒斥即使宽式辖域描述语也是非严格性指称语这个主张（参见 Inwagen，1980：416–417）。在此，我无法详述这一点。

3　斯蒂芬·希弗（1977：31）阐述了类似的观点。他引入了算子“*”，将有定描述语转换成在所出现其中的每个句子里具有最大辖域的描述语，并且强调由“或许可能的情形是 *1976 年的美国总统是一位离经叛道的贵格会教徒”所表达的命题在某个可能世界成真，当且仅当*在那个世界上任何人 1976 年担任美国总统*如此，即他或她或许可能是一位离经叛道的贵格会教徒。

## 1.3 严格性与指称性

按照克里普克的观点，严格性涉及真值条件：说某个指称语是严格的，就是说存在一个这样的个体，从而相对于每个反事实情景，任何包含该指称语的句子之真值条件就涉及有关的个体。这个观点是由克里斯托弗·皮科克首次明确提出的。他提供了以下定义（Peacocke，1975：110）：

（R）*t*（在既没有歧义也没有指示语的语言 *L* 中）是一个严格指称语，当且仅当：

存在这样一个客体 x，从而对于任何 *t* 出现其中的句子 *G(t)*，*G(t)* 成真（成假）的条件如此，即＜ x ＞（分别地）满足（不能满足）*G()*。[1]

皮科克声称，标准（R）揭示了罗素的观点，即有时单称词项的指称对象是该词项出现其中的句子所表达命题之成分。究其原因，假如根据标准（R），指表客体 x 的词项 *t* 是一个严格指称语，那么，任何句子 *G(t)* 将成真，当且仅当 x 满足 *G()*。换言之，客体 x 与性质 *G()* 一起是句子真值条件的成分。因此，严格指称语贡献给句子真值条件的是所指称的客体本身，而不是某个客体为了作为指称对象而必须具有的性质。

罗素的观点是关于纯粹指称性词项（即仅用于指称的词项）的观点。正如下面这段文章所表明的那样，皮科克实际上将（R）意义上的严格性等同于指称性：

严格指称的这个标准可以看作……仅为以各种方式表达的一个观点的更加明确的表述，诸如，一个词项“只是用于……指称其对象”（奎因）、“为”某个个体“贴上标签”（马科斯），或者一般而言，某个表达式“用于使……个体能够成为话语的主题”（密尔）；专名在我们所说的意义上是严格指称语，这个观点看来是对安斯科姆女士下面这句话的自然阐释，即专名“正是藉由代表名称的拥有者对句子意义做出贡献的”。（Peacocke，1975：111）

将严格性这样地等同于指称性是与克里普克坚持专名的“密尔”性质一脉相承的。克里普克将专名看作严格指称的范例。密尔说道，专名“附于客体本身，而不依赖于……客体的任何属性”（Mill，1947：20）。按照克里普克的观点，专名的功能正是独立于客体可能具有的性质而指称客体，以便使人们甚至能够在相对于客体不具有这些性质的可能世界中指称*这个客体*。在克里普克看来，名称与其指称的联系是“规定性的”而非“定性的”。

然而，同关于严格性的宽式辖域观一样，将（（R）意义上的）严格性等同于密尔式指称性也是一种糊涂的观点。指称性被认为将专名与至少作非指称性用法的有定描述语区分开来。不过，一些有定描述语是严格的，满足标准（R）。例如，在所

[1] 信念语境显然构成了质疑诸如下面的（R）或（RR）标准的依据。关于信念语境及其对直接指称理论造成的问题，参见第 17—20 章。

有可能世界中，像“27 的立方根”这个数学描述语都指称 3，因为“3 是 27 的立方根”必然地成真。“27 的立方根”的严格性可以使用标准（R）在真值条件层面上加以检验：对于以“27 的立方根是 F”（这里的“F”代表谓词）这个形式出现的任何句子 S，存在一个客体 x，即 3 这样一个数，从而相对于任何可能世界，S 成真，当且仅当 x 满足谓词的要求。因为不存在这样一个世界，在该世界中，3 不是 27 的立方根，或者一个不是 3 的数是 27 的立方根。所以，下面这两种说法都是无用的，即，S 若要成真，x 也必须是 27 的立方根，或者另外某个既是 27 的立方根又是 F 的数也会证实这个句子。

像任何描述语一样，“27 的立方根”这个描述语指称具有所“包含”性质的客体，即作为 x 这样一个数的性质，从而 $x^3 = 27$。描述语与其指称对象的联系在克里普克的意义上是典型地“定性的”。若说该描述语“附于客体本身，并且不依赖于客体的任何属性”，那肯定会是十分怪异的。描述语的指称是所表达概念的函项，这个概念是描述语对它出现其中的句子所表达命题做出的贡献。为了更加深刻地理解这一点，考虑一下该描述语的归属性用法：“27 的立方根，无论是什么，是 F”。由这个句子表达的命题显然不是一个“单称命题”，包含一个客体和性质 F。没有人会愿意说，尽管这里的描述语是严格的，但却是指称性的。

克里普克自己在《命名与必然性》中指出了严格性与指称性的不同。他指出，即使当有关的描述语用于“确定名称的指称”时，严格的有定描述语与专名之间也存在一种差异：

> π 假定为一个圆的圆周与其直径的比率。可是，这是某种我仅有某种模糊直觉为之论证的东西：这里在我看来，这个希腊字母不是用作“一个圆的圆周与其直径的比率”的*简略形式*……而是用作一个真实数字的*名称*……注意，在此“π”和“一个圆的圆周与其直径的比率”都是严格指称语……（Kripke，1980：60）

克里普克心中直觉上的差异是，“π”作为一个名称是纯指称性的，而严格有定描述语“一个圆的圆周与其直径的比率”则不是纯指称性的。

当然，指称性与严格性之间存在一种联系：指称性*隐含*严格性。指称性词项是“*规定性地*”严格的；用密尔的术语来说，指称性词项“附于客体本身”，独立于客体的性质，因而不可能不在所有可能世界中指标同一个客体。其原因在于，从一个世界到另一个世界发生变化的不是客体本身（其同一性），而只是其（偶然的）性质。相反，数学描述语——或者就此而论，任何本质性描述语——唯有“*根据事实*”才是严格性的：像任何描述语那样，数学描述语指表属于某个概念的客体；但是在这种情形下，概念恰巧在所有可能世界中符合同一个客体。[1]

[1] 严格性不同种类（或两种来源）之间的区别可以在文献中各处找到，*最具权威性的来源*是卡普兰论指示词语的著名专著（Kaplan，1989a）；“根据事实与根据规定”的术语来自克里普克：参见克里普克（1980）第 21 页上的注释。

问题在于，在（R）意义上的严格性是充分界定的概念，而指称性则不然。说某个指称性词项指称客体“本身”，这究竟意谓什么？一种理解方式是说，一个指称性词项是完全缺乏描述内容的词项；正如克里普克所说，这个词项与其指称对象的联系纯粹是规定性的。但这种理解过强，因为在这方面并非所有指称性词项都像专名那样：[1] 像“这张桌子”的指示性表达式或像“我”“你”这样的代词显然具有某种描述内容。指称性词项并非全然空无描述内容，而实际情形是，这种词项贡献给所表达命题的是它指称的对象，却不是这个对象所属的概念（即使在某个层面，该词项确实表达这样一个概念）。但是，这并不能像皮科克所认为的那样，可以藉由标准（R）做出解释：确实，假如某个词项是指称性的，就存在这样一个客体，任何包含这个词项的句子之真值条件就包括这个客体。但这个标准太弱，因为该标准表征所有严格表达式，包括严格描述语，而没有人想把严格描述语归类于指称性表达式（至少就其归属性用法而言如此）。

## 1.4 洛克伍德标准

对于指称性这个问题，手头显见的一个解决办法如下。让我们区分话语的真值条件与其表达的命题。藉由这个区分，就可能相对于仅仅的严格性而定义指称性。严格的表达式是这样一个表达式，任何包含该表达式的句子的真值条件包括某个客体，这符合标准（R）的要求。相反，假如表达式是指称性的，就存在这样一个客体，不仅真值条件包括该客体，而且*所表达的命题*也包括这个客体。

不同的哲学家坚持认为，为了理解指称性词项出现其中之话语所表达的命题，就必须了解指称哪个客体；必须鉴别指称对象。[2]（例如，参见 Evans，1982）这提供了一种涵义，藉此涵义，所表达的命题包括指称的客体本身，而不只是包括该客体所属的概念。假如词项为非指称性的，所表达的命题仅仅包括某个概念；假如词项*根据事实*是严格的，这个概念碰巧在所有可能世界中符合同一个客体。但是，对于理解命题而言，鉴别有关的客体并非必需的。正如洛克伍德（1975：488）所言：

> 可以说，听话者充分理解［由“408 的立方”这个数大于行星的个数］所表达的命题，这同他能否懂得 408 的立方是什么完全无关，或者即使他错误地认为那（比方说）是 48 914 012 也无妨。然而，就起指称作用的词项而言，能够正确鉴别其指称对象看来是理解藉此做出什么断言的先决条件。

“408 的立方”作为严格描述语，有一个指称对象，即 67 917 302 这个数，从而任何包含这个描述语的句子之真值条件包括该对象：相对于任何可能世界，“408

---

[1] 假定同指示语相反，专名没有意谓。这个问题将在第 8 章中探讨。

[2] 这项要求将在第 2 章 2.5 节探讨。

的立方是F”成真，当且仅当67 917 302是F。但是，所说的这个数字在下述意义上不是句子表达命题的一部分；即，人们可以理解说出这个句子所表达的所言，而不需要鉴别所指称的数字——因此，不需要懂得这个句子成真，当且仅当那个数是F。作为所表达命题之一部分的，是“408的立方”这个概念，而非属于这个概念的数字。

问题在于，在这个阶段，我们尚不确切知道与话语真值条件相对的“所表达的命题”意谓什么。[1]然而，这并不十分要紧。像我刚才使用的所表达的命题这个概念实质上是同关于理解这个概念相联系的。举足轻重的正是指称性与理解之间的联系。“27的立方根”严格地指称3这个数字。但是，我们即使不知道这个描述语指称什么数字，也能够理解这个描述语；另一方面，指称性词项是这样的词项，为了理解该词项出现其中的话语，人们必须知道（在“知道哪一个”的某种意义上，这将在恰当的时刻详解）这个词项所指称的对象。

迈克尔·洛克伍德藉由理解提出了指称性的定义，旨在揭示指称性与严格性之间的联系与差异。按照洛克伍德标准（的简化版）：[2]

> （RR）词项 *t* 是指称性的，当且仅当存在这样一个客体x，从而：
> （i）话语 *G(t)* 成真，当且仅当x满足 *G()*；
> （ii）为了理解话语，就必须知道这个话语成真，当且仅当x满足 *G()*。

在这个框架中，指称性词项是严格指称语（这正是第（i）条的题中之意），但却是非常特殊的一种严格指称语：它是这样一种严格指称语，即，为了理解这个词项出现其中的话语，就必须知道该词项严格地指称一个客体，并且知道它严格地指称哪个客体（这是第（ii）的要义）。[3]更加准确地说，根据（RR），理解话语包括对指称的涉物了解：这包括就某个客体而言，知道话语成真，当且仅当这个客体满足谓词的要求。（这意味着为了理解话语，人们必须形成涉物思想。关于涉物思想，参见第6—7章。）

我想保留洛克伍德关于指称性基本性质的洞见。然而，（RR）如其所是并不令人满意。按照（RR），理解一个带有指称性词项的话语包括识别该词项的指称。这意味着指称对象实际存在。确实，许多哲学家认为，假如指称性词项的指称对象不存在，就不存在任何要“理解”的东西,因为并没有表达任何命题。这一点我并不想做出争辩。然而，我的想法是，指称的鉴别并非*指称性*的必要条件：某个词项很可能是指称性的，而且听话者也将之理解为指称性的，但其指称对象却没有得到鉴别。要理解“拉尔夫·巴尼拉是一个侏儒”这句话，就涉及了解谁是拉尔夫·巴尼拉。但是，理解这个*句子*仅仅包括了解这个表达式是指称性的、了解存在一个个体，为了理解说出这个句子的话语必须鉴别这一个体。当然，（RR）并没有提出将鉴别指称对象作为指

[1] 关于这个区别的详述，参见第2.1节。

[2] 参见洛克伍德（1975：485）。类似的观点由雷卡纳蒂（1981a：627-628）提出。

[3] 注意，（由于“知道”是一个事实性动词）第二条蕴含第一条。因此，这个定义可以重新表述为只保留第二条。

称性的必要条件;但提出，指称对象的存在是理解带有指称性词项之话语的必要条件，这也是词项成为指称性的一个必要条件。根据（RR），某个词项是指称性的，*仅当存在这样一个客体*，从而理解话语就涉及鉴别这个客体。但是，这样的要求太严苛了：即使不存在这样一个客体，词项依然可以是指称性的。“拉尔夫·巴尼拉”这个词项为指称性的，并且也理解为指称性的，即使由于某种原因这个词项没有指称——即使拉尔夫·巴尼拉不存在。在这方面，“指称性词项”这个范畴与“专名”的范畴并无二致:“拉尔夫·巴尼拉”在语言上是一个专名，即使由于某种原因，没有人叫这个名字。(若指称性词项的指称对象不存在，就没有所表达的命题。正是这个观点，意味着即使不存在指称对象，某个词项仍可以是指称性的；否则，没有指称对象的指称性词项这个概念就是自相矛盾的。)

洛克伍德意在以某种类似（RR）的东西不是作为词项指称性的定义，而是作为词项使用之指称性的定义。拥有这样一个指称性使用之概念可能确实是有用的;藉此，某个词项“指称性地使用”，仅当存在所指称的对象。但是，我们假如对下述两方面的语义区别感兴趣（一方面是专名和指示性表达式；另一方面是有定描述语。前者是指称性的，而后者是非指称性的），就需要一个指称性概念（称之为“类型–指称性”），这个概念并不依赖于诸如词项指称对象存在与否的语言外因素。因此，我们必须对上述定义相应地做出修正。[1]

## 1.5 类型–指称性

当话语 $G(t)$ 中的词项 $t$ 是一个严格指称语时，就存在这样一个客体，从而该话语成真，当且仅当这个客体满足谓词 $G()$。在这样的实例中，我将认为该话语的真值条件是*单称真值条件*。我想，藉由这个概念，(类型–)指称性便可以用相当直接的方式加以定义。然而，首先，我必须就句子意义讲几句。我将类型–指称性理解为某些表达式——指称性词项——语言意义的特征；既然表达式的语言意义是表达式对出现其中的句子之语言意义的贡献，就一般性句子意义论述几句也许会有助益。

从言语行为论的视角看（Searle，1969；Bach & Harnish，1979；Recanati，1987b），句子意义实质上是其“施事行为潜势”；句子意义在于表明句子可以用于实施的施事行为。通常认为，施事行为具有两个成分：语力与语义内容，或者——在一种稍微不同的理论框架中——一种满足（例如,成真性或服从）与一组满足条件（例如，真值条件或服从条件）。[2] 因此，句子意义在于表明言语行为条件与类型。(当然，

[1] 当然，这个定义也必须加以修正，以便能将指示性考虑在内。同（R）与（RR）相反，下面的（TR）不仅适用于非指示性表达式，而且适用于指示语。至于词项使用的指称性（“例型–指称性”），将在第15章加以探讨。

[2] “满足”在此用于塞尔的意义，而非密尔的意义：成真性和服从是两种特定的“满足”类型；真值条件与服从条件是不同形式的“满足条件”。每当说*一句话语*或*言语行为*“得到满足”时，“得到满足”就用于这个意思。(注意，在下面的表达程式中，“存在这样一个客体 $x$，从而话语得到满足，当且仅当 $x$ 满足 $G()$”，“满足”以两种不同方式使用。)

句子意义只与假定说话者“直接”实施的行为相联系，而不与说话者可能间接实施的行为相联系。）毋庸赘言，这些句子标示手段是不充分的，“语境”提供了所实施之言语行为的进一步线索。我承认，这一阐释过于简单化了，但对于眼下的目的却足以奏效。

句子的某些部分——所谓施事语力标示成分，例如，祈使语气——标示言语行为的满足类型：这些成分标示该话语假定*成真*、*得到服从*，等等。其他一些成分帮助标示话语的满足条件；这些成分部分地描述这样的事态，即，话语得到满足，当且仅当这种事态成立。于是，我提出，有些词项——那些类型-指称性词项——具体标示话语的真值条件或者更加普遍地说其满足条件是单称的。[1] 我对类型-指称性的定义如下：

> （TR）一个词项是（类型-）指称性的，当且仅当该词项的语言意义包括一个称作“REF”的特征；藉此特征，这个词项标示它出现其中的话语之真值条件（更加普遍地说，满足条件）是单称的。

话语 *G(t)* 的真值条件是单称的，当且仅当存在这样一个客体 *x*，从而话语成真，当且仅当 x 满足 *G( )*。因此，如果词项 *t* 是指称性的，其意义就包括一个特征，藉此特征，词项标示存在这样一个客体 x，从而 *G(t)* 的话语成真，或更加普遍地说得到满足，当且仅当 x 满足 *G( )*。

特征 REF 并不穷尽指称性词项的意义。正如我在上文所说，有些指称性表达式并不完全空无描述内容；这些表达式拥有一种特征，洛尔称之为“指称限定成分”、埃文斯称作“指称特征”、卡普兰称之为“系统意义”。诸如“这张桌子”或代词“你”这种指称性表达式某种程度上以这样的方式表征其指称，从而指称对象可以在语境中得到鉴别（指在附近凸显的桌子，或者指听话者）。回忆一下，当词项是指称性的时候，对话语的理解就包括鉴别该词项的指称。听话者在鉴别指称对象时，借助于指称性词项的意义。至少在有些情形下，指称性词项（藉由特征 REF）不仅标示*存在*这样一个客体，从而话语成真，当且仅当该客体具有某种性质；而且这个词项还标示该客体*如何*能够得到鉴别。换言之，作为其意义的一部分，指称性词项除了包括特征 REF 之外，还包括指称对象的呈现方式。既由于特征 REF，又由于呈现方式，句子 *G(t)*——其中 *t* 是指称性词项——标示：

> 存在这样一个客体 x，是 F（= 呈现方式），从而话语得到满足，当且仅当 *x* 满足 *G( )*。

例如，“这张桌子是 G”标示在附近有这样一张凸现的桌子，从而这句话成真，当且仅当这张桌子是 G；“你是 G”标示有这样一个人，这句话是对这个人说的，从

[1] 当非指称性表达式（如，有定描述语）用作指称时，语境而非句子标示（意指的）话语满足条件是单称的。这就是所称的“例型-指称性”。

而这句话成真，当且仅当这个人是G，等等。在所有这些实例中，同指称性词项相关联的“呈现方式”使得某个客体在语境中可以得到鉴别，而且话语呈现为得到满足的，当且仅当这个客体具有句中谓词所表达的性质。[1, 2]

尽管这是词项意义的一部分，因而也是词项出现其中的句子之意义的一部分，指称的呈现方式却不是话语所表达命题的一部分。在我的理论框架中，话语所表达的命题是*话语呈现自己所具有的满足条件*。[3] 考虑一下“α是G”这个句子，其中“α”是一个指称性词项，其意义包括指称对象的某种呈现方式；说出这个句子的话语意谓，存在一个客体x，这个客体具有某种性质F（=呈现方式），从而该话语得到满足，当且仅当x是G。换言之，该话语将自己呈现为真，当且仅当（在语境中鉴别的）某个客体x是G。若要存在话语表达的确定命题，就必须存在确定的真值条件，话语呈现自己具有这个确定的真值条件；而且这预设在语境中为“x”赋予了特定的值。例如，假定话语语境中凸显的客体α具有这样的性质F，从而可以合理地归赋给说话者以这样一种意向，即述谓该客体具有性质G。在这个语境中，话语将自己呈现为“真，当且仅当*赋予‘x’以特定的值*时，x是G”：话语呈现自己为真，当且仅当α是G。因此，话语表达命题α是G——一个“单称”命题，客体α（而非概念F）作为命题的成分。[4] 概念F——呈现方式——帮助听话者理解哪一个客体是这样的，从而话语

---

[1] 正如达恩·斯珀伯不断向我指出的那样，也许可以认为，在第一个实例中，相关的客体是一张桌子这个事实是话语真值条件的一部分，而不只是帮助听话者掌握真值条件的语境线索。（相反，有关的人是听话者这个事实却不是“你是G”的真值条件的一部分。）这也许是因为“桌子”是一个种类概念，为客体个体化所必需。参见下面的注2。

[2] 正如我前面（第6页注1）所说，出现的问题是，究竟是所有指称性词项拥有相关联的呈现方式，还是某些指称表达式（即，专名）没有呈现方式。在第8—9章，我将为下述观点做出论辩，即，像普通指示语那样，专名也有相关联的呈现方式，藉由这个方式，包含专名“NN”的句子G(NN)标示：*存在一个叫作“NN”的客体x，从而话语成真，当且仅当x满足G( )。*

专名的这一理论受到克里普克的抨击，我觉得他的论述并不可信；第9章将对这一点做出更多阐述。注意，这里使用的“呈现方式”的概念是语言学概念，而非心理学概念。指称性词项的语言意义传达指称对象的某种呈现方式。但是，这个呈现方式未必与话语表达的*思想*中指称的客体之呈现方式相同。（我说的“思想”并不意指所表达的“命题”——很快就会加以定义——而是指所谓“命题态度”的对象。在任何直接指称理论中，必须仔细将所表达的命题同态度的对象区分开来——这里称作思想。参见第2.4节。）例如，同代词“我”相关联，存在两种呈现方式：从语言的视角，将指称对象呈现为“说话者”（或某种类似的东西），而同所表达的思想相关的概念是“自我”的概念（或某种类似的东西）。这两种呈现方式的区别将在第4章深入探讨。

[3] 参见第2章第2.1节。这样，我们就可以区分由“27的立方根是F”所表达的命题与“3是F”所表达的命题：两个句子具有相同的真值条件——两者皆成真，当且仅当3是F——但只有第二个句子呈现自己成真，当且仅当3是F。只有第二个句子传达了表示存在这样一个x，从而句子成真，当且仅当x是F。这是区分严格的“27的立方根”和指称性的“3”之基础。

[4] 这一点应当加以限定。通常认为，单称命题包括“客体本身”，而非指称对象所属的单称概念：但是根本不存在那种独立于任何鉴别方式的“赤裸”客体。正如吉奇所指出的那样，同一性是*种类依赖的*。客体只能按照某种同一性标准才能个体化——这条标准告诉我们必须在什么情况下某物才能与该客体为*同一个事物*。可是，根据我们所谈论的客体种类，存在各种同一性标准。将水个体化的标准与将河流个

得到满足，当且仅当该客体具有某种性质 G。但是，该客体满足呈现方式却不是话语将自己呈现为具有的满足条件的一部分，不是所表达命题的一部分——只有实际地鉴别了有关的客体，才能把握该命题。我认为，以这种方式，我们就揭示了（纯粹或者直接）指称性的直觉概念。

## 1.6　指称性、意义与心理学

像皮科克和克里普克那样，我以真值条件定义严格性（区别于同辖域相联系的假严格性）：严格指称语如此，即，该指称语出现其中之话语的真值条件是单称性的。我设法进了一步，将指称性定义为一种元严格性——作为意义中反映出的严格性。指称性词项标示话语的真值条件是单称性的；该指称性词项标示存在这样一个客体，从而它出现其中的话语 *G(t)* 成真，当且仅当 *x* 满足谓词 *G( )*。因此，指称性词项是标明自身之严格性的指称语。

直接指称的这种研究路径之特点在于，我将“意义”概念看作原初概念。某个表达式被认为是类型-指称性的，当且仅当该表达式（作为表达式类型）的意义包括某个特征。我只是对顺带提到的例型-指称性同样以话语的意义（而非表达式类型的意义）做出定义。话语意义的概念也是我刚才用于表征话语所表达“命题”（尤其是包含指称性表达式之话语所表达的单称命题）的概念。

有些哲学家也许极想争辩，说我的分析正是由于利用了意义概念，因而是毫无价值的。我想到的质疑如下所述：

> 分析旨在将比较成问题的概念简约为不那么成问题的概念。可以认为，“命题内容”的概念较之真值条件的概念更成问题，指称性概念较之严格性概念更成问题；使命题内容或严格性概念更成问题的是因为这两个概念是更加“意向性的”——更加接近“意义”这一典型的意向性概念。因此，设法以真值条件分析命题概念，或者以严格性分析指称性，这样做是合理的。这种分析不能通过直接简约进行。究其原因，正如这一章所表明的那样，命题内容不只是可能

（续前注）体化的标准不同；将人个体化的标准与将一般性物质客体个体化的标准不同；将黏土块个体化的标准同将雕像个体化的标准不同，等等。正如吉奇所言，“事物的同一性始终在于其作为同一个X，如，同一个男人”（Geach，1957：69）。同一性蕴含相同性，相同性“没有价值，除非我们说或意谓‘同一个X’，其中‘X’代表一个普遍词项……不存在任何只是‘相同’这样的东西”（Geach，1957：69）。因此，假如不具体确定所谈论客体的*种类*，谈论客体本身就没有任何意义。据此推论，单称命题并非强式意义上的“单称”；在这个强式意义上包括的“客体”独立于其作为桌子、雕像、人、物质客体等的分类。这些命题只是在弱式意义上是单称的，即，这些命题包括*分了类的客体*（如，桌子或人），独立于这些客体可能拥有并且可能用于鉴别它们的进一步的偶然性质。（大卫・威金斯新造了“种类依赖性”这个表达式，以区分同一性的这个性质与一个更强的性质，即，同一性之相对性。吉奇提出，同一性是相对的。与其相反，威金斯只接受一种弱式主张，即同一性是种类依赖的。参见吉奇（1957）和（1962）以及威金斯（1980）。

> 世界真值条件的问题，指称性也不只是可能世界指称的问题。要对从单称真值条件到真值命题这一步骤，或者从严格性到指称性这一步做出阐释，就必须增加某个额外的因素。这个额外的因素正是本章提出的这种分析旨在确定的。但是，这种分析结果证明是没有价值的，因为我诉诸的额外因素（即，意义）较之要分析的概念却是更具“意向性的”，因而也是更成问题的。

这个质疑引起了若干问题，这些问题我不打算在此讨论。第一个问题涉及分析的简约观。正如彼得·斯特劳森所指出的（Strawson，1985，第2章），这种分析观不是唯一可能的观点。第二个问题关涉一种自然主义的理想，即通过将意向性概念简约为非意向性概念而抛弃意向性概念。这个理想同分析的简约观一样富有争议。不过，再说一次，我不打算讨论这些一般性问题。相反，我将通过澄明自己的目标是什么，以对这种质疑做出回应。

我想当然地接受“意义”概念，实际上我想当然地接受当代语言学家和语言哲学家在论述语义学和语用学现象时所运用的整个机制，因为我将直接指称本身看作这样一个现象。我认为，语言中有一类表达式是直接指称性的；并且认为，这类表达式具有的区别性特性必须运用语言学（或语言哲学——就语义学和语用学而言，我并不认为语言学与语言哲学这两个学科有什么不同）的资源加以表征。这并不蕴含着我认为语义学与语用学特性是“不可简约的”，无论那可能意谓什么。我像格赖斯（1989）一样认为，意义属性最终应当藉由心理学特性做出分析；句子意义应当藉由话语意义加以分析；话语意义藉由交际行为分析；交际行为藉由意向和其他心理状态分析。于是，问题出现了，我们如何阐释心理状态？像话语一样，心理状态具有内容。心理状态能够藉由非意向话语分析吗？这是一个有趣的问题，但同我眼下的目的无关。意向性最终能否摒弃，这个问题不需要在此考虑，因为我关心的只是在局部层面上的一个局部性问题：我们如何在语言学–语用学理论框架内阐释直接指称？

于是，直接指称研究必须牢固地根植于语言研究与语言使用研究；可以利用语义学和语用学中能够获得的任何概念资源，当然包括意义（句子意义、话语意义，等等）概念。然而，根植于语言学并不意味着直接指称研究与心理学相脱离。首先，格赖斯坚持认为，意义研究本身根植于心理学，因为意义性质最终可以通过心理学性质分析。其次，带有意义的话语用于交流思想；在研究意义和交际的语用学路径中，不能忽略话语同与其对应的思想之间的联系（参见第3.3节）。因此，在第1.4节，我接受了洛克伍德–埃文斯主张，即，理解含有指称性词项的话语包括形成关于指称对象的涉物思想。据此，任何人若要阐述关于直接指称的理论，就必须开展涉物思想研究。本书大量篇幅将专注于这项研究。

语义学与心理学之间的关系这个问题，实际上将我们引入第2、3章的主题。直接指称研究近来成为两队哲学家的战场。这两队哲学家可以方便地称为新罗素学派与新弗雷格学派。新弗雷格派经常用来反驳新罗素派的一个论断是，新罗素理论因其“单称命题”包括指称对象但缺乏指称对象呈现方式，而不具有心理学上的可信性。下面是这个论述的一种版本：

> 新罗素理论在处理*话语*的语义性质时可能有用。但是，就心理学而言，这个理论存在严重不足。（言语中可能存在某种类似直接指称的东西，但是除了在某种“呈现方式”下，否则我们不能思*考*客体。我们也许可以断言单称命题，但我们无法*相信*单称命题：倘若不是*在某种呈现方式下*就某个客体相信什么，我无法就该客体相信某种东西。）相反，新弗雷格派的理论既在语义学上又在心理学上是充分的。弗雷格“思想”——包括新弗雷格派的“涉物思想”——是语义实体，受到认知的制约，而单称命题则不受这种制约。可是，我们话语的语义性质衍生于这些话语表达的思想的语义性质。相对于语言性质，心理性质具有第一性，这就将相应的第一性赋予弗雷格理论，而非罗素理论——这个第一性在下述析取中显现出来：我们要么必须放弃单称命题，用新弗雷格的涉物概念取代之；要么必须通过将单称命题简约为弗雷格思想的*方面*（或简约为弗雷格思想的等值类型）而使这些命题在心理学上受到尊重。

诉诸我提到的直接指称的语言学研究与心理学的第一种联系，即，话语的意义性质最终应当按照格赖斯路线，用心理学话语分析，就可以反驳上面这个论断。由于这些联系，我们可以给予心理学之于语言学的第一性，而不接受弗雷格思想之于罗素单称命题的第一性。让我们假定，从语义学 / 语用学的观点看，罗素学派的单称命题是合理而有用的概念。*作为*语义性质，话语表达的单称命题将必须是可以简约为复杂格赖斯式意向的某个方面，*而且这将足以使之成为在心理学上受到尊重的*；没有必要将由话语 $u$ 表达的单称命题简约为也是由 $u$ 表达的弗雷格思想的一个方面。这并不意味着我想采用单称命题的新罗素概念，而不采用涉物思想的新弗雷格概念。我将在第 3 章论证，在不仅阐述话语表达的思想，而且阐述话语意义性质本身的完整的（最终为心理学的）理论中，我们既需要新弗雷格涉物思想，又需要新罗素单称命题。

第2章

# 单称命题与单称思想

## 2.1 真值条件、意义与命题内容

在这一节里，我想阐明在第 1 章做出的在话语的语言意义、其（可能世界）真值条件，与所表达的命题之间的区别。让我们先从所表达的命题与话语的真值条件之间的区别入手。正如众人熟知的那样，话语理解包括识别话语的真值条件。然而，为了理解话语，不一定需要“绝对”地识别话语的真值条件：情况很可能是：(i) 话语成真，当且仅当某些条件 P 成立；(ii) 听话者理解话语；然而 (iii) 听话者没有认识到，话语成真，当且仅当 P。例如，“27 的立方根是奇数”成真，当且仅当 3 是奇数，然而，理解话语的听话者可能不知道事实是这样。理解话语的听话者必须*以某种呈现方式*了解其真值条件；但他或许不能、也不需要能够以另一种呈现方式认识这个真值条件。

为了理解话语，就必须以某种呈现方式识别真值条件；这种呈现方式依赖于话语的意义。话语藉由其语言意义标示真值条件；话语以某种方式呈现其真值条件。例如，直接指称性词项传达一个语义特征 REF，藉由此特征这些词项标示它们出现其中的话语之真值条件是单称性的；这些词项标示存在这样一个客体（单称词项的指称对象），从而话语成真，当且仅当该客体符合谓词。话语的意义提供了达致真值条件的“通途”。为了理解话语，听话者所必须把握的不是其*普遍的*真值条件，而是*如其话语本身所呈现的*真值条件。我把这——如其话语本身所呈现的真值条件——称作所表达的命题。因此，“27 的立方根是奇数”这句话将自己呈现为成真，当且仅当存在这样一个数 x，从而 $x^3 = 27$，而且 x 是奇数；因此，所表达的命题是（普遍性）命题，即存在这样一个数 x，从而 $x^3 = 27$，而且 x 是奇数。这句话表达这个命题，而不是“3 是奇数”这个（单称）命题，因为它并没有将自己呈现为成真，当且仅当 3 是奇数——尽管这确实成真，当且仅当 3 是奇数。这句话没有将其真值条件呈现为单称性的，没有呈现为包含某个特定客体（在这个实例中，指一个特定数字）；相反，它将真值条件呈现为普遍性的，包含某个概念（27 的立方根这个概念）。[1]

所表达的命题与真值条件之间的区别提供了区分严格性与直接指称性（或者规定严格性）的基础。假如句子“α 是 G”中的主语项“α”是严格的，话语的真值条件就是单称性的——包括 α 的指称作为话语的一个成分：存在这样一个客体 x，从而

[1] 我在此只考虑有定描述语的所谓“归属性”用法。“指称性”用法将在第 15 章中探讨。

话语成真，当且仅当x是G。假如“α”是直接指称性词项，话语将其真值条件呈现为单称性的：“α”为直接指称性词项的话语“α是G”意谓，存在客体$x$，该客体具有某种性质F（= 呈现方式），从而该话语成真，当且仅当x是G。假如这样一个客体实际上可以在语境中识别，话语就表达命题该客体是G。这是一个“单称的”命题,包含“α”的指称和由谓词“G”表达的性质。一个直接指称性词项出现在话语中，由这个话语表达的命题包括该词项的指称作为其成分。这正像一个严格指称语出现在话语中、该话语的真值条件包括该指称语作为其成分一样。

话语语言意义与所表达命题之间的区分同所表达命题与真值条件之间的区分同样重要。话语的意义是影响真值条件的一组标示，或者包括这组标示。这些标示提供达致真值条件的通途。为了把握所表达的命题，基于句子提供的标示以识别话语的真值条件既是必要的，又是充分的。究其原因，所表达的命题是在由句子意义限定的呈现方式下话语所具有的真值条件。但是，可能理解这些标示，而没有实际地把握真值条件。基于句子提供的标示去把握真值条件，这是在语境中完成的——不啻包括仅仅理解句子意义。再次考虑一下话语“α是G”，其中“α”是一个直接指称性词项。人们如果理解这句话语的语言意谓，即，理解存在这样一个客体$x$（拥有某种性质F），从而话语成真，当且仅当x是G，那么，就是在弱式意义上“理解”了这句话。但是，若要在较强的意义上理解这句话，即理解所表达的命题，就必须在语境中识别客体x，从而话语成真，当且仅当该客体是G。第一个层面的理解对应于句子类型的理解，所说出的是该类型的一个例型；第二个层面对应于理解说出例型所表达的所言。

话语真值条件与话语表达的命题之区分能够使我们定义直接指称性，以此与仅仅的严格性相对立。第二种区别，即句子意义与所表达命题之间的区分，使我们能够认识到某些词项为直接指称性的。这些词项远非空无意义，显然传达了其指称对象的某种呈现方式。在我的理论框架中，像“我”或者“这张桌子”这样的词项是直接指称性的，然而，这些词项却将其指称对象呈现为拥有某个特性（上面提到的性质F）。这之所以可能，是因为指称的呈现方式属于句子意义，而不属于所表达的命题。所表达的命题仅仅包括指称。因此，以所表达的命题定义直接指称性、将所表达的命题与话语的意义区分开来，便可能忽略密尔关于直接指称性明显过强的定义，即，将直接指称性定义为明确缺乏意义或“涵义”。下面我就转向这个重要论题。

## 2.2　场合意义与系统意义：新罗素论

通常声称，直接指称性词项的唯一功能是“使个体成为话语的主语”（如密尔所言）；这些词项必定是无意义的符号，因为赋予之以不同于其指称的意义就会在指称功能之外，赋予其以描述性或者归属性功能。但是，这个主张令人困惑。必须对下述两个方面做出区分：（i）直接指称性词项（或者更加简单地，称作指称性词项），仅仅通过鉴别某个客体，对所表达的命题——所言——做出贡献；（ii）非涵义性词项，除了指称之外没有意义，并不隐含任何属于指称对象的性质。假若话语的语言意义与其命题内容之间不存在区别的话，（i）和（ii）就会是一回事儿。但是，两者的确存在这种差异：例如，“我是法国人”这个句子的意义与说出这个句子所表达的所言（所表达的命题）之间存在差异。由于这个差异，也许可以认为，单称词项“我”具有一种意义，“隐含”某种属于其指称对象的特性，同时坚持主张这个词项是直接指称性的，通过确定某个个体而对所表达的命题做出贡献。

藉由其语言意义，代词“我”将其指称对象呈现为具有作为说话者这个性质；然而，这个呈现方式并不是所表达命题的一部分，不是话语呈现自身所具有的真值条件的一部分。假如保罗说“我是法国人”，他的所言成真（并且呈现为成真），当且仅当保罗是法国人。作为说话者这个性质并非所表达命题的成分：这个性质只是用于帮助听话者鉴别指称对象，该指称对象则是所表达命题的成分。正如卡普兰所说，在这样的实例中，指称对象的呈现方式“不应看作所言场合意义的一部分，而应看作[一个]语境因素……帮助我们将话语理解……为具有某个场合意义”（Kaplan，1978：228）。自此往下，我将把这个观点称作“新罗素论”。根据这个观点，指称性词项的描述意义反映在该词项出现其中之话语所表达的命题中；这个意义始终处于命题之外。该命题是“单称性的”，只包含一个特定的客体。因此，代词“我”既是指称性的，又是具有涵义的。这与密尔将指称性等同于非涵义性的观点相反。[1]

即使拒斥密尔将指称性等同于非涵义性的观点，也必须认识到，非涵义性词项——暂且假定存在这样的词项——只能用于指称。假如某个词项指称客体，但却不隐含这个客体的任何特性，这个词项对所表达命题的贡献就无外乎其指称对象。然而，就涵义性词项而言，这种词项对所表达命题的贡献既可能是指称对象，又可能是所含的特性。卡普兰通过其“场合意义”与“系统意义”之间的区分，表达了这个思想。卡普兰的这一区分使人想起了奥斯汀和斯特劳森所做的句子的语言意义与使用句子所做的陈述之间的区分。“场合意义”是卡普兰用于指词项对表达命题之贡献的术语——命题本身是整个话语的“场合意义”；表达式的“系统意义”是其语言意义。[2]按照卡普兰的观点，（涵义性）词项的场合意义或者可能是其指称，或者可能是指称的呈现方式。假如场合意义由指称构成，即，假如词项是指称性的，指称的呈现方式就外在于所表达的命题，仅仅构成词项的系统意义。假如呈现方式不仅属于表达式的系统意义，而且构成其场合意义，正如有关词项不是指称性的词项时，那么，指称对象正是外在性的，其意思是说，指称对象只是“世界”的一部分：在这种情形下，即使指称对象不存在或者无法识别，话语仍然可能是有意义的。（相反，假如某个词项是指称性的，其指称对象就是话语所表达命题的一部分，必须得到鉴

[1] 大卫·卡普兰于1977年在其著名的专论《指示词语》中阐释了新罗素论。这篇专论连同卡普兰的《后思》最近刊载在由阿尔莫格、韦特施泰因和佩里编辑、牛津大学出版社于1989年出版的《卡普兰论题》中。

[2] 卡普兰还将表达式的系统意义描述为语境到场合意义（即，就直接指称表达式而言，从语境到指称）的函数。正如我们将看到的（第5.2节），表达式的语言意义决定这样一个函数，仅当表达式属于卡普兰所说的“纯指示语”。

别以理解所表达的命题。第 2.5 节将进一步阐述这一点。）这两个可能性展现在表 1 之中。

**表 1**

| | | 指称性词项 | 非指称性词项 |
|---|---|---|---|
| （话语） | 系统意义 | 呈现方式 | 呈现方式 |
| | 场合意义 | 指称对象 | 呈现方式 |
| （世界） | | 指称对象 | 指称对象 |

卡普兰设计了一个算子 DTHAT，该算子以这样的方式阻止指称的呈现方式进入场合意义，从而 DTHAT 辖域内的表达式之场合意义只能是其指称对象。REF 的作用同 DTHAT 完全相同；两者的区别仅在于，我将 REF 理解为自然语言的语义特征，而 DTHAT 则是人工语言中的一个算子。作为语义特征，REF 是某个表达式类型（即，指称性表达式——专名、指示词语，等等）之意义的一部分。既然有定描述语作为表达式类型不是指称性的，REF 就不是其意义的一部分。然而，像唐纳伦那样，我将在第 15 章论证，描述语可以*用于*指称，以表达单称命题，并将描述语的指称对象作为命题成分；在这种情形下，由描述语所表达的单个概念外在于所表达的命题。我将试图表明，这完全是语境的问题，是相对于句子意义的话语意义问题：在句子意义层面不包括 REF 特征以对描述语做出指称性理解。换言之，描述语只能是“例型–指称性的”，而专名和指示词语则是“类型–指称性的”。这是 REF 与 DTHAT 的差异所在：因为没有任何东西阻止描述语“该 F”的指称性例型表征为卡普兰所说的“DTHAT（该 F）”。（*任何*描述语都可以在前面缀上卡普兰的 DTHAT，即使像“21 世纪将出生的第一个婴儿”（Kaplan, 1978：241），这样的描述语几乎无法用于指称。[1]）DTHAT 的存在只不过意谓表达了一个带有指称的单称命题，而不包含指称对象的呈现方式作为成分。REF 的存在则意谓某种更多的东西：在句子意义层面，亦即在表达式类型层面，做出了“单称”理解。

我将在第 15 章讨论有定描述语的指称性用法时，回头探讨类型指称性与例型指称性的不同。眼下，我想考虑一种新罗素论的所谓替代理论，以及人们可能提出的某些理由，出于这些理由，比起新罗素论来，他们更加钟爱这种替代理论。

## 2.3　准单称命题：新弗雷格论

也许可以认为，新罗素论基于一种未经论辩的假设：即涵义性词项的场合意义

[1] 关于这个例子，参见第 6.3 节。

必须*要么*是其指称对象，*要么*是指称对象的呈现方式。[1] 但为何不是两者兼而有之？毕竟，为了揭示指称性词项与非指称性词项之间的区别，说指称性词项出现其中之话语所表达的命题包括词项的指称对象，这也许可以认为是充分的。这并不蕴含呈现方式本身外在于命题，除非想当然地接受了我刚才提到的那个假设。如果我们不做这个假设，就没有任何东西阻止我们说，所表达的命题不仅包括指称对象，*而且*包括指称对象的呈现方式。我将把这称作“新弗雷格论”。按照新弗雷格论，指称对象与呈现方式一起构成词项的场合意义。[2] 表达这个观点的一种方式包括将所表达的命题等同于一个有序对，这正如在新罗素论中那样。但是，这个有序对的第一个成分本身是一个有序对，包括指称对象及其呈现方式。希弗在《指称的基础》中将这称作“准单称”命题（Schiffer，1987：182）。我将沿用这个名称。

当词项为指称性的时候，新罗素论和新弗雷格论都通过将指称对象引入命题，以揭示指称性词项与非指称性词项之间的差异；两种理论都想当然地认为，指称性词项可以拥有意义，并且以某种方式呈现词项的指称对象。新罗素论与新弗雷格论之间的差异仅仅在于，前者将指称性词项的场合意义看作只不过是词项的指称对象，而后者则将之看作由指称对象*在某种呈现方式下所构成*。[3] 弗雷格学派主张，所表达的命题（话语的场合意义）必须包括指称对象的呈现方式。根据新弗雷格论，这个主张与下述观点并无抵牾：所表达的命题不可简约地包含指称对象，因而该命题预设指称对象的存在。[4]

---

[1] 除非另有标示，我始终在卡普兰意义上使用“content”（场合意义）：话语的场合意义是由话语表达的命题（所言）；表达式的场合意义是其对所表达命题的贡献。正如我们稍后（第 2.4 节）将看到的那样，在新罗素框架中还有一种更加综合的场合意义概念：“完整场合意义”，不啻包括所表达的命题。（我相信）“完整场合意义”这个表达式源于希弗。

[2] 有些新弗雷格论者（埃文斯与麦克多威尔）与其他人相反（Peacocke，1981：189–190，197），并不喜欢对新弗雷格论的这种表述；他们不接受这一表述，认为这与弗雷格的下述论点不相一致，即由话语表达的命题（或者用弗雷格的术语为“思想”）作为话语的“涵义”，必须由话语构成成分的“涵义”组成，因而不能包括成分的指称对象。（参见第 11.1 节。）但是，在我看来，这主要是术语上的差异。埃文斯与麦克多威尔认为，词项出现其中之话语所表达的思想包括“涉物涵义”，这个涵义的存在取决于指称对象的存在。（用埃文斯的术语说，涉物涵义是“思考指称对象的方式”。据此，涉物涵义预设指称对象。）麦克多威尔自己似乎承认，这种涉物涵义在形式上等值于包含普通呈现方式与指称对象的有序对；他说，后者（有序对）会“模拟”前者（涉物涵义）。（参见 McDowell，1984：104）不过，他坚持认为，这种相似性“只是表面上的”。埃文斯和麦克多威尔拒斥有序对这个观点的理由将在第 11—12 章探讨（与批判）。同时，我将想当然地接受这个等值。

[3] 新弗雷格学派将呈现方式纳入场合意义，因为与新罗素学派相对，在新弗雷格学派看来，场合意义的个体化必须“对认知意义的事实负责”（Peacocke，1981：197）。然而，新弗雷格学派与新罗素学派之间这种所谓的差异将表明主要是术语上的（第 2.4 节）。新弗雷格场合意义概念（即“思想”）较之新罗素场合意义概念（“所言”）受到更多的限制；它对应于新罗素*完整*场合意义概念，而不对应于“所言”意义上的新罗素场合意义概念。既然新罗素学派承认（实际上坚持），话语完整的场合意义包括呈现方式，所以，在这一点上，新罗素论与新弗雷格论之间并不存在（除了术语上的）矛盾。然而，在第 3 章里，我们将看到，两种观点之间确实存在一种真正（尽管不是太大）的差异，这一差异不同于我刚才提到的术语上的差异。

[4] 参见埃文斯（1982：62）。

有两种初步的论证支持新弗雷格论，反对新罗素论。我将表明，这两种论证都是不能令人信服的。这一节将讨论第一个论证，第二个将在第 2.4 节探讨。

第一个论证相关于我在本章第一节所做的所表达的命题与话语真值条件之间的区别。该论证如下：

（1）我将所表达的命题定义为*在由句子语言意义（系统意义）施加的呈现方式下话语的真值条件*。

（2）指称的呈现方式构成主词的系统意义，是真值条件整个呈现方式的成分；而这整个呈现方式构成整个句子的系统意义。

（3）因此，正如在新弗雷格论中那样，指称对象的呈现方式必定属于所表达的命题。

这个论证是不能接受的。确实，指称对象的呈现方式是主词意义（的一部分），主词意义是整个句子意义的成分；而且也确实，句子意义至少部分地存在于话语真值条件的某种呈现方式之中，亦即存在于涉及真值条件的一组标示之中。据此而论，指称对象的呈现方式在下述意义上是真值条件呈现方式的成分：除了其他内容，句子标示这个句子之话语的真值条件包括某个客体，该客体具有某种性质——例如，作为说出这句话的人之性质。（就代词“我”而言，这个性质是指称对象的呈现方式。）但是，不能据此推论，指称对象的呈现方式必定是*所表达命题*的一部分，亦即，像*话语本身所呈现的话语真值条件的*一部分。句子的意义不仅包括指称对象的呈现方式，而且包括 REF 特征，该特征的效应在于将话语的真值条件呈现为*排除*指称对象的呈现方式。句子既标示句子的话语之真值条件包括某个人，这个人具有作为说话者的性质，又标示这个人具有该性质不是话语真值条件的一部分。可是，鉴于真值条件被呈现为排除指称对象的呈现方式，就必然可以认为，指称对象的呈现方式不属于命题，即，不属于如话语所呈现的真值条件。因此，论证中的两个前提也许我们都可以接受，而依然不接受该结论。指称对象的呈现方式（与 REF 特征一起）属于句子意义，句子意义将话语的真值条件以某种方式呈现，所表达的命题是在该呈现方式下话语的真值条件；所有这些都与新罗素论并行不悖；新罗素论主张，指称对象的呈现方式不属于所表达的命题。

## 2.4　命题内容与思想

反对新罗素论的第二个论证值得认真考虑。这个论证非常简单、非常有力。我们也许可以称之为弗雷格论证，或认知意谓质疑：

话语所表达的命题是其认知意谓，即我们对待话语之认知态度的恰当客体或场合意义。这是我们所理解、所把握的东西；这是我们真诚地同意或不同意话语时，所相信或不相信的东西。可是，我们的认知态度显然对指称呈现方式

> 很敏感。我可能同意“西塞罗是秃子”，却不同意“塔利是秃子”，尽管西塞罗就是塔利；这是因为尽管在这两个实例中指称对象相同，却以两种不同方式呈现。同样，我假如不知道同一个人被指示了两次，可能会就同一个人，相信“这个人是间谍”“那个人不是间谍”。这表明，所表达的命题作为态度的对象，包括指称对象的呈现方式，而不只包括指称对象本身。据此而论，新罗素论必须摒弃，而且用新弗雷格论取而代之。新罗素论认为，指称对象的呈现方式构成指称性词项的系统意义，不属于其场合意义，场合意义仅由其指称对象构成；按照这个观点，所表达的命题是单称命题。但是，如果指称性词项出现其中的句子所表达的命题真的是卡普兰意义上的单称命题，那么，在诸如我刚才提到的那些实例中，同一个单称命题就会同时得到同意和不同意：某人相信“西塞罗是秃子”而不相信“塔利是秃子”，就会抱有互相矛盾的信念。不过，存在一种意义，在此意义上，只要我不知道西塞罗是塔利，我在这种情景中并不抱有相互矛盾的信念。在新罗素论提供的框架中，无法对这种涵义做出阐释。然而，按照新弗雷格论，这种例子则不会造成任何问题。我在某种呈现方式下就某人，相信他是秃子；我并不在另一个呈现方式下就同一个人，相信他是秃子。在这个实例中，我所同意的是一个准单称命题，而不同意的是另一个准单称命题。

这个论证中有很多正确的东西。但是，在我看来该论证所包含的正确内容同新罗素论完全一致。仅当人们做出某些假设，而正由于这个原因，新罗素论的辩护者若做出这些假设会是愚蠢的，弗雷格论证才能对新罗素论构成确定的质疑。我正为之论辩的新罗素论形式就不包含这些假设，因而能够免遭弗雷格派的批评。

新罗素论认为，构成指称性词项意义的指称对象之呈现方式并不反映在词项出现其中的话语命题内容之中：按照新罗素论，所表达的命题是单称性的，仅仅包括指称对象。这里有两种不同的主张：

> （1）一种主张是，指称性词项出现其中的句子所表达的命题是单称命题，即，一个包含主词的指称对象和谓词表达式所表达之性质的有序对；
>
> （2）另一种主张是，所表达的命题不包括我将自此往下称作指称对象的语言呈现方式的东西，即，构成指称性词项语言意义（一部分）的呈现方式。

既然单称命题不包括指称对象的呈现方式，而只包括指称对象本身，所以，（1）蕴含（2）。然而，尽管否认（1），却可以接受（2）。有可能认为，所表达的命题是准单称命题而非单称命题，同时坚持语言呈现方式不构成这个准单称命题的任何部分。确实，正如我将在第 4 章所论辩的那样，态度的完整内容包含指称对象的呈现方式。弗雷格派正确强调了这一点。但是，这个呈现方式不同于*语言*呈现方式，即，不同于构成表达式语言意义的呈现方式。应当区分两种呈现方式。一旦做出这个区分，弗雷格论证就无法构成对新罗素论第二个主张的质疑。因此，即使向弗雷格派承认，所表达的命题不可能是单称命题，而必须包括指称对象的呈现方式，但依然可能坚持认为，构成指称性词项语言意义的指称对象之呈现方式“不应当看作所言内容的一部分，而应当看作 [ 一个 ] 语境因素……该语境因素帮助我们将……话语理解为具有某种场合意义”（Kaplan，1978：228）。

也许可以认为，这并不是对新罗素论的真正辩护。即使新罗素论坚持（2）是正确的，但新罗素论与新弗雷格论的基本差异是由第（1）点主张构成的。这一点主张是新罗素论的核心。不过，或许可以提出，弗雷格论证形成了对这一主张的断然拒斥。所表达的命题不可能是一个单称命题，理由是：（i）所表达命题是态度内容；（ii）态度不仅对指称对象敏感，而且对指称对象的呈现方式敏感。因此，必须摒弃新罗素论，支持新弗雷格论。这就是弗雷格学派的论证。

当然，弗雷格学派的论证表明，态度的完整内容必须包括指称对象的呈现方式。据此，态度的完整内容不可能是单称命题。但是，有谁曾经否认这一点吗？否认这一点会是愚蠢的。对于坚持指称性词项出现其中的话语所表达命题是单称命题的人们来说，唯一合理的立场是拒斥（i），即把所表达命题与态度的完整内容相等同。根据这个观点，所表达的命题（卡普兰的“场合意义”）不是我们态度的完整内容：单称性的所表达命题是*在某种呈现方式下*得到理解的，正是这个——在某种呈现方式下的命题——构成了态度的恰当对象。[1] 因此，“西塞罗是秃子”和“塔利是秃子”表达同一个（单称）命题。但是，这个命题可以在不同的呈现方式下得到理解。这就说明为何人们可以既同意又不同意这个命题而不会有悖理性：这个命题是在一种呈现方式下得到同意，而在另一种呈现方式下不同意。一个话语的完整内容不同于另一个话语的完整内容，尽管两句话具有卡普兰意义上的相同“场合意义”。因此，弗雷格式论证无法否证新罗素论；这个论证只是表明，新罗素论隐含在所表达的命题与态度的（完整）对象之间存在一种区别。

新罗素论的所有辩护者都区分所表达的命题与态度的对象 / 内容。甚至像奈森·萨蒙那样主张“单称命题是思想与信念之内容”（Salmon，1986a:6）的人也承认，单称命题仅在某个呈现方式下得到同意或不同意（Salmon，1986a:111）。[2] 无论怎样，卡普兰和佩里坚持认为，单称命题不能作为态度的完整内容。正如卡普兰所强调的，

[1] 约翰 · 佩里为阐释新罗素论的认识论影响做了很多研究。按照他的观点，存在两种不同的关系，所谓的命题态度必须分解成这两种关系（Perry，1980a）：一种（例如，佩里意义上的“信念”）是主语与命题（即事态）之间的关系，而“接受”是主语与呈现方式（即“句子”）之间的关系。根据佩里的看法，前一种关系取决于后一种关系：正是通过接受某种呈现方式（某个“句子”）主语可以说“相信”这个呈现方式在语境中所决定的命题或者由所接受的句子在语境中所表达的命题。阐述同一观点的另一种方法在于不将态度分解，而将态度的对象（其完整内容）以下述方式分解为两个成分，从而据说态度将主语同“在某种呈现方式下的命题”相联系。我选择后一种表述：在下文中，我将把态度看成以“思想”作为对象加以讨论，将把思想分析为包括事态（即命题）加上呈现方式（即“狭义内容”）。我认为，表述上的差异不带来任何实质性影响。

[2] 总的来说，将单称命题看作诸如信念之内容的新罗素学派认为，主体与“信念”存在其中的单称命题之间的二元关系*藉由*另一个二元关系而成立；这另一个二元关系（佩里的“接受”关系）存在于主体与系统意义（即呈现方式）之间。换言之，“信念”（以单称命题作为对象）的二元关系是主体、命题、命题的呈现方式之间的三元关系的一个*方面*。参见萨蒙（1986a）。

尽管我在镜子里看到其映像的这个人结果证明是我自己，但是，相信我的裤子着火了与相信这个人的裤子着火了不是一回事儿（Kaplan，1989a：533）。在卡普兰看来，只要指称的是同一个人（我自己），“我的裤子着火了”与“他的裤子着火了”表达同一个单称命题。像佩里那样，卡普兰的解决办法是说这个命题可能以不同的呈现方式（不同的系统意义）加以理解：

> 给定的场合意义可能以各种系统意义呈现……结果，我们可能以一种系统意义而非另一种系统意义对某个给定的场合意义持有一个命题态度。（例如，今年3月27日，因为忘记了日子，我可能继续希望3月26日结束，而没有希望昨天结束。）（Kaplan，1989a：532）

显然，这相当于承认，我们态度的完整内容包括呈现方式，而不只包括单称命题。在这一点上，弗雷格（或新弗雷格）学派与新罗素学派不存在分歧。他们之间的不同存在于其他方面：同弗雷格学派相反，新罗素学派区分所表达的命题与态度的完整内容。自此往下，我将把态度的完整内容称作“思想”。按照新罗素论，正是同话语相关的思想，而非话语所表达的命题，构成了话语的认知意谓。由于做出了这一区分，弗雷格论证并不对新罗素论构成威胁。

## 2.5 两个基本直觉

我业已表明，对新罗素论的两种质疑无一是令人信服的。第一种质疑是不合逻辑的推论；而第二种质疑基于新罗素学派不予接受的前提。然而，不能据此推论，新罗素论就是正确的。至此，我尚未做出正面的论述，支持新罗素论，反对新弗雷格论。（我也没有提供独立的理由，论证命题与思想之间的重要区分。）让我们探讨是否能够做出这样一个论证。

我前面说过，新罗素论和新弗雷格论都揭示了指称性词项与非指称性词项之间的直觉区别。不过，这并不全然正确。指称性词项与非指称性词项之间的区分基于两种直觉；而新弗雷格论如其所是，只能揭示这两种直觉中的一种。

指称性/非指称性之区分所基于的第一种直觉涉及什么算作理解指称性表达式出现其中的话语。假如 $t$ 是一个指称性词项，听话者若不能*鉴别* $t$ 的指称对象，就不能理解话语 $G(t)$ 的所言。在有关意义上鉴别指称对象，就必须超越指称性表达式的描述内容，并且将指称对象等同于某个客体，关于这个客体听话者掌握独立的信息。（这个过程埃文斯称作“*再*识别”。）[1] 因此，你假如不超越“他”这个词提供的（贫瘠的）信息，把（例如，你眼下正看着的）某个人鉴别为我的指称对象，那么，你就不能理解我说出“他是一个间谍”所表达的所言；同样，你如果只知道“我”指称

[1] 埃文斯（1982：126–127）。注意，这个（关于什么算作对使用指称性词项的理解）直觉对于埃文斯比对卡普兰更加合意。

说话者，却不知道*谁*是说话者，也就不能理解“我是法国人”这句话的所言。诸如“他”或“我”这种直接指称性词项促使听话者超越句子意义，在世界上寻找同指称性表达式的描述内容相符合的对象。只有鉴别了指称对象，才能理解所言。相反，归属性地使用的有定描述语的指称对象无须得到鉴别，以理解话语。我即使不知道巴黎市长是谁，也能理解“巴黎市长一定是个大忙人”的所言。所表达的命题是一般性的，并不包含指称对象，而仅包括某个概念或呈现方式。

当有关词项为指称性词项时，通过将指称对象引入命题，新罗素论与新弗雷格论都揭示了这个极其重要的直觉。[1]新罗素论与新弗雷格论不同。这是因为新弗雷格论坚持认为指称对象的呈现方式（与指称对象本身一起）是所表达命题的一个成分，而新罗素论则将呈现方式排除在命题之外。可是，这样地将呈现方式排除在命题之外是新罗素论的一个基本特征，旨在揭示同样重要的第二种直觉。

第二种直觉关涉包含指称性词项 $t$ 的话语 $G(t)$ 的*真值条件*。新罗素论不将 $t$ 的指称对象作为所表达命题的一部分，因为指称对象满足呈现方式不是所言之真值条件的一部分。因此，藉由其语言意义，代词“你”将其指称对象呈现为具有作为受话者的性质；然而，指称对象具有这个性质并非“你”出现其中的话语之真值条件的一部分。当约翰对保罗说“你是法国人”时，他说的话成真（并且呈现为成真），*当且仅当保罗是法国人*。作为受话者这个性质不是所表达命题的一个成分：它只是用于帮助听话者鉴别指称对象，指称对象是所表达命题的一个成分。

新弗雷格论因为坚持将指称对象的呈现方式作为所表达命题的成分，所以该理论看来剥夺了自己揭示第二种直觉的手段。因此，我们看来拥有一个支持新罗素论的论据。然而，事实并非如此。就像弗雷格论证不能驳倒新罗素论那样，我刚才提到的论证同样无法驳倒新罗素论。

尽管表面也许不然，在新弗雷格框架中揭示第二种直觉却*是*可能的。人们仅仅需要将一种特殊性质（即，*与真值无关的性质*[2]）归赋给据说出现在所表达的准单称命题之中的呈现方式。呈现方式假如不影响它出现其中的准单称命题的真值条件，亦即假如准单称命题的真值条件仅仅依赖于呈现方式与之相关联的指称，那么，该呈现方式就与真值条件无关。因此，假定一个准单称命题 P 以呈现方式 $m$ 作为子成分（例如，命题 $<<\alpha, m>, \Phi>$，其中 $\alpha$ 是指称对象，$\Phi$ 是对指称对象性质的述谓）。假如 $m$ 是与真值条件无关的，你就可以将之用另一种呈现方式 $m'$ 替代，而不影响 P 的真值条件，只要 $m'$ 本身是与真值条件不相干的。说指称对象的呈现方式与真值条件无关，这提供了调和新弗雷格论与第二种直觉。（新弗雷格论认为，所表达的命题是准单称命题，包括指称对象的呈现方式；而按照第二种直觉，指称对象符合呈现方式，这不是话语呈现自己所具有之真值条件的一部分。）

---

[1] 那些新弗雷格论者，比如像麦克多威尔，并不喜欢这个表述，因为第 20 页脚注 2 提到的弗雷格原则通过假定“涉物涵义”——这种涵义具有存在依赖性，预设指称对象的存在——揭示了这个直觉。（正如我在第 20 页脚注 2 中所说，我把两种表述看作相同的。）

[2] 关于真值条件无关性，参见第 6.3 节。

考虑一下卡普兰的例子（“我的裤子着火了”/“他的裤子着火了”）。新弗雷格论者会说，表达了两个不同的准单称命题。两个准单称命题的差异在于包含对同一个人的两种不同的呈现方式。（正是这个差异使得相信一个命题而不相信另一个命题成为可能。）不过，新弗雷格论者可能接受以下这个明显的直觉，即，这两句话及其表达的思想成真，当且仅当那个人的裤子着火了。[1] 为了避免不一致性，新弗雷格论者要做的唯一的事情是声称，卡普兰的例子中包括的呈现方式是与真值条件无关的。

正如我们所看到的那样，通过坚持相关于指称表达式之呈现方式的“非描述性”或“涉物”性质，所谓的新弗雷格论者能够揭示我提到的第一种基本直觉。由于涉物涵义依赖于存在，即包括指称对象，所以，只有鉴别了相应的指称对象，包含这样一种涵义的思想才能得到理解。（涉物涵义是*鉴别*指称对象的*一种方法*——这就是为何如果指称对象不存在，涵义也就不存在。）但也可能是，新弗雷格论者在谈论非描述性涵义或涉物涵义时，所想到的不仅是存在依赖性而且还考虑真值条件无关性。如果这样，那么，他们就也能够揭示第二种直觉。在下文，我将运用包容原则，将新弗雷格观点理解为包括下述主张，即，涉物呈现方式是与真值条件无关的（尽管新弗雷格论者没有明确讨论这个问题）。我将在专门意义上使用“准单称命题”，意指包括客体以及客体与真值条件不相关呈现方式的命题。[2]

在第 3 章，我们将看到，尽管新罗素论与新弗雷格论总体上相似，但是，这两种理论却存在实质性的不同。这种不同将在交际理论中确定。前面业已这样地对两种理论做出了区分，我将论证，在一定程度上这两种理论都有其道理。我将实际为之辩护的立场结合了两种观点的特征。在本书将提出的理论中，我们将既看到单称命题又看到涉物思想；涉物思想是准单称性的，包括与真值条件无关的成分（涉物概念）。

---

[1] 肯特·巴赫（1987：18）认为，“他的裤子着火了”的思想成真，*当且仅当引起思考者之当前视觉经验*的人的裤子着火了。（塞尔在 1983 年的著作中有类似的说法。）但是，在我看来，即使相对于思考者根本没有视觉经验的世界，“他的裤子着火了”的想法也可能成真。在决定该想法的真值条件内容中，引起思考者当下视觉经验的性质起着某种作用，但也不是真值条件内容的一部分。巴赫清楚地意识到这一点（参见第 18—19 页，特别是他的注 12，他在那个注中对塞尔提出批评）。他在这段文章中所谈论的“真值条件”是（他称作）*思想类型*“他的裤子着火了”的真值条件，而非特定思想*例型*的真值条件。这是令人遗憾的，因为（正如巴赫自己在第 13 页上认识到的）只有涉物思想的特定*例型*可以说具有通常意义上的真值条件。（我刚才所说的“思想类型的真值条件”对应于佩里的“非递增性真值条件”（Perry, 1990b, 1992）；第 15.5 节将介绍一个类似的概念。）

[2] 注意，包括客体以及与真值条件*相关*的呈现方式的命题只是包括两种性质而非一种性质（一种性质对应于呈现方式，另一种性质对应于谓词）的*单称*命题。当且仅当客体既满足呈现方式，又满足谓词，这样一个命题方能成真。

# 第3章

# 涉物思想的交流

## 3.1 导言

我们来概括一下。涉及“直接指称”，我们具有两种基本直觉以及揭示这些直觉的两种观点：新罗素论与新弗雷格论。根据这两种理论，第一种直觉——关于理解与鉴别指称对象的必要性——通过将指称对象作为所表达命题的一部分做出阐释。两种观点的差异涉及指称对象的呈现方式。新罗素论主张,所表达的命题是单称性的，不包括呈现方式。呈现方式显然具有认知意谓，所以，新罗素论提出区分所表达的命题与话语的认知内容（思想）。新弗雷格学派没有在命题与思想之间做出这种区分；他们采用“命题”或“思想”的单个概念，对应于话语表达的内容（其语义内容），并且坚持将呈现方式看作命题或思想的成分。这与第二种直觉是一致的（按照这种直觉，指称对象的呈现方式没有反映在话语的真值条件中）——只要出现在命题/思想中的呈现方式据说在与真值条件无关的意义上是“非描述性的”。

到了这个阶段，我们可能自然要问，这两种理论是否彼此有实质性的不同。正如我们将看到的那样，新罗素论的单称命题概念能够很容易地在新弗雷格框架中得到体现（第3.2节）。但是，两种观点之间依然存在一种重要差别。新弗雷格论者将语义内容与思想相等同；将包含指称性词项的话语之语义内容看作话语表达的涉物思想。新罗素论者拒绝将语义内容与思想相等同；他们所基于的理由在于，与语义内容相反，涉物思想是主观性的。据此，新罗素论者将包含指称性词项的话语之语义内容看作单称命题，而非完整的思想。在这一章，我将提出一种妥协方案。我将采纳新罗素学派关于涉物思想的主观性以及将之与语义内容加以区分的必要性的观点（第3.3节）；但是，像新弗雷格学派那样，我将拒绝新罗素学派的替代方案，大意是，包含指称性词项的话语之语义内容（无外乎）是一个单称命题（第3.4节）。[1] 根据我将勾勒的观点，包含指称性词项的话语确实表达单称命题。但是，这种话语的语义内容不只包括单称命题。

[1] 拒绝这个主张是将像约翰·佩里和我本人这样的“批判指称论者”和更加激进的新罗素论者区别开来的因素。“批判指称论者”是佩里（在会话中）创造的一个术语。按照佩里的观点，更加激进的新罗素论者包括后期卡普兰、阿尔莫格和韦特施泰因。

## 3.2 新弗雷格框架中的单称命题

（像所有弗雷格学派一样）新弗雷格论者主张，话语 $G(t)$ 表达包含 $t$ 的指称对象某种呈现方式的思想。新罗素论者接受对话语表达之*思想*的这个表征。他们只不过将思想与所表达的命题区分开来，认为所表达的命题是单称性的（如果 $t$ 是指称性表达式，例如，专名或者指示词语）。可是，这个区分可以用新弗雷格论者能够接受的方式理解。没有任何东西阻止新弗雷格论者认为，新罗素论区别于思想的“命题”仅仅是思想的一个方面。新弗雷格论者也许可以就命题与思想的区分，提供下述紧缩性的理解：

> 不同思想很可能具有相同的真值条件；换言之，真值条件决定*思想等值类*。这些思想等值类即为新罗素论者称作“命题”的东西。说话语 **u** 表达单称命题 $P$，就是说 **u** 表达属于某类的思想，亦即，当且仅当 $P$ 时成真的那类思想。基于这个阐释，话语的命题内容无外乎是话语所表达的思想之真值条件内容。

这样，命题内容与思想之间的区别得以平凡化，成为可以被弗雷格派所接受。单称命题无外乎弗雷格式思想的若干方面。

如我们所见，新罗素论者承认思想包括指称对象的呈现方式，但坚持这个呈现方式不是*所表达命题*的一部分。根据所提出的理解，（通过将所表达命题与思想之真值条件内容相等同）这意味着呈现方式不是思想真值条件内容的一部分。可是，*这相当于说出现在思想中的呈现方式与真值条件无关*；当人们说出现在思想中的呈现方式是“非描述性的”时，这就是他们的意思（的一部分）。因此，看来下面两种说法并不存在实质性差异：一种说法是，所表达的（单称）命题与（准单称）思想之间存在区别，只有（准单称）思想包括指称对象的呈现方式；另一种说法是，出现在思想中的呈现方式在与真值条件无关这个意义上是非描述性的。

不过，两种观点之间依然存在不同。这种不同涉及话语“语义内容”的识别：话语所表达的以及正确理解话语所必须把握的东西。按照新弗雷格论者的观点，话语的语义内容是完整的思想。但根据新罗素论者的看法，包含指称性词项的话语之语义内容是单称命题，因而不是完整思想。当新罗素论者声称指称对象的呈现方式不是所表达命题的一部分时，他们的意思不仅在于呈现方式与真值条件无关（这一点新弗雷格者能够接受），而且在于呈现方式不是话语语义内容的一部分。由于后边这个主张，新罗素论与新弗雷格论并不相等。这是因为在新弗雷格框架中，指称对象的呈现方式是语义内容的一部分。

在下一节里，我将阐释新罗素论者拥有的理由，藉以怀疑弗雷格派将思想等同于语义内容的做法。语义内容的概念必须符合各种限制，其中一种限制关涉*可交流性*。话语的语义内容必须是该话语的一种性质，这种性质既可以为说话者又可以为听话者所认识，并且在交流过程中保持稳定。但是，涉物思想包括主观成分，因此，在这种意义上，涉物思想是不可交流的。在第 4 章，我们将看到，说话者所表达的思想可能与听话者在理解话语时所抱有的思想不同。对于说话者和听话者，句子意谓相同，所做出的陈述——所表达的命题——对二者也相同；但是，说话者和听话者各自相关于说话者话语的思想很可能属于不同类型。如果话语包括指示性表达式，思想就是主观性（依赖于语境）的。由于这个主观性质或自我中心性，在交流过程中关联于话语的涉物思想就是不稳定的——随着交流的开展，这样的思想往往从说话者向听话者转变。相反，命题是客观交流的东西，在说话者到听话者之间固定不变。可以认为，这就使得新罗素论者的单称命题概念在表征语义内容时，成为优于新弗雷格涉物思想概念的选择。正如约翰·佩里所言，“我们需要单称命题的一个理由，是为了在我们与那些处于不同语境中的人们交流时，意指我们力图保持不变的东西”（Perry，1988：4）。

## 3.3 涉物交流中的理解

假若像刚才提出的那样，主观性与交流性不相一致，那么，主观思想的交流如何可能呢？我如何能够交流“我饿了”这个思想，如果那个思想是不可简约地主观性的，从而是不可交流的？这是弗雷格本人必须面对的难题（因为他承认主观性与第一人称思想的不可交流性）。在《思想》中，他做出了以下回答：在这种情形下，所交流的不是主观思想本身（因为那是不可交流的），而是某种相联系的东西。这个回答基本正确。在这一节里，我将运用当代语用学手段详细加以探讨。我将表明，主观思想必须经过*理解*过程，才能得到交流；因此，所交流的不是主观思想本身，而是对该思想的理解。正如我们将看到的，这提供了支持新罗素论者的初步论据。新罗素论者可以声称，单称命题是理解过程的结果；理解过程使主观思想成为可交流的，从而单称命题在交流中是所传递的东西。这为新罗素者将语义内容等同于单称命题提供了佐证，与新弗雷格论者将语义内容等同于思想相对立。

首先，让我们表征理解过程及其在交流中的作用。我在阐述中将依照斯珀伯和威尔逊的做法，他们对这个论题做出了我至今看到的最为充分的论述（Sperber & Wilson，1986：226 之后）。

斯珀伯和威尔逊从表征关系入手。命题表达式，如思想或话语，之所以是一个表达式，是因为表征某物：命题表达式表征使该表达式成真的事态。这是表达式的命题内容。藉由所表征的内容与做出表征的东西之间的*相似性*，可以获得一种不同的表征；因此，天上的一朵云彩可用以表征巴西的形状。可用以表征相似的其他客体的客体中，*包括命题表达式本身*：带有命题内容的表达式可用以表征其内容之外的某种东西——可用以表征与*之相像的另一个表达式*。

让我们暂时只考虑话语。话语可能与另一个话语在许多方面相像：例如，两个话语可能包含相同的词语，或者具有相同的意义，表达相同的命题。藉由这些各式各样的相似性，一个话语可用以“表征”另一个话语：这正是直接引语、翻译、意译中出现的情况（在直接引语中，句子的话语用以代表同一个句子类型的另一个话语；

在翻译和意译中，一个句子的话语用于代表带有相同意义的另一个句子的话语）；这还出现在下述这种特殊意译中，这种意译旨在保持所表达的命题，尽管话语语境发生了变化（例如，我通过第三人称语句“他对这一切都厌倦了”转述某人的话语“我对这一切都厌倦了”）。

斯珀伯和威尔逊将“理解”称作两个（命题性）表达式之间藉由命题层面上的相似性结成的表征关系，这正如在上面这个例子中那样。但他们强调，命题内容相似不一定像在这个例子中出现的那样，包括命题内容的*同一性*。两个表达式要在命题层面相像，只要共有某些含义就足矣。作为例子，斯珀伯和威尔逊提到了*总结*和*松散的话语*，在这样的例子中，一个表达式（一个话语）藉由具有部分相同的含义，表征另一个表达式（另一个话语或一组话语，或一个思想）。

正如斯珀伯和威尔逊所言，“话语唯一普遍地承认的理解性用法是对言语或思想的转述”（第229页），但是，他们论辩道，“在一个更加根本的层面上，*每*个话语都是用来表征说话者的思想的”（第230页）：

> 我们将言语交流看作包括说话者说出一句话，作为其思想之一的公共理解；并且包括听话者对这句话构建一个心理理解，从而理解原来的思想。（Sperber & Wilson，1986：230）

因此，在隐喻中，藉由场合意义层面上的部分相似（即，藉由它们共有某些含义），话语理解说话者的思想；而在普通的字面断言中，藉由场合意义的同一性，话语理解说话者的思想。根据斯珀伯和威尔逊的观点，场合意义的同一性是场合意义中相似性的限制情形。同样，思想的字面表达是理解的限制情形。

也许可以分辩，这过分注重诸如隐喻与松散话语这种相对边缘的现象了。有些人也许想要拒绝斯珀伯和威尔逊关于字义性只是一个限制情形的主张。在这场争鸣中，我站在斯珀伯和威尔逊一边。但整个争论是不相干的。究其原因，即使我们不考虑诸如隐喻和松散话语这种现象，而集中于严格的字面断言，我认为，我们也必须赞同斯珀伯和威尔逊的观点，即*理解*在语言交流中起着他们赋予之的重要作用。这之所以如此，是因为我们大量思想关涉具体客体。当涉及把这些思想与他人交流时，需要理解就变得彰明较著了。这是因为，关于特定客体的思想（涉物思想）不经理解，不能直接交流。正如我们将看到的，这些思想通常包括思想对象的“思考方式”或“呈现方式”，这些方式极其重要地依赖于思考者与这些客体之间的某些（语境）关系。不处在同一个语境中的某个人无法抱有关于相同客体的相同思想。由于涉物思想是相对于语境的，不能在其他语境中分有这些思想，所以，在交流中所传递的东西不可能是说话者的完整思想，而只是通过舍弃思想中相对于语境的成分而获得的对思想的理解。[1]

[1] 斯珀伯和威尔逊在批判卡茨的可言说性原则时，实质上阐述了这一观点：“在我们的内在语言中，我们经常不是以普遍并列项确定时间和空间的，而是以私人的日志本和自我中心图这样做的；此外，大部分——例如，对人或事件的——指称可以通过这些私人时间和空间并列项确定。包含这种私人指称的思想只[能]藉由自然语言语句‘不完整地表征’”。（Sperber & Wilson，1986：192）

让我来阐明涉物交流中理解是如何进行的。首先，说话者有一个涉物思想要交流。这个思想既包括一个由该思想表征的“客观”事态（即这个事态能使思想成真），又包括一个（主观的、相对于语境的）思考该事态的方式。[1] 所表征的事态是单称性的：包含一个客体和一个性质，或者包含一系列客体和一种关系。由于相对于语境，思考者思考该事态的方式是无法交流的。但内容——所表征的事态——则是可以交流的：说话者只需要说一句话，这句话将自己呈现为具有那个思想实际拥有的单称真值条件。既然话语*具有*它呈现自己拥有的真值条件，[2] 说话者就能够将思想的真值条件内容“赋予”话语。

说话者说出一句表征某个事态（同其自己的思想相同）的话语，让听话者形成也表征该事态的思想，以理解这个话语。有关的事态是单称性的，只包括一个特定的客体（加上其性质）。但是，听话者的思想必须包括该客体的呈现方式，因为正如我们所看到的，思想不能是单称性的。像说话者的思想那样，听话者的思想因而包括单个事态，加上“思考”该事态的“方式”。听话者思想所表征的事态与说话者思想所表征的事态相同。但是，思考方式相对于语境，从而对于说话者与听话者大概是不同的。

总之，正常断言中发生的在说话者的思想与所表达的命题之间、命题与听话者的思想之间的理解，基于真值条件内容的*同一性*。但是，这是完备的“理解”，而非复制：因为鉴于涉物思想中出现的“思考方式”之语境相对性，听话者的思想没有、也不可能复制说话者的思想。

约翰·佩里在下面这段文章中探讨了涉物交流中所包括的这种理解：

> 我们可以认为，要理解所听到、读到或以其他方式领会的一个句子，就是要在自己的情景中找到一个句子，这个句子与所领会的句子在原来说话时具有相同的理解[即相同命题内容]。
>
> 我们可以区分几种理解。
>
> *向上理解*。这是要寻找一个不那么语境敏感的理解句子。我在旧金山的朋友寄给我一张信卡，他在上面写道：“这个城市有破旧的缆车”。我在旅行计划草稿中写道：“旧金山有破旧的缆车”。注意，我找到的句子并非不是语境敏感性的。句中有时态和专名。但这个句子比我在信卡上看到的句子的敏感性要弱；这个句子在更大的语境变化范围中具有恒定或接近恒定的理解。
>
> *向下理解*。这是要寻找一个带有相同理解的更加敏感的句子。在去往旧金山的途中，我在旅行手册中读到“旧金山有破旧的缆车”。我在便笺上写上“这个城市有破旧的缆车”。或者我这样想。但是，我并不登上所看到的缆车。

[1] 这是“双成分理论图景”，将在第11—12章中讨论。

[2] 这之所以如此，是藉由交流意向的一个根本性质，这个性质有时称作交流意向的“自我实现”特性（参见例如Bach & Harnish，1979；Recanati，1986）。关于一种原创性方法，参见科尔尼利耶的著作《意义分离》（Cornulier，1980）。

*侧向理解*。这是要寻找一个敏感的句子，以理解一个敏感的句子。我朋友喊道："一块石头就要砸着你了"。我想"一块石头就要砸着我了"。（Perry，1986a：352）

佩里在这段文章中引入的术语可以方便地用于概括我关于涉物思想交流中的理解之论述。涉物交流中所传递的不能是说话者的完整思想，而只是一种贫瘠的表征，是通过"向上理解"（即省去思想中相对于语境的成分）获得的对思想的理解。[1] 具有指称对象而没有指称对象作为其成分的呈现方式这种单称命题，可以看作产生于这种向上理解过程。藉由"向下理解"过程，这个命题转而在听话者一方产生完整的思想。结果，通过"侧向理解"关系，听话者的思想与说话者的思想联系起来。

## 3.4 交流与主观性

我们刚才看到，话语的语义内容——所表达或交流的东西——实质上不如思想丰富，因为涉物思想包括呈现方式，呈现方式是私人性的，是无法交流的。这就是为何认为，对于表征包含指称性词项的话语之语义内容性质，单称命题比起思想来是更好的选择。单称命题是剥除主观成分之后的涉物思想。

我尽管接受新罗素学派对弗雷格学派将思想等同于语义内容这种做法的质疑，但却怀疑新罗素论者的替代主张，大意是包括指称性词项之话语的语义内容无外乎单称命题。在这一节里，我想对新弗雷格洞见做出辩护，即，语义内容不只包括单称命题。我最终将提出的观点综合了新弗雷格论与新罗素论的特点。

在为新弗雷格论辩护时，应当注意的第一点是，存在这样的实例，话语的理解显然要求在某个呈现方式下思考指称对象。布赖恩·洛尔列举了下面这个例子：

> 假定史密斯和琼斯没有意识到，电视上所采访的男子是他们每天早晨在火车上看到的那个人。作为火车上所看到的那个人，他们刚才一直在谈论他。史密斯说"他是股票经纪人"，旨在指称电视上的男子；琼斯以为史密斯指的是火车上的男子。不过琼斯碰巧正确地鉴别了史密斯的指称对象，因为电视上的男子正是火车上的那个男子；但是，他没有能够理解史密斯的话。正如弗雷格所

[1] 这种说法可能看来令人困惑。假定我认为"他疯了"，说出下面这句话表达我的思想："他疯了'。（正如斯珀伯和威尔逊所说）我说出的句子为我的思想提供了一种公共理解。这个句子并不比所理解的思想之指示性和语境敏感性弱。那么，为什么说在此所包括的这类理解属于"向上理解"的范畴呢？要成为这样，理解过程的结果就必须去指示性，但这个理解并未做去指示性处理（或者看起来如此）。我的回答是，首先，正如这里所理解的，理解过程的结果不是句子的（指示性）意义，而是所表达的命题；句子及其意义只是表达命题的手段，命题是通过"向上理解"所获得的对说话者思想的理解。其次，句子意义尽管是指示性的，却是某种"客观的"不依赖于语境的东西。对于说话者与听话者而言，句子的意谓相同；对于两者，所做出的陈述——所表达的命题——也相同。但是，说话者与听话者分别关联于说话者话语的思想（类型）实质上同他们各自的观点相联系。据此而论，从思想到话语（带有其语义性质：意义与命题内容）这个理解步骤可以合理地描述为一种向上理解的情形。

> 主张的那样，可能看来即使在指称性用法中，指称对象的某个“呈现方式”对于所交流的内容也是至关重要的。（Loar，1976：357）

新罗素论者如何阐释这种例子呢？他们如果尊重我们的语义直觉，他们应当尊重（第13章），就不得不承认语义内容——即，某人为了理解话语就必须领会的东西——*有时*包括呈现方式。然而，这一步骤不一定威胁到新罗素立场。究其原因，新罗素论者可以解释为何在通常情形下，交流过程中所包括的涉物呈现方式不是语义内容的一部分。显见的解释如下：“火车上的男子”与“电视上的男子”这两个呈现方式是恰当地主体间性的，从而是可以交流的。但是像由第一人称表达的主观性呈现方式则不可能是语义内容的一部分。

然而，在这个阶段，新弗雷格论者也许可以采取进一步的举措，否认新罗素论者推理中的前提：即主观性与可交流性相抵牾这个前提。也许可以认为，通过区分两种形式的交流，弱式交流与强式交流，可以使主观性与可交流性相一致。说z话者的主观思想为何不能在交流这个术语的强式意义上得到“交流”，其原因在于，听话者不能通过交流过程达致抱有该思想：听话者不能通过理解第一人称话语，从而得以抱有第一人称思想。不过，也许可以认为，说话者的第一人称思想由话语“表达”，听话者可以认识到这一点。虽然听话者的思想相对于语境，因而同说话者的思想不同，但是，话语可能告诉听话者说话者抱有某种思想，这个思想（听话者）自己不能抱有。例如，说话者说出“我累了”，表达一个第一人称思想，大意是他自己累了。听话者理解这句话时，就形成了“*他*累了”的思想。同说话者相反，听话者不以第一人称思考指称对象（即，说话者）。因此，听话者的思想在性质上与说话者的思想不同。然而，领会话语的听话者知道说话者自己抱有第一人称思想。话语“表达”这样一个思想，尽管这个思想并不因而能为听话者获得。那样，人们可能试图通过表明存在一种（弱式）意义，在这个意义上，可以交流主观思想，以便为弗雷格理论做出辩护。

不仅可以沿着这种思路为弗雷格理论做出论辩，而且还可能确切地按照相同的方向，为弗雷格理论做出进一步论证。除了所表达的命题，话语还具有某种语言意义。例如，“我累了”这个句子的意义与说出这个句子所表达的命题（所言）之间的区分是几无争议的。同样几无争议的是，在字面意义的交流中，所表达的命题与说话者思想的真值条件内容重合：说话者的思想与（字面地）表达该思想的话语两者表征同样的事态。（我将此称作叠合原则。）于是看来，*说话者思想中表征这一事态的方式*——思想的主观内容——由说出的句子藉由其语言意义表达。因此，说话者*S*说出“我累了”，以第一人称方式思考自己；看来，第一人称语句“我累了”恰恰表达了这个第一人称观点。（一个不同的句子，例如，“*S*累了”，可能表达同样的命题。但是，这个句子却不能揭示“我累了”所表达的思想之主观内容。）正如当我说“他想：‘我太累了，干不了这活儿了’”时，我们使用直接引语转述某人的思想，就利用了看来存在于句子意义与主观思考方式之间的系统一致性。我们使用（具有某种意义的）句子，以使（带有某种主观内容的）思想个体化。换言之，不仅*S*的话语“我累了”表征了与其思想“我累了”所表征的相同客观事态，而且“我累了”的句子意义本身看来与 *S* 思考该事态的方式相一致，即同其思想的主观内容相一致。假如这种观点正确，那么，弗雷格派将思想与语义内容相等同的做法就证明是合理的：话语所表达的命题与说话者思想的客观方面一致，句子意义与说话者思想的主观方面相一致。

这个论证虽然重要而有趣，但却造成某些困难。在第 4 章，我们将*否认*作为说话者思想一部分的主观性呈现方式由某种表达式（语法中的第一人称）规约性地表达。我们将表明，构成指示性表达式之语言意义（一部分）的“呈现方式”在重要方面不同于作为思想（或几个思想）一部分的“呈现方式”。说话者与 / 或听话者将这种思想与话语相关联。（前者将称作“语言呈现方式”，后者将称作“心理呈现方式”。）这并非否认，两种呈现方式之间存在系统的联系；在第 5 章和第 15 章，我将承认这些联系，并试图阐释这些联系。但是，那表明，指示性语句与主观性思想之间假定的表达关系必须予以澄清，而不能只是想当然地接受。

第二个困难如下。我们将如何选择据说句子所表达的观点？似乎自然要选择说话者的观点，因为说出第一人称语句时，正是说话者抱有第一人称思想——当说出“我累了”时，正是说话者表达*他自己* * 累了这个思想。[1]（听话者思考某种不同的东西，即，“他累了”。）然而，*也*有理由选择听话者的观点。正如埃文斯所强调的那样，如果我们想要使语言内容个体化，重要的是什么算作对话语的恰当*理解*（Evans, 1982：143，注 171，等等）；这下，“理解”规定了听话者的任务。因此，埃文斯正是选择了听话者的观点；正是这一选择导致他否认，语法上的第一人称表达自我的概念：按照埃文斯的观点，语法第一人称表达了类似于指示词语“那个人”所表达的指示性概念。

为了克服这个困难，也许可以尝试一条稍微不同的路径。与其通过选择一个特定的观点（说话者的观点或者听话者的观点）使主观思想成为可交流的，我们或许可以决定聚焦于两种观点中的*共同之处*。那样，我认为，弗雷格理论就可以在某种程度上证明是合理的。让我预先做点论述，表明如何做到这一点。

假定某人说“我累了”。说话者表达的思想与听话者在领会这句话时所抱有的思想之间存在什么共同之处？“*我*累了”这个思想和“*他*（说话者）累了”这个思想有什么共同之处？说话者的思想与听话者的思想都包括将说话者作为指称对象的涉物呈现方式。这里说的两个涉物呈现方式彼此大不相同：说话者的是第一人称呈现方式，而听话者的是第三人称呈现方式。然而，这两个都是涉物呈现方式，都具有典型的与真值条件无关的性质。两者还具有进一步的共同特性。在第 6—7 章，涉物呈现方式将理解为信息档案。说话者和听话者的信息档案或（佩里所说的）指称“概

---

1　我采用卡斯塔涅达关于他称作“准标示语”的规约以阐明所表达的思想是“自反性的”，包括*自我*概念；但是，与卡斯塔涅达不同，我不认为自然语言表达式“他自己”是他意义上的准标示语，即，*规约性地*标示*自我*概念出现在所转述的思想中的表达式。根据我的观点，“约翰相信他自己是 F”是否用于归赋包括*自我*概念的思想，这取决于语用因素。

念”包括一条特定信息，即，x（指称对象）是说话者的信息。这是说话者当下关于自己的概念的一部分，同样也是听话者当下关于说话者之概念的一部分：说话者意识到自己是说话者，听话者也知道他（说话者）是说话者。这条信息是两个档案的一部分，尽管一个是第一人称档案，另一个是第三人称档案。现在我提出，说话者和听话者关于指称对象之概念具体的共同方面是由语言表达式“我”所表达的东西。“我”的指称对象呈现为说话者（语言的呈现方式）。那个语言呈现方式是主体间性的，这不同于心理呈现方式是主观性的（即，在说话者方面，他*自己的*概念；或者在听话者方面，*那个人的*概念）；但是，前者也许可以看作后者的一个*方面*或*部分*，这个方面（或部分）是说话者观点与听话者观点*共有的*。

如果我的论述正确，指称性词项限制出现在与话语相关联的思想中的涉物概念；指称性词项以双重方式限制这些概念。第一重限制影响出现在思想中的呈现方式之涉物性质。藉由 REF，这个特征将话语真值条件呈现为单称性的，相关思想的真值条件内容也必须是单称性的，因而出现在思想中的呈现方式必须与真值条件无关（涉物）。第二重限制影响涉物呈现方式的内容（看作信息档案）：语言呈现方式与 REF 特征一起构成指称性词项的语言意义。语言呈现方式必须对应于包含在档案中的信息的某个方面。我推断，话语的语义内容尽管无法包括出现在相关思想中的主观性呈现方式，然而却以这样的方式对之加以限制与触发，从而，可以说至少包括呈现方式的*基础*。在某些情形下，如果在语境中很显然旨在使听话者以某种方式思考指称对象，所表达的呈现方式甚至都不是基础性的。在洛尔的例子中，说话者意在交流的呈现方式包括“电视上的男子”的概念，尽管指示代词“他”仅仅传达了假定凸显的某个男子的概念。在第 16 章，我们将看到其他例子，在这些例子中，相当具体的呈现方式表达为指称性词项（语境中决定的）语义内容的一部分。所有这些都表明，弗雷格学派在某种程度上是正确的：呈现方式不能局限于前语义或后语义领域；呈现方式必须接纳为真正的语义内容成分。

然而，我们将一定程度上为基础性的呈现方式假定为语义内容，这个事实是与新罗素论者关于话语表达单称命题的主张一致的。其原因在于，我们所讨论的呈现方式与真值条件无关，而所表达的命题是在真值条件基础上个体化的。因此，诸如“他是股票经纪人”（洛尔的例子）将其真值条件呈现为单称性的，从而这个句子表达了一个单称命题，并且以“他”的指称对象作为成分，尽管所说的指称对象必须在特定的呈现方式下思考，以使话语得到正确理解。换言之，正如新罗素论者所说，包括指称性词项的话语表达单称命题。但是，单称命题并不穷尽话语的语义内容。在这个理论框架中，新罗素论和新弗雷格论结果都在一定程度上证明是合理的。[1]

[1] 约翰 · 佩里在（Perry，1990b）中阐述了类似的观点。

# I.2 从语言到思想

第4章

## 语言呈现方式与心理呈现方式

### 4.1 导言

弗雷格采用不同的标准使“涵义”即话语的语义内容个体化。一条标准是：如果S成真，而S’不能成真，那么S和S’就具有不同的场合意义。根据这条标准，结果证明诸如“我很热”这种指示性语句恒定的语言意义——系统意义——就不能等同于这个句子（之话语）的场合意义。“我很热”的一个话语**u**成真，而同一语句的另一个话语**u’**成假，这显然是可能的；据此而论，两个话语的场合意义不同，这与句子的语言意义相反，句子的语言意义是恒定的。因此，场合意义不能等同于句子意义。

弗雷格使用的另一条标准是认知意谓标准。这条标准大致说来如下所述，两个话语S和S’具有不同的涵义，即不同的场合意义，如果这两个话语的认知意谓不同，亦即，如果某人领会S和S’，他却可能接受其中一个话语为真，而不能接受另一个话语为真。这条标准是弗雷格论者反驳新罗素论的重要前提（第2.4节）。弗雷格论者的论断是，单称命题不能成为表征语义内容性质的选项，因为这样的单称命题违背了弗雷格标准：既然可能同意“西塞罗是秃子”而不同意“塔利是秃子”，那么，同新罗素论者所主张的相反，这两个话语就不具有相同的场合意义。两个话语如果不具有相同的认知意谓，就不可能具有相同的场合意义。

正如我们所见，为了拯救新罗素论，在命题内容与思想之间做出区分就足矣。同意S而不同意S’是可能的，这只是表明不同的思想关联于S和S’，但这与S和S’两者表达了同一个命题并无抵牾。根据这个观点，思想的个体化与命题内容的个体化遵循不同的标准。正是关联于话语的思想，而非话语的命题内容，藉由认知意谓而个体化，必须服从弗雷格的认知限制。

对应于所表达的命题与思想之间的区分，还有一种类似的区分。这种区分更加容易为弗雷格论者所接受。这是对完整思想与其真值条件内容的区分。完整思想的个体化包括认知意谓因素。藉由这个区分，现将卡普兰关于在镜子中看到自己裤子着火的男子的例子（第 2.4—2.5 节）分析如下："我的裤子着火了"和"他的裤子着火了"——后一句话是当那个男子相信他在镜子中正看着另外某人时说出的——被认为表达了不同的思想（包括对裤子着火的那个人不同的呈现方式），含有相同的真值条件内容（指称对象的呈现方式与真值条件无关）。换言之，两个思想表征相同的事态。但是，后一句话以两种不同的方法加以领会与思考。[1] 也是在这个理论框架中，看来这两条标准失效了。究其原因，正是某种事态在思想中的表征方式，而非碰巧这样表征的事态，在认知上相关，并且说明了主体的行为（包括言语行为）；但是，正是所表征的事态对于评价思想成真或成假是相关的（Perry，1977）。当两个不同的人思考"我的裤子着火了"时，他们的行为方式相同——如，脱下裤子，高喊"救命！"，或者说"我的裤子着火了！"——尽管他们思想的真值条件内容是不同的。这是因为呈现方式（或者呈现方式类型）相同。另一方面，在卡普兰的例子中，"我的裤子着火了"和"他的裤子着火了"具有相同的真值条件内容，但所表达的思想则具有不同的行为后果。[2]

至此，我们做出了三种主要区分：句子意义与所表达的命题、所表达的命题与思想、思想的两个方面：其真值条件内容与有时称作"窄式"内容的东西（这个表达式尽管存在歧义，[3] 并且可能引起误导，但我在下文将任意地使用）。这为我们提供了四个实体：

---

[1] 正像某个场合意义或事态可以在不同的呈现方式下领会那样，不同的场合意义也可以在同一个（或同一种）呈现方式下理解。因此，几乎无法否认，当我们俩思考我们也许可以通过说出"我的裤子着火了"所表达的某种东西时，我们的思想就存在某种共同的东西。这个共同成分不可能是思想的真值条件内容，因为我们的思想具有不同的真值条件内容（我的思想成真，当且仅当*我的*裤子着火了；你的思想成真，当且仅当*你的*裤子着火了）。共同的东西只可能是呈现方式，或呈现方式类型，在这种（个）呈现方式下领会这些不同的命题内容。

[2] 正如许多人（如 Peacocke，1981，第二段；Evans，1982：203；McCulloch，1989：210–215）指出的那样，声称*只有*"窄式"内容——即我刚才所说的"呈现方式"，与思想的真值条件内容相对立——可用于对行为的心理解释，这是错误的。（包括客体的）行为的心理学解释通常提及"宽式"真值条件内容。（当所做出的行为与主体对所做行为的表征之间不存在差异时，就尤其如此。）这个意见我完全接受。它为对将思想通过双成分分析成为窄式内容与真值条件内容的彻底批判铺平了道路。我将在第 11 章讨论这个批判。可以认为，仅当在心理学解释中*可以*根据其特殊作用甄别出窄式内容时，双成分分析才证明是合理的。如果这种内容无法如此甄别，窄式内容的概念在理论中就发挥不了任何作用，我们就无法从完整思想与其真值条件内容的区分过渡到思想的两个*成分*之间这一更富争议的区分。因此，新弗雷格论有两个版本：一个版本接受对思想的双成分分析，另一个则不接受。后一种观点由诸如埃文斯和麦克多威尔等新弗雷格论者所持有。这一观点比前一种观点更加接近于弗雷格正统理论，因为后一种观点不接受声称弗雷格两条标准失效的主张：根据这个观点，唯一同心理学相关的概念是思想概念（即，完整的思想），而且思想*既*是成真或成假的东西，又对行为做出解释。我将在第 11 章讨论这个观点。同时，将想当然地接受思想的双成分分析；将考虑的新弗雷格论的唯一版本是包括双成分分析的版本。

[3] 正如我将在第 12 章论述的那样，"窄式内容"既可以在绝对意义上理解，也可以在相对意义上理解。我在本章所说的"窄式内容"在绝对意义上并不窄，而在相对意义上则是窄式的；因而我的理论同外在论是一致的。外在论主张在绝对意义上不存在任何"窄式内容"。第 12 章进一步论述这一点。

（a）句子意义；
（b）话语表达的命题；
（c）思想的真值条件内容；
（d）思想的窄式内容。

在字面交流中，（b）和（c）可以放心地相等同：话语所表达的内容与同话语关联的思想之真值条件内容重合。我将之称作叠合原则，是字面交流的区别性特征。正如我在第 3.3 节所说，正像在正常断言中发生在说话者的思想与所表达的命题之间、在命题与听话者的思想之间那样，理解过程基于真值条件内容的*同一性*：相同的事态是说话者表达的思想的真值条件内容、话语归赋给自己的真值条件内容以及命题所表达的由“向下理解”所形成的听话者思想的真值条件内容。这一系列保持场合意义的理解是字面交流的特点，比如，与隐喻相对立。这表明了（字面）交流的下述图景：

| 话语 | | 思想 |
|---|---|---|
| 语言意义 | | |
| 相对于 | | |
| 所表达的命题 | = | 真值条件 |
| | | 相对于 |
| | | 窄式内容 |

**图 1**

在这个阶段，自然地出现的问题如下：剩下的两项（a）和（b）之间——在句子意义与说话那个句子所表达的思想这个窄式内容之间——存在什么关系？这是一个非常重要的问题，本章和下一章将集中予以讨论。

## 4.2 语言意义与窄式内容：简化的图景

思想中窄式内容与其真值条件内容之间的区分类似于指示性话语的语言意义与其表达的命题之间的区分。这两种区分之间存在一种重要的相似性（Dennett，1982：15 往后）。在卡普兰的双层理论中，句子意义或“系统意义”是从语境到命题内容的函数：“我的裤子着火了”这个句子的意义决定，当保罗在时间 $t$ 说出这句话时，他的话表达在 $t$“保罗的裤子着火了”这个命题。同样，思想的窄式内容被描述为从语境到真值条件内容的函数（例如参见 Perry，1977；Fodor，1987：47–48）：“我的裤子着火了”这个思想的窄式内容决定，当保罗在 $t$ 抱有那个窄式内容时，他在那时抱有的思想成真，当且仅当保罗的裤子在 $t$ 着火了。正如“保罗的裤子着火了”这个命题可以在不同语境中通过说出不同的非同义语句表达，通过在不同语境中拥有不同的窄式内容，思考保罗的裤子着火了，这也是可能的。（因此，保罗假如抱有“我的裤子着火了”的想法，从而就会相信保罗的裤子着火了；但是，弗雷格可以说相信这一点，仅当他拥有一种不同的“窄式内容”，如，“他的裤子着火了”。）我们看来具有的是两种个体化方式之间的一种普遍的区别——“宽式”与“窄式”个体化——适用于意义与思想两者（McGinn，1982；Block，1986：618-621）。[1] 换言之，像存在指示性语句那样，看来存在*指示性*思想。[2] 在这两种情形下，在句子或思想独立于语境所具有的内容与它藉由在特定语境中出现而具有的内容之间存在差异。[3]

鉴于这两种区分——话语意义 / 命题与思想的窄式内容 / 真值条件内容——极其相似，像我们将字面话语所表达的命题与说话者思想的真值条件内容相等同那样，将意义（系统意义）等同于窄式内容，这样做是很自然和十分诱人的。这种等同在佩里和卡普兰关于直接指称的开创性研究中尽管没有明确陈述，却得到暗示。根据他们的观点，正如佩里（1977）和卡普兰（1989a）所阐述的，正是话语的系统意义而非其命题内容为我们所“持有”；我们在理解一个话语并对之做出反应时，心中所想到的也是话语的系统意义，而非其命题内容。

| 话语 | | 思想 |
|---|---|---|
| 语言意义 | = | 窄式内容 |
| 相对于 | | 相对于 |
| 所表达的命题 | = | 真值条件内容 |

**图 2**

尤其是，正是系统意义使我们同意或不同意某个话语。这就是为何可能同意某个话语，而不同意表达相同命题的另一个话语。可能将说话者自己描述为持有某个窄式内容、选择一个其语言意义揭示该窄式内容的句子。因此，思考“周五我将做完”的说话者说出“周五我将做完”。他所思考的正是他的句子的意谓。他的话语所表达的（单称）命题很可能与诸如“明天我将做完”这另一句话语所表达的命题（假定第二天是周五）相同。不过，第二个话语可能与说话者“心中所想的”不相对应。如果说话者没有意识到第二天是周五，就会出现这种情况。在两种情形下，相同的

[1] 在这两种情形下，通过对比两种转述，宽式 / 窄式区分可以凸现出来。在转述言语以及转述思想时，人们可以使用直接引语或间接引语。在间接引语中，所转述的是言语的（宽式）内容或思想的（宽式）内容；在直接引语中，所转述的是呈现内容的方式（即，在转述言语的情形中说出句子的意义，或在转述思想的情形中思想的窄式内容）。

[2] 当然，我在说存在指示思想时，“思想”不是在弗雷格意义上理解的。在第 6.2 节，我将区分“思想”的两种涵义：思想 $_1$ 和思想 $_2$。只有思想 $_1$ 可以说成是指示性的。

[3] 现在尽管可能看来是显见的，话语与思想的这种*类似*并没有始终得到认识。有人极其经常地提出，指示性是自然语言语句作为交流手段的特点，与思想相对立。思想传统地理解为更像所谓的恒定句，而不那么像普通的、极大地依赖于语境的自然语言语句。特别是由于卡斯塔涅达对第一人称思想不可简约的主观性的强调以及普特南的“双子地球”思想实验，思想的语境依赖性得到了承认。然而，正是约翰 · 佩里（在关于他称作态度的“境况相对性”的一系列论文中）系统地探究了这种类似。有些哲学家完全意识到这种类似，他们认为必须加以抵制；我将在第 11—12 章讨论他们的观点。

命题以不同的系统意义得到不同的呈现。从认知的观点看，正是呈现方式起着决定作用。

在这个我称作“简化的图景”的理论图景中，话语表达的思想之窄式内容是所说出句子的意义（图 2）：句子的意义是“在大脑中的”东西，导致产生话语认知（和行为）意谓。通过在某个语境中这样地“拥有”某个意义，人们领会某个客观内容——思想的真值条件内容——其方式与通过在某个语境中说出某个句子表达一个命题的方式相同。

按照图 2，卡普兰和佩里互换地使用“系统意义”（或者诸如“涵义”与“角色”这种等值表达式），意谓句子意义或者话语表达的思想之窄式内容。将窄式内容等同于语言意义使人们能够解释关于我们的认知态度对指称对象的呈现方式敏感的看法。正如我们所看到的，诸如“我”这种直接指称性词项的意义，是这个词项贡献给整个句子的意义；直接指称性词项的意义是其指称对象的某个呈现方式。因此，说思想的窄式内容是句子意义，就蕴含着思想的窄式内容包括指称对象的呈现方式。因而，鉴于窄式内容等同于语言意义（系统意义），弗雷格式论证作为质疑新罗素论而提供的看法就可以径直在新罗素论中得到阐释。

简化的图景极其自然地产生于新罗素论。在这种理论中，存在两个语义分析层面：场合意义与系统意义。既然认知意谓不能等同于命题内容，将之等同于系统意义就是自然而诱人的。在这个理论框架中，弗雷格关于“涵义”个体化两条标准的差异十分明了。场合意义符合第一条标准，但非系统意义则不符合；而系统意义符合第二条标准，场合意义则不符合。系统意义承载认知意谓，而场合意义则引起真值问题（Perry，1977）。

简化的图景由我前面（第 3.4 节）提出的看法佐证，这个看法涉及在转述思想中*直接引语*的使用。正如我在第 39 页注 1 中指出的那样，我们在转述言语和转述思想时，都可以使用直接引语或间接引语。因此，我们就有了下列对照：

| | 直接引语 | 间接引语 |
| --- | --- | --- |
| 言语： | 他说：“我累了” | 他说他累了 |
| 思想： | 他想：“我累了” | 他想他累了 |

这样，我们在转述思想中使用*直接引语*时，使用一个有意义的句子（那个句子出现在引号中：“我累了”），以表征所转述思想的主观内容，即，思考者心中所思考的东西。正如我在第 3.4 节中所说，“我们利用看来存在于句子意义与主观思考方式之间的系统一致性。我们使用（带有某个意义的）句子，使（具有某种主观内容的）思想个体化。”这个一致性在简化的图景中径直得到阐释。

我在这一章里，将*反驳*简化的图景。[1] 我将表明，句子的意义不同于说出这个句

[1] 我并不是批判简化的图景之第一人。在我之前这样做的人包括埃文斯（1981：300–303）和韦特施泰因（1986）。与之相联系的观点可以在皮科克（1981：195）和塔斯切克（1987）中找到。本章第一个版本发表在《努斯》1990 年第 24 期，这一期也包含露丝·米利肯所写的关于简化的图景的评论。至于佩里，

子所表达的思想之窄式内容，并且不能看作其规约性的表达。我将通过表明下述指称对象的两种呈现方式之间存在重要差别，来阐明这一点：一种呈现方式构成直接指称性词项的意义；另一种呈现方式，弗雷格论证表明是思想（窄式内容）的一个成分。

## 4.3　两种呈现方式

正如我刚才所说，卡普兰和佩里在其早期著作中使用了单一的名目（卡普兰的“系统意义”，佩里的“角色”或“涵义”）涵盖两种完全不同的东西。他们起初将诸如“我”这种词的系统意义 / 角色定义如下：它是这样一条规则，给定一个语境，这条规则决定在这个语境中该词项的指称对象（语义值、场合意义）。因此，“我”的系统意义 / 角色是这样一条规则，即，“我”指称说话者——指称说出“我”这个例型的那个人。藉由这条语言规则，“我”的指称对象呈现为身为说话者。因此，像“我”这种词项的系统意义 / 角色可以描述为指称对象的某种呈现方式。既然呈现方式是由语言规则决定的，我就将之称作指称对象的*语言*呈现方式。语言呈现方式具有以下特性：

（1）语言呈现方式由语言规则规约性地决定。“我”的指称对象的呈现方式（即，作为说话者）是由“我”指称说话者这条语言规则决定的。卡普兰（1989a：505）指出：“表达式的系统意义由语言规约确定，并且转而决定每个语境中表达式的场合意义。因为系统意义是由语言规约确定的东西，所以，很自然地将之看作在有能力的语言使用者所知晓的东西这个意义上的意义”。

（2）作为第（1）点的结果，同指称对象相反，语言呈现方式是恒定的，不随语境变化而变化。佩里（1977：479）指出：“我们在理解像‘今天’这种词时，看来所知道的是一条把我们从说话的场合带到某一天的规则。‘今天’把我们带到说话的当天，‘昨天’则带到说话那天的前一天；‘我’带到说话者’，等等。我将把这称作指示词语的（语义）角色。（……）指示词语在某个给定语境中把我们带至的对象，我将称作在那个语境或在那个使用场合该指示词语的语义值。显然，我们必须赋予‘今天’一个角色，两次使用赋予同一个角色。同样显然的是，两次使用我们必须赋予之以不同的语义值。”

（3）就诸如“我”这样的指示语或“例型自反”性词语而言，表达式例型的指称对象呈现为同这个例型结成某种关系：“我”的指称对象呈现为说出这个例型的人，“你”的指称对象呈现为对之说出这个例型的人，“现在”的指称对象呈现为说出这个例型的时间，等等（参见 Reichenbach，1947：第 50 段）。

这样，正如我们所见，佩里和卡普兰强调，他们看作包含直接指称性词项之话

（续前注）尽管（就我所知）他从未明确批判简化的图景，但显然从他较近的著述中可以看出，他不再坚持这一观点，如果他曾经持有该观点的话。在《后思》中，卡普兰自己表达了对简化图景的不满（Kaplan，1989b：597–599）。

语场合意义的单称命题不可能是态度的对象，因为态度对象对指称对象的呈现方式敏感。他们说，态度对象不是场合意义，而是由句子意义施予的“系统意义之下的”场合意义。因此，系统意义在态度个体化中起着重要作用。尽管“西塞罗是秃子”和“塔利是秃子”表达相同的单称命题，但我可能相信西塞罗是秃子，却不相信塔利是秃子；这之所以可能，是因为相同的命题可能以不同的系统意义表达。

尽管卡普兰和佩里将“系统意义”、“角色”或“涵义”不加区分地用于两者，但在我看来，非常重要地包含在态度个体化中的呈现方式与具有上面提到的第（1）、（2）、（3）点性质的呈现方式迥然不同。在下文中，我将论辩，包含在态度个体化之中的指称对象呈现方式是指称对象的*心理*呈现方式——或鉴别方式，*这不同于*我刚才所说的语言呈现方式。区分这两种呈现方式就相当于拒斥下述主张，即，窄式内容可以等同于本来意义上的系统意义，亦即，等同于语言意义。

再来考虑一下卡普兰的例子。假定看着窗户，看到一个人的映像，这个人的裤子着火了，我说：‘他的裤子着火了’。我不知道，这个人碰巧是我自己。对应于我说的话，存在我持有的某种信念——这个人的裤子着火了的信念。我假如卑鄙自私，就可能嘲笑这个情况，而不做点什么去帮助那个不幸的人。当我意识到我正是自己在窗户中看到其映像的那个人时，我高喊：“*我的*裤子着火了！”与这个话语相对应，存在另外一个信念——*我的*裤子着火了的信念。这个信念不同于第一个信念，这一点由其导致不同类型的行为表明——我马上采取某种行动灭火。按照佩里和卡普兰的观点，同样的（单称）命题在不同的呈现方式下得到领会。这个命题包括某个人——其裤子着火的那个人，亦即，我自己——这个人在不同的呈现方式下被思考，一种情形下以第一人称呈现方式思考，在另一种情形下以第三人称呈现方式思考。指称对象的呈现方式没有反映在所表达的命题之中，亦即，没有反映在话语场合意义之中（这在两种情形下相同），而在解释或预见行为中起着举足轻重的作用，因而在话语所表达的信念之个体化中起着重要作用。

我们能将关于我自己的第一人称呈现方式等同于在英语中与第一人称相关联的语言呈现方式吗？前一种呈现方式出现在我关于我的裤子着火了的信念中。我认为两种呈现方式不能等同。与“T”相关联（或更加普遍地与第一人称相关联）的语言呈现方式是某种类似于“说出‘我’的那个人”，其中“T”为所说出的“我”之例型命名。不过，我或许可能相信说出“T”的那个人的裤子着火了，而没有意识到我就是说出“T”的那个人，从而没有像当我意识到*我*的裤子着火了时那样采取行动。（当然，我没有意识到说出一个例型的人事实上就是我这种情况并不很常见。但我认为这并非没有可能。[1]）这表明，出现在我关于我的裤子着火了这个信念

[1] 皮科克描述了这样一个情景：“可以出现一个话语，我是这个话语的说出者，而我并不知道我是说出这句话的人。我和我的孪生兄弟可能在同一间屋子里，我们俩可能都试图说出同一句话。如果我们两人中有一个人的声带不起作用——我们不知道是谁的——而且本来可能告诉我们中间的一个人是他而不是另一个人说出的话语这种正常形式的反馈被中断了，那么，我们中就没有一个人会知道，他是否说出了那句话；但是我们中的一个人说了那句话”（Peacocke，1983：134）。这种情景最初是由诺奇克（1981：72）设想的。

中的心理呈现方式——即，我在想我的裤子着火了时，考虑自己的方式——不同于与“我”这个词相关联的语言呈现方式。我把自己想成*自己*，而不是想成这样那样一个例型的说出者。然而，我们如果从话语表达的思想转向话语的语言意义，就没有理由否认藉由“我”之例型指称说出该例型的人这条语言规则，“我”的指称对象呈现为说话者。假如我们同意，原则上讲，思想中的指称对象之呈现方式（心理呈现方式）不同于语言意义层面指称对象的呈现方式（语言呈现方式），这一切就不造成任何问题。

## 4.4　语言呈现方式与心理呈现方式的系统差别

我们如果聚焦于同指示语表达式相关联的*心理*呈现方式，就会看到这种呈现方式并不明显具有上面列作语言呈现方式三种性质中的*任何*一种。特别是，这样的呈现方式不具有第三种性质，即“例型自反性”。如果指称对象呈现为同表达式当下的例型具有某种关系 *R*（为该表达式例型的指称对象），该呈现方式就是例型自反性的。这样，就“我”或其他指示性表达式的情形而言，直觉上很清楚的是，心理呈现方式并不在这个意义上是例型自反性的。[1] 当然存在着这样的客体，对于这种客体我只能通过其与其他客体的关系间接鉴别。但是，假若声称我以那种间接方式把*我自己*（或者此时、此地）识别为任何同独立地鉴别的客体具有某种关系的客体，那就是似是而非的。罗素尽管声称只有通过描述我们才能知道物质客体，但即使是他也坚持认为他至少直接对*他自己*是亲知的。总的说来，提出下述看法是有点荒唐的，即，我们把指示性思想的客体看作“任何同当下例型具有如此这般关系的客体”；因为这隐含着我们只“通过描述”思考这些客体，而非直接亲知这些客体。这是一个非常似是而非的结论，因为如果存在任何类似直接亲知的东西的话，我们指示性思想的客体正是我们看来“直接亲知”的客体。

声称心理呈现方式是例型自反的，这就会蕴含不仅指示性思想的客体是通过描述间接识别的，而且它们是以客观（而非主观）的方式加以鉴别的。正如许多哲学家像卡斯塔涅达（1966，1967）那样所坚持的，我们以实质上为主观的或*第一人称*视角思考自己：对于任何将我自己作为 F 的客观（即，第三人称）描述，我可能并不意识到我是 F。同样，对于任何将此时（或此地）作为 F 的客观描述，我也许并不意识到此时（现在）是 F，或者此地（这儿）是 F。鉴于这个事实，相关于诸如“我”、“现在”或“这儿”的指示性表达式*不可能*是例型自反性的。究其原因，例型自反呈现方式诉诸词的例型与例型的指称之间的*客观*关系。

与指示性表达式相关联的心理呈现方式不可能具有语言呈现方式的第二种性质；

[1] 这或许可以在另一种意义上说是例型自反性的。正如我们将在第 6 章中所看到的那样，涉物呈现方式实质上是关系性的：这种呈现方式（如巴赫所说）是“心理指示语”，正像例型自反性表达式的指称对象那样，这种呈现方式的指称对象通过关系确定。关于思想中的例型自反性，参见塞尔（1983）；皮科克（1983）；佩里（1992）。

同样，它们也不可能具有第三种性质，即，例型自反性。正如我们所见，与指示性表达式相关联的语言呈现方式并不随语境而变，而表达式的指称对象则相反；指称对象呈现方式因为由规约确定，属于表达式的语言意义，所以在表达式的不同出现中是恒定的。心理呈现方式又怎样呢？它们在不同语境中也是恒定的吗？我的回答是，由于下述两方面的原因，心理呈现方式不是也不可能是恒定不变的：(i)这种呈现方式的主观性；(ii)这种呈现方式在心理解释中的作用。

让我们从涉及“我”这个词的简单看法开始。语言呈现方式是恒定的这个观点尤其蕴含着，规约性地关联于“我”这个词的语言呈现方式对于说话者和听话者是一样的，这正如对于任何使用英语的人来说都是一样的。“我”的恒定意义只不过是“我”指称说话者这条规则；藉由这个恒定意义，“我”之例型的指称对象始终呈现为说话者。但是，指称对象的心理呈现方式，即，思考“我”之指称对象的方式，则不像语言呈现方式那样是恒定的。正如我前面指出的那样，我如果说出“我累了”，就把*我自己*想作累了；这个实例中的心理呈现方式是第一人称呈现方式。但是，你如果听到我说“我累了”，就不会以第一人称呈现方式思考指称对象。相反，你想：“*他*累了”。对于说话者和听话者而言，语言呈现方式（“说话者”）是相同的。但是，心理呈现方式，亦即，对于说话者表达的思想和对于听话者在理解话语时所形成的思想而言，出现在与话语相关联的思想中之指称对象呈现方式是不同的。这种形式的非恒定性与心理呈现方式的*主观性*相伴。

当然，仅仅通过“选择一个视角”（第3.4节）、将与表达式相关联的心理呈现方式定义为*说话者思想中指称对象的呈现方式*，或者另外定义为*理解话语的听话者思想中指称对象的呈现方式*（Evans，1982），就可能坚持认为与“我”相关联的心理呈现方式是恒定的。无疑，当我说“我”时，我藉以思考我自己的第一人称呈现方式与你在说“我”时思考自己的第一人称呈现方式是一样的：在这个意义上，与“我”相关联的心理呈现方式可以说是恒定的。但是，同“我”相关联的语言呈现方式具有更强的非相对化形式的恒定性。A和B两个人将相同的语言呈现方式关联于“我”这个词，无论他们两人中谁说出了这个词。从A的观点看，“我”之例型的指称对象在语言上呈现为说话者，即使是B说出了这个例型。另一方面，如果是B说出这个例型，A并不将“我”之例型的指称对象想作*他自己*。

无论怎样，不能坚持认为，心理呈现方式甚至是在较弱的相对化意义上是恒定的。表达式“这艘船”的语言意义，从而指称对象的语言呈现方式，作为不同例型出现时是恒定的：指称对象始终呈现为话语语境中凸显的一艘船。[1] 但是，心理呈现方式不是恒定的。事实上，它不可能是恒定的。考虑一下下面这句话“〈通过一个窗户

[1] 严格地说，与像“这艘船”这样的指示词语表达式相关联的语言呈现方式要差些。我们无须假定，这种呈现方式包括在话语语境中“凸显”的性质，以解释理解过程中包括这个性质的事实。我们一旦注意到指示词语的指称对象*没有在语言中充分确定*（第18.3节），包含这个性质也就得到了充分的阐释：它基于*语用*因素作为满足语言呈现方式最为“凸显”（或“相关”）的客体加以确定。关于普遍的不充分确定性，参见斯珀伯和威尔逊（1986）；关于指示词语的不充分确定性，参见巴赫（1987：176–179）。

指着一艘船〉这艘船是一艘汽轮，但〈通过另一个窗户指着一艘船〉这一艘船不是汽轮”；假定说话者不知道，两次指着的是同一艘很长的船。[1]说话者尽管就同一艘船既说了是汽轮又说了不是汽轮，但却并非不合理性。说话者之所以并非不合理性，是因为他没有意识到只有一艘船；他没有意识到这一点，因为是以两种不同的（心理）呈现方式思考这艘船的。换句话说，我必须假定指称对象的两种不同的（心理）呈现方式，一种方式对应于表达式“这艘船”的一个例型，以便理解话语。但是，只存在一个语言呈现方式，该呈现方式对于这个表达式的两个例型是相同的。这就为我们提供了有力的论据，以佐证语言呈现方式与心理呈现方式的区分——这个论据可以相当普遍地加以表述。

需要心理呈现方式，以理解我们的态度——例如，以理解我们相信“西塞罗是秃子”而不相信“塔利是秃子”这个事实。为了发挥这个作用，心理呈现方式必须遵循希弗（1978：180）所说的“弗雷格限制”：

> 必然，如果 *m* 是一种呈现方式，在这种呈现方式下，某个在最小程度上具有理性的人 *x* 相信某事物 *y* 是 F，那么，在 *m* 下 *x* 就不可能也相信 *y* 不是 F。换言之，如果 *x* 相信 *y* 是 F，又相信 *y* 不是 F，那么，就存在不同的呈现方式 *m* 和 *m'*，从而在 *m* 下 *x* 相信 *y* 是 F，而在 *m'* 下不相信 *y* 是 F。让我们将之称作*弗雷格限制；这是任何要作为呈现方式的候选项必须遵循的限制*。……实际上，弗雷格限制提供了引入呈现方式的理据。

弗雷格限制提供了引入*心理*呈现方式的理据。但是，语言呈现方式不需要满足弗雷格限制。在船那个例子中，只有一种语言呈现方式：“这艘船”的两个例型具有相同的语言意义，藉由这个语言意义，两个例型将其指称对象呈现为在话语中凸显的船。然而，弗雷格限制规定了在这个例子中存在两个不同的心理呈现方式。既然说话者并非不合理性，却就同一艘船既相信它是汽轮，又相信它不是汽轮，必然存在船的两种不同的（心理）呈现方式 *m* 和 *m'*，从而说话者在 *m* 下相信这艘船是汽轮，而在 *m'* 下相信它不是汽轮。据此推论，语言呈现方式与心理呈现方式之间存在不同。语言呈现方式在不同的出现场合中是恒定的，不一定符合弗雷格限制；心理呈现方式符合弗雷格限制，在不同的出现场合中不一定是恒定的。

语言呈现方式的第一种性质即规约性又怎样呢？心理呈现方式规约性地与语言表达式相关联吗？从我刚才的论述直接推导出否定的回答。假若心理呈现方式不一定在不同语境之间保持恒定，亦即，假如同一个语言表达式有时可能相关联于指称对象的某个心理呈现方式，有时又相关联于另一个心理呈现方式，那么，心理呈现方式就不是规约性地与语言表达式相关联；因为假如是的话，它们就会与这些表达式恒定地相关联。因此看来，心理呈现方式不具有语言呈现方式三个特性中的任何一个。

---

[1] 我从佩里（1977：483）和埃文斯（1986：84）借用了这个例子。韦特施泰因（1986：195–196）使用同样类型的例子，以表明认知意谓不能藉由语言意义阐释。也可参见莱波雷 & 勒韦尔（1986：602）。

## 4.5 结语

重要的是，要认识到宽式 / 窄式的区分适用于话语与思想二者。正如我在第 4.2 节中所说的，认识到这一点就是认识到，正像存在着指示性语句一样，也存在*指示性*思想。然而，我在本章的目的不是为思想与指示性语句的相似性辩护。（我将在第 11—12 章这样做。）相反，我想当然地接受这个相似性，试图表明这个相似性不应当过度牵强附会地使用。假如我的观点正确，我们必须抵制诱惑，不将指示性思想的窄式内容*等同于*用来表达该思想的句子的语言意义（“系统意义”）。假如句子中包括我们会归类于直接指称的表达式，例如，像“我”或“你”这种代词，或者像“这艘船”这种指示词语，句子的语言意义和思想的窄式内容就都包含指称对象的呈现方式。但是，这不能用以佐证将语言意义等同于窄式内容。其原因在于，我已经论述了涉物交流中，作为句子意义一部分的语言呈现方式在重要方面有别于心理呈现方式，心理呈现方式是与句子相关联的思想之窄式内容的一部分。语言呈现方式实质上是描述性的，而包含在涉物思想中的心理呈现方式是非描述性的。

在交流中，语言要与思想相联系，就必须克服语言呈现方式与心理呈现方式的根本差异。在语言编码的描述性呈现方式与所交流思想之成分的非描述性心理呈现方式之间，必须建立起一种联系。这种联系如何建立？这是第 5 章将论述的主要问题之一。

## 第5章

# 指示性表达式的意义与认知意谓

## 5.1 导言

我在第 4 章批判了简化的图景。按照这种理论图景，指示性语句的语言意义是（或者构成）这种句子可用以表达的思想之窄式内容。我业已表明，我们在语言意义（语言呈现方式）层面发现的指称对象呈现方式与出现在思想中的指称对象的呈现方式（心理呈现方式）之间存在系统差异。但是，我就两种呈现方式之间的关系尚未做出任何阐述。假如心理呈现方式不是语言表达式规约意义的一个方面，假如这些方式与语言呈现方式不同，那么，这些方式是如何得以表达的呢？语言如何同思想相联系？这是一个十分重要的问题，确实也是一个困难的问题。我在这一章里，将只是为回答这个问题提供一个开端（第 5.5 节）。唯有在我们探究心理呈现方式的性质（第 6、7 章）之后，方能获得更加充分的回答。

## 5.2 反驳恒定性论调

首先，让我为在第 4 章批判的简化的图景勾勒一个可能的辩护。我所想到的辩护基于第 4.4 节中提出的对恒定论的反驳。根据恒定论，诸如“这艘船”这种表达式具有恒定的语言意义，但是，每当主体可以思考“这艘船是 F，而这艘船不是 F”时，表达式与不同的心理呈现方式相关联。据此推论，心理呈现方式应当区别于在语言意义层面上发现的那些呈现方式（语言呈现方式）。心理呈现方式随语境而变。同心理呈现方式相反，语言呈现方式在下述意义上是“恒定的”，即，同一个表达式始终以相同的方式呈现指称对象。恒定论如是说。

也许可以反对说，基于下述理由可以拒斥恒定论，即，我使用的例子（“这艘船”）包括一个指示词语而非“纯指示语”（Kaplan，1989a：490–491）。按照卡普兰的观点，像“我”“这里”“现在”这种纯指示语在某种意义上语义是完整的，而像“他”或“这艘船”则是不完整的。纯指示语的规约意义充分决定（实际上构成）“系统意义”，亦即，从语境到场合意义的函数。但就真正的指示词语而言，系统意义不是附于孤立的表达式，而附于*与指示行为相伴*的表达式。[1]这样，如果我们像卡普兰那样，将伴

[1] 或者正如卡普兰在《后思》中承认的（Kaplan，1989b：582 及之后），伴随着说话者意向的恰当显现。

有指示行为的指示词语而非孤立的指示词语看作相关的语义单位（即具有系统意义的东西），我们就不再能够将船的例子分析为心理呈现方式在不同出现中发生了变化。究其原因，在这个例子中，我们并没有*同一个*伴有指示行为的指示词语出现两次的情况。指示词语（即，语言表达式）相同，而指示行为（指向）改变了。（参见Wettstein，1986：196注）

这一点得到充分理解，但究竟表明了什么？这表明的一点是，卡普兰本人承认，涉及指示词语时，*语言意义*（就指示词语而言，不同于系统意义）与心理呈现方式相分离。因此，卡普兰和我看法一致，即，指示词语（作为语言表达式）在不同的出现中，心理呈现方式可能发生变化，而语言意义则保持恒定。

然而，卡普兰的区分引起一个重要问题。这是因为并不显然，就纯指示语而言，在语言表达式不同的出现中，心理呈现方式可能发生变化。让我们设法找到一个例子，这个例子类似于船的例子，但包括纯指示语而非指示词语。我在（Recanati，1990：721）中提供了以下例子：

> 我和一个朋友正造访国外一个城市，上午停在一家餐馆前，我的朋友说道："在这里用餐会不错"。我同意。后来，我们停在了同一个地方，朋友再次说道："在这里用餐会不错"。我不同意。又一次地，我们有同一个句子的两个话语（"在这里用餐会不错"），表达相同系统意义下的相同命题。既然包括的是"这里"，按照卡普兰的标准是一个纯指示语，就不可能分辨说，尽管句子相同，但系统意义改变了。然而一个话语的认知意谓不同于另一个话语的认知意谓，这一点由我同意一个话语而不同意另一个话语的事实证明。

我使用那个例子以论证，与诸如"这里"这种纯指示语相关联的心理呈现方式可能在表达式的不同出现中发生变化。然而，正如克里斯托弗·皮科克向我指出的那样，这个例子包含不同时刻做出的判断。这个特征可能被认为足以阐释该实例，而无须假定两种不同的心理呈现方式：可以认为，（主体信念背景中）知识基础的改变，而非所指称地点心理呈现方式的不同，是解释这个例子中相互矛盾之判断的原因。这是一个棘手的问题，因为在某种意义上，我在两个判断之间想法并*没有*发生变化：在做出第二个判断时，我依然同意我朋友第一次说的话（我仍然认为在*那儿*用餐会不错）。[1]可是，皮科克指出以下这一点是正确的：基于一种严格的理解，弗雷格限制必须理解为是说，每当一个理性的主体*同时*判断某个客体是F又不是F，那就包含了两种不同的呈现方式$m$和$m'$。根据这种对弗雷格限制的严格理解，在餐馆的例子中，人们无须假定与单个语言表达式相关联的两种不同的心理呈现方式，因为两个相互矛盾的判断是在不同时刻做出的。

我不得不承认，尽管我竭尽全力请许多朋友（和学生）帮助我完成这个任务，但我没有能找到这样一个纯指示语的例子，从而理性的主体可以同时认为"α是F"和

---

1　这个例子引起的问题约翰·佩里在《关于连续信念的一个问题》（Perry，1980b）这篇论文中进行了讨论。

“α 不是 F”。对于指示词语所可能的，对于纯指示语证明是不可能的。看来，我不可能同时将两个不同地点想成“这里”，也不能同时将两个不同的人想成“我”；[1] 我也不能受骗，相信有两个不同地点或两个不同的人，我可以同时想成“这里”或想成“我”。据此推论，恒定论仅对指示词语有效。心理呈现方式在不同的出现中，不能保持恒定；因此，就指示词语而言，我们不能将语言呈现方式等同于心理呈现方式；但是，没有理由否认，纯指示语在不同的出现中，心理呈现方式是恒定的。

甚至就指示词语而言，可以认为，恒定论*的要求也不*像我在第 4.4 节中提出的那样致命。为了明白这一点，我们来考虑一下由科林 · 麦金做出的论证，大意是：相关于每个指示性表达式，必定存在一个思想成分，这个思想成分并不随表达式不同的出现而变。麦金的论证是先验性的；该论证如下所述（McGinn，1983：64–66）：

> 第一个要考虑的根本因素是指示语的语言意义在不同场合之间的恒定性。蕴含否认这个语义恒定性的任何关于涵义的理论都不可能是正确的；而任何承认这一恒定性的理论不得不在思想层面认识到一种类似的恒定性。这是因为如果其语言表达式具有共同的概念成分，思想就必定具有这些成分……因此，由指示表达式意义暗示的天真观点是，在思考“我”“现在”“这里”等之下的词项时，人们使用单个恒定的概念——关于自己、现在、附近的空间等概念——而非相对于场合的变化的概念……这没有一点是说——显而易见那是错误的——使用指示性概念的思考者通常不将不同的信息集合与指示性地鉴别的思想客体相关联：亦即，我不是在说，你和我在下述意义上对我们自己具有相同的概念，即，我们将同样的信息关联于我们各自对“我”的使用。我也不是在说，鉴别为“现在”的连续时刻对于思考时间者在认知上是无以区别的；对“这里”而言也类似。相反，我的观点涉及由指示语直接表达的概念内容，而不涉及某人可能就其指称对象所具有的其他相关联的信念。

麦金的论证实质上依赖于这样一种主张，即“如果其语言表达式具有共同的概念成分，思想就必定具有这些成分”。我将把这称作心理–语义相似论。[2] 这蕴含着带

[1] 这之所以如此，其原因无法在我们研究的这个阶段做出阐释，因为我们尚未确立涉物呈现方式的性质（参见第 6—7 章）。然而，让我预先做点提示。我们将在第 7 章中看到，纯指示语的心理对应物是自我中心概念，亦即，一个基于佩里所说的主体与属于该概念的客体之间的根本性认识关系的概念。为了阐释文章中提到的不可能性，像克里斯托弗 · 皮科克（1981：195–196）那样强调下述这点就足矣，即，与纯指示语相关联的自我中心概念具有以下性质：在人们无法同时与不同客体具有那种关系的意义上，这种概念所基于的根本性认识关系唯一地决定一个客体。

[2] 麦金声称，我们承担不起拒斥这一论点的代价，因为那样做会“切断思想结构与句子意义结构之间的联系”（McGinn，1983：65）。这里有点夸大其词。不割断句子意义与思想之间的联系，不可否认的是说出含有像“我”这种表达式的句子表达的所有思想必定存在某种共同的东西。但是，人们或许可以分辩，共同的成分不一定是共同的*概念*成分——思想的一个成分。由“我”表达的所有思想的共同点*或许*只不过是这些思想都是关于说出句子的人这个事实；这是所有这些思想共有的东西。但这是一个共同“概念”成分，即，某种内在于思想的东西吗？我可以设想有人分辩说这不是。无论怎样，不管我们是否接受看

有“这里”或“这艘船”的两个话语必定表达具有某个共同成分的两个思想——某个对应于表达式“这里”或“这艘船”的概念。对于纯指示语来说，有关的概念可能径直等同于作为满足弗雷格限制的心理呈现方式。对于指示词语而言，恒定的思想成分不可能是心理呈现方式，但可以是心理呈现方式的*类型*。在船的例子中，同一个表达式“这艘船”其语言意义是恒定的，与两个不同的心理呈现方式相关联。但是，这两个心理呈现方式可以说属于同一“类型”，这个相同类型可以说是恒定地与语言表达式相关联的。[1]

## 5.3 再论简化的图景

到这个阶段，看来简化图景的支持者可以重新获得在第 4.4 节失去的很多地盘。究其原因，这些支持者可以分辩，不再有任何理由否认心理呈现方式*规约性*地相关联于语言表达式——要么像在纯指示语的情形中那样直接关联，要么（像在指示词语的情形中）属于同语言表达式规约性地相联系的类型而间接相关联。相反，有很

（续前注）作先验原则的心理–语义相似论，至少就纯指示语而言，麦金称作“由指示表达式意义暗示的天真观”听起来在直觉上是正确的。看来存在某些思维方式对应于诸如“这里”这种语言表达式，这些思维方式在表达式的不同出现中是恒定的。

[1] 注意，我所说的心理呈现方式在某种意义上已经属于“类型”了。我前面说过，“当我说‘我’时，与你说‘我’时，以某种相同的第一人称呈现方式思考我自己”（第 4.4 节）。这个意义上的心理呈现方式显然是类型，而非例型。这些呈现方式像它们作为成分的窄式内容一样，不与特定的语境相关联。然而，这种心理呈现方式唯有相对于特定语境方能获得“语义值”（确定指称对象）。在这方面，它们与弗雷格涵义迥然不同。在这方面，只有心理呈现方式的特定*例型*同弗雷格涵义相像。（关于心理呈现方式类型 / 例型的区分，参见皮科克（1981：第 1 段）；也可参见下文第 6.2 节）。因此，需要区分三种东西：（i）心理呈现方式同弗雷格涵义相像，因为这些呈现方式满足弗雷格限制；但与弗雷格涵义不同，这些呈现方式并不独立于语境而决定指称对象（语义值）。像它们作为成分的窄式内容那样，这些呈现方式是窄式地个体化的。这种意义上的心理呈现方式恒定地同纯指示语相关联。（ii）指示词语或许可以说是恒定地相关于（i）意义上的呈现方式*类型*或*种类*的，这些类型或种类并不满足弗雷格限制。（iii）在（i）意义上的心理呈现方式的*实例*（*例型*）满足弗雷格限制，*并且*决定语义值（指称对象）。正如皮科克建议的那样，像它们作为其成分的完整思想那样，例型呈现方式可以做出双成分分析：例型呈现方式包括（在（i）意义上的）心理呈现方式加上一个语境中决定的语义值。然而，这个三重区分依然不够。正如麦金在上面所引的那段文章中所指出的那样，我们必须在心理呈现方式——例如，空间相邻概念（即，“这里”恒定地表达的概念）——与我们在特定场合所处地点的*观念*之间做出进一步的区分。麦金所说的“想法”，亦即，我们相关于指示性地鉴别的思想客体的“信息集合”，是上述讨论的例子中从“在这里用餐会不错”一次出现到另一次中发生变化的东西。我们将设想这个句子针对同一地点两次说出的话语，但却以为这两个话语是针对两个不同地点说出的。同一个人同意第一个话语，却不同意第二个话语。在这个情景中，弗雷格限制则不能规定所指称的地点存在两个不同的心理呈现方式，因为两个判断是在不同时刻做出的。不过，我们可能说这包含两个不同“想法”：存在两个不同的信息集合，做出两个相互矛盾判断的说话者将这些信息分别同“这里”的两个例型相关联。结果证明，这两个信息集合关涉同一个地点。我尽管无法在此详述这个观点，但却认为麦金的“想法”与例型心理呈现方式不是同一回事儿（尽管它们包括例型呈现方式）。我在第 7 章，将区分自我中心范畴（这是在本章论述之意义上的心理呈现方式范畴）、自我中心概念（这些概念是例型呈现方式）和第三种概念，即，“由信息饱和的自我中心概念”。最后这个概念对应于麦金的“想法”。

好的理由假定，存在将语言表达式与心理呈现方式（或者就指示词语而言，同心理呈现方式类型）相关联的规约，因为这使人们可以阐释语言表达式与心理呈现方式（或者心理呈现方式类型）之间的联系的恒定特性。

我们一旦采取了这一步骤，就可以认为，我们*必须*接受简化的图景。据此，在语言呈现方式与心理呈现方式之间就不存在差异。这是因为关于心理呈现方式是规约性的这一主张同语言呈现方式和心理呈现方式的区分极不相符：如果接受前者，就最好不接受后者。如果两者都接受就等于接受存在两种规约（根据定义语言呈现方式是由规约构成的）:决定语言呈现方式的规约和将指称表达式与心理呈现方式（心理呈现方式类型）相关联的规约。例如，那就会有两种规约支配“我”的使用:“我”指称说话者这一规约和“我”表达*自我*中心概念自我（即，我关于我自己的思想与你关于你自己的思想之间共同的概念或心理呈现方式）的概念。或者就“这里”而言，就会有两种规则:“这里”用于谈论某人所在的地点之规约和“这里”表达麦金所说的“空间相邻概念”的规约。可是,假如这不是超出必要地增加规约,那还有什么是呢?当然，如果仅有一套规约，那会是诱人的。达致这个目标一种显然的途径正在于放弃区分心理呈现方式和语言呈现方式，接受简化的图景。根据这个观点，指称表达式规约性地相关联于心理呈现方式（类型），指称表达式的语言意义存在于这种关联之中：在指称表达式规约性地与之关联的心理呈现方式（类型）之外，不存在语言呈现方式。基于这个观点,心理呈现方式就是语言呈现方式。[1] 因此,与其将支配“我”之使用的语言规约看作“我”指称说话者的规则，人们会将之视为“我”用于表达*自我*独特概念的规则。在这个理论框架中，只存在一种规约，即，将语言表达式与心理呈现方式（类型）配对的规约。

我刚才简述的观点并不能在先验的理由上予以拒斥。这是理论上严肃的可能性，值得考虑。但是，我极不确信这可以用令人满意的方法加以建构。例如，怎样将之扩展，以阐释“你”的指称对象的呈现方式？是否存在独立于交流的*其他自我*概念？这个概念可以说“你”这个词规约性地表达，其方式与“我”表达交流独立的*自我*概念相同。一般而言，这种形式的简化图景所存在的问题在于迫使我们放弃指示性表达式意义的传统观点,使我们仅剩下创建一种新理论的可能。按照经典例型自反观，像“我”、“你”或“这里”这种指示语的意义由支配该指示语使用的指称规则构成——“我”指称说话者、“你”指称受话者、“这里”指称说话的地方等的规则。这条规则决定与表达式例型相关联的语言呈现方式——例如，“我”指称说话者这条规则决定“我”的例型 $t$ 将其指称对象呈现为 $t$ 的说出者。没有人以指示语的替代性规约充分阐述过指示语的替代性意义理论。甚至都不清楚，是否能像在经典理论中，在替代性理论中以指称规则呈现指示语的涵义。

我想赞成的理论同时满足以下限制条件：

---

[1] 因为语言呈现方式与心理呈现方式（类型）相同一，就不会拥有例型自反的特性；但是，语言呈现方式会保留其他两种特性——恒定性与规约性。

（1）该理论能使我们保留对指示性表达式所做的传统的例型自反性分析；

（2）该理论不假定一套以上的支配指示性表达式使用的规约；

（3）该理论对下述看法做出阐释，即，像“我”、“现在”或“这里”这种指示性表达式恒定地关联于我自己、当下、空间相邻的自我中心概念（心理呈现方式）。[1]

同时满足这三个限制条件是困难的。为了满足（3），假定将心理呈现方式（自我中心概念）同指示性表达式相关联这种做法颇为诱人；既然根据定义，语言呈现方式是规约性的，这就意味着我们牺牲（2）、假定两套规约。与此不同，为了避免牺牲（2），我们可能放弃语言呈现方式与心理呈现方式的区分，将语言呈现方式简约为心理呈现方式，但正如我们看到的，这就意味着牺牲（1）。

我在下文中，将提出一种观点，这个观点满足三个限制条件。为了满足第（1）个限制条件，我提出坚持严格区分语言呈现方式与心理呈现方式。根据我的观点，语言呈现方式正是传统的例型自反性分析所说的那样：“我”的指称对象呈现为说话者、“你”的指称对象呈现为受话者，等等。正如我在第 4.4 节中强调的那样，这些呈现方式与心理呈现方式（例如，就“我”而言，**自我**中心的自我概念）大不相同。为了满足（2），我建议我们拒斥心理呈现方式规约性地关联于语言表达式的主张。根据我的观点，只存在一组规约，这些规约将语言表达式与语言呈现方式（这些呈现方式*不同于*心理呈现方式）相关联。为了满足（3），我们必须阐释指示性表达式与自我中心范畴的恒定联系，而不假定自我中心范畴规约性地同指示性表达式相关联。下一节的任务就是要做出这样一种阐释。

## 5.4 免犯误识谬误

根据我将简述的观点，心理呈现方式不是*规约性地*关联于指称表达式的。仅有一种规约将指称表达式同语言呈现方式相关联，而语言呈现方式不等同于心理呈现方式。就“我”而言，唯一相关的规约是“我”指称说话者这条规约；这条规约决定关联于“我”的语言呈现方式（“说出这个例型的人”）；语言呈现方式转而*非规约性地*决定某个心理呈现方式（类型）得到表达。[2]

这个观点的问题在于理解特定心理呈现方式的表达由语言呈现方式非规约性地

[1] 注意，指示性表达式与自我中心范畴之间存在的密切联系在指示域中并无显见的对应物。正如我们所见，思考“这艘船”之指称对象的方式随语境发生了很大变化，并不存在由指示代词“这”在下述意义上表达的确定的心理呈现方式（即，不存在满足弗雷格限制的东西），而在这个意义上，比方说，“现在”却能够表达当下时刻。是否存在一*种*更加抽象的心理呈现方式可以说成同指示词语表达式相关联（正像我前面提出的那样），这是一个悬而未决的问题，但我认为纯指示语同自我中心范畴相关联是一个事实。下一节将提出的理论正是旨在阐释后面这个事实。

[2] 这大致是埃文斯（1982：313–315）和皮科克（1983：137–139）所持的观点。皮科克在其论文《指示思想与心理学解释》（Peacocke，1981）中，依然为心理呈现方式是规约性的这个观点辩护。

决定这个主张。关于这如何做到，必须做出某种阐述。皮科克认为，支配“我”的唯一规约是“我”指称说话者这条规则；他提出下述机制。**自我**概念由“我”的使用表达，因为通常使用“我”的说话者充分认识到*他*（= **自我**）是说话者，意在通过使用指称说话者的表达式指称*他自己*（= **自我**）。既然很明显说话者充分认识到他是说话者，并且旨在通过说出“我”指称他自己，以第一人称说出的话语就自然正确地理解为“第一人称思维的表达”（Peacocke，1983：138）。“我”与**自我**概念的关联仅限于此。

我认为，这个解决办法基本正确，但也引起了一个问题。假若心理呈现方式不是规约性地同语言表达式相关联，我们又如何阐释它们像麦金所说的那样是由指示性表达式“直接表达”的呢？看来在指示性表达式和同该表达式相关联的自我中心概念（心理呈现方式）之间存在十分密切的关系。这看来同正讨论的观点几乎是不相一致的。按照这个观点，“我是法国人”这句话意谓说话者是法国人，表达**自我**是法国人的第一人称思想，这只是因为（显然）说话者认为“说话者 = **自我**”。根据这个观点，第一人称与自我范畴之间的关联再寻常不过了：这种关联依赖于说话者意识到他或她是说话者。当然，说话者通常认识到他或她是说话者。但是，正如我们前面看到的，他或她有可能认识不到这一点。因此，正在讨论的这个观点远未揭示第一人称与**自我**概念之间的密切关系，反而使表达式与相关联的心理呈现方式之间的联系松散和不牢靠。

我认为，指示性表达式与自我中心概念之间的密切联系可以在第6、7章中提出的涉物呈现方式理论中得到阐释。我们将看到，自我中心概念作为其一种特殊类型的涉物呈现方式最好理解为信息档案。自我中心概念由其具体功能加以区别：这些概念用以记录*以某种方式获得的信息*。自我中心概念同获得信息的特定方法相关联，并且用以存储以那种方法获得的信息。一条信息以某种方式获得并且通过归档于自我中心概念而这样地加以记录，这个事实使某些思想“免除误识性谬误”（Schoemaker，1968）。之所以如此，是因为获得信息的方法决定信息关涉什么。因此，存在获得信息的第一人称方法，而以第一人称获得的信息只能关涉自己。因而，大意为某个（以第一人称方式获得的）信息是关于自己的思想是免除误识谬误的。信息可能有错（可能是错误信息），但是，思考者在将之理解为*关于他自己*的信息（或错误信息）时，是不可能出错的。我认为，正是这种免遭错误识别的性质说明了指示性表达与自我中心概念之间的密切联系。我们来看这个解释是如何进行的。

维特根斯坦隐含地将免除误识的概念局限于心理特性的自我归赋。埃文斯对其提出批评，表明这个概念也适用于*身体*特性的自我归赋。诸如“我的腿盘着”这种信念若以正常的动觉方式（或许可以说，“从内部”）获得，*就会*在下述意义上免犯误识谬误：某人的腿盘着这个信息（即，谓项*ξ的腿是盘着的*被实例化）不是独立于以下信息得到提供的，也不能与这个信息相分离，即，我是腿盘着的那个人；因而，提出以下问题是没有意义的：“某人的腿盘着，但腿盘着的那个人是我吗？”正如埃文斯所言，“在主体以恰当的方式拥有（或看起来拥有）关于实例化的性质是作为F

这个信息与他拥有（或看起来拥有）他是F的信息之间,似乎并不存在差距”（Evans, 1982：221）。当然，同样的信念如果*不*以正常的方式形成，就不会具有免除误识错误的性质。我假如麻醉后在镜子里看到我的腿，发现两腿是盘着的，就获得了我的腿是盘着的信念，但这个信念可能由于错误辨识而是错误的：我可能将腿盘着的那个人辨认错了（我可能正确地相信某人的腿是盘着的，但却错误地将那个人认同于我自己）。在那个情形下，在关于谓项实例化的信息与关于使谓项实例化的是我这个信息之间就存在差距。然而，在另一个情形下（当信念是以正常方式“从内部”形成的时候），就不存在这种差距。假若结果证明我相信*我*的腿是盘着的是弄错了，我就不再有任何理由相信*任何人*的腿是盘着的。正如埃文斯（1982：221）所述：

> 我们不能把动觉与本体感受系统看作获得了关于身体状况的正确*知识*，而这种知识却使身体性质的问题悬而未决。（比如）在这个基础上，假如主体不知道*他的*腿弯曲着……，那么，他在这个基础上就不知道*任何事情*。（要判断*某人*把腿弯曲着就会是胡乱猜测。）

关于我是说出现在正在说出的话的人这个信念，显然可以做出同样的阐释。这个信念假如以正常方式获得，就能免除误识错误。某人在说出这个例型的信息不能独立于（不能脱离）*我*在说出这个例型的信息而提供。因此，在正常情景中，“该例型的说出者”这个概念（即,“我”的指称对象的语言呈现方式）不能脱离**自我**概念（即，对应的心理呈现方式）。当然，从说话者的观点是这样；但情况如此是显然的，因而很明显，第一人称话语表达包括**自我**概念的思想。

免除误识谬误这个性质为下述直觉提供解释，即，心理呈现方式由指示性表达式直接表达。这个直觉源于这样一个事实：在正常情景中，构成语言呈现方式（如，这个例型的说出者）的概念与构成心理呈现方式（**自我**）的概念之间“没有差距”。语言呈现方式与表达式规约性地相关联，心理呈现方式与语言呈现方式之间没有差距；据此而论，表达式与心理呈现方式之间的关联（从说话者的视角看）尽可能地直接——尽可能地像倘若这个关联是规约性的那样直接，尽管这个关联不是规约性的。

我刚才所论述的可以推广至同指示性表达式相关联的各种心理呈现方式。正像关于我（**自我**）正在说出这些话的信念若以正常的方式获得,就免除了误识谬误那样，关于这个例型此时（**现在**）或此地（**在这里**）说出的信念在以正常方式获得时，同样免除了误识谬误：关于说出这个例型的信息与关于这个例型是此时此地说出的信息之间并不存在差距。（倘若结果证明在形成后一个信念中我错了，我也不会有理由持有前一个信念。）这就表明，在正常情景下，正像**自我**概念同语言呈现方式“这个例型的说出者”是不可分离的一样，自我中心概念（即心理呈现方式）**此时**、**此地**同语言呈现方式“说出这个例型的时间”和“说出这个例型的地点”也是不可分离的。

## 5.5 结语

正如我在第 4 章的结语中所说，涉物交流中的语言呈现方式与心理呈现方式存在根本差异：语言呈现方式本质上是描述性的，而心理呈现方式是非描述性的。（涉物交流中包含的心理呈现方式在何种意义上是非描述性的，将在第 6 章详细阐述）。语言要同思想联系，就必须克服这种差异。在本书第二编中，我将运用从语言语用学中获得的工具，探讨如何克服这种差异。我将详述的观点是，在涉物交流中，语言呈现方式对应于构成心理呈现方式的档案中包含的某种信息。因此，两种呈现方式之间的关系将证明是部分与整体的关系，两者之间的联系将描述为通过提喻这一语用过程建立。

在这个理论框架中，可以做出两种有趣的区分：

（1）假若表达式将 *REF* 特征传达为其意义的一部分，提喻的语用过程就是强制性的，因为这个表达式在语言意义层面上是“标记性的”。但是，即使没有语言因素触发，同样的语用过程也可能发生。因此，有定描述语的指称性用法将分析为包含一种*任选性*提喻过程，将理解者从描述语表达的描述概念带至一个涉物概念——一个档案——这个档案包括描述性概念作为成分（第 15 章）。

（2）档案既可能是一个自我中心概念，也可能是一个百科词条（第 7.4 节）。假如档案是一个自我中心概念，而且语言呈现方式对应于通过概念所基于的“基础认识关系”获得的信息，那么，这个概念（更确切地说，概念所例示的“范畴”）就十分密切地同表达式相关联。正是这个特殊情形，我在本章做出了论述。通过本章描述的机制，自我中心概念同指示性表达式相关联。这些自我中心概念的性质将在第 7 章中探究。

# I.3 涉物思想

第6章

# 涉物呈现方式

## 6.1 导言

我所说的“非描述性”或“涉物”思想，意指由包括指称性表达式的话语所表达的那种思想，譬如，保罗疯了、我疯了或者这疯了等思想。（当然，这些思想不一定用语言表达出来；无论是否表达，这些思想都存在。）这种思想存在两个维度：客观的真值条件内容和主观的窄式内容。[1]涉物思想的真值条件内容是单称命题——事实上，这是由字面地表达思想的话语所表达的单称命题（叠合原则）。因而，涉物思想包含一个客体——所思考的对象——而非该客体的呈现方式。然而，正如弗雷格论证所确立的，这种思想包括指称对象的呈现方式。但是，这个呈现方式仅仅出现在思想的窄式内容之中，影响思想的认识意谓，却不影响其真值条件。出现在涉物思想窄式内容中的指称对象的呈现方式，我称之为非描述性或涉物呈现方式。

至此，我尚未就非描述性或涉物呈现方式做多少论述。我赋予这种方式的唯一特性是真值条件无关性（即，这种呈现方式不影响包含它们的思想的真值条件）。我还指出了这些呈现方式如何通过由指示性表达式规约性地表达的语言呈现方式，而得以非规约性地与指示性表达式相关联（第5章）。但是，究竟何为非描述性呈现方式？真值条件无关性是其唯一的规定性特征吗？除了那些同指示性表达式相关联的呈现方式之外，还存在其他非描述性呈现方式吗？这些是我想在这一章和下一章探讨的某些问题。

我首先将讨论埃文斯和麦克多威尔对下述观点的质疑，即，非描述性呈现方式出现在“窄式内容”层面。根据他们的看法，非描述性呈现方式是“客体依存性”呈现方式，无法窄式地个体化。我将设法表明，他们的看法与其拒斥的观点并没有

[1] 将在第11—12章为二维分析法做出论辩。

多大的不同，我将想当然地接受他们拒斥的这个观点。我将论述，除了这些批注性差异，非描述性呈现方式的主要特征是其*关系性*特性。然后，我将探究这个特征与另外两个特征的关系：真值条件无关性与象似性。在下一章，我将区分两种涉物呈现方式：自我中心范畴（即，与指示性表达式相关联的心理呈现方式）与百科词条。我将论证，自我中心范畴本质上与感知相联系。

## 6.2　非描述性与关系性

埃文斯和麦克多威尔的非描述性呈现方式，或按照他们的叫法"涉物涵义"，是弗雷格涵义：是思想成分，将客体决定为相应的指称对象。这些呈现方式的显著特征是*客体依存性*：倘若相应的指称对象不存在，这种呈现方式就不会存在。[1] 直觉地看，涉物涵义可以表征为指称对象的提供方式，指称对象以这种方式提供给思考者。感知是一个例子：通过感知，将客体提供给我们，对客体的感知是将其提供给我们的方式；假如客体本身不存在，对客体的感知就不会存在。假如没有提供客体——例如，假若思考者出现幻觉，同思考者所相信的相反，不存在他实际感知的客体——就不可能存在"提供客体的方式"：没有指称对象就蕴含着没有（涉物）涵义。在幻觉的情景中，不存在思想（因为涉物思想，即，包括涉物涵义的思想，继承了涉物涵义的客体依存性），而只存在思想的错觉。相反，描述性呈现方式是这样一种呈现方式，这种方式出现其中的思想不受指称对象不存在的影响。关于当今的法国国王是 F 的思想之存在，并不依赖于当今法国国王的存在。

在哲学研究文献中，还流行着另外一个非描述性或涉物呈现方式的表述。（出于将变得明白的理由）我们也许可以将这个表述称作"窄式"概念。这个表述可以在（例如）皮科克、佩里、麦金、巴赫和塞尔等人的著述中找到。我在讨论这个概念时，将在大部分时候采用肯特·巴赫明了易懂的表述（Bach，1987）。

巴赫的涉物呈现方式是思想成分，但像真正的弗雷格涵义那样并不决定客体。按照巴赫的观点，*只有相对于语境*，涉物呈现方式才决定指称对象。基于这种观点，涉物呈现方式本身（以及呈现方式作为其成分的涉物思想）是独立于语境的。这特别地意谓"涉物呈现方式可以（而且应当）窄式地个体化，而不提及其客体"（Bach，1987：12）。所以，假如我感知前面有一只苹果，认为苹果是绿色的，在我思想中就出现了一种（感知）呈现方式；无论我感知的是苹果 A 还是苹果 B，只要它们在性质上无以区别，那么，这个呈现方式就是同样的。我所感知的苹果是语境的一部分，我的思想窄式地理解，是独立于语境的。假如在我思考"这个苹果是绿色的"时，（不为我所知）一个苹果取代了另一个，窄式地理解的我的思想是不受影响的。倘若实

[1] 涉物涵义由麦克多威尔在其论文《论专名的涵义与指称》首次引入，与弗雷格"涵义"相对。弗雷格涵义被认为是独立于客体的（McDowell，1977：172–174）。之后，埃文斯提出对弗雷格的一种理解，据此，弗雷格涵义是涉物涵义（Evans，1981；1982，第1章）。麦克多威尔采纳这一理解（例如参见 McDowell，1984：98；McDowell，1986：143–145）。

际上没有苹果，而我产生了幻觉，这个思想还是一样的。

那么，根据巴赫的阐释，如果涉物呈现方式不依赖于客体，描述性呈现方式与涉物呈现方式的不同是什么？按照巴赫的观点，描述性呈现方式与涉物呈现方式的不同如下：

> 描述性思想的客体是满足性地决定的。[因而]思想关涉该客体的事实并不要求思想与客体之间存在任何联系。然而，涉物思想的客体是关系性地决定的。某物要成为涉物思想的客体，就必须与那个思想处于某种关系……涉物呈现方式作为心理指示语发挥作用。这种呈现方式决定某物成为该思想客体所必须同思想具有的语境关系。（Bach，1987：12）

我们来看看这两个概念究竟不同到什么程度。首先，巴赫的涉物呈现方式是类型，不是例型。呈现方式据说不决定指称对象，因为作为类型，呈现方式不决定指称对象：只有作为例型，即，相对于语境，才决定指称对象。所以，正是以巴赫的涉物呈现方式例型为参照，埃文斯和麦克多威尔的涉物涵义必须加以比较。作为例型，巴赫的涉物呈现方式像真正的弗雷格涵义一样确实决定客体。也许可以认为，作为例型，这种呈现方式（在某种意义上）是客体依存性的。假定在一个情景中，我觉察到前面有某个苹果。按照巴赫的观点，涉物呈现方式的一个例型 τ“这个苹果”出现在我的思想中。这个呈现方式的其他例型本可能出现在由其他苹果引起的思想中，也可能出现在没有苹果引起的幻觉思想中。但是，或许可以认为，作为例型，τ 部分地由那个苹果（即，由实际觉察到的苹果，比如，苹果 A）个体化，而 τ 是该苹果的感知表征。假如所觉察到的是另一个性质上无以区别的苹果而不是 A，那就不清楚 τ 本身是否可以说是存在过的。基于这样的思路，可以认为，同作为其例型的类型相反，τ 是客体依存性的。

然而，我刚才提到的客体依存性比起埃文斯和麦克多威尔所谈论的要弱得多。让我们假定例型 τ 确实是客体依存性的：作为例型，假如所觉察到的客体在数值上不同，τ 就不会存在。并非巴赫意义上的涉物呈现方式的所有例型都是这样地客体依存的：只有由其在感知中的客体所实际引起的例型，才依赖于这些客体以实现个体化。但是，考虑一下幻觉的情景：在这种情景中，我们具有*同样*（类型）的呈现方式，而这种呈现方式并不由其客体引起，因为它实际上没有客体。没有客体，例型就不可能是客体依存性的。[1] 至少有些例型不是客体依存性的这个事实表明，在这个理论框架中，客体依存性不是涉物呈现方式的本质特征。作为类型，巴赫意义上的涉物呈现方式以窄式个体化，不提及其客体，甚至也不提及它们具有客体这个事实。但是，埃文斯和麦克多威尔的涉物涵义的一个类型（一个“种类”）是一类涉物涵义，所有

[1] 皮科克（1981：189–190，197）以这样一种方式定义例型呈现方式，从而假如不存在指称对象，就也不存在例型。在皮科克的理论框架中，呈现方式例型不可能不在强式意义上是客体依存性的。皮科克称作“例型”的东西我将在下文称作“成功的例型”。皮科克的立场介于埃文斯–麦克多威尔和佩里–巴赫–麦金的立场之间：他接受窄式地个体化的“类型呈现方式”，但他的例型呈现方式却具有很强的客体依存性。

这些涵义都具有客体依存特性：这是一种涉物涵义的特性，即，这种涵义是客体依存性的。[1]

由于我刚才的论述，我们不能将巴赫意义上的涉物呈现方式例型认同于埃文斯和麦克多威尔的涉物涵义。在幻觉中，不存在涉物涵义（因为不存在客体），但却存在巴赫意义上的涉物呈现方式例型。可是，我们也许极想将埃文斯的和麦克多威尔的涉物涵义认同为巴赫意义上的涉物呈现方式*成功的*例型。巴赫意义上的涉物呈现方式决定某物必须具有的同该呈现方式例型的语境关系，以成为该例型的客体（指称对象）；让我们说，一个例型是“成功的”，仅当存在一个客体，该客体实际具有与例型的那种关系。根据定义，成功的例型具有指称对象，从而是客体依存性的。

根据我刚才简述的观点，看来巴赫意义上的涉物呈现方式（为了清晰起见，自此往下，将称作“心理指示语”）只不过是埃文斯和麦克多威尔所说的涉物涵义的一个方面。心理指示语是涉物涵义的主观成分。另一个是客观的语境成分：这是在呈现方式（例型）与客体之间结成的某种关系的事实。假若缺乏语境成分，心理指示语也就不是成功的。

麦克多威尔不会接受这样地阐释该问题。他不接受关于涉物涵义可以通过窄式理解的呈现方式（心理指示语）加上语境因素做出分析的观点。他不否认在包含感知苹果的思想与一个幽灵的假思想之间存在某种共性；这个幽灵在幻觉中看到一个性质上无以区别的苹果。但麦克多威尔否认这个假定的成分具有思想成分的性质：他说，这不是“内容成分的一个*方面*”，而只是“内容的假定*载体*或*媒介*”（McDowell，1984：注 103）。在这个框架中，心理指示语只不过是一个心理*符号*，这个符号相对于某种语境表达涉物涵义，而相对于其他类型的语境则不表达任何内容（幻觉的情形）。说一个心理指示语是成功的，就是说该指示语出现在一个语境中，相对于该语境指示语表达一个内容（涉物涵义）。但是，就跟语言表达式不是弗雷格涵义的一部分（语言表达式可能在语境中表达这个涵义）那样，心理指示语也不是一个成分，即，不是内容的一个方面。

我在第 12 章将对麦克多威尔拒绝对涉物涵义做出双成分分析的主要理由进行批判。这个理由是麦克多威尔对他所说的“笛卡儿危险”的担心（McDowell，1986：161）。我将表明，接受心理指示语作为内容的真正成分，并不能使我们坚持笛卡儿主义，因而麦克多威尔的担心是没有根据的。尽管这样，麦克多威尔认为心理指示语不可能被看作涉物涵义的*成分*，即使他的这种看法是正确的，这也不能阻止人们以成功的心理指示语来分析涉物涵义。涉物涵义可以径直等同于成功心理指示语所表达的东西。所以，这两种观点在一定程度上是可以互相转换的（正如埃文斯所说，是“记法上的变体”[2]）。

然而，麦克多威尔（1984：104 注）声称这里存在一个实质性的问题。他赞许地引用了麦金的话，麦金将这个问题表述如下：

---

[1] 关于“涉物涵义的种类”，参见第 11.2 节。

[2] 埃文斯（1981：299–300）。麦克多威尔说，这是“埃文斯的过失”（McDowell，1984：104 注）。

> 问题在于，[指示语（例型）的涵义，即，决定指称对象的东西]是否可以看作概念内容，或者必须诉诸概念外（即，语境）因素。埃文斯认为自己是在批判佩里的立场。佩里立场的要旨正在于指示性思想不同于描述性思想，因为在描述性思想中而不是在指示性思想中，概念内容决定指称对象。假若不从这个视角看待该问题，弗雷格的支持者与批评者之间的争鸣就会蜕变成关于“涵义”一词无谓的口水仗。（McGinn，1983：68，注17）

由于区分了表达场合意义的思想*符号*和由此表达的*思想内容*，麦克多威尔就能够拯救弗雷格关于即使在非描述性情形下*内容（涵义）也决定指称对象的论断*。只在前一个层面，即思想符号层面，才必须诉诸语境因素。一个思想符号序列如果包括心理指示语，只在相对于语境时才表达完整的思想内容。但是，有关的内容不需要相对化于语境以便决定指称对象。那些因为认为弗雷格的框架无法阐释非描述性思想而对他提出批评的人，错误地将思想内容（本身决定指称对象）与思想符号（可能需要语境才能表达完整内容）混为一谈了。

但是，我不明白这为何不是一个语言问题。那些认为涉物思想唯有相对于语境才能决定指称对象的哲学家，是在“心理语句”的意义上使用“思想”或“概念内容”的。麦克多威尔所指出的是，在心理语句意义上的这种“思想”（=思想$_1$）并非按照弗雷格标准的思想（=思想$_2$）[1]：而是思想的媒介；需要语境才能确定指称对象（即，才能表达真正的思想$_2$，这个思想转而确定指称对象）。这个事实对弗雷格理论并不造成困难。这同伯奇、佩里等人所错误地认为的相反。人们广泛地接受这一点。但是，再一次地，这是涉及弗雷格理论中的“思想”或“涵义”之意义的语言问题。一旦把这个注释性问题搁置一旁，就没有任何东西阻止人们说，同描述性思想$_1$相反，涉物思想$_1$唯有相对于语境才能决定指定对象（Burge，1977）。比起新弗雷格论者将涉物思想$_2$表征为客体依存性思想$_2$来，对大家都在努力揭示的区别而言，这种表征令人满意的程度并不更低（McDowell，1984）。究其原因，同独立于客体的思想$_2$相反，唯有相对于特定的语境（一个包括指称对象的语境），客体依存性思想$_2$才能够由思想$_1$表达。

总的说来，在我看来，这两种观点的差异就像下述两种理论框架之间的差异一样微小：在一种理论框架中，真假值归赋给由句子例型所表达的命题；在另一种理论框架中，真假值则直接归赋给这些例型本身。尽管如此，我对两种观点的共性要比对两者之间的差异更感兴趣。[2] 在我看来，两者的共性如下：涉物呈现方式——无论是成功的心理指示语，还是涉物涵义——包括与指称对象的某种关系。涉物思想$_2$（或者成功的涉物思想$_1$）经验性地同其关涉的东西相联系。[3] 苹果引起对苹果的感知。

---

1 麦克多威尔认为，这些也不是日常标准下的思想。

2 我将在第11章重新回到呈现方式的“宽式”观念与“窄式”观念之争。

3 可以认为，弗雷格涵义作为柏拉图式实体，无法与客体形成因果关系。由于这个原因，弗雷格论者可能更想说，涉物思想的*思考者*同指称对象相联系。（这一表征引起了另一个问题，即关于抽象客体的涉物思想的问题；这个问题我在本书中将搁置一旁。）

要存在对苹果的感知，这必须如此。在描述性呈现方式与指称对象之间，则不存在这种经验关系：在世界上最强壮的人与我关于世界上最强壮的人的思想之间不一定存在因果联系。[1]

## 6.3　非描述性与真值条件无关性

除了关系性（即，指称对象由关系决定），涉物呈现方式还有另一个典型特征：真值条件无关性。比起第一次引介这个概念时，我现在可以对之做出稍微明确些的表征了。

让我们首先来区分一下表达式的满足条件与指称条件。指称条件决定表达式的指称对象（所表征的东西），而满足条件是客体为了与表达式“匹配”（亦即，由表达式所描绘）而必须满足的条件。一张照片是一种表达式，其特点是这两种条件可能出现偏差。照片的指称条件包含因果关系，意思是说，除非照片与有关客体之间结成某种因果关系，否则照片就不可能是那个客体的照片。然而，照片的满足条件包含一种相似性关系；也许是，无论什么与照片具有恰当的相似性关系，不是因果性地同照片相联系的，而作为指称对象就要求以这种方式相联系。当然，这一切都是为大家所熟知的。

我在上一节的论述如果是正确的，那么，关于非描述性表达式的一个普遍事实是，这些表达式包含一个指称对象的关系性外在条件，这个条件不同于表达式内在的满足条件。描述性表达式的一个特性是，这两组条件重合：描述性表达式指称对象的条件是其满足条件。因此，正像为了如某张照片所描绘的那样，某个客体必须拥有某些特征——同样，为了符合“世界上最强壮的人”这个描述，亦即，为了像这个描述语所描绘的那样，某个客体必须是世界上最强壮的人。但是，为了成为“世界上最强壮的人”这个描述语的指称对象，必须满足*同样的*条件：作为世界上最强

---

[1] 有人可能会反对说，像埃文斯这样的新弗雷格论者恰恰拒斥“照片模式”；根据这个模式，决定指称对象的不是思想内容，而是语境中思想与其客体之间的因果关系（Evans，1982：76–79）。麦克多威尔以类似的口吻表达了对下述主张的不满：“[在有些情形下]重要的不是客体符合思想内容中的具体规定，而是其同思想的场景处于某种恰当的语境关系”（McDowell，1986：162）。但是，这些批评必须恰当地理解。埃文斯提出质疑的是仅仅因果关系对于决定指称对象的*充分性*；为了将某个客体确定为思想关涉的对象，有关的关系必须使思考者能够在思想中*分辨*该客体。埃文斯和麦克多威尔远未否认涉物思想或把握这些思想的思考者经验性地与这些思想的客体相联系，这与描述性情形中的发生的情况相反。他们只是强调，思想（或思考者）与客体的这些关系是涉物思想本身的构成成分，从而作为涉物呈现方式之特征的关系决定指称对象这一点不再对弗雷格关于*意向内容*决定指称对象的原则构成威胁（这样地加以理解，它也不能削弱罗素的以下原则，即，为了拥有关于客体的思想，就必须具有对于那个客体的区别性知识）。换言之，新弗雷格论者所拒斥的不是满意性与关系性的区分。在反描述论传统中，理论家正确地将这个区分用于将涉物思想表征为与描述性思想相对立；新弗雷格论者所拒斥的只是关于决定指称对象的是某种*外在于*思想的东西这个主张。（注意，我至此所阐述的内容中没有任何东西蕴含接受这个主张：在我勾勒的新罗素框架中，指称对象是涉物思想真值条件的一部分；这与关于真值条件内容是思想的有机方面的观点一起就蕴含着指称对象关系性的决定是思想的构成成分。）

壮的人是决定该描述语指称对象的条件；但正如我们所看到的那样，照片的指称条件并不与其满足条件重合。正如巴赫所说,每当指称是“关系性地”而非“满足性地”决定的时候，这两组条件就相分离。

同非描述性表达式相关联的这两组条件相分离，就使得真值条件无关性的概念有点模糊不清。描述性表达式在下述意义上是与真值条件相关的：既是满足条件又是表达式指称条件的条件显然是出现在思想中的真值条件的一部分。“世界上最强壮的人是 F”若要成真，某人就必须满足“是世界上最强壮的人”这个条件；相对于不存在最强壮的人的世界，这个思想就不能成真。然而，因为存在必须加以区分的两组条件，所以，关于非描述性表达式是与真值条件无关的这个观点可以不同的方式理解。要么因为表达式的满足条件不包括在表达式出现其中的思想之真值条件之中，要么因为指称条件没有包括在真值条件之中，某个非描述性表达式可以说成是与真值条件无关的。

尽管我刚才做出了这些论述，但我并不认为真正需要两个不同的真值条件无关性概念。其原因在于，表达式的满足条件和指称条件*两者*都外在于表达式出现其中的思想之真值条件。以我们关于约拿的标准表达式为例。这个表达式包括“被鱼吞下的人”的特征。然而，尽管约拿从来也没有被鱼吞食过，但约拿是素食者这个思想却可能成真。被鱼吞食是约拿这个表达式的满足条件——这是我们这个表达式的内在特征——但是，正如克里普克所表明的那样（Kripke，1980：67），这不包含在表达式出现其中的思想之真值条件之中。我认为，这是显而易见的。也许不那么显见的是这样的事实，即，指称的关系条件（即，“作为与约拿相联系的（错误）信息来源”）*也不属于真值条件*。约拿是素食者是约拿是素食者这个思想的内容；可是，即使我们从未获得过关于约拿的任何信息，约拿是素食者仍可能成真。存在这样的可能世界，在这种世界中，约拿是素食者，而从未有人写过《圣经》；还可能存在其他的可能世界，在这种世界上约拿是素食者，而我们却不存在。相对于这种世界，约拿是素食者成真，尽管在那些世界上，他不是我们掌握的任何信息或错误信息的来源。

许多哲学家难以认识非描述性表达式的指称条件不包含在该表达式出现其中的思想之真值条件之中，因为表达式的指称条件显然*决定*表达式出现其中的思想之真值条件。表达式的指称条件决定表达式的指称，表达式的指称是思想之真值条件的一部分。因此，指称条件决定思想的真值条件内容。但是，我坚持认为，指称条件不是真值条件内容的一个*方面*——指称条件不是思想成真必须满足的条件，而是有关思想（在弗雷格意义上：思想 $_1$ 具有实际具有的真值条件，或者是弗雷格意义上的思想（“思想 $_2$”）得到表达、拥有或抱有所必须满足的条件。重要之点是，涉物思想完全可能“相对于”（或“就”）某个世界成真，在这个世界里，指称的关系性条件没有得到满足。“这个苹果是 F”的思想成真,当且仅当有关的苹果——比方说,A——是 F，无论这个苹果是否使主体感知 A，实际上，无论有关的主体是否存在。

现在可以为真值条件无关性下定义了。某个客体的表达式要成为真值条件无关的，表达式出现其中的思想之真值条件必须是单称性的，而且包括客体本身（指称对象），*不依赖于其满足于两组条件中的任何一组*。假如表达式与真值条件无关，表达式的满足条件或其指称条件就都不包含在思想的真值条件之中。我将如此理解的真值条件无关性看作非描述性呈现方式的根本特性。

## 6.4　真值条件无关性与关系性

呈现方式是否可能与真值条件无关而实质上又不包含同指称对象的关系？假如那是可能的，我们就可能不得不区分两种非描述性：一种是强式的，其特点是关系性与真值条件无关性的结合；另一种是弱式的，其特点则是仅具有真值条件无关性。大卫·卡普兰显然认为，这样一种区分是必要的。他写道：

> 在《施以限量》中，我错误地认为，我现在也许可以描述为某人对单称命题持有某种命题态度（相信、断言，等等）的大部分重要情形，要求这个人与命题的主体结成关系。现在业已清楚，我可以只是通过说出以下的话，就 21 世纪出生的第一个孩子断言他将是秃子：*Dthat [“21 世纪出生的第一个孩子”] 将是秃子*。（Kaplan，1978：241）

按照卡普兰的观点，“Dthat（该 F）”的指称对象是满足性地决定的，而非关系性地决定的——这是满足包含其中的描述语的任何东西——但是，确定指称对象的描述性条件不包含在话语的真值条件之中；真值条件只包括指称对象和是秃子的性质。如果这个分析正确，那么，我们就可以具有真值条件无关性而没有关系性：呈现方式*并非*必须与真值条件无关才能关系性地决定指称对象。根据这个观点，存在两种非描述性：一是标准类型，其特点是关系性与真值条件无关性的结合；二是弱式类型，其特点只是包含真值条件无关性。在卡普兰的理论框架中，由话语“Dthat（21 世纪出生的第一个孩子）将是秃子”表达的思想只在弱式意义上是非描述性的或涉物性的。

卡普兰的例子同埃文斯所说的“描述性名称”十分相似。[1] 描述性名称是这样的专名，其指称对象通过归属性有定描述语确定，这种描述语诸如朱利叶斯作为赋予发明拉链的任何人的名字（“杀人碎尸者杰克”和“海王星”是这种现象在现实生活中的例子）。因为专名是直接指称性表达式，我们用于就某个客体做出某种陈述（从而表达一个单称命题），埃文斯的描述性名称导致与包含归属性描述语的“Dthat”－表达式同样类型的悖论；在两种情形下，看来指称对象的呈现方式必须同时是描述性的和非描述性的。一方面，表达式（无论是一个专名还是一个“Dthat”－表达式）为直接指称性的，这就蕴含着以之思考指称对象的呈现方式与真值条件无关（因为包括直接指称性表达式的话语之真值条件必须是单称性的）。另一方面，呈现方式在

[1] 描述性名称的论题将在第 10 章详细探讨。

下述意义上是“描述性的”，即，指称对象被认为是任何满足相关描述语的客体。为了避免这个矛盾，看来人们就必须区分两种非描述性：基于真值条件无关性的非描述性与基于关系性的强式非描述性。

我将在后面（第 10.4 节）表明，还有另外一种方法消除描述性名称引起的问题。按照这种方法，我们并不真正需要区分两种非描述性。这个结果是幸运的，因为下述主张在某种意义上让我觉得是非常不可信的，即，“朱利叶斯”的指称对象之呈现方式是非描述性的。这之所以不可信，是因为由“拉链的发明者是 F，无论这个人是谁”所表达的思想显然完全可能是描述性的：这个例子中的呈现方式既非关系性的又非与真值条件无关的。可是，若提出只是改变表达方式——只是为发明拉链的无论何人杜撰一个名字——人们的思想就会发生重大变化，这是不可信的。因此，我完全赞同埃文斯下文中所写的话：

> “朱利叶斯是 F”所表达的思想可以等值地表达为“发明拉链的人是 F”……某个理解一个句子并将之接受为成真的人使自己进入一个信念状态，这个信念状态与接受另一个句子的人的信念状态相同。信念状态区分依据导致这些状态的证据以及可能由这些信念状态（结合其他信念）所引起的预期、行为和进一步的信念；在所有这些方面，相关于两个句子的信念状态是无以区别的。我们不能只是通过（用格赖斯的短语说）“笔头一划”——简单地通过把一个新名字引入语言——就产生新的思想（新的信念）。（Evans，1982：50）

就*话语*而言，卡普兰可能是正确的；也许是，某人在所设想的情景中*说*“朱利叶斯是 F”时，就朱利叶斯说他是 F，从而断言一个单称命题。然而，我们务必应当自制而不将这个观点扩展到*思想*。究其原因，某人要*认为*“乌利尤斯是 F”（或者就此而言，“Dthat [ 拉链的发明者 ] 是秃子”）只能抱有完全是描述性的思想，亦即，抱有与他如果认为“拉链的发明者是 F”所抱有的相同的思想。在两种情形下，指称对象的呈现方式相同。这就为坚持认为该呈现方式径直是描述性的，从而既非关系性又非与真值条件无关，提供了很好的理由。我推断，我们无须区分两种非描述性。[1] 我们没有强非描述性呈现方式，其特点是关系性与真值条件无关性的结合；也没有弱非描述性呈现方式，其特点仅为与真值条件无关之性质。这两个性质结合在一起，不能分开。非描述性呈现方式两个性质兼而有之，而描述性呈现方式则哪个性质也不具有。

## 6.5 非描述性作为描述多重性

可以做出另一种努力，以试图表明存在弱非描述性概念，这一概念不包括关系

[1] 这并不是否认，就话语而言需要在下述两者之间做出区分：一者是“朱利叶斯”那种情形，在这种情形下，说话者不能抱有他使用直接指称性表达式旨在表达的涉物思想；二者是正常情形，在这些情形下，主体同他直接指称的客体恰当地相联系（结成关系）。我将在第 10 章讨论描述性名称时回头探讨这个问题。

特性。再次考虑一下像“朱利叶斯”这样的描述性名称。在第10章，我将论证，预期这样一个时间，在这个时间非描述性地思考这个名字的指称对象是可能的；在做出这种预期时构造了这样一个名字：当构造这样一个名字时，我们假定将会知道指称对象，并且得以抱有关于这个指称对象的涉物思想。例如，就“海王星”的情形而言，这是当实际发现这个名称的指称对象时，所发生的情况。当这种“发现”出现时，这个名称就不再是描述性名称了，而成为有关事物的一个普通名称。可是，我想问的问题如下：*什么时候*——在成为一个普通名称的过程中的什么阶段——我们能够说描述性名称的指称对象不再以*纯粹*描述性的方式思考？人们极想回答说，不只是当思考者同指称对象成为“亲知”了，即，当思考者能够以包含与指称对象的经验关系之涉物呈现方式思考指称对象。若要非描述性地思考指称对象，思考者获得格赖斯所说的“档案”即可，这是用于确定指称对象之有定描述语的档案。

在格赖斯框架中，“假如存在一组有定描述语包括 δ，*X* 假定这组描述语的所有成员…… 都由同一个项目满足，那么，*X* 就具有了一个有定描述语 δ 的档案”（Grice，1969：140）。假定说话者获得了有定描述语的这样一个档案，用于确定描述性名称的指称对象；假定说话者获得以下信息，即，朱利叶斯——拉链的发明者——也是某家银行的第一任行长、与《你说的是，小不点儿》（Strasbourg，1920）的作者结婚的男子，并且还满足若干其他描述。进一步假定这些信息与“朱利叶斯”以这种方式相关联，从而“拉链的发明者”这个描述失去了其作为（唯一的）指称确定者的优选地位。这样，“朱利叶斯”这个名字是这样一个男子的名字，关于他存在某个信息档案，这个信息档案包括（但不限于）“拉链的发明者”这个描述。在这个阶段，*诸如“朱利叶斯是 F”这种话语不再与由相同的话语表达的描述性思想相关联；在这相同的话语中，“朱利叶斯”由“拉链的发明者”替代。对于档案中的任何描述语 d，包括“拉链的发明者”这个描述语*，思考者也许会认为，*d* 在档案中不合适，即，它“毕竟没有得到与下述相同的项目所满足；即该项目满足档案中描述语特别偏爱的那部分描述中的大多数或每个成员”（同上，第142页）；思考者可能由于经过这个思想而开始认为，朱利叶斯毕竟不是拉链的发明者。这样一个思想在前面阶段会是矛盾的。那时，“朱利叶斯”是一个描述性名字，不是关联于完整的档案，而是同用于确定其指称对象的单称命题相关联。一旦有了档案之后，也就不再存在矛盾了。

在我所描述的情景中，思考者不亲知指称对象；思考者仅仅“通过（几个）描述语”了解朱利叶斯。思考者与指称对象之间也未必建立起一种因果联系，以便使思考者收集构成档案的描述语：我们也许假定，思考者通过魔法或先见获得这些描述语。然而，在我所描述的情景中，确定指称对象的引介性描述语依从于档案，失去了自己的优选地位：名称成为与档案而不是与创始档案的描述语相关联。由于这个从属性，“朱利叶斯是 F”这一思想的真值条件不再包括对描述语“拉链的发明者”的满足（可以认为，也不包括对档案中任何特定描述语的满足）；也许有理由认为，朱利叶斯不是拉链的发明者（或者，对于档案中的某个其他描述语，朱利叶斯毕竟不能满足该描述）。这当然就提供了一种涵义，在这个涵义上，即使思想者并不亲知朱利叶斯，在这个情景中朱利叶斯也非描述性地受到考虑。*在此，非描述性看来纯粹产生于描述多重性。*[1]

这个例子是否真的表明，呈现方式可能为非描述性的却不包括同指称对象的关系？我可以设想抵制这一结论的两种方法。其一，人们可以坚持，这个例子中的呈现方式是描述性的，并且论证确定指称对象并且出现在真值条件中的描述语不是档案中的任何一个描述语，而是诸如“满足档案中大多数描述语的任何东西”这种元描述语。我不觉得这个论证方式前景看好，所以我将把它搁置一旁。[2]但还有一个反例我觉得相当令人信服。这个反例在于否认在所设想的情景中“朱利叶斯”的指称对象以纯粹“满足的”（而非关系的）方式确定。这就能够阻止得出如下的结论，即，存在一种弱式的非描述性，这种弱式描述性包括关系特性；而同时无须否认指称对象的呈现方式在档案例子中是非描述性的。

这个论证的结构如下：

> （1）在这个例子中，为何指称对象看来实质上以“非描述的”方式得到思考，尽管思考者只有“通过描述”才能知道指称对象，其原因在于，思考者能够获得的描述语无一（即，档案中的描述语没有一个）出现在“朱利叶斯是F”这个思想的真值条件之中。
>
> （2）为何档案中的描述语无一出现在该思想的真值条件之中，其原因在于以下事实，即，这些描述语可能均被看作潜在地不相符合的（即，对于档案中的每个描述语 $d$，可以设想朱利叶斯不是 $d$）。
>
> （3）若要被看作潜在地不相符合，描述语就必须理解为*提供信息的*，而非*确定指称的*；提供信息的（相对于确定指称的）描述语的指称对象恰恰*不是*以纯粹满足的方式决定的。

首先，让我说明我用“提供信息的”和“确定指称的”意指什么。提供信息的描述语的指称对象是其*目标*：是旨在描述的客体，是不依赖于对描述的满足而加以确定的。一个描述语如果能够提供信息，就可能不正确地描述意指的指称对象，构成一个“不相符合（的描述）”。但是，指称确定性描述语除了满足该描述的客体（如果有的话），再没有其他指称对象；因而，满足描述的客体与其意指的指称对象之间不可能发生背离。[3]

在最初的情景中，当“朱利叶斯”这个名字通过指称确定性描述语“拉链的发明者”引入时，不可能出现不符的情况。当其他描述语引入档案时，就存在两种可能性：这些进一步的描述语也许可以（像第一个描述语那样）理解为指称确定性的，或者

1 我刚才简述的观点同维特根斯坦–塞尔关于专名的思路显然具有相似性。

2 我为何不觉得这一论证方式前景看好，一个理由如下：这一论证方式不经论辩就假定，缺乏相关元表达式的认知系统不可能存在于所设想的情景中。这让我感觉不可信。

3 提供信息的描述语与确定指称的描述语之间的区分对应于唐纳伦的“指称性 / 归属性”区分。唐纳伦的区分将在第 15 章加以讨论。

看作提供信息的。假如理解为指称确定性的，指称对象——对应于档案的客体——将以纯粹满足性方式确定，作为任何满足档案中每个描述语的客体。在这种情形下，*除非档案中每个描述语都由同一个客体所满足，否则，就不存在对应于档案的客体*；档案只不过相当于一个长长的合取式指称确定性描述语，不留下任何不相符合的余地。但某些新的描述语也可能理解为提供信息的。在这种情形下，就认为指称得以确定，新的描述语意在对指称对象做出描述。正像应当如此，假如这些描述语不依赖于指称确定性描述语——如果这些描述语无法从指称确定性描述语推论得出——那么，将这些描述语看作对指称对象成真的理由就只能如下所述：指称对象，即，满足指称确定性描述语的客体，以某种方式得到鉴别（或者认为得到鉴别），其他描述语所提供的是（或者意在是）从该客体获取的信息。换言之，档案中要有提供信息性描述语而非仅为指称确定性描述语，*必须建立与指称对象的联系*。当然，这里所说的联系可能是非常间接的，这正像当包含一系列信息时那样；该联系还可能是虚假的：这可能是一个假联系，仅仅产生提供虚假信息的描述语（例如，通过魔术或先见收集的关于朱利叶斯的描述语）。然而，这些描述语无论能否真正能够提供信息，都*假定*基于指称本身；这些描述语通过将指称与认为从其获取信息的客体相联系，为整个档案起着假定的支柱作用。这个信息支柱作用就说明为何起始的指称确定性描述语可以摆脱指称确定角色，并且看作潜在的不相符合描述，这正像任何提供信息的描述语那样。究其原因，指称对象的决定者现在是关系性的：指称对象基本上是从其获取信息的客体。我推断，在有些情形下，非描述性显然产生于描述语的纯粹多重性。即使在这些情形下，也至关重要地包含同指称对象的关系。

## 6.6　非描述性与象似性

除了关系性与真值条件无关性，非描述性或涉物呈现方式还有其他重要特征吗？关于感知这个非描述性思维最显著情形的研究表明了第三个特征，即，*象似性*。象似的表达式不是或不完全是概念性的。这种表达式包括一个图像要素，使之径直成为“非描述性的”。

感知表达式的象似性也许可以通过三个特性分析。其一，表达式是视角性的：从某个视角呈现客体，即，从感知主体的视角呈现。其二，表达式与其客体之间存在很大程度的同态性。[1] 其三，在德雷兹克的意义上，表达式是模拟性的（Dretske, 1981：135 及之后）。假如某个信息由一个信号传递，这个信号还带有关于所表征客体的额外信息，那么，关于该客体的信息就以在这个意义上的模拟形式编码。[2] 因此，

[1] 正如许多人坚持认为的那样，有关的同态性“不应当在一阶关系中寻找，而应在二阶关系中寻觅：一阶关系指的是下述两者之间的关系：（a）单个客体；（b）客体的内在表达。二阶关系则指的是下面两者之间的关系：（a）替代性外在客体；（b）这些客体对应的内在表达式之间的关系”（Shepard & Chipman, 1970：2；Peacocke，1989：305 引用；也可参见 Bach，1970）。

[2] 皮科克（1989：315）对德雷兹克关于“模拟”和“数字”的定义提出了以下质疑：“根据这个定义，……

苹果的意象不但传递它描绘的是一个苹果的信息，而且传递关于诸如苹果的颜色或形状的某种信息。

结果证明，在感知表达式中，存在非描述性的两个来源，一方面是象似性；另一方面是真值条件无关性和关系性。这两组性质之间是什么关系呢？它们必定像关系性与真值条件无关性那样得以共同地例示吗？我并不这样认为。象似性表达式必然包含在想象之中。但是，这里所说的表达式显然缺乏真值条件无关性与关系性这两种性质。假定我设想（或就此而论，梦见）某辆车外观奇特。如果我的表达式能够指称任何对象，所指称的就是任何满足表达式内容的客体，即，指称任何既是车又具有想象的车所具有之外观的客体。（因此，我假如遇到一辆同我梦里所想象的一致的车，就可能说：这是我昨晚梦见的车——或者甚至更进一步：这正是我昨晚梦见的车。）如果这里存在指称这种东西的话，也是满足地而非关系地决定的。除了表达式不是描述性的而是象似性的这一点之外，这个情形与归属性描述语的情形十分相似。正如在归属性描述语的情形中那样，决定指称之条件是思想之真值条件的一部分：我关于奇特汽车假想思想的真值条件——这个思想可能会成真的条件——当然包含满足决定表达关涉什么的条件，例如，“作为车、（正像在意象中那样）具有这样那样的奇特外观”。换言之，表达式尽管不是在最为直接的意义上为“描述性的”，却是与真值条件相关的。

假如我刚才所说的是正确的（即使是错误的——请见下文），我们也必须区分“描述性”与“非描述性”的两个涵义。在我刚才所说的最直接的涵义上，“描述性的”与“象似性的”相对立，大致与（皮尔士术语中的）“符号性的”等值。这个意义上的非描述性表达式是具有我针对象似性提到的三个特征的表达式：视角性、同态性和模拟编码。在第二个涵义上，非描述性表达式是具有关系性与真值条件无关性这两个特性的表达式。在感知中，包含的表达式是在这两种涵义上为非描述性的。但这不应该模糊这样一个事实，即，正像在想象中那样，两种非描述性可能分离开来。（为了防止误解，自此往下，在谈论第二种涵义上的非描述性表达式时，即，关系性与真值条件无关性表达式时，我将使用“涉物表达式”这个术语。）

然而，我关于想象的论述相当富有争议。可能有人会提出，涉物表达式是与在幻觉中包含的表达式相同意义上包含在想象中的。幻觉依附于感知，这是使幻觉性表达式在某种意义上成为“涉物的”之因素：这些表达式属于正常地包含客体的表达式范畴。因此，看作表达式类型，这些表达式是涉物的，尽管（作为不成功的例型）它们不同客体相关联。在窄式内容层面上，这些表达式同标准的涉物表达式无以区分。同样，人们可能提出，想象依附于感知；作为表达式类型的想象感知也可能被看作

---

（续前注）‘约翰是单身汉’这个形式的特定句子的录音［会］带有约翰是模拟形式的人这个信息”。但是，德雷兹克的定义或许可以通过他所说的“一位表征”令人满意地重新加以表述（Dretske，1981：160）。这个定义因而就变成：“将一位表征赋予 $s$ 是 $F$ 这个信息的信号，以*数字*形式带有这个信息，当且仅当该信号带有关于 $s$ 的额外信息，不是任何业已包含在 $s$ 作为 $F$ 之中的信息”。在皮科克的反例中，约翰是一个男人的信息并没有赋予德雷兹克意义上的一位表征，因而按照修改后的定义不能说以模拟形式带有。

涉物的（亦即，奇特汽车想象表征的窄式内容可以归类为属于与这种汽车的感知与/或幻觉的窄式内容的相同类型）。

我将不试图在此解决这个问题。无论人们如何就其与感知与幻觉的关系认识想象，"档案"例子都将两种非描述性强加于我们。档案例子表明，某个表达式可能在涉物意义上是非描述性的，而并非在"象似的"或"非符号性的"这个意义上是非描述性的。主体在我所描绘的情景中所具有的关于朱利叶斯的信息在符号性的意义上纯粹是描述性的：主体唯一知道的是朱利叶斯满足某一组描述语。使主体考虑朱利叶斯的方式（在另一种意义上，即，涉物意义上）成为非描述性只是以下事实，即，那些描述语作为一条条信息，最终衍生（或假定衍生）于朱利叶斯：这就足以建立起同指称对象的联系，这个联系使得呈现方式成为在涉物意义上为非描述性的。不过，这个情景与那样一个情景不同，即，在后边的情景中，我们或许可以说，关于指称对象的信息"从一开始"就是非描述性的，即，不包含关于指称对象的*描述语*（而包含对指称对象的感知或记忆）。换言之，即使描述性信息，*作为信息*，将非描述性的一个重要成分引入基于该信息的呈现方式，也必须区分非描述性信息与描述性信息。据此推论，基于*非描述性*（感知）信息的呈现方式的非描述特性信息在某种程度上过度确定了，这正如埃文斯所正确指出的那样（Evans，1982：132–136）。因此，我建议，在涉物呈现方式内，区分两个小类：一是基于感知的呈现方式，其非描述特性被过度确定；二是基于"源自"客体的描述性信息的涉物呈现方式。前一种呈现方式具有很强的非描述性，而后一种呈现方式仅带有弱式的非描述性。

我认为，藉由这个区分，就可能为专名与指示语之间的心理学差异提供一个表征。正如我将在第 10 章中论述的那样，专名的指称必须在涉物呈现方式下非描述性地加以考虑，但并不一定要以基于感知的强式非描述性呈现方式予以考虑。相反，指示语与基于感知的呈现方式之具体范畴相关联。这是第 7 章的主要论题。

# 第7章 自我中心概念与百科词条

## 7.1 导言

基于我在第6章中的论述可以推论，涉物呈现方式的普遍范畴最好通过信息概念表征：要在涉物呈现方式下考虑某物，主体必须掌握该物的信息。只要是信息，就可能是纯描述性的。（我在此依赖于关于信息的标准阐释；按照这种阐释，信息拥有者与信息关涉的客体之间若不存在因果联系，就不存在任何信息。）因此，涉物呈现方式可以理解为信息档案（的指示器）。这样表征的涉物呈现方式具有两个性质：一方面，其指称（部分地）由关系决定，作为获取信息的来源。另一方面，决定指称的条件不包含在思想的真值条件之中（真值条件无关性）。正如我详细论述的那样，不存在比这更弱的涉物呈现方式。

然而，存在一个更强的概念，对应于一种特定的涉物呈现方式，其非描述特性过度地确定：这种涉物呈现方式在涉物意义上是非描述性的，而且在实质上包含非描述性（象似性）信息的意义上也是非描述性的。由于象似性信息典型地属于产生于感知的信息，所以，更强的概念是“基于感知的”呈现方式的概念。在这一章里，我想论证基于感知的呈现方式是由指示语表达的心理呈现方式。我将把这种呈现方式称作“自我中心概念”，以与另一种涉物呈现方式相对照，另外这种呈现方式我将称作“百科词条”。

## 7.2 指示性与感知

我刚才提出的主张可能看起来令人意外。究其原因，同指示语相关联的心理呈现方式（自我、**此时**、**此地**，等等）看来并不太像第6.6节中描述的感知表达式。当我们指示性地思考某个客体，例如，当我们思考“*这条狗*很古怪”时，似乎就包含了指称的象似性表达式。但是，不清楚同一种分析是否适合于指示语本身。当我们把某个地点想作“这儿”或者当我们以第一人称的方式思考自己时，是否必定包含感知表达式？显见而直接的回答似乎是“不包含”。因此，怎么能够坚持认为，同指示性表达式相关联的对于指称的心理呈现方式是基于感知的呈现方式呢？

我认为，将指示性与感知相联系有显见的理由。我们的感知经验是不可简约地自我中心的。这就是我在第6.6节中所说的感知的*视角特性*：感知实质上都是从某个视角得到的，即，从感知主体的视角得到；感知主体作为埃文斯所说的“自我中心空间”的起源。我们感知经验的这种自我中心性只能使用指示性表达式揭示。因此，我们看到，*那边*的东西快速移动，逐渐向*我们*靠近，等等。（我们的行动计划本身基于我们对世界的感知，而我们是在世界中采取行动的。我们的行动计划承继了这个视角特性或自我中心特性：我们打算捡起*那边*的一盒火柴，等等。）[1] 自然地得出的结论是，诸如在第 4—5 章中提到的自我中心概念构建基于感知的思想：基于感知的思想*是*自我中心的思想。

不过，不能就此推论，所有自我中心思想都是基于感知的。相反，看来在缺乏感知的情况下是可以具有自我中心思想的。因此，伊丽莎白·安斯科姆描述了以下情形：

> 假设我进入“感觉剥夺”状态。视觉阻断，身体每个部位都做了局部麻醉，或许漂浮在一箱温水中；我不能说话，也不能用身体任何其他部位触摸身体某个部位。这时，我告诉自己“我决不能让这种事情再次发生！”（Anscombe，1975：58）

这个例子表明，人们在缺乏感知时可以具有*自我*–思想。（还可以使情况更加复杂，像埃文斯那样设想，经过麻醉的主体同时是遗忘症患者：这也不能阻止该主体拥有*自我*–思想）。还可以找到类似的例子，表明人们在没有关于地点或所思考的客体的感知信息时，可以拥有*这里*–思想或者甚至*这个*–思想（Evans, 1982：161，169）。

感知剥夺情形迫使我们区分两种自我中心思想。基于感知的思想包含自我中心概念，是自我中心思想。然而，并非所有自我中心思想都是基于感知的思想。正如埃文斯所言，将基于感知的思想在自我思想*类属*内部区分出来的是，基于感知的思想由感知信息加以“饱和”（Evans，1982：122）。故此，当我想“那头熊正走近我”时，我就有一个基于感知的思想，即，由熊移动时对熊的感知所饱和的自我中心思想。但是，正像在感觉剥夺例子中那样，我也可能在缺乏任何感知信息的情况下拥有自我中心思想。这样一种未经感知信息饱和的自我中心思想可以称作“纯自我中心思想”，与基于感知的自我中心思想相对。

尽管表面上不然，为了阐释纯自我中心思想，人们不需要割断自我中心概念与感知之间的联系。也许可以坚持认为，自我中心思维要求主体在感知上与思想客体相联系。如果允许所要求的感知联系为*倾向性的*（Evans，1982：161），感觉剥夺的情形并不构成这条原则的反例。基于这种理解，“即使主体的感官不起作用，信息联系依然成立”（Evans，1982：161 注）：只要主体的思想在*理论上*对来自客体的感知信息敏感，这个信息联系就成立。感知信息即使没有实体化，但却可能存在。正是

---

1　这错误地暗示，相对于感知，行动是第二位的。但是，正如佩里像吉布森（1968）那样所不断强调的，感知本身几乎无法与移动和行动的能力相分离。（这一点在孔狄亚克中已有论述；关于孔狄亚克与吉布森的论述，参见 Morgan，1977：164–165）。因此，感知与行动最好看作统一的复杂系统的两个方面，这个系统我们也许可以称作“自我中心系统”。

对感知信息的这种敏感性，埃文斯看作构成了自我中心思维。因此，“假如主体要自我意识地思考自己，就必须倾向于具有这样的思维，这种思维由主体[感知中]可能会获得的信息控制”，特别是通过本体感受和运动感觉加以控制（第216页）。同样，“假如主体不能领会他可能具有的任何感知与其思想的真值及影响的相关性……，就难以看到我们如何可能认为该主体具有关于这儿的思想”（第161–162页）。因此，可以说所有自我中心思想都至少在下述意义上包括感知，即，这种思想的构成特征是“受控”于感知系统的作用，*如果存在这种作用的话*。纯自我中心思想在某种程度上由感知*反事实地*控制：在感觉剥夺那种例子中，不存在感知；但假如存在，因为思想是自我中心的，所以就会受感知控制。

当然，并非任何类型的感知信息都与任何类型的自我中心思想有关。哪种感知信息与特定自我中心思想有关，这取决于作为思想成分出现的自我中心概念。正如埃文斯和佩里都强调的那样，自我中心概念与基于同思想客体的特定关系而获得（感知）信息的特定方式相关联。（我将在下一节提供埃文斯–佩里的观点。）这表明，感知信息仅在以与该概念相关联的特定方式获得这个程度上，同某个自我中心概念有关。

## 7.3 从“存储器”到自我中心概念

在感知中，我们藉由与客体处于某种关系而获得关于这些客体的信息。因此，通过观看一个客体，或者把它拿在手里，我获得关于该客体的（视觉或触觉）信息；藉由站在某个地方，我获得了关于那个地方发生什么情况的信息；藉由作为某个人、带有某个身体，我获得关于那个人和那个身体的信息。在每个情形下，对应于主体与信息关涉之客体所处的特定关系（或者成组的协调关系），[1]就有获取关于客体之信息的特定方式。有一种获得关于我们自己之信息的特定方式，这个方式依赖于我们作为自己：我们能够以这种方式（第一人称方式）获得关于我们自己而不是任何其他人的信息。同样，有一种获得关于某个客体的特定方式，这个客体只能由那些能够在自我中心空间中觉察和“跟踪”该客体的人获及；有一种获得关于某个地点之信息的特殊方式，这个方式依赖于我们占据有关的空间；诸如此类，不一而足。[2]像埃文斯和佩里那样，我提出，自我中心概念同基于某人思想客体的“根本性认识关系”

[1] 为了阐释“跟踪”，就需要做出这个限定。跟踪是包括一组更加基本关系的根本性认识关系。第10章（第10.2节和10.5节）将简要探讨基于“跟踪”关系的指示概念。

[2] 存在这些“获得信息的特殊方式”，就说明了免除误识谬误这个现象（参见第5.4节）。获得信息的一种特殊方式如下，以此方式获得的一条信息只能是关于主体与之处于某种关系的客体的信息——获得信息的特殊方式就基于这个关系。据此，以此方式获得的信息只能是关于与主体结成那个关系之客体的信息。如果只存在一个这样的客体，信息关涉哪个客体就不存在误解。因此，以第一人称方式获得的信息只能是关于主体的（有关的关系是同一性关系）。结果可能证明是错误信息，但这个信息不可能是关于主体自己以外的某个对象的。

获得信息的特殊方式相关联。[1] 因此，**此地**（我们用指示语“这儿”表达的概念）关联于埃文斯描述为“获得我们藉由占据一个地方所具有的知识之特殊方式”（Evans，1982：153）；**自我**概念关联于获得关于一个人的信息之特殊方式，我们藉由作为那个人而具有这个信息；等等。据此推论，同我的第一人称思想有关（即，可能“控制”这种思想或使之“饱和”）的信息，是我“从内部”获得的那种信息，这正像当我感到风吹拂着我的头发，或者我牙疼，或者我感到脸红时所获得的信息；同我的*这里*-思想有关的信息是我藉由占据所在地点而获得的无论什么信息；等等。

我们可以像佩里那样，将自我中心概念理解为“存储器”，用以存储以上面提到的特殊方式获得的信息，而不将感知信息作为同包含特定自我中心概念的思想相关、对之加以饱和或控制来加以讨论。[2] 基于这个方案，**此地**存储器储存藉由占据有关地点所获得的关于地点的信息；因此，假如我藉由占据地点 $p$ 而获得关于 $p$ 的信息，那条信息就存入**此地**存储器。同样，**自我**存储器是储存藉由作为一个人而获得的关于这个人的信息。

然而，自我中心概念不能简约为刚才解释的意义上的“存储器”。某种东西要成为真正的**思想**范畴（概念），就必须遵守一个基本限制，埃文斯称之为普遍性限制：“假如可以认为主体具有 $a$ 是 $F$ 的思想，那么，对于每个作为他具有概念的 G 的性质，他就必须拥有 $a$ 是 $G$ 之思想的概念资源”（Evans，1982：104）。就诸如自我、**此地**等自我中心概念的情形而言，我们必须能够不仅拥有自我是 F 的思想（其中的 F 是某种谓项知识，其示例能够以同自我存储器相关的特殊方式获得），而且拥有自我是 G 的思想（其中的 G 是某种谓项知识，其示例*无法*以有关方式获得）。换言之，某人具有关于自己的概念就必须能够不仅拥有**他**（**自我**）头疼的思想，而且拥有他生于 1952 年的思想，或者拥有他在遥远的将来将死于车祸的思想。可是，正是由于这种信息（主体生于 1952 年，或者他将死于车祸）无法像某人头疼的信息那样，以第一人称的方式获得，而只能以第三人称的方式获得，所以，**自我**概念必须能够与不属于输入**自我**存储器的那种信息相联系使用（那种信息即为以同**自我**存储器相关联的“特殊方式”获得的信息）。果真如此，那么，仅当（并且在下述范围内）该存储器能够超出其狭窄的信息域加以使用，以满足普遍性限制，自我中心存储器方能成为真正的思想范畴。

为何自我中心概念必须满足普遍性限制，存在一个显见的原因。这个原因与思想的整体特性相联系。我这样说的意思只不过是，*某物如果不能结合到我们总的思想系统之中，就不成其为思想*。可是，像“生于 1989 年”这种谓项具有这样的特征，即，

[1] “根本性认识关系”是佩里的用语（Perry，1990a，1992）。在佩里的框架中，根本性认识关系与根本性语用关系密切联系。根本性语用关系涉及行动，也是我前面所说的自我中心系统的一部分。

[2] 尽管我使用了佩里的术语，但我并不设法信守他的用法，他的用法往往随着他对这个论题研究的推进而变化。佩里现在（1992 年）称作“存储器”的东西跟他若干年前（1990 年；那时我从他那里得到了这个术语）叫作“存储器”的东西迥然不同。正如佩里*现在*那样使用这个术语，“存储器”符合下面提出的客观性限制。因此，倘若在佩里新的意义上理解“存储器”，那么，将在第 7.4 节做出的“存储器”与“自我中心概念”之间的对比就不会成立。

其示例不能通过感知察觉。人们感知一个婴儿现在正在出生，但人们不能感知他在1989年正在出生：人们不得不使用诸如“现在 = 1989年”这种额外的前提来推论这一点。这种前提我将称作“连接思想”。正如约翰·佩里所强调的，[1]这种前提对于将基于感知的知识（包括自我中心概念）结合到我们的普遍性世界知识之中是必要的。例如，1989年是法国革命两百周年，这是我普遍知识的一部分。知道这个婴儿现在正出生，并且相信现在 = 1989年，我就能够推断这个婴儿的出生与法国革命两百周年重合。若没有连接思想“现在 = 1989年”，我的普遍世界知识和我从感知获得的知识就无法经过推导加以结合。因此，基于感知的思想进行结合（从而作为真正的思想）的条件是，出现在这些思想中的自我中心概念也能够出现在连接思想中，即，*同非感知信息相联系*。再一次地，我们得出结论，即，自我中心概念必须能够在其狭窄的感知域之外利用。

总之，自我中心概念与其祖先“存储器”之间的差异在于，只有（恰当类型的）感知信息可以放入自我中心存储器，而自我中心概念适宜于任何类型的信息：像其感知祖先一样，自我中心概念用作感知信息储存器，但这些概念还承载着描述信息。当我抱有我有一个保加利亚祖父的思想，或者抱有现在6点这个连接思想时，就出现了这种情况。（正如我们将在第7.4节中看到的那样，自我中心存储器和自我中心概念之间还存在另一个重要不同：自我中心概念而非自我中心存储器满足对概念的第二条限制，我将之称为客观性限制。）在这个框架中，“纯粹”自我中心思想的可能性，亦即，在感知之外利用自我中心概念的可能性，径直从自我中心概念作为真正的概念这一点推论得出。

## 7.4 稳定的客体档案与不稳定的客体档案

出现的总的图景如下。[2]需要区分三个层面。底层是感知层面，这个层面我们与动物分有。在这个层面上，感知信息被放入对应于感知情景各个方面的各种元范畴（“存储器”）中；感知信息的象似性在第6.6节中做了强调。*顶层*包含我所说的我们的普遍思想系统或世界知识。这个层面可以表征为一个概念网络，亦即，一本百科全书，网络的每个节点作为百科全书中的一个“词条”。这样，还有一个*中间层*。在这个层面，正如在百科全书中，我们发现概念。但这些概念与底层的元范畴高度对应。

在这个框架中，还有许多问题有待解决。让我们从最为明显的问题入手。我业已区分的两种（涉物）概念或呈现方式——中间层面的自我中心概念与顶层的百科词条——究竟有什么不同？我们不能说，这个不同定位于包含的*信息类型*，因为刚才业已论证了自我中心概念可以承载任何类型的信息，无论是感知信息还是非感知

[1] 佩里将之称作“定向语句”：参见佩里（1986a：353）。

[2] 我这里改编（修正）佩里（1986a，1986c 和 1990a）所勾勒的三层图景。

信息。不过，这显然同样适用于标准的百科词条。我关于罗纳尔德·里根的概念可能包含任何类型的信息，不管是感知信息或者不是感知信息。那么，两种概念之间的差异是什么？

从至此做出的论述，出现了以下回答：

> 自我中心概念的构成性特征是用作感知信息的存储器，因而，至少有时在感知中加以利用，这是成为自我中心概念的一个必要条件；而像罗纳尔德·里根这样的其他概念则不存在这种条件。假如感知信息输入其他概念，这纯粹是偶然现象。

正如“构成性”“必要的”“偶然的”等词语所示，这是一个模态断言。感知信息据说对于自我中心概念*是极其重要*的，而感知信息对于标准百科词条则*不那么重要*。为了理解这个模态断言，我必须引入两个新的概念：“客体档案”概念与“由非描述性信息主导的”客体档案。

与存储器相对照，自我中心概念与百科词条具有某种共同之处：两者是*客体档案*，但存储器则是角色导向而非客体导向的。客体档案的单一性源于其指称的单一性，即，源于档案关涉的客体。但是，角色指向档案的单一性并不源于其指称；原因很简单，并不存在指称的单一性，不存在档案关涉的单一客体。例如，存储器“这儿”的内容包括我眼下正在获得的任何信息；这些信息的获得，要通过基于根本性认识关系的知晓特殊渠道（亲知方式）：*处于地点 p*。在时间 $t$，这个亲知方式提供了关于地点 $l$ 的信息。但是，在时间 $t'$，就提供了关于另一地点 $l'$ 的信息（假设我在移动）。内容的单一性不是源于客体，而是源于*亲知方式本身*：内容不是关于某个客体的档案，而是以某种方式获得的无论什么信息的档案。

不过，我们可以考虑，*在某个时刻 t*，存储器的内容提供了关于某个客体的信息，亦即，该客体在 $t$ 作为支撑亲知方式之“根本性认识关系”中的*关系项*。所以，我们可以考虑，*相对于*给定语境，时间得以确定，存储器的内容就构成一个客体档案。因此，相对化于特定的语境可以看作存在真正的客体档案的先决条件；真正的客体档案的特点是指称的单一性。这就是我所说的客观性制约。除了这个限制，我们在第 7.3 节中看到，有关的客体档案必须满足第二个条件（普遍性）才能成为真正的概念：档案必须向任何类型的信息开放，这些信息不一定以特殊方式获得，甚至不一定通过亲知获得。如果这两个条件得到满足——如果确定了语境，以确保指称的单一性，而且如果从相关亲知方式以外的其他来源增添了信息——我们就拥有了我称作自我中心概念的那种概念。因此，这两个条件（客观性与普遍性）的满足可以看作将存储器转换成了自我中心概念。

现在，让我们来考虑一下自我中心概念与百科词条的区别。自我中心概念与百科词条两者都是可能包括任何类型信息的客体档案。我提出，两者的不同在于，基于根本性认识关系的非描述性信息在自我中心概念中占*主导*地位。我的意思是说，档案的存在，只是因为主体藉由根本性认识关系能够从客体收集非描述性信息。当主体与档案关涉的客体之间不再存在根本性认识关系时，即使仍然能够获得关于客体的描述性信息，但主体就不再能够从客体获得非描述性信息，档案也就不复存在。

所以，非描述性信息的主导性蕴含自我中心概念实质上的*不稳定性*。关于客体的非描述性信息藉由我们与该客体在时间 $t$ 结成的根本性认识关系而可以为我们获得。在之后的某个时刻 $t'$，这种关系不再存在，这种信息也就不再能够获得。这就意味着该信息主导的客体档案（即，在时刻 $t$ 作为范畴内容的客体档案）在时刻 $t'$ 就不复存在了，而创生出另一个客体档案，这个档案关涉客体，如果存在任何客体的话；该客体作为在 $t'$ 的根本性认识关系之新*关系项*出现。因此，自我中心概念是*临时的*客体档案，[1] 延续时间不会很长。

同不稳定的自我中心概念相反，百科词条是*稳定的*客体档案，因为百科词条不由非描述性信息主导。既然非描述性信息不占主导地位，这就使客体档案成为独立于“亲知语境”（即，与关系项的成套根本性认识关系）。档案的存在不再相对于特定的亲知语境。

例如，考虑一下两个简单的客体档案，自我中心档案“那个一直盯着我的男子”和百科词条“我妹妹的钢琴老师”。除非我相信一直盯着我的那个男子是我妹妹的钢琴老师，这两个档案各自的内容显然会不同。在第一个档案中，我们将找不到同我妹妹的钢琴老师相联系的信息，而在第二个档案中，也找不到关于盯着我的那个男子的信息。两个档案之间进一步的差异在于以下事实，即，非描述性信息（即，在那个男子盯着我看时我通过对其的感知能够获得的信息）在第一个档案中是主导性的，但我们可以假定，在第二个档案中则不是主导性的。

为了理解非描述性信息的主导性在于什么，让我们通过假定盯着我的那个男子被认出（重新识别）是我妹妹的钢琴老师，抑制两个档案之间第一个差异的出现。于是，*两个档案中的信息就都转入另外一个档案之中*。关于钢琴老师的信息输入“盯着我的那个男子”的档案，而有关男子的信息输入“我妹妹的钢琴老师”这个档案。现在，两个档案中的信息内容相同，然而，两个档案仍然不同。在“盯着我的那个男子”的档案中，我们发现：（i）非描述性（视觉）信息，这个信息通过与档案关涉的客体 x 的根本性认识关系产生，亦即，x 是一个男子、x 在盯着我、x 穿着白色衬衫，等信息；（ii）不是通过根本性认识关系而是通过藉由连接思想“这个男子 = 我妹妹的钢琴老师”对客体“重新识别”而产生的信息，例如，x 是我妹妹的钢琴老师、x 是个疯子、x 的课相当昂贵等信息。在第二个客体档案（即，标有“我妹妹的钢琴老师”的档案）中，我们发现与第一个档案完全相同的信息，两者的不同如下：尽

[1] 参见巴赫（1987：36）：“带有名称的档案……是相对永久的档案，储存在长期记忆之中；但我们还有临时档案……指示代（副）词和指示语常用于创建临时档案”。还可参见米利肯（1984：172）：“我们每个人都拥有某些非常普遍的能力……这些能力使我们能够为我们可能感知到的几乎任何东西创建临时的内在术语……这些能力产生环境中个体事物的临时概念。但是，这种概念为时的长度不超过跟踪过程”。关于临时档案，还可参见第 10.2 节引自安妮 · 特雷斯曼的话。

管通过根本性认识关系获得的非描述性信息在第一个档案中是主导性的，因而该档案的存在依赖于根本性认识关系的持续存在，但这种信息在第二个档案中则不占主导地位。结果，正如巴赫所说（Bach，1978 : 36），第一个档案只"基于短期"建立；这是同指称对象根本性认识关系的认知反映。第一个档案不比指称对象存续时间长。然而，第二个档案存续时间要长于当下感知接触时间。

若说档案不复存在，这并不是说档案中的信息消失了。正如刚才所强调的，信息转移过程的发生是由于我将盯着我的那个男子重新识别为我妹妹的钢琴老师。这个过程之所以十分重要，正是因为这个过程使得临时档案中的信息通过输入稳定档案而保存下来。[1]

## 7.5　结语

存在两种涉物呈现方式：一种是自我中心概念；另一种是百科词条。自我中心概念是信息档案，这些档案预设亲知档案的指称对象，亦即，预设佩里所说的*根本性认识关系*的那种与指称对象的特定关系：与使思考者能够藉此获得非描述性信息之客体的一种（或一组）关系。自我中心概念用作非描述性（基于感知的）信息的存储器。标准百科词条尽管预设同指称对象的信息联系，却并不预设亲知。作为思想范畴，自我中心概念和百科词条都满足普遍性限制，因而两者都容纳任何类型的信息，无论是感知信息还是其他信息。但是，感知信息在自我中心概念中是*主导性的*，而在标准百科词条中则不占主导地位。

通过亲知获得的非描述性信息的主导地位契合作为感知存储器与百科词条之间中间层面的自我中心范畴之特定地位。存储器是角色导向而非客体导向的。存储器记录基于亲知所能觉察的任何东西，而不取决于该信息关涉哪个客体。百科词条中所存储的主要是*关涉客体*的信息。自我中心范畴处于两者中间：相对于给定语境，自我中心范畴的内容是像百科词条那样的客体档案，但在自我中心范畴与客体档案之间并不存在一一对应的关系。相对于语境 $C$，某个自我中心范畴作为其内容，拥有关于在 $C$ 进入有关认识关系的客体之信息档案（或"自我中心概念"）。但是，在之后一个时刻 $t'$，另一个客体以这样的方式进入有关的认识关系，从而一个新客体档案（一个新的自我中心概念）就取代了第一个客体档案。[2] 因此，自我中心范畴的信

[1] 即使主体不能重新识别临时档案的指称，从而不能发现将新获得的信息置于其中的先前存在的稳定档案，但临时档案中的信息也可能得以保存。在这种情况下，为了保存信息，始终可能创造一个特殊用途（稳定）客体档案，这个档案关涉在时间 $t$ 给主体留下某种感知印象的无论哪个客体。这样一个客体是语境依赖性的；它不受非描述性信息主导。在此，这个策略在于通过明确表征获得非描述性信息的语境（Smith，即将发表），从非描述性信息中创生描述性信息。之所以需要这个策略，不仅为了在无法获得先前存在的稳定档案时，从临时档案中转移信息，而且为了在使该信息可以获得的根本性认识关系不复存在时，在百科词条内保存非描述性信息。

[2] 正如有些读者可能业已注意到的那样，我在此相对于自我中心"概念"称作自我中心"范畴"的东西，是我前面所说的心理呈现方式，相对于其特定的"实例"。参见第 50 页注 1。

息内容在指称上是不稳定的，这就像感知存储器的信息内容一样。这个不稳定性源于语境敏感（基于感知）的信息之主导作用。

无论两者有何不同，自我中心概念与百科词条共有的一个重要特征是其涉物特性，亦即，两者对它们出现其中的真值条件的制约。*当这样一个概念或呈现方式出现在某个思想中时，指称对象本身就成为思想之真值条件的一部分。*（因而，除非这个个体存在，否则，就没有表达完整思想。）人们假定，在心智之外存在一个客体，主体——要么像在自我中心思维中那样，藉由某种具体关系，要么通过可以获得的任何渠道——从这个客体获得信息；这个客体是同评价思想的成真成假有关的客体。语言中的直接指称只不过反映了我们的思想关涉世界的这个“指称性”特征。

我刚才称作我们关于世界的思想之指称性特征的东西也可以称为（强式意义上的）“意向性”：藉由意向性思想指向思想之外的某个客体。基于目前的概念，同直接指称是语言的内在特征一样(第 1.5 节),意向性是思想的内在特征。正是这个特征，我们的某些概念——涉物概念——拥有。必定存在这样的概念，当我们思考世界时，我们以这些概念思考客体；在这个意义上，我们无法“直接”思考客体：若没有概念作为中介，我们就无法思考客体。但是，在另一种意义上，由于涉物概念的特殊性质，直接思考客体是可能的。涉物概念是这样的概念，*这些概念出现其中的思想被认为表征指称对象本身，而不取决于指称对象满足用以思考该指称对象的那个概念。*与真值条件无关的特性是涉物呈现方式的特征。这一特性是语言中 REF 特征的心理对应物，藉由简单的建构手法获得：将我们的客体概念置于假定从客体产生的信息档案之中，致使包含档案指示成分的思想关涉客体本身。

# I.4 专名

## 第8章 专名的意义

### 8.1 导言

专名经常认为是典型的直接指称性表达式。之所以如此，原因如下所述。指示语贡献于所表达之命题的是其指称对象，而不是指称对象的呈现方式;在这个意义上，指示语是直接指称性的。不过，指示语确实通过语言的语义规则以某种方式呈现其指称对象。(这个呈现方式构成了指示语的“系统意义”，而不构成其“场合意义”。)此外，思考这种表达式的指称对象还有一种特定的方式。例如，说话者将第一人称代词的指称对象看作*他自己*或*她自己*。我坚持区分这个心理呈现方式(在这个例子中，**自我**概念)和语言呈现方式(“这个例型的说出者”)。应当区分三个层面，而不是两个层面:就跟话语的认知内容(思想)不能简约为所表达的命题那样，这个内容也不能简约为句子意义。句子意义与话语所表达的思想两者都包括指称对象的呈现方式，而所表达的命题是单称性的，只包括指称对象。不过，为何认为专名比指示语“更加”直接地指称性的，其原因在于就专名而言，可以认为，无论在意义层面还是在思想层面都不包含呈现方式。专名经常被说成是没有意义的，不与思考其指称对象的任何特定方式相关联。

在这一章里，我将探讨第一个问题，即，专名的意义这个问题。专名有涵义吗?讨论将围绕四个具体断言，这四个断言反复做出，作为对这个问题的可能回答:

(1)专名没有意义。
(2)专名不是语言的一部分。
(3)专名NN意谓“叫作NN的实体(事物、人，等等)”。
(4)专名的意义是其指称对象。

在第8.2节，我将对第(1)、(2)两点提供合理的理解——即，(1)和(2)的弱式表述——并且表明，这两条为（3）铺平了道路。在第 8.3 节，我将基于（3）对“指示观”做出更多论述。接着的两节将在（4）的基础上专注于指示观与其替代观——“同音（形）异义观”——的冲突。在下一章里，将为指示观做出辩护，对克里普克的质疑加以反驳。

## 8.2 专名的系统意义

经常说专名没有意义的主要原因如下。为了用（例如像“桌子”这样一个通名的）普通词指表客体，该客体必须具有同这个词语相关联的某种特征。因此，某个客体除非具有桌子的特征，否则就不会包含在“桌子”一词的外延之中。我不能随意地把我想叫作桌子的任何客体叫作“桌子”：某些条件必须得到满足。但是，我可以随意地给我的猫起任何专名。假如我想那样叫的话，就可以把我的猫叫作“桌子”（在这是一个专名的范围内）。[1] 同样，我可以把某人称作“你”，仅当我在对那个人说话，因为按照语言规则，**“你”**指称受话者；但我若想这样做，就可以把任何东西叫作专名**“你”**，只要我使自己的意向足够明确。人们假定这表明，不仅在（概念的）“场合意义”上，而且在（理解为语言呈现方式的）“系统意义上”，专名都缺乏意义。果真如此，那么，专名比其他直接指称性表达式更具直接指称性。像指示语这样的其他直接指称性表达式尽管缺乏概念性场合意义，但具有系统意义。

即使真是这样，我也不能接受断言（1）的强式理解。按照这个理解，*专名根本没有意义*。究其原因，我说直接指称性表达式传达特征 REF 作为其意义的一部分，以此对这种表达式加以定义；这样，专名作为直接指称性表达式，就必定具有意义。但是，可以认为，专名除了 REF 特征之外，不具有任何意义——这是对断言（1）做出的较弱且更加有趣的理解。根据这个观点，专名没有“系统意义”：藉由 REF，专名指明存在这样一个实体 x，从而专名出现其中的话语成真，当且仅当 x 符合谓词，但专名并不将这个实体以特定方式呈现——专名不表明如何在语境中鉴别这个客体。我将把对（1）的这个弱式理解称作（1）*：

> （1）* 专名的意义仅限于 REF 特征。藉由这个意义，专名指明存在这样一个实体，从而话语 S（NN）成真，当且仅当 x 满足 S（ ），但话语并不以特定方式呈现这个客体。因此，在对指称对象的（语言）呈现方式这个意义上，专名没有“意义”。

（1）* 也可以用两种不同方式加以理解。按照强式的理解，（1）* 隐含的意思是，所有专名都是等值的：所有专名都指明（而且仅仅指明）说话者一方的指称意

[1] 参见朗德尔（1979：79–80）：“与普通词项不同，专名并不具有这样一个意义，这个意义我们在建议将该名字给予某人或某物时必须得到遵从，这个意义在这种命名之前已经预先确定……缺乏意义——我们必须就意指的东西具有非语言知识，并且无法通过理解该名字而获得这个知识之事实——说明为何倾向于说名字不是语言的一部分”。

向，而对说话者意在指称的特定客体不提供任何暗示。显然，这是不可接受的：肯定不是所有专名都是等值的。我究竟是说“西塞罗是秃子”还是说“亚里士多德是秃子”，差异迥然。可能有“名字”（更确切地说，假名），仅仅指明说话者的指称意向，而不提供关于意指对象的任何暗示：“那个东西”和“他叫什么来着”也许可以看作这类假名的例子（尽管至少在“他叫什么来着”中存在性别特征）。但是，就“西塞罗”或“琼斯”或“亚里士多德”而言，说这些名字没有提供有关意指对象之身份线索，这几乎是没有道理的。名字确实提供了鉴别指称对象的方式，因为存在一条规约将名字与其指称对象关联起来。[1]就“那个东西”或“他叫什么来着”而言，则不存在这样的规约：这些名字不是规约性地用于指称特定的个人，而可以用于指称任何人。

（1）* 的另外一种理解并不假定所有专名都是等值的；这一理解认识到，存在将诸如“琼斯”或“西塞罗”这种真正专名与特定个体相关联的规约。藉由这些规约，专名提供关涉说话者所指称个体的重要信息。不过，（1）* 得以成立，这是因为专名这样地传递的信息并不是*藉由专名的意义*传递的。通过语言所传递的唯一信息是对应于 REF 的信息——亦即指明，存在这样一个实体，从而话语成真，当且仅当这个实体满足谓项。根据这个理解，专名藉由将之与指称对象相关联的规约所传递的信息不是语言信息，因而不是专名意义的一部分，因为规约本身不是语言性的。这是一种社交规约，属于语言外语境。我把对（1）* 的这个理解称作（1）**：

> （1）** 专名 NN 藉由其意义，只是指明存在这样一个实体 x，从而话语 S(NN) 成真，当且仅当 x 满足 S( )。NN 还指明*哪个*实体 y 如此，从而 y = x。但是，这种指明不是专名意义的一部分：这是名字藉由语言外规约传递的，即，是通过将 NN 与其拥有者相关联的规约传递的。
>
> （1）** 体现了一个关键假设，即（2）*：
>
> （2）* 将拥有者派赋给专名的规约不是语言规约。这些规约是语境的一部分，而不是语言的一部分。

我之所以把这个假设称作（2）* 是因为它对应于断言（2）——专名不是语言的一部分这个断言——的一个可能的理解。当然，在专名构成一个语法范畴这个最小意义上，专名*是*语言的一部分；[2]但是，藉以将专名赋予这个或者那个实体的规约不是语言规约：这是基于一种合理的理解，可以认为（2）具有的意谓。按照我的看法，只有这个理解值得探讨。因此，我在下文中将只考虑这个理解。感觉（2）* 是合理的，一个原因在于，就自然语言而论，要成为具备语言能力者，看来并不一定要知道所有专名的拥有者。这个论题将在下文（第 8.4—8.5 节）中探讨。眼下，我将表明，即

[1] 规约存在之前——正像当专名首次引入以指称特定客体时——名字本身不提供鉴别指称对象的方式；指称对象纯粹基于语境鉴别。（然而，即使在这种情形下，也有一个规约在酝酿之中，即，说话者通过使用名字意在引入的规约。）

[2] 存在标准专名的丰富资源也可以用作专名是语言一部分的证据。但这一点更加富有争议。

使我们想当然地接受（2）*，（1）** 就其所是也是不能令人满意的。

让我们将把拥有者归赋给专名的规约称作“名字–规约”。（1）** 存在的问题如下。即使（2）* 是正确的，名字–规约是语言外规约，但是，*存在*这种规约的事实必须在某种程度上看作语言事实。专名具有“拥有者”——藉由规约（例如，“西塞罗”指称西塞罗的规约）直接归赋的语义值——这个事实是相对于诸如代词这种其他单称词项范畴，对专名范畴加以*定义*的部分要素。要成为具备语言能力者，不必要知道名字的拥有者，但知道什么是专名却是必要的，而这包括认识到专名应当具有“拥有者”。果真如此，那么，REF 并非专名意义的全部。专名不仅指明存在这样一个实体 x，从而话语 S(NN) 成真，当且仅当 <x> 满足 S( )，而且还指明——仅仅藉由作为专名这个事实——*x 是名字 NN 的拥有者*，即，存在一个社交规约将 x 与名字 NN 相关联。[1]

这是基于（3）的指示观的要义。按照指示观，专名不仅传达 REF 特征，而且传达指称对象的呈现方式，即“系统意义”。正像藉由“我”指称说话者这个语言规约，“我”的指称对象呈现为作为说话者那样，藉由专名指称其拥有者这条语言规约，专名 NN 的指称对象呈现为 NN 的拥有者。[2] 这条规约可以阐明如下：

> 针对每个专名，原则上存在着一条社交规则，将名字与称作其拥有者的确定个体相关联。这个个体即为名字的指称对象。

这条语言规约是一条普遍规约，对于所有专名都一样。这条规约提供了一条普遍规则，使听话者能够在语境中确定专名的指称。语言规约参照将名字与客体相关联的社交规约，说明这个客体是专名的指称对象。注意，语言规则具有普遍性，适用于所有专名；同语言规约相反，针对每个专名包括具体的社交规约（正如当一个名字具有不止一个拥有者时，有时不止一条规约）。每次使用一个专名时，都要诉诸语言规约，从而也就诉诸社交规约，即，诉诸将名字与某个确定的个体相关联的规约。

在这个理论框架中，根据语言规约，专名指称任何碰巧是该名字拥有者的任何人（或任何事物）；但是，谁（什么）成为名字的拥有者是一个非语言的语境问题，是一个社交规约的问题。因此，正像指示性表达式的指称对象那样，名字的指称对象依赖于语境因素。

## 8.3 专名作为指示语

根据我刚才简述的观点，专名与指示语极为相似。（这就是为何我将之称为指示

[1] 即使有关规约是说话者意在通过使用这个名字而创始的规约，这也是如此。

[2] 这与我可能想给我的猫起任何专名的看法一致（参见第 8.2 节的第一段）。这个看法似乎蕴含对于专名的使用没有限制，因而专名没有“系统意义”。但是，存在另一种可能的理解：唯一的限制是存在一条规约，将名字与其拥有者配对。当专名首次引入时，由于这个引入被认为创始了有关的规约，这条限制就得到满足，或者至少意在得到满足。

观的原因。）话语 *S(t)* 中的指示性表达式 *t* 指明：

> 存在客体 x，该客体是 F（= 语言呈现方式），从而话语成真，当且仅当 x 满足 *S()*。

作为 *t* 之意义一个方面的呈现方式使某个客体在语境中成为可辨识的；作为 *t* 之意义另一个方面的 REF 特征将话语呈现为成真的，当且仅当这个客体具有句子谓词所表达的性质。例如，“你是 G”指明，存在一个人，话语对这个人说出（语言呈现方式），从而话语成真，当且仅当这个人是 G。同样，如果指示观是正确的，出现在话语“NN 是 G”中的专名 NN 指明，存在一个实体 x，称作 NN（语言呈现方式），从而话语成真，当且仅当 x 是 G。

稍许更加确切些说，指示性表达式的语言意义使听话者关注表达式与指称对象在语境中应当结成的关系 R。正是对这个关系的了解使得听话者能够鉴别指称对象：指称对象是在语境中与表达式处于那种关系的那个（或者一个）客体。[1] 例如，“我”的指称对象是说出“我”的那个人。根据指示观，专名只是这种现象的一个特例：专名 NN 的意义使听话者关注名字与其指称对象在语境中结成的关系，即，名字–拥有者关系。NN 的指称对象是在话语语境中叫作 NN 的实体。

不过，专名与普通指示语之间存在差异。普通指示语在下述意义上是“例型自反性的”，即，有关的关系 R 是一种经验性关系，这个关系在表达式*例型*与指称对象之间成立或者假定成立（Reichenbach，1947：第 50 段）。“我”的例型指称这个例型的说出者，而不普遍地指称说出“我”这个词的人。但是，就专名而言，R 是指称对象与作为表达式类型的专名之间结成的常规关系。NN 的一个例型指称在话语语境中具有拥有名字类型 NN 这个性质的实体（而不指称拥有 NN *这个例型*的实体：作为决定例型指称对象的一种方式，那会是恶性循环的[2]）。当然，如果不同的人，比方说，A 与 B，拥有相同的名字，名字的指称就可能会随着例型的变化而变化：一个例型将指称 A，另一个指称 B。但是，这并不表明 A 和 B 不是名字*类型*的拥有者。正如我所描述的情形，两者必定拥有这个名字类型，因为只有名字类型可以说是为它们所共有的。在这种情景中发生的情况是，存在两种将诸如“加雷思 · 埃文斯”这种同一个名字类型相关于特定的人（不幸的英国哲学家与澳大拉西亚政客）。不是在相同的话语语境中诉诸这些规约的。这就是为何指称对象可能在不同例型之间变化的。“加雷思 · 埃文斯”某个特定例型的指称对象是藉由在该例型的话语语境中发挥作用

---

[1] 这个限定由于以下事实而成为必不可少的，即，指称对象的语言呈现方式并不总是唯一地决定指称对象的，即使相对于话语语境也如此。换言之，指称对象的呈现方式并不始终是卡普兰意义上的一个完整的“系统意义”——从语境到场合意义的函数（参见第 5.2 节）。当语言呈现方式在这个意义上是“不完整的”时，就需要一个包含某种类似于格赖斯会话准则的强有力的语用机制，以便基于表达式本身提供的线索来决定指称对象。关涉这个机制，语用学文献中充满了各种建议（特别参见 Sperber & Wilson，1986）。

[2] 按照指示观，专名指称名字的拥有者。有些人认为，指示观做出的阐释在任何情形下都是循环论证。我将在第 9.3 节讨论对于指示观的这种质疑。

的名字–规约同名字类型“加雷思 · 埃文斯”相联系的人。

鉴于我刚才的论述，专名与普通指示语的差异结果证明不是实质性的。专名*可以*看作“例型自反性的”，即，看作使听话者关注语境中指称对象与名字当下*例型*之间结成的关系，尽管重要的关系是指称对象与名字类型之间结成的名字–拥有者之间的关系。究其原因，存在两种不同的关系：一种是名字–拥有者关系；另一种是名字例型与实体之间结成的关系，当且仅当该实体藉由在这个例型的话语语境中发挥作用的名字–规约与名字相联系。前一种关系是指称对象与名字类型之间的关系，而后一种关系将指称对象与名字的当下例型相联系，从而这一关系使名字成为例型自反性的。许多指示语（在宽泛意义上，包括指示词语）的例型自反性并不超过这一程度：例如，“这个 N”仅在下述意义上为例型自反性的，即，这个表达式的例型用于指称在这个例型的话语语境中凸显的N。专名正是在这个相同意义上为例型自反性的：名字 NN 的例型指称在这个例型的话语语境中拥有该名字的实体。

专名与普通指示语的另一个更加重要的差异如下。普通指示语藉由语言的语义规约与特定关系 R 相关联。针对属于普通指示语范畴的每个表达式类型，存在这样一个具体关系 R，从而表达式例型的指称对象是与例型结成那个关系的客体（或一个客体）。因此，语言的语义规则将不同指示语与不同关系配对。但是，看来所有专名都藉由语言的语义规则与相同的关系 R 相关联：在所有情形下，专名的指称对象是拥有那个名字的实体。换句话说，尽管针对每个指示语有一条单一的语义规则（“我”指称说话者、“你”指称受话者、“这”指称语境中凸显的实体等等的规则），但是，针对所有专名，存在单一的语义规则，亦即，专名指称名字的拥有者。因此，看来所有专名具有相同的意义，包含 REF 特征和“那个名字的拥有者”之呈现方式。[1]

假如我们想不只是强调专名与普通指示语之间的相似性——假如我们想说专名是指示语的一个范畴，专名与普通指示语之间的差异就引起一个困难。究其原因，根据指示观，指示语部分地藉由其意义个体化，而所有专名意义相同，藉由其形式个体化。[2] 面对这个困难，想要坚持认为专名是指示语的人可以或者说专名构成指示语的一个特殊范畴，不是藉由其意义个体化，而是藉由其形式个体化；或者说——如果我们坚持指示语应当藉由其意义个体化——存在单一的抽象指示语，称之为 PN，对应所有专名，或者对应于专名的普遍范畴。每个专名就会是这个抽象指示语的实例，从而这样的实例就可能由以下规则定义：PN 的实例指称实例的拥有者。

无论是否坚持将专名看作指示语的一个范畴，按照指示观，专名与指示语有很多共性。特别是，专名的指称对象依赖于语境：同一个专名在不同的语境中可能指

[1] 人们也许可以分辩，不同的专名并不完全传达相同的呈现方式：名字“亚里士多德”将其指称对象呈现为“亚里士多德”的拥有者，而名字“柏拉图”则将其指称对象呈现为“柏拉图”的拥有者。但这不能用以表明不同的专名具有不同的意义。究其原因，“我”的例型也将其指称对象以稍微不同的方式呈现：“我”的例型 $\alpha$ 将其指称对象呈现为 $\alpha$ 的说出者，而例型 $\beta$ 将其指称对象呈现为 $\beta$ 的说出者。这并不是说“我”的不同例型（或者，就此而论，不同专名的不同例型）不具有相同语言意义的充分理由。

[2] 稍后就会讨论一种替代性观点。根据这个观点，专名藉由其形式与拥有者个体化（第 8.4 节）。

称不同的客体。使用一个专名就是诉诸一条名字–规约，一条使用该名字以谈论一个特定的个体的规约。可是，在一个给定的语言社团中（例如，在说英语的社团中），不同的规约包含相同的名字；例如，两个不同的个体可能叫作“约翰·史密斯”、“拉尔夫·巴尼拉”或“亚里士多德”。名字的具体使用所指称的对象取决于碰巧诉诸了哪条规约，碰巧诉诸了哪条规约取决于话语语境。在某些语境中，相关的规约是使用“亚里士多德”去称呼一位哲学家的名字，而在其他语境中，这是使用“亚里士多德”称呼一位船主的名字。因此，专名在指称上是依赖于语境的，这跟普通指示语完全相像。这在原则上适用于所有专名，事实上包括那些只涉及一条名字–规约、不引起任何歧义的专名。

## 8.4 指示性抑或同音（形）异义现象？

指示观基于（2）*，即，名字–规约是语境的一部分，而非语言的一部分。但是，还有一种替代性观点，对应于上面的断言（4）。这个观点认为，专名的意义是其指称对象，正像谓项表达式的意义是所指表的性质或关系。[1] 基于这个观点，将专名与其拥有者相关联的规约是一种语言规约。据此推论，存在两个同音（形）名字“亚里士多德”而不止是一个。这两个同音（形）名字尽管共有相同的音位形式，却算作两个不同的名字，因为处于两个不同的语言（语义）规约之中：一个规约将“亚里士多德”的形式与某人相关联，另一个规约将同一个形式与另一个人相关联。在这个框架中，规定在特定语境中诉诸的名字–规约*就是*规定在该语境使用哪个名字（“亚里士多德”$_1$还是“亚里士多德”$_2$）。正如乔纳森·科恩所说，专名不是由其形式独自个体化的，而由其形式–与–拥有者的结合个体化的。（Cohen，1980：140）。[2]

我们如何在这两种不同观点——指示观与我将称作的同音（形）异义观——之间做出选择呢？我们有什么理由接受或者不接受（2）*呢？亦即接受或者拒斥名字–规约是语境的一部分，而非语言的一部分？我已经提到支持（2）*的主要论据。名字–规约看来不是*语言*规约，因为知道诸如“亚里士多德”或“拉尔夫·巴尼拉”这种名字的拥有者不是掌握语言所必需的。如果我们说的“语言”指的是某种像英语或法语的东西，为了掌握该语言，唯一需要知道的是“亚里士多德”和“拉尔夫·巴尼拉”是专名。我即使不知道拉尔夫·巴尼拉是谁——我即使不知道将名字“Ralph Banilla”与某人相联系的规约，也能理解英语句子“Ralph Banilla is a midget”（拉尔夫·巴尼拉是一个侏儒）。这为支持指示观、反对同音（形）异义观提供了初步的佐证。究其原因，假如将名字与其拥有者相联系的规约是语言规约，掌握语言能力就需要了解该规约。

[1] 这是对断言（1）的另一种可能的理解。说专名的意义是其指称对象，是说在标准意义上专名没有意义（亦即，除了其指称对象之外没有任何意义）的另一种方法。

[2] 科恩在论文中远非支持有关的观点，而是对之做出了详细（而令人信服）的批判。

然而，同音（形）异义理论家很容易对这个论证做出回应。他们可以指出，语言是一种社会现象，允许做出分工。这个“语言分工”使英语的普通讲话者可能不知道诸如elm（榆树）与beech（山毛榉）之间的差异（Putnam，1975；1988）。普通说话者可能只知道分别叫作“榆树”和“山毛榉”的两种树之间存在差异，而这一差异也许只有更具专业知识的说话者才能说得出来。这个例子的寓意如下：语言社团作为一个整体，区分榆树和山毛榉。这个区分反映在社团的语言之中，这个语言包含两个不同的词。但是，为了看作该语言社团的一员，社团的个体成员不需要能够做出这种区分。换言之，*预期语言社团的普通成员只是部分地掌握了社团语言*。因此，必须区分完全掌握语言与在作为语言社团成员的较弱意义上的语言能力。

按照这个区分，让我们再来考虑一下引以佐证指示观的论据：即以下这个事实——不必要知道名字“亚里士多德”或“拉尔夫·巴尼拉”的拥有者，以成为具有语言能力者。由于区分了完全掌握语言与普通语言能力，刚才所说的事实就不再支持指示论。对于专名指称对象的了解并非作为语言社团成员所必须——我可能是普通的讲英语者，不知道谁是Aristotle（亚里士多德）或Ralph Banilla（拉尔夫·巴尼拉）；但是，对专名指称对象的了解也许被认为对于完全掌握社团语言是必不可少的。当然，没有人知道语言社团中所使用的所有专名的指称对象（即讲英语的人曾经使用过的所有专名的指称对象）。但是，所有这些所表明的是，不能期望任何个人完全掌握社团语言；社团语言只能由集体掌握。

注意，我们如果考虑个体的实际语言——他或她的个人语言——而非个体只是部分地掌握的社团语言，就不会如此不情愿将名字–规约看作语言规约。假如我不知道谁是拉尔夫·巴尼拉，在某种意义上拉尔夫·巴尼拉这个专名就不属于我的个人语言；这个专名对我来说是陌生的，就像当我不知道“沙发”这个词是什么意思时它对我同样陌生。在这个意义上，属于我个人语言的专名是我完全掌握的名字，即，我知道其指称对象的名字。同音（形）异义论将这一点推而广之：认为如果专名NN属于某个特定语言L，那么，某人完全掌握了L就肯定知道将NN与特定个人匹配的规约。这之所以在我们看来有悖直觉，只是因为我们考虑个人对*社团*语言的（部分）掌握，而没有考虑个人对自己个人语言的掌握或者对社团语言的集体掌握。

假如为同音（形）异义观做出的这个辩护是正确的，专名就不像许多人认为的那样特殊。正如伯奇像帕特南那样所强调的，“我们的很多词汇是从其他人那里接受来的，这些人作为专家，对词汇的理解比我们理解得好”（Burge，1979：80；也可参见Putnam，1975：242）。有些人对世界某些方面比其他人更加了解，其他这些人大多关注世界的其他方面。不足为奇，某人对世界某个方面具有广博的知识，对同世界这个方面相联系的词汇掌握得要比某个对世界这个方面不很了解的人要好。具体地说，某个知道拉尔夫·巴尼拉或亚里士多德的人比不知道他们是谁的人能够更好地理解这些名字。这并不表明，专名不是语言的一部分，也不表明将专名与个体配对的规约不是语言规约，这正像某些说话者对“沙发”一词的不完全掌握不能表明这个词不是语言的一部分，也不表明将这个词与某件家具相关联的规约不是语言规约。

对同音（形）异义观的这种辩护所存在的问题是，专名确实看起来在某种程度上是特殊的。专名本质上是*局部的*，这为支持指示观、反对同音（形）异义观提供了论据。

## 8.5　局部性

帕特南正是在他引介语言分工的那篇论文中，指出了专名的特殊性质（Putnam，1975）。语言分工意指某些人（“专家”）比起其他人来，对世界某些方面更加了解，因而对某些词的外延更加了解。比起普通说话者，专家能够更好地确定其专业领域中词语的指称对象。但是，这并不意味着普通说话者不需要对他们使用的词语的外延有*任何*了解。普通说话者不如专家知道得多，但是，普通说话者也知道某些东西。帕特南使用“原型”一词指称某种语言的普通说话者就给定词语的外延所知道——或者必须知道——的东西。语言的社会分工意味着，专家关于某个词语指称对象的知识超出了该语言普通说话者同该词语相关联的原型。这样，按照帕特南的观点，专名的特殊之处在于专名没有相关联的原型。普通说话者除了要知道指称对象叫作该名字之外，不需要就专名的指称对象知道*任何东西*：

> 观察到像“老虎”或“水”这样的名词同专名迥然不同，这是很有启发意义的。除了知道指称对象叫作“桑德斯”之外，人们无须知道关于该指称对象的任何东西，便可以正确地使用专名“桑德斯”……但除非偶然，若不对老虎有大量了解，或者至少对老虎的某种概念有相当的了解，就无法正确地使用“老虎”这个词。（Putnam，1975：246–247）

如果帕特南的话正确，那么，即使我们考虑到语言分工，也存在某种东西将专名与语言中的其他词项区分开来。在一般情形下，普通的语言能力并不要求（在有能力确定指称对象的意义上）完全掌握词项；而只要求某种能力，即，对原型的了解。就专名而言，普通语言能力不要求（超出了解名字的拥有者是指称对象的）任何东西。因此，有英语能力的使用者必须至少知道沙发是一种座位。但是，使用者甚至都不需要知道巴尼拉是一个人（而比方说，不是一辆车或者一只猫）；有能力的英语使用者所要做的只是认识到“巴尼拉”这个词是某个客体的专名。

也许可以认为，在某种意义上，人们不能算作在自己的词汇中拥有给定的专名，除非他们至少能够将指称对象归于给定的本体范畴之中。基于这种观点，某个不知道巴尼拉究竟是一个人、一只猫还是一辆车的人不能算作在其掌握的词汇中拥有专名“巴尼拉”，就像某个不知道老虎是动物的人不能算作在其掌握的词汇中拥有“老虎”这个词一样。然而，即使真是这样，依然可以认为，即使仅仅因为*有能力的语言使用者*（在刚才阐释的相对较强意义上）*不需要在词汇中拥有“巴尼拉”这个名字*，他们不需要知道巴尼拉究竟是一个人、一只猫还是一辆车。另一方面，有能力的英语使用者必须知道老虎是某种动物，身上带有条纹，等等，因为这是相关于“老虎”这个词的原型的一部分，有能力的英语使用者必须在其词汇中拥有“老虎”这个词。

专名与其他名字之间的不同与帕特南注意到的另一个不同相联系。这是诸如“老虎”与“榆树”两者之间的不同：

> 说话者必须对（典型的）老虎有某种了解，才能算作掌握了“老虎”这个词；对榆树（或者无论怎样，对其原型）具有某种了解，才能算作掌握了“榆树”这个词；等等……然而，所必须具有的最低能力的性质在很大程度上取决于文化与话题两个方面。在我们的文化中，说话者（如果掌握了“老虎”这个词，实际上就）必须知道老虎看起来是什么样的；说话者并非必须知道……榆树看上去是什么样的。*语言社团要求*讲英语者能够区分老虎与豹；但并不要求他们能够区分榆树与山毛榉。（Putnam，1975：248–249）

帕特南所说的是，榆树的原型（像他所说）比老虎的原型“弱”。这是一个很重要的观点。一般而言，根据诸如词的频率这种因素，与某个词相关联的原型其外延的宽广程度不同：词的分布越广，其原型的外延也就越宽广。一般地说，由于词的频率低，原型就受到局限，这时，我们就将有关词表征为“局部的”。在帕特南的例子中，“molybdenum”（二价钼）是一个局部词，而“水”则不是（这个词使用很广，其原型的外延相当宽广）。这不仅是因为与“二价钼”这个词相关联的原型很受局限，而且对这个词本身的知晓对于普通的语言能力并非必需。许多技术性词汇的情况就是这样，普通说话者并不知道这些词汇。因此，存在一个连续体：有些词不为语言的普通使用者所知；其他非常局部性的词可能知道存在，但是一般说话者对其外延几乎一无所知；还有一些情形下，对词的外延有所了解，但是，这个了解（与词相关联的原型）相当局限，等等。在这个连续体的另一端，如果某个词是核心词而非局部词，相关联的原型就相当丰富。

窃以为，专名的特殊之处在于其本质上为*局部性*的：专名处于连续体“受局限的”一端。诸如“帕特南”或“巴尼拉”这种专名就像专门的技术性术语：不要求语言的普通使用者对这种词的外延有所了解——甚至都不要求他们知道存在这些专名。[1]

可以认为，对于诸如“帕特南”或“巴尼拉”这种普通专名成真的东西对于诸如“罗纳尔德·里根”这种著名的专名则不能成真。一般的语言使用者对这样一个名字了解很多。然而，甚至是著名的专名往往也比普通词汇更具局部性。罗纳尔德·里根在讲英语的社团中现在很有名。然而，曾经有某个时期英语仍是英语，但罗纳尔德·里根则不为讲英语的普通人所知。在更早的一个时候，罗纳尔德·里根

[1] 最后这句话——不要求有能力的语言使用者知道某个专名的存在——是富有争议的；某些不熟悉的专名可能如此，但是（在给定语言中）其他专名非常普通，可以看作词汇的一部分。（参见 Cohen，1980：143–144 和 Kaplan，1990：113）然而，虽然这句话在完全的普遍性上或许正确，但那并不蕴含专名“不是语言的一部分”，其原因有如我前面所提到的那样：仍然会要求有能力的语言使用者知道存在着专名（并且知道专名是什么）。换言之，专名*范畴*仍然会是语言的一部分。

与专名“罗纳尔德·里根”甚至都不存在。当罗纳尔德·里根出生时，“罗纳尔德·里根”作为指称罗纳尔德·里根的一个局部性专名开始存在。当罗纳尔德·里根变得著名时，这个专名也变得著名。某一天，也许里根与其名字将不再著名，或者没有这样著名：许多讲英语的人将不记得里根是谁。一般而言，专名的寿命（理解为由其形式与拥有者个体化）比普通词汇的寿命要短。著名的专名可以说在*时间上*是局部的。

专名的局部性为支持（2）* 提供了一个理由。几乎不要求有能力的英语使用者知道专名的指称对象这个事实提供证据证明，将专名与其拥有者配对的规约并不包含在构成这个语言的语义规则之中。我们如果想这样做的话，可以将这些规约看作构成语言的成分。但是那样，我们就必须认识到，这种语言就不是普通意义上的英语；而是英语的一种延展，由英语规约加上某些进一步的规约（相关的名字-规约）构成。在同样意义上，我们区分普通英语与（比方说操英语的）计算机科学家的语言，这种语言包含英语加上一套英语普通使用者不懂得的专业词汇。[1]

## 8.6　语言个体化

仅当就我们愿意考虑的某种语言做出某个决定时，专名的局部性才构成支持指示观的论据。假如我们心中所考虑的语言是某种局部的从属性语言，而不是广大社团的语言，就可能按照同音（形）异义论者的观点，将名字-规约看作语言的一部分。但是，倘若我们所考虑的是像英语这样的自然语言，这种语言在时空上广泛流行，那么，正像指示观所建议的那样，最好不把名字-规约看作语言的一部分，而看作语境的一部分。因此，支持指示观的这个论据是有条件的。*假如*我们讨论的是日常理解的自然语言，如英语或法语，那么，指示观则更加可取。

这个论据因为是有条件的，所以对两种观点都适用。从同音（形）异义论的角度来说，也许可以认为，英语作为单一语言的普通个体化引起许多问题，不能在科学探讨中想当然地予以接受。这正是乔姆斯基所说的：

> 我们把汉语说成是一种语言，而西班牙语、加泰罗尼亚语、葡萄牙语、意大利语以及其他罗曼语是不同的语言。但是，汉语的所谓方言像罗曼诸语言一样各不相同。我们把荷兰语称作一种语言，把德语称为一种不同的语言，可是在荷兰边境附近所说的那种德语住在附近的说荷兰语的人能够听懂，但在更遥远地区的说德语的人却听不懂。日常话语中所使用的“语言”这个术语包含模糊的社会政治和规范因素。我们能否就这个术语是如何实际地使用的做出融贯

[1] 一般而言，局部词据说属于语言使用者局部群体的方言，而非更大社团的语言。相对于这个更大社团，这些词语结果证明是局部性的。专门性词汇并非唯一的例子。有些词语因为只在某些地方（带有某个意义）使用，例如，只在英国或者美国使用，所以是局部性的。这些局部性词汇可能不为不住在有关地方的有能力的英语使用者所知；这些词汇认为属于美国英语或英国英语，而非一般英语。同样原因，时间上局部性的词汇（即，仅在某个时期在讲英语者中广泛流行）认为只属于某个时期的英语——比如说，属于现代英语或者属于20世纪70年代的英语。

> 的阐释，这是令人怀疑的。对于语言的日常使用，这并不是一个问题……但是，在对语言进行严肃探究中，我们需要某种概念上的精确性，因而必须对日常用法中的概念做出修正、改进或者替代，这正像物理学将精确的专门性意义赋予诸如“能量”“力”“功”这种词语，所赋予的意义同日常用法中那些不精确的、非常模糊的概念相背离。（Chomsky，1988：36–37）

这种考虑可能导致人们放弃自然语言的日常个体化，尤其是放弃英语作为单一语言的日常个体化。这对同音（形）异义论者有利。正如我们刚才所看到的，假如我们所说的“语言”意指某种局部的从属语言，而非像英语这样的自然语言，就可以将名字-规约看作语言的一部分。可是，假若由于某种独立于关于专名争鸣的原因，结果证明诸如英语这种所谓的自然语言在科学上不如同音（形）理论家的局部性从属语言那样受到尊重，那么，我刚才对指示观提供的条件论据最终为同音（形）异义观提供了佐证。

然而，问题比这要更加复杂。为了避免乔姆斯基提到的问题，仅仅将英语分裂成大量的局部性从属语言是行不通的。究其原因，*任何*公共语言的个体化都会存在问题，除非那是一个理想化的、完全同质性社团的语言。乔姆斯基提出，我们聚焦*个人语言*。就个体化而言，个人语言不那么难以处理。乍看起来，这一关注个人独有语言的研究策略似乎支持同音（形）异义观。这是因为我前面说过，在某种意义上一个人的个人语言只包括那个人完全掌握的名字；据此推论，将拥有者派赋给特定名字的名字-规约是名字所属的个人语言的构成成分，而不是外在于个人语言。然而，假如我们像乔姆斯基那样，决定*仅仅*考虑个人语言，就不可能坚持认为，人们的个人语言只包括他们完全掌握的专名，因为那种观点使我们无法解释语言的社会维度。我们如果将没有完全掌握的名字（即，我不能确定其指称对象的名字）排除在自己的个人语言之外，那么又如何对我参与使用这个专名的社团实践活动做出解释呢？例如，倘若我不知道费因曼是谁，我们又如何解释我对诸如“费因曼”这种名字的理解？在乔姆斯基看来，人们的个人语言可能包括他们没有完全掌握的许多词项；这是他在严格的关注个人独有语言的研究框架中阐释语言的社会特性的方法：

> 在个体心理学框架内开展的……语言研究考虑到这样的可能性，即，所获得的知识状态可能本身就包括对语言社会特性的某种关涉。例如，考虑一下帕特南所说的“语言分工”。在某个个体的语言中，许多词在一种特殊意义上是语义不确定的：这个个体将听从“专家”以明确或确定词语的指称。例如，假定某人知道 yawl（小帆船）和 ketch（双桅纵帆船）都是航船，但却不能确定“yawl”和“ketch”这两个词确切的指称对象，就让专家加以确定。在这个人的语言词库中，“yawl”和“ketch”这两个词条将就其所知加以规定，并且注明细节将由他人填充；这一思想可以通过各种方式使之精确，但却不超越特定个体语言知识体系的研究。（Chomsky，1986：18）

乔姆斯基在关注个人独有语言的研究框架中对语言社会维度的处理方式如果应用于阐述专名问题，可能产生某种更加接近于指示论而非同音（形）异义论的阐释。按照乔姆斯基的方案，我们会将两项知识理解为构成我个人语言中“费因曼”的词条：这两项知识即为，一方面是我对指称对象的不完整知识；另一方是我关于需要知道某种更多东西的知识。没有任何东西能够阻止第一项知识仅仅为指称对象是一个叫作该名字的人这个知识。无论怎样，根据这个观点，将名字“费因曼”与特定的人相匹配的名字-规约就像不是英语的构成成分一样，也不是我个人语言的构成成分。因此，乔姆斯基对个人独有语言的研究路径没有为同音（形）理论家带来任何慰藉。

无论怎样，在本书中我将继续在日常意义上讨论自然语言。我承认，这种语言不能清晰界定。但我认为，这种模糊性应当得到阐释，而不应成为科学理论探究的障碍。我提出的关于局部性的等级概念意在揭示自然语言模糊性的一个方面。然而，我关注日常意义上的自然语言并不意味着我不分有乔姆斯基对个人语言的关注；我希望有一天将可能藉由（按照乔姆斯基的方式理解的）个人语言，在交流理论框架中表征诸如英语或法语这样的自然语言。同时，我将使用日常惯用语，在通常意义上谈论“语言”。在“语言”的这个意义，我认为将名字-规约理解成语境的一部分，而非构成语言的语义规则，会更加具有启迪作用。

# 第9章
# 对克里普克异议的回应

## 9.1 导言

专名的涵义是某种类似"NN的拥有者"的东西；这个观点投合了若干人物的所好，他们包括伯特兰·罗素、阿朗佐·丘奇、罗曼·雅各布森、威廉·尼尔，近些年来，也为诸如下列人物持有：布赖恩·洛尔、杰里·卡茨、加雷思·埃文斯、肯特·巴赫和杰里·福多尔，等等。[1] 然而，这种关于专名意义的"元语言"观点由于克里普克在《命名与必然性》及其他论著中的抨击，业已受到普遍怀疑。在这一章里，我将探讨克里普克的论据，并且表明这些论据并不对指示观构成威胁，而指示观是我的元语言观版本。

从克里普克关于这个论题的评述中可以获得他反对元语言观的三个主要论据：模态论、循环论与普遍论。让我们依次加以论述。

## 9.2 模态论

模态论是克里普克反对所有"描述语理论"的基本论点；亦即他所反对将描述性意义赋予专名的一切理论。按照元语言观，专名NN意谓"NN的拥有者"。这个观点只是模态论可以针对的一种具体的观点：

> 模态论（应用于专名）
>
> 假如诸如"苏格拉底"这种专名意谓"'苏格拉底'的拥有者"，"苏格拉底是'苏格拉底'"的拥有者就会是分析性的，从而是必然性的。但是，苏格拉底是"苏格拉底"的拥有者并非必然成真：苏格拉底或许叫作不同的名字。据此推论，"苏格拉底"并不意谓"'苏格拉底'的拥有者"。

这个论证基于以下假设：

> [A] 假如指称性表达式 $e$ 的意义由某个概念 F 以这样的方式构成，从而 $e$ 的

[1] 参见罗素（1981:221）；丘奇（1956:6注）；雅各布森（1957:第1.3段）；尼尔（1962:630）；洛尔（1976，1980）；卡茨（1977，1979，1986和1990）；巴赫（1981，1987）；埃文斯（1982：312注）；福多尔（1987：85–86）。

指称对象呈现为F，那么，“*e*是F”是分析性的，从而是必然性的。

我不接受这个假设。指示语显然是反例：“我”意谓某种类似于“这句话的说出者”，但“我是这句话的说出者”并不是必然的。“我是这句话的说出者”或许可以在*弱式*意义上说成是“分析性的”；但是在这个意义上，分析性并不蕴含必然性。诸如“我是这句话的说出者”或“我此刻在这里”这样的话语藉由其意义成真，从而先验地成真——领会话语意义的人就知道话语表达了成真的命题——但是，这些话语表达的事实却是偶然性的。换言之，其“必然性”纯粹是认识性的。[1]

当然，（认识的）先验性与（形而上的）必然性之区分是克里普克做出的。卡普兰表明，这个区分与他所做的场合意义与系统意义的区分类似。“我此刻在这里”的场合意义——这个话语所表达的命题——是以条件而定的；而这句话的系统意义则是，在每个语境中指示地表达一个事实（尽管并非在所有语境中表达相同的事实）。藉由最后这个特征，“我此刻在这里”是一个逻辑事实，尽管所表达的事实是以条件而定的事实：

> 像“我此刻在这里”这种含有指示词语表达式的逻辑事实不一定是必然性的……逻辑事实的载体与偶然性的载体是不同的实体。正是系统意义（或者，是句子，如果你偏好这样说的话）为逻辑上成真的，在每个语境中产生成真的场合意义。但是，正是场合意义（是命题，如果你想那么说的话）为偶然性的或必然性的。（Kaplan，1989a：538–539）

鉴于场合意义与系统意义的区别，以及相应的必然性与先验性之间的区别，假设[A]必须由[A1]或[A2]取代：

> [A1] 假如指称性表达式*e*的*场合意义*由某个概念F以这样的方式构成，从而*e*的指称对象呈现为F，那么，“*e*是F”是必然性的。
>
> [A2] 假如指称性表达式*e*的*系统意义*由某个概念F以这样的方式构成，从而*e*的指称对象呈现为F，那么，“*e*是F”是先验的。

模态论只能基于[A1]，因为[A2]根本不涉及必然性。但是，[A1]结合模态直觉，只能用于反对将某种概念性场合意义归赋给专名的理论。唯有当表达式*e*据说具有概念F作为场合意义时，才可能推论“*e*是F”是必然的。但是，指示观认为，“苏格拉底”的*系统意义*由“‘苏格拉底’的拥有者”这个概念构成。按照指示观，专名——或者就此而论，任何指称性表达式——的场合意义是其指称对象。认为专名同指示语类似，这有两个原因：（1）像指示语那样，专名是指称性表达式（传达REF特征），从而其场合意义是其指称对象；（2）像指示语那样，专名具有某种意义，藉由这种意义，专名以某种方式呈现指称对象。根据这个观点，“苏格拉底”的指称对象呈现为“苏格拉底”的拥有者，其呈现方式与“我”的指称对象呈现为说话者的*方式完全相*

[1] 在“必然性”的这个意义上，笛卡儿说“我存在”是必然成真的事实（Descartes，1647：22）。

*同*。在这两种情形下，指称对象的呈现方式都构成了表达式的系统意义，而非其场合意义。

从"'苏格拉底'的拥有者"这个概念构成名字"苏格拉底"的系统意义这个断言，（藉由假设 [A2]）所能推断的是，"苏格拉底叫作'苏格拉底'"是先验的。但是，指示观的这个结论不能用于反对这个观点，因为远非显见这个结论是错误的；相反，这个结论看来是正确的。"苏格拉底叫作'苏格拉底'"看来与"我此刻在这里"一样具有先验性。克里普克自己就一个十分相似的例子做出了这样的论述："任何懂得英语中"叫作"的用法的人……都知道，如果"夸克"意谓某种东西，那么，"'夸克'叫作'夸克'"就会表达一个事实"（Kripke，1980：69）。同样，"苏格拉底叫作'苏格拉底'"先验地知道成真，尽管由这个话语表达的成真事实是偶然性的。正如我在上文所说，这个事实的偶然特性表明，"叫作'苏格拉底'"这个概念不是专名"苏格拉底"*场合意义*的一部分（即，不是这个名字对话语可能世界真值条件之贡献的一部分）。但是，这与指示观是相契合的。

## 9.3 循环论

反对元语言观的第二个论点是循环论。这个论点基于前提 [B]，克里普克称之为"非循环论证条件"：

> [B] *非循环论证条件*
>
> 指称理论告诉我们在什么条件下某个给定表达式指称给定的客体。这样一种指称理论在下述意义上一定不能是循环论证的：有关的条件"本身一定不能以最终无法消除指称对象概念的某种方式包括指称对象概念"。（Kripke，1980：68）

按照克里普克的看法，元语言观的问题是违反了非循环论证条件：

> 作为一种指称理论，[ 元语言观 ] 显然违反了非循环论证条件。某人使用"苏格拉底"这个名字。我们怎么能够知道他指称的是谁呢？通过使用描述语给出名字的涵义。按照尼尔的观点，该描述语是"叫作'苏格拉底'的人"。在此，（大概是这样，因为这被认为如此微不足道！）这根本没有告诉我们任何东西。这样地加以理解，这看来根本不是什么指称理论。我们问："他说的'苏格拉底'指称谁？"然后，得到的回答是"噢，他指的他指称的人"。假若这就是专名所具有的意义，那么，根本就不会有指称的作用。
>
> 因此，应当满足一个条件；就这个特定理论而言，该条件显然没有得到满足……显然，假如我们能够想到的名字仅有的描述性涵义是"叫作如此这般名字的人""叫作'瓦尔特·施各特'的人""叫作'苏格拉底'的人"这种形式的，那么，无论这种*叫作*关系是什么，这种关系是真正决定指称的东西，而不是任何像"叫作'苏格拉底'的人"这种描述语。（Kripke，1980：70）

我同意，指称理论绝不能循环论证。因此，我接受前提[B]。但是，作为反对元语言观的论点，循环论包括两个进一步的断言——一是断言元语言观（旨在作为）一种指称论；二是断言元语言观是循环论证。元语言观的维护者可以选择否认这两个断言中的任何一个。例如，卡茨提供了元语言论的一种版本，这一版本的元语言论明显地是循环性的，但却严格区分意义理论与指称理论；然后，他论证元语言观尽管是循环性的，从而作为指称认是不可接受的，但作为专名的意义理论是完全可以接受的（Katz，1990）。其他哲学家否认元语言观是循环论证的；或者，更确切地说，他们提供所理解的非循环性的元语言观版本。因此，洛尔提出了元语言观的一种版本。他声称，这一版本"不[包含]任何定义上的或者阐释上的循环性"（Loar，1980：85）。根据元语言观的这个版本，名字"苏格拉底"的指称不由描述语"*说话者叫作'苏格拉底'的那个人*"确定，而是由"*被叫作*'苏格拉底'的那个人"这个描述语确定。其中的"被叫作"涉及不同于说话者的专家（过去）对这个名字的使用。

就我而言，我倾向于赞成将两种辩护路径结合起来。我不会像卡茨走得那么远，将意义理论与指称理论截然分离。但是，我像他那样，否认两个假设中的第一个假设，循环论质疑正是基于这一假设：[1] 元语言观旨在作为完备的指称理论。指示观作为我的版本的元语言观并不旨在作为一种*完整的*指称论，而意在作为部分的指称论。这是关于专名系统意义的理论，而表达式系统意义只是决定指称的部分因素。如果将这个理论提供为一种完整的指称理论，也许可能说成是循环性的，或者至少是空洞的，因为该理论会以指称解释指称。但是，作为部分的指称理论，就不会是循环性的了，其原因有如布赖恩·洛尔所述：这个理论对某种指称（即，对专名例型的指称——例如，像我现在使用的名字"苏格拉底"的指称）做出解释，这种解释是通过另一种指称（在我所属的社团或小社团中该名字类型的指称）做出的（亦即是通过在话语语境中*叫作*"苏格拉底"的个人做出的）。[2] 由于"叫作"的关系没有得到解释，所以，这不是一个完整的指称理论。要获得一个完整的指称理论，就必须说在什么条件下，某个个人可以说叫作"苏格拉底"。无论如何做到这一点，我同意克里普克的观点，即"无论这个*叫作*关系是什么，这是真正决定[名字例型]指称的东西"，因为根据指示观，名字例型的指称取决于哪个实体叫作那个名字。但是，仅当指示观理解为一种完整的指称理论时，这才构成对指示观的质疑。

按照我所理解的指示观，通过使名字特定使用的指称依赖于社团中名字类型的指称，仅仅提供了名字指称阐释的第一个阶段。[3] 阐释的第二个阶段必须对社团中名

---

[1] 正像这一段后半部分将表明的那样，我也否认第二个假设。

[2] 如果在语境中只有一个人叫作"苏格拉底"，这个人就是指称对象；如果在语境中知道不止一个人名叫"苏格拉底"，最"相关的"是指称对象（关于相关性的解释，参见 Sperber & Wilson，1986）。

[3] 区分名字使用的指称与名字类型的指称可能会误导，因为存在三*种*不同的东西（Kaplan，1990：108，111）：名字类型作为语言中的词，例如，英语中的名字"Putnam"（用卡普兰的术语叫作"通称名字"）；名字类型作为方言或局部语言的词，例如，在我所属社团的语言中，某个特定的人叫作"帕特南"（用

字类型的指称概念做出分析；这个阶段必须告诉我们，说某个客体*叫作* NN 意谓什么。在这个阶段，做出下列论述是不能奏效的，即，某个个体在社团中叫作“苏格拉底”，如果这个社团的成员在说出“苏格拉底”这个名字时普遍地指称这个人。究其原因，这个名字例型的指称概念业已藉由“叫作”关系解释，因而这个关系若以名字例型的指称概念解释显然就会陷入循环论证。因此，“叫作”关系必须以其他方式解释。关于这些问题，洛尔和埃文斯的立场同克里普克的观点并没有实质性的差异。按照他们的观点，在某个社团中谁或什么“叫作”特定的名字，这取决于“过去和现在使用那个名字的一类人 [ 的用法 ]；这些人的使用*维持了*普遍的使用，这些人的指称决定了普遍的指称”（Loar，1980：87）。用埃文斯的术语说，这些人是名字的“产生者”（Evans，1982:376）；或者用洛尔的术语说，他们是那个名字在社团中使用的（因果）“来源”。因此，阐释的第一个阶段根据普通说话者对名字的使用，将名字的指称描述为依赖于名字在社团中的指称；*第二个阶段*将名字在社团中的指称描述为因果性地依赖于名字产生者的用法实践。

但是，也许有人会问，对专名指称采用两阶段阐释有何意义？为什么不忘却第一个阶段，直接将第二阶段提供为专名指称理论？因为正如帕特南所强调的那样，必须考虑和阐释两个不同方面：一方面，个体能力；另一方面，在决定指称中发挥作用的社会因素。表达式的意义——有能力的语言使用者“头脑中的”东西——不足以决定表达式的指称；表达式的意义只是决定指称的部分因素。阐释中的第一个阶段意在揭示指称的这个决定因素。如果指示观是正确的，有能力的语言使用者所知道的（而且必须知道，才能成为有能力的语言使用者）仅仅是专名指称叫作 NN 的实体。专名的重要特征正在于，不知道将名字与其拥有者相匹配之名字-规约的人可以使用这些名字。由这些人使用的名字的指称由名字在社团中的指称决定，而名字在社团中的指称则由其他知道名字-规约的更加专业的人士的用法决定。

## 9.4 普遍论

克里普克提出反对元语言论的第三条（也是最严厉的）质疑是普遍论。克里普

（续前注）卡普兰的术语说，是“个体名字”)；（个体）名字的特定例型，例如，我此刻使用的名字“帕特南”。只有相对于特定社团（在该社团中存在使用这个名字指称特定客体的做法），“名字类型的指称”这个概念才有意义。[ 用卡普兰的术语来说：个体名字“具有语义功能”，但与个体名字相反，“通称名字不给任何人命名”（Kaplan，1990：111）；因此，名字类型的指称只能是个体名字的指称，而不是通称名字的指称，个体名字是通称名字的实例。] 所以，当我说名字例型的指称依赖于名字类型在社团中的指称时，我指的不是说英语的社团，而指的是当地社团。在不同的当地社团中，“帕特南”这个名字为不同的人命名。（正如我们将看到的那样，名字在社团中的指称因果性地依赖于在社团中作为名字用法“来源”的那些人使用该名字时的指称）。话语语境的作用是选择社团——用埃文斯的术语说，是“名字使用实践”——相对于社团，名字类型才可能说具有指称。说名字例型在话语语境中指称叫作那个名字的客体，这就是说例型的指称对象是在由话语语境决定的社团中叫作那个名字的客体。

克否认“叫作 NN”是专名 NN 意义的一部分，其理由如下：假如我们说，叫作 NN 是专名 NN 的一部分，那么，通过类推，我们就必须对语言中所有外延性词语做出同样的论述——例如，我们就得说“叫作‘精神病学家’”是‘精神病学家’意义的一部分，或者“叫作‘红色’”是‘红色’意义的一部分。但这是荒唐的。据此推论，专名 NN 并不意谓“叫作 NN 的实体”。[1]

我所重构的普遍论质疑依赖于两个前提：

> [C] 如果专名 NN 包括“NN 的拥有者”，作为其意义的一部分，那么（通过类推），诸如“精神病学家”这种词就包括“叫作‘精神病学家’”，作为其意义的一部分。
>
> [D]“叫作‘精神病学家’”不是“精神病学家”意义的一部分。

在下文的论述中，我将接受前提 [D]。存在一种意义，在这种意义上，精神病学家的概念——藉由英语语义规则将“精神病学家”这个词与之相关联的东西——并不包括“叫作‘精神病学家’”的特征。[2] 我想要讨论的不是前提 [D]，而是前提 [C]。为什么不可能将专名同其他词语分离？在这个具体情形下，“通过类推”意谓什么？

根据 [C]，为元语言观辩护者说“苏格拉底”意谓“‘苏格拉底’的拥有者”所具有的理由也会是说“精神病学家”意谓“叫作‘精神病学家’”的理由。这些理由是什么？首先，存在的事实是，“苏格拉底叫作‘苏格拉底’”是先验的——尼尔引用这个事实支持元语言观。正如克里普克正确指出的那样，如果这个话语的先验性质用作支持“苏格拉底”意谓“叫作‘苏格拉底’”的论据，那么，就“精神病学家”或任何其他词而言，就必须得出同样的结论，因为“精神病学家叫作‘精神病学家’”同“苏格拉底叫作‘苏格拉底’”一样具有先验性：

> 尼尔提供了一个支持 [ 元语言观 ] 的论据。“苏格拉底”必须分析为“叫作‘苏格拉底’的个体”，因为否则我们如何解释被告知苏格拉底叫作“苏格拉底”是没什么价值的这个事实呢？在有些情形下，那是相当没有价值的。我假定，在同样意义上，你也许能够获得关于英语中任何表达式意义的好的理论，编撰一本词典。例如，尽管告诉某人马用于赛马也许能够提供信息，但告诉他马叫作“马”

[1] （像循环论质疑一样）这条质疑最初是由塞尔提出的。“说其涵义或涵义的一部分是‘叫作 X’，那根本就没有回答（如果专名 X 有涵义的话）专名的涵义是什么的问题。人们也许满可以说‘马’的意义是‘叫作马’”（Searle，1969：171）。也可参见吉奇（1957：71–72）。

[2] 正像帕特南所强调的，在同样意义上，榆树的概念也不包括“叫作‘榆树’”的特征：榆树叫作“榆树”并非榆树概念的一部分，作为讲英语者，这无须说对我是十分重要的东西。事实上，对于想要谈论物种的讲英语者而言，几乎没有什么东西比知道其名字更重要的了；但是这个事实的重要性并不能使这些树在英语中具有这个名字成为“榆树”这个名字之意义的一部分。*意义*概念之目的的重要部分正在于从这个名字的语音外壳*抽象*出来。说名字的语音外壳（“榆树”、“乌树”或者“凹树”）对于意义是实质性的，这就正是混淆我们在意义讨论中想要加以抽象的东西（Putnam，1988：27）。

> 并不能提供什么信息。因此，可能出现这种情形，只是因为在英语中“horse”（马）这个词意谓“叫作‘horses’的动物”。英语中可能使用的任何其他表达式情况类似。既然被告知圣人叫作“圣人”是没有什么价值的，“圣人”只是意谓“叫作‘圣人’的人”。可是，显然，实际上这不是有力的论证，因而也不是关于为何被告知苏格拉底叫作“苏格拉底”是无价值的之唯一解释。（Kripke，1980：69）

坚持专名之元语言观的另一个理由与之密切联系。这个理由是将有能力的语言使用者就某个词所必须知道的东西与该词的意义相等同的倾向。正如我在前面有一章中所强调的那样，就专名而言，有能力的语言使用者所知道（并且必须知道）的东西仅仅是专名 NN 指称叫作 NN 的实体。关于诸如“老虎”这样一个词，必须知道更多的东西；除了名词“老虎”指表叫作“老虎”的实体这个事实之外，有能力的语言使用者还必须知道某些东西。可是，就“老虎”而言，这个事实无疑属于有能力的语言使用者所知道的内容，这正像在专名的情形中那样。（这就是为何“老虎叫作‘老虎’”同“苏格拉底叫作‘苏格拉底’”一样并非没有价值。）所以，假如说专名“苏格拉底”包括“叫作‘苏格拉底’”作为意义的一部分，那么看来，名词“老虎”也必定包括“叫作‘老虎’”作为其意义的一部分。另一方面，假若不接受将词的意义等同于有能力的语言使用者关于该词必须知道的东西，那么，就像没有理由认为“老虎”意谓“叫作‘老虎’”一样，也没有理由认为“苏格拉底”意谓“叫作苏格拉底”。

至此，普遍性质疑得到了论证。倘若上面提到的理由是支持专名元语言观仅有的理由，那么，给定 [D]，这些理由同样支持普通词语的元语言观这个事实本身就会构成专名元语言观的反证。即使有其他理由坚持专名的元语言观，但如果这些理由也是认为“精神病学家”意谓“叫作‘精神病学家’的人”、“圣人”意谓“叫作‘圣人’的人”等等之理由的话，那么，普遍性质疑就会得以成立。以其最为普遍的形式，克里普克的质疑假定的确如此——他的质疑假定，为佐证元语言观而提供的*任何*理由也会佐证关于普通词语的类似观点。这与上述 [C] 相一致，这正如克里普克非常普遍性的话语所表达的那样，“正像没有理由支持冠以任何其他词语是这些词语意义的一部分那样，也没有理由支持叫作此名是该名字意义的一部分”（Kripke，1979：274）。

然而，就我而言，我否认 [C]。我正是因为坚持（2）*，即名字–规约不是语言规约（第 8.2 节），所以坚持指示观；指示观是一种特定形式的元语言观。可是，这个理由仅对专名有效：这个理由不支持诸如“红色”或“精神病学家”这种词的元语言观。相反，正如我下面将表明的那样，（2）* 既支持专名指示观，又阻止人们将这一观点扩展到诸如“红色”或“精神病学家”这种其他词语。所以，较之针对任何其他词语，*有更多的*理由认为，叫作该名字是专名意义的一部分。

首先，我来说一下专名与像“精神病学家”或“红色”这种词的某种共性。比如“苏格拉底”这样一个专名，常规性地指称某个个体。同样，“红色”这个词常规性地与某种颜色相关联，“精神病学家”常规性地同精神病学家的概念相关联。有关的规约也许可以陈述如下：

（i）[ 指着苏格拉底 ] 这个人叫作“苏格拉底”。

（ii）[ 指着红色的样本 ] 这种颜色叫作“红色”。

（iii）精神病学家叫作“精神病学家”。

这三条规约将“苏格拉底”“红色”“精神病学家”这些词同某个另外的东西联系起来，我将这另外的东西称作关系项。

专名与像“红色”或“精神病学家”这些词的不同在于，按照（2）*，第一个规约不是语言规约，而（ii）和（iii）则是语言规约。作为语言语义规约，（ii）和（iii）通过将这些词分别与红颜色和精神病学家的概念相匹配而确定“红色”和“精神病学家”的意义。一个词的意义是有关语义规约将这个词与之相配对的东西。就“红色”或“精神病学家”而言，这些词的意义是我称作关系项的东西。相反，词与关系项之间的*关系*（即，关系项常规性地同词相关联的事实）不是词义的一部分。“精神病学家”这个词表达精神病学家的概念，而非“叫作‘精神病学家’的人”的概念或者“由‘精神病学家’所表达的概念”的概念。然而，（i）的情形十分不同。既然（i）不是一条语言语义规约，它不能确定专名“苏格拉底”作为语词的意义。名字作为语词的意义只能由*语言*规约决定。这个规约是什么？我业已提出，这是一条普遍规约，即，专名指称其拥有者。这是语言的语义规约，将“苏格拉底”与这个名字和其拥有者联系起来。因此，正是后者（“叫作这个名字”或者“这个名字的拥有者”的关系）而不是关系项（叫作这个名字的个体）构成了“苏格拉底”这个名字的意义。概言之，正是这个关系而不是关系项构成专名的意义，而正是关系项而非关系构成了诸如“红色”或“精神病学家”这种词的意义。这个差异完全归因于以下事实：同（ii）和（iii）相反，（i）不是语言规约。

我推断，在反对元语言观的论证中不能假定 [C]，否则就会以假定作为论据做出论证。指示观是我的元语言观版本，基于（2）*，即主张名字–规约是语境性的而非语言性的（如果我们谈论的语言是英语的话）。假定（2）* 是正确的：那么，专名与像“精神病学家”或“红色”这种普通词语之间就存在一个差异，这一差异为下述论断提供了强有力的理由，即，专名包含“叫作这个名字”作为其意义的一部分，而其他词语则不然。另一方面，假定（2）* 是错误的，专名与其他词语之间不存在这种差异：那么，“正像没有理由支持冠以任何其他词语是这些词语意义的一部分那样，也没有理由支持叫作此名是该名字意义的一部分”，克里普克这样说可能是正确的。但是，这不能用作反对指示观论证中的前提，因为这种说法预先假定指示观中的一个核心主张是错误的。

## 9.5　结语

在这一章，我业已表明，第 8 章中论述的专名理论反驳了克里普克的质疑。因此，我坚持认为，专名的性质类似于指示语。根据我的观点，专名与指示语的主要差异在于，同指示语相反，所有专名都具有相同的语言意义。[1]

当我说专名的性质类似于指示语时，我的意思是，从*语言*视角看专名具有这种性质。这与在某个其他层面或从另外某个视角看指示语同专名存在实质性差异并无抵牾。在第 10 章，我们将关注思想而非语言意义；我们将从心理学视角研究专名。在这方面，专名将证明同指示语迥然不同。正如我们将看到的那样，两者之间的心理学差异对应于我在第 7 章所做的两种非描述性或涉物呈现方式之间的区分：指示概念与百科词条。

[1] 指示观的这个方面在第 8.3 节中做了论述，露丝·米利肯在其即将出版的《白女王心理学》中也做了阐述。

# 第 10 章 思想中的专名

## 10.1 导言

我在第 8 章探讨了专名能否说是具有意义的这个问题。尽管我发现关于专名没有意义并且甚至都不是语言的一部分这个观点不无道理，但对这些主张的合理解释导致我得出专名在许多方面同指示语相像的看法。特别是，有一种指称呈现方式藉由专名的意义同专名相关联——用第 4 章中的术语说，即，语言呈现方式。

就诸如“我”“现在”“这里”这种指示语而言，不仅存在一个语言呈现方式，而且还存在一个心理呈现方式同表达式相关联（第 4—5 章）。这个心理呈现方式是表达式对由包括该表达式的话语所表达的窄式内容所做出的贡献。我们在第 7 章中看到，与指示性表达式相关联的心理呈现方式形成一个特定的类型，即*自我中心范畴*。这样，就出现了如下的问题：是否存在与专名相关联的特定类型的心理呈现方式，其关联方式与自我中心范畴关联于指示语的方式相同？更加普遍地说，是否存在必须以之思考专名指称的一种特定方式？

## 10.2 专名、类名与指示识别

人们常说，专名不与思考其指称对象的任何特定方式相关联。这个说法可以按两种不同方式理解。按照一种理解，这意味着，不存在唯一的呈现方式（或者不存在呈现方式的唯一类型）[1]，这样，每当使用专名时，专名的指称就以这个（或这种）呈现方式思考。这与下述观点一致，即，每当使用一个专名时，就*存在*一个呈现方式，尽管并非总是同一个呈现方式，在那个呈现方式下思考其指称对象。按照这种理解，所否定的不是呈现方式的存在，而是呈现方式的单一性。但是，还存在一种更强的理解。按照这种理解，藉由专名指称客体而不以特定呈现方式思考该客体，这是可能的。例如，假定我偶尔听到“格劳博斯将会遇到什么事儿？”这句话，而压根儿不知道谁或什么是“格劳博斯”。我可能评述说：“约翰纳闷格劳博斯会遇到什么事儿”。看来这里并不包含任何特定的心理呈现方式。

在第 2 章，我说过关于客体的思想必定包括对该客体的思考方式（呈现方式）。

[1] 在下文中，这个限定常常将是隐含的。我所说的“呈现方式”一般意指“呈现方式或某种呈现方式”。

我看不到有任何理由背离这个常识性观点。像“格劳博斯”这种例子可以通过两种方式处理：要么（i）提出说话者就“格劳博斯”指称的任何对象拥有一个描述性的元语言思想，而非关于特定客体的真正的涉物思想；要么（ii）提出说话者没有表达一个*完整的*思想，而只是表达了斯珀伯（1982:69–80）所说的“半命题性”思想——其中带有空缺的思想。无论怎样，正像埃文斯曾经坚持的那样，在说话者实际抱有的思想（初步的思想）与为了算作理解话语所*必须*抱有的思想之间存在差异。[1]在格劳博斯这一例子中，说话者本人不能算作真正理解自己的话语。这个现象并非专名所特有；可能相关于各种语言表达式出现。因此，某人可能说出“约翰到（动物标本）剥制师那儿去了”，而不知道（动物标本）剥制师是做什么的。在这种情形下，说话者不抱有也许可以说其话语所表达的思想，而只表达了像“约翰到……去了”这样一个不完整的略图式思想。说话者将提供缺少之思想成分的任务交给了听话者。

为何关于特定客体的思想必须包括呈现方式，一个理由是根本不存在独立于任何呈现方式的“光秃”客体这种东西。正如我前面指出的那样，按照吉奇与威金斯的观点，客体只能根据某种同一性标准个体化——这个标准告诉我们必须在什么情形下某物才与该客体成为*相同的事物*（第1章，注19）。吉奇针对专名阐述了这个观点：

> 如果某个个体由专名呈现给我，我若不能应用某个同一性*标准*，就不能学会使用这个专名；既然某物的同一性始终在于其作为同一个*X*，例如，同一个人，并且不存在诸如只是“相同”这种东西，因此，仅当……我始终将这一个专名用于同一个人时，我使用该专名才能证明是有道理的。（Geach，1957：69）

最近，为了反对这个观点，德雷兹克提出，人们*可以*指称某个客体，或者思考某个客体，尽管不知道这是什么样的客体。他提供了以下的例子：

> 某种感知信念——哲学家称作涉物信念的东西（例如，*那在动*）——经常像关于这些信念所表征的东西、关于所评论的话题、关于其指称等的量度那样是无征兆的。克莱德可以看到远处有一匹黑马，从而获得关于一匹黑马的信息（比方说，黑马在马厩附近），却没有获得那是一匹黑马的信息——换句话说，没有看到那是*什么*。正像油表表征我油箱里汽油的多少，却没有将其表征为我油箱里汽油的量那样，克莱德可以具有关于我的马的信念（的一个表征），却不相信那是（没有将其表征为）我的（或者甚至是一匹）马。（Dretske，1988：73）

也许，德雷兹克关涉未识别客体的指示思想的例子与关于客体的涉物思想必定包括对应于有关客体的“类别概念”的主张相抵触；因为吉奇和威金斯讨论的“类别概念”相当具体。但是，德雷兹克的例子根本没有确证，人们可能具有关于某个客体的涉物思想，而对那个客体是什么却一*无所知*——例如，不能分辨那个客体究竟是抽象的还是物质的。只有满足性地同客体相联系的思想——描述性思想——才

[1] 埃文斯（1982：92，143注）。一个类似的区分将在后面（第10.4节）详述。

可能具有这个性质。因此,我可能抱有关于“乔纳森上次演讲中谈论的无论什么内容”的描述性思想,而对乔纳森谈论的东西一点概念也没有。同样,关于由“格劳博斯”指称的无论什么对象,我可能抱有描述性思想。但是,像在德雷兹克的例子中那样,当某个思想是直接(即,非描述性地)关于某个客体的时候,看来显然就存在一个最小程度的意义,在这个程度的意义上,*思考者必须知道他在思考的客体是什么类型的*。德雷兹克的例子“那在动”,不是这条原则的反例;其原因在于,某种*类似于*类别概念的东西同样包含在这个例子中(尽管有关概念太过普遍,不能算作吉奇和威金斯意义上真正的类别概念)。思考者不知道他所看到的是一匹马,但至少他知道那是可感知的,占据空间的某个部分。[1]

按照有些心理学家的看法(Kahneman & Treisman,即将发表;Treisman,1992),包含在德雷兹克例子中的呈现方式在人类认知中起着至关重要的作用。关于在诸如感知一匹黑马的过程中出现了什么情况,特雷斯曼论证了以下的图景。其一,在前注意层面,感知情景的各种特征(诸如出现黑色、曲线,等等)由平行作用的专门组件察觉。其二,当注意力集中在特定区域(黑马所在的地方)时,在前一个层面察觉的某些特征综合为属于占据这个空间位置的同一个客体。在这个层面,创生了一个“档案”,对应于这个空间位置的假定占据者。这个档案使得有可能将这些特征组合到一起,尽管客体的性质尚不知道,而如此察觉的特征属于该客体。通过将档案中组合的特征与熟悉客体的记忆进行比较,客体的性质在下一层面发现。这个比较过程的结果就是将客体识别为(比如)一匹黑马。

如果特雷斯曼的看法正确,感知中就包括两个不同层面:首先将客体识别——更确切地说定位——为空间占据者,然后识别为某种客体(比方说,飞机、鸟或者黑马)。第一种指示型识别使人们能够思考客体——给它一个恰当的名字,如果想这么做的话——之后才是第二个更强意义上对客体的任何识别。[2] 当客体移动时或者其特征变化时,这种识别藉由使我们能够对延续性和保持的同一性留有印象而“起着重要作用。我们可能观察某种看上去像远方的一架飞机的东西,看到它扇动翅膀,落在一棵树上,其一致性和感知连续性没有任何中断。唯一发生突然变化的是客体的身份(其标签:我们给予它的名称)。飞机*成为*鸟;它并不是由鸟*替代*”(Treisman,

---

[1] 威金斯坚持,“为了发挥作用,构成回答*那是什么*问题的答案,真正的类别谓词就必须代表一个概念,这个概念为其外延的成员隐含地决定同一性、持续性与存在条件”(Wiggins,1980:62)。按照他的观点(Wiggins,1980:63),空间占据者概念不是这样一个真正的类别谓词,因为有些时空延续者比起其他的延续者对于间断的出现更具包容性(Wiggins,1980:50):据此推论,时空延续性概念本身太过笼统,不能决定个体化的真正原则。然而,威金斯承认,在某些情景中,“对有关的事物比大致地知道了解更多的东西,并不非常要紧”(Wiggins,1980:122 注)。因此,也许可以认为,为了*实际的目的*,空间占据者的概念可能用作类别概念,尽管对于理论目的它不是一个真正的概念。这会相当于是在为有效个体化所必需的类别概念(即,真值条件上相关的类别概念)与思考者所实际使用的类别概念(即,认知上相关的类别概念)之间做出了区分。参见威金斯(1980:217–219)对艾耶尔的回应。也可参见下文(第10.4—10.5节)在名字使用者的实际认知状态与名字使用所“要求”和“预期”的认知状态之间做出的区分。

[2] 参见埃文斯(1982:178–179)。

1992：187）。[1] 因此，我们假如将专名"博宙"与对应于识别之第一个层面的临时档案相关联，就可能发现*博宙原来不是飞机，而是一只鸟*。如果吉奇是正确的，亦即，如果同像"鸟"或"飞机"这种具体类别词相关联的是像"博宙"这种专名的构成成分，这样一个发现就会无法理解。[2] 这样的类别词只在识别的第二个层面能够获得，而思考客体，为之命名，只需要识别的第一个层面。据此推论，我们必须拒斥关于针对客体的涉物思想必然包括在吉奇和威金斯意义上的具体"类名"这个主张。但是，人们也许可以拒斥这个主张而不同时拒斥那个常识性观点，即，针对客体的涉物思想必须包括该客体的呈现方式。

我推断，没有理由接受关于专名不与思考其指称对象的任何特定方式相关联这个主张的强式理解。在下一节，我将探讨其弱式的理解，根据这个理解，不存在这样一种*唯一的*呈现方式，从而每当使用专名时，其指称对象就以这种呈现方式加以思考。我认为，如果这样地做出理解，这个主张很大程度上是正确的。

## 10.3 专名的心理中立性

心理呈现方式藉以与指示性表达式相关联的机制在第 5.4 节做了解释。指示语受到使用规则的支配（这些规则例如："我"指称说话者；"这里"指称说话的地点；等等）。藉由这些规则，"我"的指称对象规约性地呈现为说话者、"这里"的指称对象呈现为说话的地方，等等。这些是指称对象的语言呈现方式。同这些呈现方式相反，心理呈现方式并非规约性地同语言表达式相关联，但却由语言表达式加以表达；因为在规约性表达的语言呈现方式与心理呈现方式之间存在密切联系。语言呈现方式是概念 F（例如，当下例型的说出者这个概念）。这个概念与心理呈现方式 Φ（例如，*自我*概念）之间的密切联系归因于以下事实，即，鉴于（通常）获得信息的方式，"Φ 是 F"（例如，"*自我是这个例型的说出者*"）这个信息免于误识谬误。

我们看到，专名指称对象的语言呈现方式是以下概念：NN 的拥有者。依照我们发现在指示语情形下发挥作用的机制，要存在由专名 NN 表达的心理呈现方式，就必须有一个概念 Φ 和获得信息的方式 $w$，从而那是 NN 的拥有者的信息如果以 $w$ 的方式获得，就是免于误识谬误的。我们能够找到 <Φ, $w$> 这样一个对子吗？

我必须承认，我设想不出这样的对子，除非 Φ 是一个描述性概念。让我们暂且只考虑非描述性概念。就任何非描述性 Φ 而言，看来没有办法获得以下这样的信念，即，Φ 是 NN 的拥有者，而这个信念又不使误识谬误成为可能。假定我以这样的方式认为"*这个人*是 NN 的拥有者"，从而语词"这个人"对应于某个人的非描述性心理呈现方式（例如，有关人的感知表象）。我可能以许多不同方式获得了信念"这个人是 NN 的拥有者"——譬如，我也许听说过某人叫作 NN，而将之认作所说的这个人；

[1] 将之与威金斯（赞成地）引自亚里士多德《论生成与毁灭》那段文章中所说的话相对照（Wiggins, 980：61 注）。

[2] 这个结论也许可以诉诸注 3 结尾处提及的区分加以限定。参见下文（第 10.4—10.5 节）。

或者，更为直接地，我可能目睹了这个人被称作或叫作NN。在所有这些情形下，“这个人是NN的拥有者”这个信念可以看作两个不同信念的结果，亦即，“*a*是NN的拥有者”这个形式的信念，加上“这个人=*a*”这个形式的信念。正是因为这部分依赖于第二个信念，所以，第二个信念埃文斯称作“识别成分”（Evans，1982：180），所产生的信念就可能犯误识谬误，因为第二个信念或许结果证明是错误的。这在第一个实例中是相当显见的：我可能误以为这是我听说的NN拥有者的那个人。尽管不如此显见，但在第二个例子中也可以发觉同样的情形。即使当着我的面某人被称作或叫作NN，在称呼或者在叫这个人的信念仍然依赖于两个独立信念的结合，亦即，*现在正在叫（或指称）的就是这个人*之信念，结合*某人现在正被叫（或称）作NN*之信念。所产生的信念有可能出现误识谬误，因为“辨识成分”（即，两个成分信念中的第一个信念）可能证明是错误的：我可能错误地以为正在召唤（或指称）*这个人*。或许另外还有一个人隐藏在他身后，那个人才是真正的指称对象或真正被召唤的人。

假如相关的Φ是描述性概念，那会出现什么情况呢？我认为，那样，“Φ是NN的拥有者”这个信念有可能免于误识谬误。假定我无意中听到下面这句话：“巴尼拉先生，有你的电话！”，而根本不知道受话人是谁。听到这句话后，我脑子里出现了以下想法：“这个人叫作‘巴尼拉’；肯定是个意大利人”。在此，“这个人”代表描述性概念“现在正被召唤的无论哪个人”。[1]在这种情景中，谓项“叫作巴尼拉”例示的信息与*现在被召唤的人*叫作巴尼拉这个信息之间不存在差距，因为我通过获得某人现在正被称作巴尼拉这个信息而获得前一个信息（某人叫作巴尼拉）。鉴于这种获得例示谓项之信息的方法，关于正是现在被召唤的人例示这个谓项这个信息看来是免于误识谬误的。因此，至少有一个这样的概念Φ，从而Φ是NN的拥有者这个信息如果以某种方式获得，就是免于误识谬误的。[2]

尽管这样，我认为，不应当考虑描述性概念。假定专名为直接指称性表达式，专名在思想层面表达描述性呈现方式的可能由叠合原则排除，这条原则的基本内容在第3.3节和4.1节做了介绍：

> *叠合原则：*
>
> 在字面意义的交流中，话语所表达的命题与该话语表达的真值条件思想内容重合。因此，*假如话语表达命题P，那么，当且仅当P时，该话语表达的思想成真*。

根据这条原则可以推论，直接指称性表达式指称对象的呈现方式（思考这种表达式指称对象的方式）不可能是描述性呈现方式。之所以如此是因为一个包括直接指称性表达式的话语是一个*单称*命题，该命题以表达式的指称对象而不以指称对象的任何呈现方式作为成分。藉由叠合原则，这就蕴含着话语表达的真值条件思想内容本身必须是单称性的：思想的真值条件不可能包括对呈现方式的满足，这些真值

1 指示语的这种“归属性”用法将在下文（第10.4节）讨论；也可参见第16章。

2 埃文斯（1982：180–181）注意到了相关于描述性概念的免于误识谬误的可能性。

条件只可能包括指称对象本身。可是，当客体以*描述性*呈现方式 $m$ 思考时，*$m$ 的满足就是思想的真值条件之一*（第 6.3 节）。据此推论直接指称性表达式指称对象的心理呈现方式不可能是描述性的——而只可能是非描述性的（与真值条件无关）。

结果证明，指示语（或者至少有些指示语）藉以与特定心理呈现方式（即，自我中心范畴）相关联的机制对于专名不起作用。（藉由叠合原则）思考专名指称对象的呈现方式不可能是描述性呈现方式；我们看到，对于任何非描述性呈现方式 Φ，没有任何办法获得信念"Φ 是 NN 的拥有者"而同时能够使该信念免于误识谬误。据此推论，专名不像指示语那样，表达特定的心理呈现方式。存在指称对象特定的心理呈现方式，亦即，自我中心范畴**自我、此时、此地**，相关联于诸如"我""现在""这里"这些指示语。但是，不存在同诸如"巴尼拉"这种专名相关联的指称对象的特定心理呈现方式。

我们刚才得出的结论将不得不在第 10.5 节中加以限定。但是，对之的一种理解由于太过强式而必须立即摒弃。根据某种读解，同时持有下述两点是不相一致的，即：（i）专名与思考其指称对象的特定方式不相关联；（ii）专名的指称不能描述性地加以思考。如果像我所说，专名的指称只能非描述性地加以思考，那么，就存在一种意义，在这种意义上专名不与思考其指称对象的特定方式相关联就不能成真。我同意，这里实际上存在不一致性。我就涉及专名心理中立性的结论，提出下述恰当地弱化的理解：

> 像所有指称性表达式那样，专名要求其指称对象非描述性地得到思考；但是，尽管存在表达具体非描述性呈现方式的指称性表达式，专名并不与任何特定的非描述性呈现方式相关联。

## 10.4 描述性名称

我刚才说过，根据叠合原则，藉以思考专名指称的呈现方式不能是描述性呈现方式。叠合原则的这个结论引起了一个显见的困难，因为在某些情形下，似乎话语包括指称性表达式（如，专名或指示词语），但表达式的指称却似乎也是描述性地思考的。这种现象的一个实例由埃文斯所称的"描述性名字"提供（参见第 6.4 节）：即，其指称藉由有定描述语规定性地确定的专名，例如，"朱利叶斯"作为发明拉链的无论何人的名字。看来，这样一个名字的指称是描述性地思考的；但是，叠合原则蕴含指称性表达式的指称对象不能描述性地思考。面对这个困难，人们或许要么否认描述性名字是真正的专名（从而否认这些名字是直接指称性的），要么否认这样一个名字的指称是描述性地思考的。正如我将表明的那样，在我看来，这两个办法无一是令人满意的。

要否认诸如"朱利叶斯"这种描述性名字的指称是描述性地思考的，看来非常困难。我们假定一种情景，在这个情景中，我们对拉链的发明者再无更多的信息——

在这种情景中，我们知道的唯一一点是某人发明了拉链。在这样一个情景中，我们可能归属性地使用描述语“拉链的发明者”指称这个人，或者使用通过该描述语规定性地引入的描述性名字“朱利叶斯”指称他。诚然，无论我们使用描述语还是描述性名字，无论我们说“朱利叶斯是 $F$”还是说“拉链的发明者是 $F$”，我们可以获得的唯一思想是关于*发明拉链的无论何人*——这是一个以描述性呈现方式作为成分的思想。*无论我们使用描述语还是使用名字，都包含同样的描述性思想，因为这个思想是思考者能够获得的唯一思想。*正如埃文斯所言，“某个理解一个句子并将之接受为成真的人使自己处于与某个接受另一个句子为真的人完全相同的信念状态……（用格赖斯的话说）我们不能仅“靠笔头一划”——不能仅靠在语言中引入一个新的名称——就产生新的思想（新的信念）”（Evans，1982：50）。我推断，描述性名字的指称对象是描述性地得以思考的。

鉴于叠合原则，上述事实提供了初步的理由，认为描述性名字不是真正的专名。但是，这个结论不容易接受。举个例子说，罗素就认为，普通专名不是“真正的”专名；他提出，这些名字是伪装的有定描述语。叠合原则看来正是将这个限于描述性名字的观点强加于我们。

问题在于，即使限于描述性名字，罗素的那种路径具有规范性气息，似乎不再富有魅力。当代语言哲学家按照语言的实际而不是按照语言应当是什么样子来研究语言；就专名而言，他们努力揭示称作“专名”的那些语词的典型特征，而不是*值得*称作专名的词语的特征。这样，诸如“朱利叶斯”这种描述性名字就在专名的普通意义上归于专名的范畴。不仅从狭窄的语法视角看这些名字具有像其他专名的性质，而且从语义上看，这些名字与普通专名有很多共性。如果我在第 8 章中的论述是正确的，专名的特征是有一条规约将之同客体（名字的拥有者）配对。这条规约的形式如下：“其拥有者是……”，填充空缺的是对客体的描述。没有任何东西阻止有关的描述成为描述性的：“‘朱利叶斯’的拥有者是发明拉链的无论何人”。

不接受描述性名字不是真正的名字这一结论的另一个理由是，存在与描述性名字性质大同小异的指示词语（第 16 章）。希弗提到“他肯定是个巨人”这个句子，针对沙滩上一个巨大脚印说出。我们不能说，代词“他”在“他肯定是个巨人”中不是一个真正的指示代词，因为这是为人熟知的指示代词；但是，说话者心中的思想看来是描述性的思想，即，*不管他可能是谁，他的脚踩出那个脚印的人肯定是一个巨人*（Schiffer，1981：49）。因此看来，直接指称性表达式普遍地可以用于表达描述性思想。

不过，还有第三个解决办法。这个解决办法在于表明，尽管表面不然，存在其指称对象描述性地加以思考的真正专名（或指示词语），这与叠合原则相一致的。毕竟，叠合原则只适用于*字面意义*的交流（第 3.3 节）。当直接指称性表达式的指称对象描述性地加以思考时，叠合原则允许人们推断的是，描述性呈现方式作为其构成成分的思想不是那种也许可以说成由话语字面地表达的思想，或者是其形成将构成话语真正理解的那种思想。换言之，叠合原则对字面交流做出了一个限制：该原则表述了如果话语表达单称命题，字面交流中的思想必须是什么样的。尤其是，这个原则蕴含专名的指称对象*必须*非描述性地加以思考。但是，恰当地理解的话，这与描述性名字的存在并不矛盾。究其原因，在专名的指称得以思考的方式（据实）与专名的指称必须予以思考的方式（*据理*）之间存在至关重要的区别。

“朱利叶斯”据实性指称对象描述性地加以思考，因为该指称对象只能藉由描述知道；但这与以下事实是一致的，即，作为专名，“朱利叶斯”*要求*其指称对象非描述性地加以思考。正如我在上文（第 10.2 节）说过，我们必须区分在设想的情景中思考者心中实际的思想与某个完全理解该话语的人在听到或者说出这个话语时可能必须形成的思想。在设想的情景中，因为话语包括一个（真正的）专名，所以，思考者能够获得的唯一思想不是话语要求人们在理解该话语时所形成的那种思想，亦即，包括指称对象*非描述性*呈现方式的思想。[1] 根据这个观点，叠合原则告诉我们情况“必须”是什么样的、什么类型的思想应当与含有专名的话语相关联，藉由专名作为指称性表达式的性质。但是，该原则没有告诉我们事实上的情形是什么样的，因此，这个原则并没有排除名字的指称对象描述性地加以思考的可能性。

值得注意的是，罗素自己被关涉普通专名的一种类似观点吸引。罗素持有为人熟知的关于诸如“俾斯麦”这种普通专名不是真正的专名这个观点，因为真正的专名要求对指称对象的亲知（这种亲知只有对于自己以及自己的感觉材料才有可能）。在持有这个观点的同时，罗素看来还持有一个稍微不同的观点，亦即：“俾斯麦”是一个真正的专名，但我们不能抱有包括这个名字的话语意在表达的思想。罗素主张，当我们听到或说出“俾斯麦是一个诡计多端的人”时，我们思考的思想不是这句话旨在表达的思想，因为这个思想我们不能获得；这个思想只能为俾斯麦本人获得。[2] 正是因为基于这个观点，诸如“俾斯麦”这种普通专名是真正的专名，所以，这些专名要求使用者亲知专名的指称对象（这个条件在俾斯麦以外的某个人使用名字“俾斯麦”时没有得到满足）；这也就是为何包括诸如“俾斯麦”这样一个专名的话语意在表达单称思想之原因——该名字的普通使用者无法抱有这个思想。

在我刚才勾勒的框架中，专名是*必须*以某种方式使用的词，尽管可能碰巧以其他方式使用。[3] 真正的专名根据其要求（规范性地）加以定义；因此，罗素谈论

---

[1] 假如我的观点正确，我们就不能以其表面意思接受埃文斯的话；埃文斯说：“某个理解并将一个句子 [ 例如，‘朱利叶斯是 $F$’] 接受为真的人使自己进入与某个理解并接受另一个句子 [ 例如，‘拉链的发明者是 $F$’] 的人处于完全相同的信念状态……”（Evans，1982 : 50）。事实如下：正如埃文斯正确地坚持的那样，在所设想的情景中，同一个信念状态对应于两个话语。但是，在这个情景中，思考者完全理解带有名字“朱利叶斯”的话语却不是事实。为了充分理解这句话，人们必须非描述性地思考指称对象——在所设想的情景中这是根本不可能做到的。正是因为思考者不能充分理解含有专名的话语，所以针对两个话语他形成了同样的信念。（当然，在设想的这个情景中，思考者完全理解“朱利叶斯是秃子”这个*句子*；但那是另外一个问题。）

[2]《亲知与藉由描述而知》，载于《神秘主义与逻辑》第 218 页。

[3] 针对这种阐释，吉勒斯 · 格兰杰曾经反对道，该阐释是规范性的，而非描述性的；这同我在本节前面表达的意图相反（我在那里说过，我们当代语言哲学家按语言的实际而非语言应当怎样来研究语言）。

“(专名)*始终希望具有*的直接用法”[1](强调体为我所加)。就“朱利叶斯”而言,正像(罗素框架中的)“俾斯麦”的实例那样,没有理由否认名字本身是真正的专名,这个专名要求其指称对象非描述性地加以思考。这与名字的指称碰巧被描述性地思考这个事实是完全一致的。[2]

但是,也许可以回应说,描述性名字由以下事实*规定*,即,描述性名称的指称只有通过描述语知晓。说作为一个偶然事实(相对于名字本身的正常要求),这样一个名字的指称是描述性地加以思考的,那就可能产生误导;其原因是,*为仅仅藉由描述才能知道的客体命名,正是这种名字的本质目的所在*。这样一个名字的指称对象以这样一种呈现方式加以思考,该呈现方式的描述特性内在于支配名字使用的名字–规约之中(“让我们将发明拉链的无论什么人叫作‘朱利叶斯’”)。因此,像其他专名一样,描述性名字“要求”其指称非描述性地加以思考,这远非显而易见。描述性名字的特征看来正是它们并不这样要求。

这个异议预设了一个十分令人怀疑的观点:可以获得的关涉名字拥有者的那种信息——例如,我们仅能通过描述知道“朱利叶斯”的拥有者这个事实——可以用于使有关名字*个体化*。这个主张令人生疑,因为假如知道更多关于其指称对象的信息——假如我们发现谁发明了拉链,并且继续把这个人叫作“朱利叶斯”,诸如“朱利叶斯”这种专名并不变成一个不同的名字。因此,在其指称对象只有通过描述才能知道这个意义上,“海王星”曾经是一个描述性名字。有一天,天文学家熟悉了海王星,并且继续使用这个名字。[3]我正在批判的观点蕴含存在两个不同的同音(形)异义名字“海王星”(或“朱利叶斯”),一个属于描述性名字的范畴,另一个属于普通名字的范畴。我看没有任何理由接受这一点。在我看来——正像从常理上看来——只存在一个名字,当其指称对象仅仅通过描述而被人们知道时,这个名字首次得到引入。因此,我们不能说,诸如“朱利叶斯”这样一个名字是由下述事实*定义*的,即,其指称对象仅仅作为任何满足“拉链的发明者”这个描述而为人们所知。我们也不能说,这种名字的“本质目的”就在于为仅通过描述而为人知晓的客体命名。正如克里普克所说,名字–规约“让我们把发明拉链的无论何人叫作‘朱利叶斯’”只不过*确定指称*;而且它是通过我们能够获得关涉这一名字–规约的唯一信息确定指称的。但是,就名字个体化而言,重要的是名字与客体之间的联系,而不是用于建立这一联系的那点信息。

我推断,将诸如“朱利叶斯”这样一个描述性名字看作实质上(或内在地)描

(续前注)我不接受这个指控。在我对描述性名字的阐释中起着重要作用的规范性成分只是因为作为‘如其所是的语言’的有机部分,才能发挥这个作用。在我的阐释中*提及了*这个成分,但我的阐释并不能因此而成为规范性的。

[1] 前面所引书中第216页。

[2] 使用加德纳的术语,我们或许可以将专名的*用法*表征为“叠合性的”或不是叠合性的(Gardiner,1932):某个专名可以说是“叠合性地使用的”,当且仅当词语本身(作为专名)确立的条件事实上得到满足。

[3] 关于这个例子,参见克里普克(1980:79注)。

述性的，这种看法是错误的。其指称对象仅仅通过描述而被知道，这个事实纯粹是偶然的。诸如“朱利叶斯”这种名字像其他任何其他专名那样，远非实质上为描述性的。这种名字要求其指称对象非描述性地加以思考。假如我们使用一个描述性名字而非描述语，这正是因为我们期望达到更加丰富的知识状态，以这种知识状态，我们将能够非描述性地思考指称对象。诸如“朱利叶斯”、“海王星”或“杀人碎尸者杰克”这种描述性名字只是在期望积累更多关于名字拥有者的信息时创造的，因而结果就可能非描述性地思考名字拥有者。这个可能性径直由使用描述性名字所*预期*。[1]

## 10.5 专名与百科词条

我在第 7 章提出存在两种涉物呈现方式：一种是自我中心概念，另一种是百科词条。我在第 7 章中关于百科词条的第一个例子是我关于罗纳德·里根与专名“罗纳德·里根”相关联的概念。由于自我中心概念，或者至少自我中心范畴，与指示性表达式（尽管不是在规约性的基础上）相关联，我们也许可以预期在专名与百科词条之间存在同样类型的关联。将专名理解为语言使用者心中的百科词条的标签或指示器确实是很自然的。但是，我在本章中关于专名的论述也许可以理解为禁止采取这个步骤。究其原因，相对于另一种呈现方式，即，自我中心概念，百科词条是一种具体的涉物呈现方式。因此，同我在第 10.3 节中所声称的相反，专名假如与百科词条相关联，就不会不与任何特定类型的涉物呈现方式相关联。[2]

我不得不承认，第 10.3 节的结论——即，专名不与任何特定类型的涉物呈现方式相关联——夸大其词了，至少根据某种理解是这样。那一节实际表明的是，对于指示语起着作用的机制（即，至关重要地包含免于误识谬误的机制）对专名则没有作用。但是，有关机制在发挥作用时，所起的作用是将语言表达式同*自我中心概念*相关联；原因在于，只有自我中心概念导致免于误识谬误现象的出现（参见第 7.3 节，第 72 页注 2）。所以，唯一可以合理地得出结论的是，专名不与自我中心概念相关联。既然（由于叠合原则排除描述性呈现方式）专名与涉物呈现方式相关联，这就还剩下两种可能性：专名要么与百科词条相关联，要么不与任何特定类型的涉物呈现方式相关联。这两个可能性分别由图 3 和图 4 表明。在图 3 中，专名与百科词条相关联；在图 4 中，专名不与任何特定类型的涉物呈现方式关联，而只是与涉物呈现方式的

---

1 我认为，我就描述性名字所做的论述也可对希弗提出的那种“描述性指示词语”做出（参见巨大脚印的例子）。然而，将在第 16 章中讨论的指示词语最为有趣的描述性用法属于不同的范畴。

2 不过，也许仍然可以为第 10.3 节的结论做出辩护。该结论原来表述如下：像所有指称性表达式那样，专名要求其指称对象非描述性地加以思考；但是，尽管存在表达具体的非描述性呈现方式的指称性表达式，专名并不与任何特定的一种相关联。这也许可以做如下辩护：专名即使同百科词条相关联，也不同具体（类型的）百科词条相关联，而诸如“我”或者“现在”这种指示语则同具体的指示性范畴相关联，即，**自我**的指示性范畴或者**此时**的指示性范畴。

一般范畴相关联。

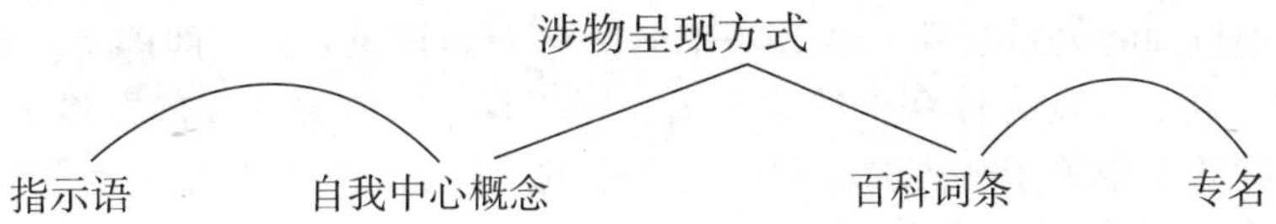


**图 3**

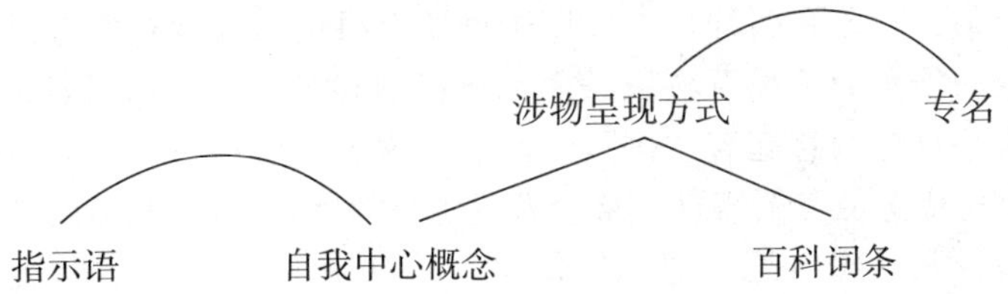


**图 4**

我前面所做的某些论述看来支持图 4 表明的观点——即，专名不与任何特定类型的涉物呈现方式相关联；相对于自我中心概念，甚至不与百科词条相关联。在第 10.2 节中提到的特雷斯曼的“临时档案”是自我中心概念；这些概念基于主体在感知环境中“追踪”客体的能力。正如特雷斯曼指出的那样，在感知中包括两个不同的识别层面：首先将客体局部化，然后，将之辨识为某种客体（比如，一架飞机，或者一只鸟）。第一个层面是*指示性*识别层面：感知一个客体在（自我中心）空间中占据某个位置，通过主体同该客体的感知关系获得的信息输入临时档案；临时档案的存在不需要在第二种更强的意义上对客体的辨识。这样，我提出，我们将诸如“博宙”这种专名与对应于识别之第一层面的临时档案相关联；因此，我们可能看到某种东西在天空中移动，将之叫作“博宙”，假定那是一架飞机；后来发现*博宙毕竟不是飞机，而是一只鸟*。假如果真如此，那么看来，专名可以既与自我中心概念相关联，也与百科词条相关联。

然而，不应当太看重我刚才诉诸的证据。这是因为我们看到，在一种意义上，专名甚至可以“相关于”*描述性*概念：我们可能决定把发明拉链的无论何人叫作“乌利尤斯”。不过，可以坚持关于专名要求对于其指称对象的非描述性呈现方式这个观点。假如给某个仅通过描述而知道的客体起一个专名（这正如在“乌利尤斯”的实例中那样），预期就会出现一个情景，在这个情景中，该客体就会以更加直接的方式为人知道（第 10.4 节）。“博宙”一例可能同样也是这个情形。在这个实例中，给予纯粹指示性地识别的客体一个专名。那可能也是预期一个进一步的知识状态的实例，在这个知识状态下，藉由百科词条，客体将以更加稳定的方式得到识别。[1] 从这种例子中，得不出多少关于专名之心理语义的推论。

我尽管对这个问题持开放心态，但倾向于赞成图 3 表明的观点。至少一般而言，

[1] 同样的策略或许可以用以为以下观点做出辩护，即，专名的使用“需要”以具体“类名”思考其指称对象的能力。参见第 10.2 节。

自我中心概念是临时档案：这些档案用作通过知道客体而获得之信息的存储器，而存续时间超不过知晓关系本身（第 7.4—7.5 节）。百科词条是稳定的档案；稳定档案是那种档案，通过知晓客体获得的信息为了得以保存，就必须存储在稳定档案中。这样，我们除非期望关于客体的心理档案存在的时间比与客体接触的时间长，否则就不会为客体使用专名。出于这个非常简单的原因，我认为专名以相当密切的方式同百科词条相关联。

相关于百科词条，专名有两种功能：用于创始百科词条或者获取百科词条。让我们首先考虑创始功能。无论是百科词条还是自我中心概念，心理档案在具体信息的基础上创生，这些具体信息起着“桩”的作用，为这些信息所关涉的客体聚集进一步的信息。假定我获得了一条信息，某个人成了我的新邻居。“我新的邻居”这个概念（更确切地说，某人符合这个概念的信息）可以用于聚集关于那个人的信息，这个人我看作是我新的邻居。信息聚集的方式反映一个假定的事实，即，所有这些信息都是关于一个人的。我将起着创始作用的信息称作档案的“起始标签”。这是档案信息内容的一部分，加上存储在档案中的无论什么信息（表 2）。注意，尽管某些信息在档案创始中起着特殊作用，但是，通过前面提到的提喻过程（第 5.5 节；在第 15.6 节将对此做出更多论述），档案中的*任何*信息都可以用于获及档案。我稍后将回到这个问题。

**表 2　带有创始标签的百科词条**

| |
|---|
| *我新的邻居* |
| 1992 年 1 月 1 日在楼梯间碰到的男子 |
| 长胡子 |
| 英国人 |
| 戴眼镜 |
| 工党党员 |
| 名叫“彼得 · 琼斯” |
| 看《心智与语言》 |
| 有一个女儿叫作“莎拉” |
| …… |

为了创始一个档案，概念必须（假定地）对客体有鉴别作用；相对于自我中心概念，为了创始*百科词条*，概念就必须以稳定的方式对客体具有鉴别作用：概念必须以不依赖于同指称对象的感知关系而对指称对象做出鉴别。有定描述语和专名都表达具有所要求特性的概念。诸如“我的新邻居”或者“我于 1992 年 1 月 1 日在楼梯间碰到的那个人”这种有定描述语所表达的概念稳定地鉴别主体对其掌握信息的某个客体。“彼得 · 琼斯”表达“叫作‘彼得 · 琼斯’”的概念，该概念也稳定地鉴别主体对之掌握信息的某个客体。（这是一种意义，在此意义上专名同有定描述语十分相似。）

相反，“那个人”表达一个指示概念，这个概念以不稳定的方式、通常藉由感知鉴别客体。

假定我遇到某人，她告诉我“我是朱迪丝”。她通过告诉我她的名字，为我提供了创造一个关于她的百科词条所需要的信息。假如她说“我是新来的植物学教授”，那也会奏效。关于（指示性地鉴别的）指称对象的两种信息都可以用于创造一个关于她的稳定的百科词条，这个百科词条使我能够保存通过亲知她而获得的信息（第7.4节）。

我前面说过，档案中的任何信息都可以用于*获及*档案。因此，如果某人告诉我，他在来我家时碰到了一个英国人，那大概就会唤起我的新邻居的概念，因为这个概念包含“是一个英国人”的信息（并且藉由对我家的指称而在语境中凸显出来）。所表达的一个英国人的概念与我的新邻居这个概念形成部分 / 整体的关系。藉由这个关系，前面的概念唤起了后面这个概念。假如说话者问我，“你认识彼得·琼斯吗？”，那也会唤起我的新邻居的概念，因为这个概念包含“叫作‘彼得·琼斯’”（即，专名所表达的那个概念）的信息。这是专名的第二个功能：用于唤起包括指称对象带有某个名字之信息的百科词条。专名的这个功能同指示语的功能非常相似，这正像我现在要强调的那样：在交流中，专名与百科词条的关系同指示语与自我中心概念的关系一样。

为了成功地进行交流，使听话者能够再识别说话者指称的客体，说话者必须表达这样一个概念——语言呈现方式——这个概念（i）符合他想谈论的客体；（ii）与听话者档案中关于该客体的信息一致。换言之，语言呈现方式必须与说话者和听话者都拥有的关于指称对象的某个信息一致。但是，说话者与听话者时常就指称对象了解不同的事实。不过，言语情景创生关于言语情景本身所包括的各种客体的事实；这些事实自动地被作为该言语情景参与者的说话者和听话者双方所了解。因此，（在正常会话背景中）说话者与听话者都知道说话者——比方说，约翰——是说话者，听话者——比如说，吉姆——是听话者，等等。这使说话者能够利用这些对双方都很显见的事实，指称说话者、听话者以及言语情景的其他方面。*由指示语规约性表达的语言呈现方式与关于指示语指称对象的事实一致；这些事实由言语情景本身创生，因而对言语情景参与者相互显见。*关于藉由指示语做出的指称其特殊之处在于，为了识别目的所利用的事实并非独立于交流的事实，而正是在交流过程中创生的事实（Benveniste，1956）。

专名的情况相同。某人叫作“彼得·琼斯”的事实并不独立于交流活动而存在：这是一个为了使关于（用）彼得·琼斯的交流更加容易而创生的事实。在言语社团C中把某人叫作“彼得·琼斯”是一种规约性地引介档案中的一条信息的方法，这条信息是C的成员所拥有的关于彼得·琼斯的信息；藉由引用这条信息而使成功的交流成为可能。

我们在第3.4节和5.5节中看到，指示语所表达的语言呈现方式（例如，由第一人称表达的这句话的说出者这个概念）对应于包含在自我中心概念中的那些特定信息；自我中心概念构成了与这些指示语相关联的“心理呈现方式”。语言呈现方式对于说话者和听话者是相同的；同语言呈现方式相反，心理呈现方式则是不同的：说话者将他自己理解为*他自己*，而听话者把说话者理解为*那个人*。但是，说话者和听话者各自的自我中心概念（说话者关于他自己的概念、听话者关于他正与之会话的那个人的概念）存在某种共同之处。约翰关于自己之概念的一部分是他正在说出这句话；那个人正在说出这句话也是听话者关于他正与之会话的那个人的概念的一部分。这个共同成分正是指示语规约性地表达的内容，该成分使指示语能够通过提喻的语用过程，（非规约性）代表说话者和听话者双方各自的自我中心概念。[1]同样，说话者与听话者可能就彼得·琼斯有着大不相同的百科词条——关于彼得·琼斯他们可能了解不同的事实——但是，有一个事实他们由于属于相同的（当地）言语社团而肯定都了解：这个事实即为彼得·琼斯叫作“彼得·琼斯”。他们各自关于彼得·琼斯的百科词条中的共同成分，亦即，“叫作‘彼得·琼斯’”的概念是专名“彼得·琼斯”规约性地表达的东西，这个概念使该专名能够代表说话者和听话者各自的百科词条。

我在这一节论述了专名的两个功能，亦即，创始功能与获及功能并不为专名所特有。像专名一样，有定描述术语——更加确切地说，有定描述语表达的概念——可用以创始百科词条；百科词条中的任何信息（包括非有定描述语表达的那种非个体化信息）可以用于获及或者唤起百科词条。专名的特点是这些功能是其本质特点：实现这种功能是专名的构成性特征。以稍微不同的方式加以表述，专名具有一种二位系统意义：专名规约性地表达的概念——叫作某个名字这个概念——并不对应于像作为我的新邻居这种关于指称对象的“一位”信息，但对于一位信息却有一种组织功能。知道某人叫作某个名字是一种实用的知识或形式性知识，这种知识使下面两点成为可能：（i）存储我们所获得的关于以该名字命名之条目下那个人的任何一位信息；（ii）就那个人的信息与他人进行交流，尽管他们就那个人掌握的（一位）事实与我们所了解的（一位）事实不同。

[1] 参见第 15.6 节。

# I.5 为双成分理论图景而辩

## 第11章 窄式场合意义与心理学解释

### 11.1 新弗雷格主义与双成分图景

第 2.5 节表明，假定单称命题的新罗素理论得到两个基本直觉的支持，而且还表明这些直觉能够在宽泛的“弗雷格”理论框架中加以阐释，即，这个理论框架将由话语表达的命题 / 思想看作须对认知意谓的事实做出解释（因此可以推论，这些命题 / 思想不可能是单称的，而必定包括指称对象的呈现方式）。对这两个直觉做出阐释的新弗雷格理论包括论点（1）和（2）：

（1）*世界包含性*：*带有直接指称性表达式的话语所表达的思想在下述两种意义上包含指称对象*：（i）*如果没有指称对象，就没有思想*；（ii）*如果指称对象无法鉴别，就无法把握思想。*

（2）*真值条件无关性*：*指称对象而不是指称对象的呈现方式或者得到思考的方式与评价思想的成真或成假相关。*

这两个论点严重背离了弗雷格。[1] 他不大可能会接受任何类似于世界包含性或任何类似于真值条件无关性的东西。尽管这样，当代新弗雷格论者的确接受这些论点，或者至少第一个论点。因此，他们的观点同像卡普兰与佩里这些当代新罗素论者的观点非常相似。在第 2、3 章，我试图表明，这两种观点在很大程度上是一致的，我在本书中提出的理论综合了两种观点的特征。但是，诸如埃文斯或麦克多威尔这样的新弗雷格论者同意，*按照我的描绘*这两种理论图景大致相同。但与此同时，他们可能会否认，我在第 2、3 章中所勾勒的所谓新弗雷格理论与他们自己的立场一致。

[1] 或者至少是背离了传统地理解的弗雷格。这两个直觉的新弗雷格性质得到麦克多威尔（1977）和皮科克（1981）的承认，但是，埃文斯使其新弗雷格论同道者信服弗雷格较之传统地理解的要更加接近“罗素论”。参见第 6 章第 57 页注 1。

他们会提出，两者存在实质性差异。

按照我所勾勒的观点，完整思想可以分解成两个成分：一方面是思想的真值条件内容；另一方面是对这一思想做出思考的呈现方式。假如我们所考虑的不是思想，而是对应于直接指称性表达式的思想成分（即，该表达式的*涵义*），这种分解尤为显见，因为在第 2 章指称性表达式的完整涵义表征为由客体与呈现方式组成的有序对。但是诸如埃文斯和麦克多威尔这些新弗雷格论者认为，思想与对应于指称性表达式的思想成分都不能按照这种方式分解（Evans，1982：200–204；McDowell，1986：158–167）。

与包含直接指称性表达式之话语相关联的完整思想可以按上述表明的方式分解为两个成分，这个观点我称作*双成分理论图景*。[1]这个观点的产生基于以下考察，即在与指示性话语是指示性的这个基本相同的意义上说，这种思想是指示性的。下面是双成分理论图景的通常表述：

指示语句之话语的真值条件不仅取决于句子的内在意义，而且取决于话语语境的客观性质。同样，“这里很冷”这个思想的真值条件不仅取决于内在的思想内容，而且取决于思想片段的语境：我的*幽灵*和我可能把两个不同的地方想成“这里”，而且以完全相同的方式思考这两个地方（即，我们可能对有关的两个地方拥有相同的表征），然而，我们的思想在指称与真值条件层面存在差异——我的思想关涉*我*所在的地方，我的*幽灵*的思想关涉*他*所在的地方。正像帕特南所表明的那样，同样的情形适用于涉及自然类的思想。这些思想可以分解为主观性内在成分与客观性真值条件成分。

> 以下事实提供了支持双成分分析的初步证据：具有相同客观真值条件的两个思想对于思考者也许不具有相同的意谓。正如大卫·卡普兰指出的那样，我可能同意“我到周五就将做完了”，而不同意“我到明天就将做完了”，即使明天是周五（Kaplan，1989a：532）。我周五就将做完了的思想和我明天就将做完了的思想具有相同的真值条件内容，但不具有相同的认知或主观性意谓：两者共同的真值条件内容不是以同样的方式呈现（思考）的。两个思想也可能具有*相同的*主观性意谓，而真值条件不同。假如我感知到某个苹果，认为是绿色的，而我的幽灵感知到一个性质无以区别的苹果，认为是绿色的，我们的思想在真值条件上不同（一个思想成真，当且仅当苹果 *A* 是绿色的；另一个思想成真，当且仅当苹果 *B* 是绿色的）。但是在某种意义上，两个思想是“相同的思想”，这正如以下事实所表明的那样，这两个思想是由相同的感官刺激引发的，并且促发相同的认知或行为反应（Perry，1977：494）。在这个实例中，我们思想的共同之处是其“窄式”内容：思想的主观性内在方面。同语境一道，窄式内容

[1] 双成分理论图景由帕特南和佩里提出。对这个观点的一个很好的表述可以在麦金（1982）中找到。也可参见丹尼特（1982）。

产生一个完整的思想（“宽式”内容），[1] 既带有主观成分，又带有客观成分（真值条件，由窄式内容与语境一起决定）。在某些情形下，正如当我的幽灵在幻觉中感知一个在性质上同我感知的苹果无以辨别的苹果时那样，窄式内容不能决定真值条件。在这个特定情形下，不能拥有任何完整的思想，而只有窄式内容。

至此，我只考虑了一种形式的新弗雷格理论，即，包括双成分分析的理论。但是，还有另外一种形式的新弗雷格理论。这一形式的新弗雷格理论由埃文斯和麦克多威尔倡导，*不接受*双成分分析法。注意，后面这个形式较之前一种形式更加接近于弗雷格传统理论。究其原因，双成分分析理论图景蕴含着放弃在弗雷格理论中起着重要作用的两项原则：

（3）涵义只能具有涵义而非客体作为成分。

（4）单个实体——思想——起着认知内容（命题态度的内容，正如用于对行为的心理学解释中）的作用和（绝对）真值载体的作用。

第一条原则与将涉物涵义和涉物思想的下述分析不相一致，即，将涉物涵义分析为包含客体与呈现方式的有序对，并将涉物思想分析为包括如此分析的涉物涵义的类单称命题。因此，希冀维护（3）的新弗雷格论者会克制着不说涉物涵义拥有客体作为成分；他们相反会说，涉物涵义在下述意义上“包括”指称对象，即，这些涵义依赖于指称对象而存在和得以个体化；而不是实际地*包括*指称对象。根据这个观点，涉物涵义*不能*分析为两个成分，即指称与窄式地个体化的呈现方式；可以说，涉物思想同样如此。

但是，有人也许会问，我们为何应当想要坚持弗雷格的原则（3）？按照皮科克的观点，这条原则并无任何神圣不可违背之处。皮科克说，弗雷格的原则“对他来说不是一条非派生公理；相反，他认为，这条原则从下述要求推论得出，即，涵义的个体化应当能够解释关于认知意谓的事实。如果我们能够建构一个接受这一要求的理论，同时拒绝弗雷格由此得出的结论，那么，该理论在接受他的内在原则这一点上就会是弗雷格式的理论”（Peacocke，1981：197）。从这个观点看，重要得多的是在放弃原则（4）所包含的对弗雷格的背离。如果接受双成分理论，就被导向主张弗雷格用以使思想个体化的两个标准实际上分道扬镳了（第 4.1—4.2）：真值条件标准使思想的客观成分个体化，而认知意谓标准使窄式内容个体化。[2] 存在这种差异是为何最初引入双成分理论的主要原因。但是，埃文斯和麦克多威尔否认这一差异的存在；在这方面，他们坚持弗雷格立场。

---

[1] 在下文中“wide”（宽式）和“broad”（广式）将互换使用。

[2] 皮科克（1981）认为，他可以两者兼得：他认为他可以坚持单个实体（弗雷格式思想）起着这两个作用，*而且*接受对这个实体的双成分分析（或者就对这个实体持有态度是什么做出分析）。但是，我对弗雷格关于同一个实体起着两种作用的主张作如下理解，从而这个主张无法与双成分分析相调和。根据我的理解，说单个实体起着两个作用，就是说有关实体不能分析成两个成分，每个成分起着两个作用中的一个作用。

本书前半部分想当然地接受了双成分理论图景。在转向后半部分之前，我想探讨一下导致诸如埃文斯和麦克多威尔这样的新弗雷格论者拒绝这一理论的理由。我认为，有两条基本的理由。最为重要的理由将在第 12 章中论述。这条理由麦克多威尔称作“对笛卡儿危险的担忧”：窄式内容的概念被认为隐含着笛卡儿心智观；我们有充分的理由拒斥这种心智观。另一个理由将在本章阐述。这个理由在于感觉“窄式内容”概念在理论中不起作用，因为这个概念的支持者赋予之的作用——心理解释中的解释物——实际上是（完整的）思想所起的作用。

## 11.2 双成分图景的所谓论据

让我们首先考虑若干支持双成分理论的论证以及不接受这一理论的人可以做出的回应。我感到这些回应基本上是正确的。这并不意味着我赞同那些拒斥双成分理论者的观点：正像我希望下面几节（以及下一章）将表明的那样，我接受双成分理论图景。

支持双成分理论图景的*第一个论证*如下：

> 为了阐释真值条件无关性，我们需要区分包括指称对象呈现方式的（完整的）思想与思想的真值条件内容。甚至描述真值条件无关性现象的唯一方法是藉由论说思想的真值条件内容是单称性的，尽管思想本身包括指称对象的呈现方式。假如没有双成分理论，我们如何可能阐述这一观点？

我认为，对此的回应是显见的。那些因为不想放弃（4）而拒绝双成分图景的新弗雷格论者，在接受包括指称对象呈现方式（完整）思想与思想的真值条件内容之间的区分时，就不需要有任何顾虑了。当然，“真值条件内容”这个表达式本身不是严格意义上的新弗雷格论者会使用的术语。对于新弗雷格论者，思想的所谓“真值条件内容”无非是思想的*真值条件*。包括呈现方式的完整思想与思想的（单称）真值条件内容之间的区分简约为思想与其（单称）真值条件之间容易理解的区分。这样一个区分不能阻止新弗雷格论者坚持弗雷格原则（4）。他们可能分辩说，正是思想才*具有*真值条件，思想也是具有认知意谓的东西，亦即，它是在心理解释中作为解释项的东西。

总之，双成分理论的反对者所拒绝的不是思想与其真值条件内容（即，其真值条件）之间的区分，而是由“真值条件*内容*”这个不能令人满意的表达式所隐含的观点，即，完整思想可以*分解*为“真值条件内容”加上某种其他东西，亦即，“窄式内容”。对于单个成分论者而言，只存在一种内容，即，思想本身。思想具有或决定真值条件，但真值条件不构成思想的“一部分”，从思想中减去这一部分会产生其余部分，即，窄式内容。

支持双成分理论图景的*第二个论证*诉诸麦金的观点，即，“在思考‘我’‘现在’‘这里'之下的词项时，人们应用单个的恒定概念——关于自我、此时和空间邻近的概念——而不应用相对于场合而变化的概念"（McGinn，1983：65）。这个论证如下所述：

> 拒绝窄式内容这个概念有着不良的后果。假若像单个成分论者所坚持的那样，不存在任何类似于窄式内容的东西，就不可能存在任何像**窄式**意义上的"呈现方式"这种东西，即，不存在改变指称对象时保持恒定不变的呈现方式（正如当我们说你和我都以*相同的*呈现方式思考我们自己时那样）。不过，这与麦金下述相当具有直觉性的主张相抵牾，即，例如，每个第一人称思想包含自我的相同概念，这个概念的恒定性对应于"我"恒定的语言意义（第5.2节）。

麦克多威尔对这个质疑做出了回应。单个成分论者*不*需要否认存在抽象的自我概念，这个概念大家在第一人称思想中皆使用。单个成分论者必须只否认这个概念具有真正的涵义或呈现方式性质。涉物涵义或呈现方式部分地由客体个体化，呈现方式是客体的呈现方式（这就是埃文斯和麦克多威尔阐释世界包含性的方式）；因此，不存在任何独立于指称对象的"窄式"呈现方式。就"我"的情形而言，不同思考者拥有的第一人称思想包括*不同*的呈现方式，因为指称对象是不同的。[1]这不能阻止单个成分论者认识到，我的第一人称思想与你的第一人称思想之间存在某种共性，亦即，两者都是第一人称思想。单个成分论者可能说所有第一人称思想包含同样*类型*或*种类*的涵义或呈现方式而承认这一点。正像麦克多威尔在明确提到麦金的主张时所说的：

> 每个特定涉物涵义为其客体所专有。这些特定涵义可以归为类型。不同涉物涵义（呈现方式）可以以相同类型的方式表征其客体：例如，通过利用其感知在场。语境敏感性表达式的单义性可以通过将之与单个类型的涉物涵义相关联而加以记录。（McDowell，1984：103）

在这一点上就出现了问题，即，这两个观点究竟是实质性地不同抑或主要是术语上的差异？有人也许要问，在"窄式地个体化的"呈现方式与麦克多威尔的呈现方式"种类"之间的差异是什么？从例型迈向"种类"的一步意味着，我们从语境加以抽象，从而我们使呈现方式"窄式地"个体化。在这个框架中，什么阻止我们将包括指称对象的呈现方式分析为两个成分：所包括的呈现方式类型或种类与指称对象？同样，什么阻止我们将涉物思想分析为两个成分：所包括的思想类型或种类与真值条件？

假如严格地理解类型/例型术语，阻止我们采纳以呈现方式（或思想）"类型"或"种类"作为窄式成分的双成分理论图景的是类型必须满足的限制。[2]该限制如下

[1] 在此又一次地说，单个成分论者比双成分论者更接近于弗雷格；因为弗雷格将呈现方式看作*决定*指称，这使得同一个呈现方式不可能对应于不同的客体。

[2] 麦克多威尔因为皮科克尽管不符合该限制却使用了类型/例型的术语而对其提出了批评（McDowell，1984：14，注14）。

所述：*仅当出现类型的特定例型时，类型或种类方才实例化*。这个限制恰恰没有为以成分理论的窄式成分所满足。该窄式成分被认为是可以获得的，即使缺少客观成分（这正像在幻觉中那样）。但是，根据埃文斯-麦克多威尔的观点，呈现方式“类型”是某种类似于一类指称依赖性呈现方式或涉物涵义的东西。仅当出现一个例型时，这样一个类型才得以实例化。出现一个例型亦即出现一个指称依赖性呈现方式，而根据定义，假如不存在指称对象，指称依赖性呈现方式就无法获得。不存在客体蕴含着不存在涉物涵义；不存在涉物涵义（没有例型）蕴含着不存在涉物涵义“种类”（不存在类型）。我推断，在双成分理解与埃文斯-麦克多威尔的观点之间存在实质性差异；这个差异关涉对幻觉情景和其他“空洞”情形的分析。在这些情形下，无法获得客观成分。双成分论者坚持认为，在这些情形下，窄式成分可以获得。这个特征确实可以用于定义窄式内容。但是，对于单个成分论者而言，不存在像由其在空洞情形下的可获得性所定义的窄式内容这种东西。

我想讨论的*第三个论证*是为支持双成分理论图景提供的标准论证。我们要假设一个主体与其在性质上无以区别的双子地球上的一个性质上无以区别的孪生子。一个人（比如说，A）心中出现的任何事情也在另一个人（比方说，双子 A）心中出现；例如，如果一个人在时间 $t$ 想“我饿了”，另一个人也在 $t$ 想“我饿了”。这个论证按以下思路进行：

> 显然，在某种意义上 A 和双子 A 的思想可以说是“相同的”。然而，他们的思想具有不同的真值条件：A 的思想“我饿了”成真，当且仅当 A 在 $t$ 饿了，而双子 A 的思想“我饿了”成真，当且仅当双子 A 在 $t$ 饿了。然而，就心理学而言，这个差异是不相干的。究其原因，对于心理学重要的思想方面是在解释行为中发挥作用的方面。可是，A 的行为同双子 A 的行为完全相同：由于他们在 $t$ 想“我饿了”，所以两人都在 $t'$ 打开冰箱。所以，应当在思想的两个方面做出区分：一个方面为 A 和双子 A 所共有，这个方面——思想的窄式成分——解释了他们的共同行为。另一个方面——思想的真值条件方面——对于心理学解释是无关的，尽管同评价思想的成真成假相关。据此，思想个体化存在两种方式。从心理学的角度，思想以这样一种方式“窄式地”个体化，从而 A 与双子 A 的思想算作是相同的。但是，两者的思想也可能“宽式地”个体化，以便考虑客观的真值条件方面。以这样的方式个体化，A 和双子 A 的思想算作是不同的，尽管两者的思想包括相同的“窄式”成分，因为另一个成分至关重要地依赖于环境。

对这个论证的批评是它回避了问题的实质；确实如此。假定 A 与双子 A 共有的思想内容以解释他们的共同行为。“如果就 A 与双子 A 而言*被解释项*（行为）相同，*解释项*（心理状态）也必定相同，因而我们需要窄式内容概念，亦即，A 与双子 A 共有的思想内容——该论证如是说。但是，正像皮科克和埃文斯十分清楚地表明的那样，不能想当然地认为，双子 A 的行为与 A 的行为相同。只有通过从行为发生的不同环境中抽象出的描述，他们的行为才“相同”。在不如此抽象的描述下，他们的行为就不同：A 打开 A 的冰箱，双子 A 打开双子 A 的冰箱。对不同的客体实施了不同的行为。当然，这是同一类型的行为，由相同类型的思想促发。但是，什么引起从而解释 A 的特定行为的是 A 的特定思想（*不同于*双子 A 的特定思想），这个特定思想包含特定的冰箱（不同于双子 A 的特定冰箱）。据此推论，我们不需要背离弗雷格；我们不需要拒绝原则（4），而接受双成分理论图景。正如弗雷格所提出的那样，完整的特定思想既在心理学上起解释作用，又是可做出真值评价的。

我完全同意埃文斯和皮科克的观点，即支持双成分理论的标准论证在想当然地认为A的行为与双子A的行为相同时，回避了问题的实质。因此，这个论证的结论——为 A 与双子 A 共有的唯一的"窄式"内容同心理学解释相关——必须摒弃。在对行为的心理学解释中，宽式内容确实发挥着作用。其显见的原因在于，至少一般而言，行为本身是藉由所包含的特定客体"宽式地"个体化的。因此，我们也许可以做出下述心理学解释："玛丽以为约翰要离开了，所以对他说'再见'"。在这个解释中，提供作为解释项的行为与思想两者都是藉由所包含的特定的人（约翰）宽式地个体化的。提供*约翰*要离开了这个思想作为对*约翰*说"再见"这个行为的解释。关涉约翰的*幽灵*，玛丽的*幽灵*不可能抱有这个思想，也不可能实施这个行为，而只能抱有类似的思想，实施类似的行为。

然而，不能据此说，我们不需要窄式内容概念。很可能是，在心理学解释中，窄式内容概念*有*其发挥的作用，即使不是发挥这一作用的唯一概念——即使宽式内容在心理学中也有解释作用。皮科克本人（同埃文斯相反）承认这一点；他说道："对于弗雷格式思想[即，对于宽式地个体化的思想]的态度在心理学中不是无作用的[即，在心理学解释中起作用]这个主张并不排除以下观点，即，抱有这样一种态度的东西可以做出环境成分和非环境成分的某种区分"（Peacocke，1981：203）。于是，必须要问的问题是：在心理学解释中，我们究竟是否需要窄式内容以及为什么（不）需要？

## 11.3　心理学解释中的窄式内容

我们需要假定 A 与双子 A 共同的心理状态，仅当*被解释项*中存在 A 和双子 A 某种共同的行为。这样，显然，A 的行为与双子 A 的行为相同，如果我们心中想到的"行为"是物理地描述的身体行为。但是，这不是普通心理学解释旨在解释的东西。正如我在上面所说的那样，普通心理学解释说明行为或尝试性行为，行为藉由所包含的客体"宽式地"实现个体化。即使这样，A 与双子 A 的行为之间存在足够的相似之处，以使我们可以发现在其行为中存在某种共同的*被解释项*，从而证明假定心理方面的共同*解释项*是合理的。显然，A 与双子 A 实施的行为*类型*——例如，打开冰箱这种普通行为——在两种情形下是相同的；而且通过假定对于 A 与双子 A 也是相同的思想类型，对之做出解释是完全合理的。

正如我们前面所指出的那样，麦克多威尔完全接受涉物思想"种类"的话语。我相信，涉物思想种类可以用于解释行为种类，这是没有争议的。埃文斯与麦克多威尔唯一能够合理地否认的是心理学解释*必须*在种类层面上做出——亦即，在A与双子A的行为和思想可以说成是“相同的”这个层面上做出。但是，他们没有理由否认，心理学解释可以在这个层面做出。例如，考虑一下下面这段引自埃文斯（1982：203–204）的文章：

假定S想，他所在的地方有一只猫，S'（他的幽灵）想他所在的地方有一只猫。例如，S可能倾向于寻找p；S'根本不可能倾向于寻找p，但是会倾向于寻找p'。于是，S的信念将解释一种行为，即，寻找p；而S'的信念将解释一种不同的行为，即，寻找p'……这个具体地点倾向无疑源于（S）具有更加普遍的倾向，在表明这个倾向时人们不会提及具体的地点，这个倾向[S]与其幽灵共有……但是，有什么论据认为心理状态必须认同于普遍类型的倾向而非具体种类的倾向或者通过普遍类型倾向而非具体类型倾向个体化？（Evans，1982：203–204）

在这段文章中，埃文斯正确地拒斥了心理状态作为对行为的解释*必须*窄式地个体化的观点，即“藉由普遍种类的倾向而非具体种类的倾向[解释]”这个观点。但是，这没有一点表明，心理状态作为对行为的解释*不能*窄式地个体化。看来包含客体的特定思想和独立于客体的思想类型*两者*都可以用于心理学解释：包含客体的特定思想解释特定行为，而独立于客体的思想类型解释行为类型。正如马克·塞恩斯伯里在对埃文斯的书所做的评论中指出的那样，“如果双成分论者要认为，只有[藉由‘普遍倾向’个体化的思想类型]算作真正地心理的，就会出现严重的分歧”（Sainsbury，1985：137）。但恰恰正是，双成分论者不需要坚持，*只有*窄式内容在心理学解释中发挥作用。他们可以同意埃文斯-皮科克的观点，即我们思想之间的真值条件性差异并非“在心理学[解释]中没有作用”（Peacocke，1981：202）；同时，认为需要一个窄式内容概念，这个概念我们可以用于更高普遍性层面上的心理学解释。

在这一点上，单个成分论者可能通过以下方式做出回应，即，强化其论辩，指出*唯有*宽式地个体化的特定思想在思考者产生行为中起着因果作用。下面是支持这个结论可能做出的论证：

思想“类型”是空无因果功效的抽象。出于语用原因，我们在解释行为时，可能从引起该行为的特定思想的某些方面加以抽象，只提及行为示例的那种思想*类型*。可是，是特定的思想引起了该行为，正如戴维森所言，“我们必须严格地区分原因与我们在描述这些原因时所着眼的特征”（Davidson，1967：155）。我们通过仅仅提及原因的某些性质，这些性质我们认为比其他性质更加相关，进而不完整地描述某个结果的原因，这样做并不蕴含所说的这些性质就是真正的原因。真正的原因是我们藉由某些性质而不完整地描述的特定事件。例如，A打开冰箱这个行为的原因是A在*t*时抱有的特定思想，大意是他（A）饿了。这个思想与双子A也是在*t*抱有的思想不同，大意是双子A饿了。这两个思想引起两个不同的行为：A在第一个实例中的行为，双子A在第二个实例中的行为。很可能是，在描述这些行为以及引起这些行为的思想时，我们聚焦于这些行为共有的某个性质：我们可能将A和双子A的行为都描述为*打开冰箱的行为*，我们可能将两个思想都描述为*某人饿了的思想*，从而从A与双子A的思想和行为之间的环境差异中抽象出来。即使这样，真正的结果是一个特定的行为（而不是一个普遍的行为），真正的原因是一个特定的思想（而不是一个思想类型）。

为支持关于环境独立性思想“类型”在心理学解释中没有作用的观点而做的这个论证，我觉得是完全不能令人信服的，因为这个论证是自我挫败的。这个论证利用了戴维森在事件的真正原因与我们也许可以称作“解释性原因”之间的区分。事件的真正原因密尔称作“产生性原因”；而“解释性原因”即为当我们提供事件的因果性解释时实际提到的原因。[1]戴维森说，产生性原因是单个的事件，带有其全部性质。但是，*解释性*原因包括事件性质（的特定子集），或者包括这个事实，即，有关事件具有所说的性质。正是这个区分可用于表明，思想例示的抽象类型在心理学解释中起着至关重要的作用，亦即，起着解释性原因的作用，即使思想本身作为特定事件是产生性原因。完全可能承认，需要解释的行为是由A对其冰箱实施的特定行为，这个行为的原因是A抱有的特定思想（而不是双子A抱有的思想）；不过，在*解释*这个行为时，我们抽象地将之描述为主体抱有他饿了这个思想。在这个抽象层面，*作为心理学解释的特点*，A与双子A的思想与行为是“相同的”。因此，戴维森关于实际的因果关系与因果解释之间所做的区分证明双成分论者坚持下述观点是合理的，即，由A与双子A的思想和行为例示的抽象类型在心理学解释中起着特殊作用。

我刚才说过，类型的抽象层面是心理学解释的特点。为什么这样呢？这是因为假如没有一个“涵盖性法则”——这个法则在心理学解释中，我们用以佐证结果（行为）与原因（思想）之间假定的因果关系，就不存在因果解释，从而无法将行为从心理学上解释为是由思想引起的。因果解释具有无法消除的自然法则的性质。不过，就其为法则这一点而言，有关的法则只能是*普遍性的*；就眼下讨论的问题来说，涵盖性法则只能将思想*类型*同行为*类型*相联系。[2]对行为的心理学解释通过（明确地或者隐含地）诉诸这样一个法则，并且指出作为假定原因而提及的特定思想与需要解释的行为分别例示了法则中规定的思想类型与行为类型。我推断，双成分论者认为心理学解释实质上是在“种类”或“类型”层面上进行的这个观点是正确的，尽管是*特定*的思想与行为进入到因果关系之中。

要使双成分理论图景成为合理的理论，需要对心理学解释的类型或种类做出更

[1] 戴维森并没有使用“解释性原因”，以与密尔的“产生性原因”相对照。但他区分“$x$因果性地解释$y$”的关系与“$x$引起$y$”的关系（Davidson，1967：161–162）。我称作“解释性原因”的东西是填入前一种关系中第一主目位的东西；产生性关系是填入后一种关系中第一主目位的东西。

[2] 当然，这种将思想类型与行为类型相联系的“法则”是非严格的；这些是在其余情况相同时的法则（不管那可能为何意）。这引起一系列熟知的问题，这些问题我不想在此探讨。

多的阐述。究其原因，或许可以从思想（或行为）的任何方面做出抽象，以产生思想（或行为）的“类型”。为了对双成分理论做出辩护，必须表明有关的类型源于从*环境*的抽象以及只考虑（例如）A 与双子 A 共同的东西。这一切都取决于我们所谈论的是哪种心理学。必须区分人类心理学与（譬如）特定个人的心理学。人类心理学法则必须是针对整个人类的；这就要求出现在法则中的类型独立于环境：这些法则不能专门针对特定主体（或一类主体），也不能专门针对特定语境。据此推论，我们就需要服务于人类心理学目的、窄式地个体化的心理状态。[1] 假如所谈论的心理学不是人类心理学，而是特定个人的心理学，情况就会不同。假设我们对约翰（具有个性特征的）心理学感兴趣。这个心理学法则包含约翰特有的思想类型和行为类型。这些法则将约翰-思想类型同约翰-行为类型相联系。但是，我们作为理论家主要感兴趣的心理学是人类心理学，在这个特定情形中，这些法则涉及独立于环境的思想类型与行为类型。

## 11.4 空洞的实例

走到这一步，双成分论者必须面对我们已经（在第 11.2 节）讨论过的一个关键质疑。可以认为，因为前面提到的对类型的限制，刚才表明在心理学解释中起着核心作用的思想类型依然不同于双成分论者的“窄式内容”：*同窄式内容相反，类型无法在空洞实例中获得*。

该质疑表明，窄式内容不能直接等同于涉物思想类型。但是，窄式内容也许可以等同于更加抽象的思想类型。假定 A 想“这台冰箱里装着食物”。双子 A 也想“这台冰箱里装着食物”。他们的思想涉及两台不同的冰箱，亦即，他们分别看着的冰箱。在这个意义上，两者的思想不同。但这两个思想例示了相同的包含冰箱的涉物类型。相反，考虑一下另一个可能的*幽灵*双子双子在幻觉中看到一台冰箱，想道“这台冰箱装着食物”。双子双子的思想不是一个包含冰箱的涉物思想。既然不涉物，双子双子的思想并不例示 A 与双子 A 的思想所例示的涉物思想类型。不过，在双子双子的思想类型与 A 和双子 A 抱有的思想类型之间存在很大程度的相似性。从功能上看，这三个思想（或心理事件）有很多共性：由于抱有各自的思想，A、双子 A 和双子双子都倾向于拥有进一步的思想，诸如他们面前有一台装有食物的冰箱的思想，他们都倾向于按这样的方式行动，即，如果面前有一台冰箱，他们就会做出打开有关冰箱的举动。（就 A 与双子 A 而言，他们面前的确有一台冰箱，他们的行为*的确*构成打开冰箱的行为。）双子双子的思想与 A 和双子 A 的思想在功能上的相似性，表

[1] 亚当斯等（1990：222）阐述了这一观点（将之归于福多尔）：“如果解释艾尔行为的法则不同于解释双子艾尔的法则——因为两种法则含有不同的宽式内容——那么，就不存在可能同时适用于艾尔与双子艾尔的单一的信念-愿望心理学。然而，既然艾尔与双子艾尔具有相同的大脑，就有理由期望他们拥有相同的心理特征。如果他们具有相同的心理特征，那就必须藉由分有除宽式内容之外（由内容法则所包含）的内容。因此，就有理由期望能够建构窄式内容心理学概念”。还可参见佩里（1986b）。

明存在一个由所有这些思想例示的思想类型。同涉物思想类型相反，这种思想在空洞实例中也可以获得。

我刚才介绍的类型是人类心理学要求的那种类型。例如，考虑一下“法则”L1与L2：

> L1：如果某个主体*S*想要吃东西，认为他看到的面前某台冰箱装有食物，那么，如果某些条件得到满足，*S*就打开有关的冰箱。
>
> L2：如果某个主体*S*想要吃东西，认为“我面前这台冰箱装有食物”，那么，如果某些条件得到满足，*S*就试探性地打开冰箱（亦即，以这样一种方式，从而假如他面前真有一台冰箱，*S*的行为就构成了打开冰箱）。

像L1这样一条法则将涉物思想类型同包含客体的行为类型相联系。这种法则仅仅适用于在语境中能够抱有相关涉物思想，并且完成相关涉物行为的主体。这种法则并不适用于与相关客体尚未结成恰当语境关系的主体。因此，A与双子A的思想与行为都可以归于出现在L1中的类型。但是，双子双子的思想与行为则不能：因为并不存在这样一台冰箱，双子双子可以将之认作包含食物（也不存在双子双子可以打开的冰箱）。相反，L2更具普遍性。这条法则不仅可用以解释A和双子A的行为，而且可用以解释双子双子的行为。L2与L1的关系类似于L1与L之间的关系：

> L：如果约翰想要吃东西，如果他认为看到的面前某台冰箱装着食物，那么，如果某些条件得到满足，约翰就打开有关的冰箱。
>
> L是约翰–心理学法则，而不是人类心理学法则。然而，通过存在性例示，L可以派生于L1。同样，理论上讲，仅仅适用于发现自己处于某个语境中之主体的L1通过对其前件项（第二个合取肢）的恰当分析，也可以派生于L2。

无论我们怎样理解像L和L1这种“非纯正的”心理学法则，这些法则可以派生于像L2这样的“纯正的”心理学法则，我的观点是后者不包含涉物思想类型，而包含更加抽象的思想类型，这些思想类型（同涉物思想类型相反）在空洞实例中是可以获得的。因而，窄式思想概念得到了证实——至少就其在心理学解释中的作用而言。现在我们必须考虑像埃文斯和麦克多威尔这样的新弗雷格论者提出的反对窄式概念的另一个质疑：我将称之为“外在论质疑”。

# 第12章

# 外在论与双成分图景

## 12.1 思想能否为先验图式的?

对窄式内容的主要质疑涉及这个概念所谓的不融贯性。这个质疑有两个版本。按照第一个版本，不可能存在任何像“窄式”内容（用埃文斯的术语说，“M–思想”）的东西，因为那必定是先验图式的，而恰当地说，没有任何内容可以是先验图式的。按照第二个版本，不可能存在任何像“窄式”内容的东西，因为那必定是内在于带有内容的（非关系性）状态，而恰当地说，没有任何内容可以是内在性的。我将依次论述这两个质疑。

思想的窄式内容是我们从环境贡献的“客观”成分中抽象得出的东西。就像指示句的语言意义那样，思想片段的窄式内容不是完整的表达，而是一个图式，语境对之的充实产生完整的表达式。但是，按照加雷思·埃文斯的观点，图式因为不是表达式，所以不能作为思想内容：

> 考虑一下包含指示性表达式的思想的具体描述：比方说，“我真难受，这里太热了，那支蜡烛毕剥作响……”但是，将之作为图式考虑，其中的指示语不用于指称任何对象。这样，相同的图式会用于他自己及其幽灵的M–思想的具体描述中。
>
> 方法上的唯我论者想使M–思考成为可辨识地思考——这至少要求这种思考成为表征性状态——但是，他想把状态的客体理解为一个图式。状态的内容以图式提供，从而处于相同表征状态的标准可以用纯粹内在的并且为意识可获及的条件给出。
>
> 然而，难以看出如何能够具有满足这个条件的一个表征状态。
>
> 反对意见很简单。表征状态的实质正在于能够评价为成真或者成假。某个状态如果是一个表征状态，就自身之外的某物表征为如此这般的，其结果是，该状态成真当且仅当有关的事物是如此这般的。这反映在表征状态被归赋的形式上：“S Φ *s that p*”。但是，图式不能评价为真或假，其“内容”只能以图式给予的任何状态也不能评价为真或假。因此，既然M–状态具有一个“内容”，这个内容只能图式地严格规定，所以，M–状态不能评价为真或假；因而，它不是表征状态。（Evans，1982：202）

在我看来，基于某种理解，这个质疑在反对双成分理论图景时，是以假定作为论据来论辩的。基于这个理解，埃文斯假定只有完整的表征——可评价为真或假的表征——才称得上心理内容；这蕴含不可能存在窄式内容，因为窄式内容是图式的，而非完全表征性的。但是，双成分论者恰恰否认*唯有*完整的表征才称得上心理内容。他们认为，存在两种类型的心理内容：完整思想本身与完整思想所包含的“内在的”或窄式成分。

然而，埃文斯的质疑可以不同地理解。这是因为他提出，双成分论者自己坚持窄式内容必须是完整的表征的观点。埃文斯说，双成分论者“想使 M- 思考成为可辨识地*思考*——这至少要求这种思考成为一种表征状态”。换言之，双成分论者想使窄式思考符合思考现象学，而从现象学上看，我们的思想*确实*将世界表征为如此这般。麦克多威尔说，这是“所存在的最为明了的现象学事实”（McDowell，1986：152）。从现象学的角度说，我们思想的直接客体中不存在“图式”。

我不能确定，诸如这种现象学考虑是否构成双成分论者的真正困难。他们可能会说，我们所意识到的是*完整的*思想，但我们意识到这些思想的方式可能使之对我们显得无以区别。这样两个完整的思想在人们的意识中没有记录任何性质上的差异；根据定义，这两个思想例示相同的窄式类型，即相同的图式。这个观点并不蕴含我们的意识是对图式的意识；因而就我看来，这与现象学事实并不矛盾。尽管这样，我觉得难以把图式质疑真正当回事儿，因为将窄式内容——或者，就此而言，指示性语句的意义——表征为图式并非强制性的，而只是方便而已。正如斯托尔内卡与佩里都曾指出的那样，窄式内容与语言意义可以赋予命题性表征而非图式表征。[1]

## 12.2　外在论的质疑

质疑的第二个版本要严重得多。这个质疑旨在表明，如果关于内容的某种学说（即外在论）是正确的，那么，窄式内容的概念是前后矛盾的。这个质疑如下：

> 根据定义，所谓“窄式”内容独立于外部环境；外部世界“仅在依赖于感官表面这个范围上相关于[窄式]内容”（Baker，1987：198）。因此，感知一个苹果的人和感知（或仅仅幻觉）一个性质上无以区别之苹果的*幽灵*据说拥有相同的窄式内容。但是，*使主体的内在状态成为内容（或者赋予内在状态以内容）的正是该状态与世界上的某种东西之间的关系*。如果切断了或者抽象掉了这种关系，所剩下的东西就不再能称作内容了：那至多是内容的假定载体，亦即，句法客体。基于这个观点，窄式内容不是内容：至多是（心理的或者神经的）句子。这些句子唯有通过其同外部世界上客体与事态的关系才能得到理解——

[1] 参见斯托尔内卡（1981）和佩里（1988）。也可参见下文第15.5节。斯托尔内卡的“对角线命题”和佩里的“创生命题”是命题，从而是完整的表征，可代替图式使用，以表征指示性语句的意义或者指示性信念的内容。（实际上，问题要比这稍微复杂一些，但我无法在此详述）。

*获得内容。所说的关系是思想内容的构成成分；无论多么狭窄，不存在不是由这些关系构成的内容。*

这个论证基于两个前提：

*“窄式”的定义：思想内容被说成是“窄式的”，如果这个内容内在于个体、独立于外部环境。*

*外在论：内容实质性地包含同世界上的客体的关系；从而不可能存在独立于外部环境的“内容”。*

给定这两条前提，看来就可以推论，“窄式内容”这个概念本身是不相融贯的。这两个前提本身如何呢？第一个前提既然是一个定义，就几乎没有什么争议。第二个前提是有争议的。窄式内容的一些捍卫者会拒斥外在论，其理由在于，内容无可简约地包括的唯一关系是带有内容的状态与经验的*附近*（非*远处*）客体之间的关系。近处的刺激引起状态的出现（而非引起这些刺激的远处的客体），同状态导致的身体*行为*（而非主体之包含客体的*行为*）是赋予状态以内在（窄式）内容的东西。远处的客体只在确定状态的宽式内容（其真值条件）中发挥作用。这就是可能做出的回应。

然而，我认为外在论是正确的。假如不存在远指的客体，而只有生物体的表面的刺激，或者只有不足以构成真正行动的行为，那么，就不会有任何内容，无论内容多么狭窄。因此，我同意那些人的观点，即认为内容必然包含同外部世界的关系。（在下文，我将不为这个观点做出论辩；我将想当然地接受外在论。）就完整思想而言，双成分论者自己接受外在论。他们说，完整的思想内容包含窄式内容，加上该内容（或带有内容的状态）和某种外在于心智的东西；若没有同外在于心智的某种东西的关系，表征至多只是一个初步的表征，即一个初步的思想。双成分论由于承认外部环境在内容构建中的作用，所以是“外在论的”或“反笛卡儿主义的”。双成分论者拒斥笛卡儿的观点，即，思想是主观“内在的”，亦即，独立于世界的。[1] 但是，就窄式内容而言，双成分论者仍然是笛卡儿主义者。按照诸如伯奇、埃文斯和麦克多威尔等激进外在论者的观点，或者根据帕特南（1988）自己在其最近的著作中的观点，这是一种不融贯性。意译埃文斯的话，我们或许可以说，双成分论者想使内容成为可辨识“内容”，从而成为某种关系性的东西，而与此同时，又将之理解为“窄式的”，从而是非关系性的。

我将在本章剩余的几节中论述这个质疑。我的策略是将表明，基于某种理解，窄式内容这个概念是融贯的，即使我们想当然地接受外在论。换言之，我将试图表明，双成分论同外在论是一致的，尽管表面上相反。

---

[1] 根据笛卡儿的观点，倘若客观世界与我们认为的全然不同，我们也许可以拥有同我们实际拥有的相同思想——即使外部世界不存在。

## 12.3　两种形式的环境依赖性：窄性的相对概念

我尽管接受外在论，但却认为，双成分理论图景必须得到辩护。究其原因，双成分论基于很强的直觉，这个直觉支持窄式内容的概念。让我们称之为笛卡儿直觉：

> *笛卡儿直觉：*
>
> 不同的原因能够在我们的感官上产生相同的结果；通过这些结果，可以引发我们相同的主观*体验*。从主体的角度看，当*他*感知面前的一个苹果（并且认为苹果是绿色的）与当*他*只是在幻觉中看到面前有一个性质相同的苹果（并且认为是绿色的）时，体验世界的方式是相同的：在这两个情景中，在主体看来，*他*都感知到某个苹果。

注意，在此谈论的主体状态将世界表征为某种样态。因此，这是一个表征状态，而不只是一个句法宾语。然而，在环境变化时，这是不变的：无论主体感知苹果A或者苹果B或者将一只梨错误地识别为一个苹果或者什么也没有（幻觉情形），主观状态都相同。

我们不仅有着强烈的直觉支持窄式内容概念；而且有着强有力的论据佐证双成分分析（McGinn，1982：212–213）。根据这个论据，心理内容（以及普遍而言的表征，无论心理的还是其他的）实质上是*可错的*：大凡表征皆可能错误地表征。这隐含在表征的两个独立方面应当做出区分：表征*什么*与将之表征成什么。[1] 后一个方面是表征的内在性质，而前一个方面是表征的关系性外在性质。表征*什么*——比方说，苹果*A*或者苹果*B*——取决于外部环境（取决于实际感知到的是哪个苹果），而将之表征成*什么*则是窄式内容的一个特征，理解为表征的“行为指导性个体内作用”（McGinn，1982：214）。

麦金的论证从表征实质上的可错性，做出对内容的双成分分析。这个论证并非不如外在论反对窄式内容的论证（第12.2节）那样简单直接而富有魅力。麦金的论证同外在论论证的结论径相矛盾。因此，我们遇到了一个问题。解决这个问题的一种方法在于表明，这个矛盾只不过是表面上的。这就是我在本节将要做的。

双成分理论基于窄式内容与宽式内容之间的区分。窄式内容独立于环境，而宽式内容依赖于环境。“独立于环境”意味着“在头脑中”或“个体性的”。因此，至少就某种内容而言，双成分论者看来坚持个体论；这与外在论不相一致。按照外在论，内容在实质上是非个体性的（关系性的）。

我在下文将否认这个重要前提，即“独立于环境”意谓“个体论的”。更加确切地说，我将表明，“独立于环境”这个短语（或许像“个体论的”——或者像麦金所说的“个体内的”短语）是歧义的；在一种意义上，内容可能独立于思考者的环境——因而是“窄式的”——尽管在无法为外在论者所接受的意义上内容不是个体性的。这

[1] 这使人想起了古德曼关于一匹马的画与马–画之间著名的区分。例如，参见古德曼（1949：70–71）。

两重涵义之间的区分从一个相应的区分推导得出，即内容可能说成是取决于环境的两种方式之间的区分。

心理内容显然在下述意义上依赖于环境，即，某种类型的内容的存在取决于在心智 / 大脑的状态与外部世界中的客体类型之间系统的因果关系。因此，大脑中的一种结构（类型）是水的概念，仅当有水在场时这种结构通常例型地出现。据此推论，如果没有水，就没有水–概念。[1] 这种环境依赖性是外在论所关注的。它影响看作类型的心理状态：心理状态*类型*的内容依赖于环境——亦即，依赖于通常引起类型之例型出现的东西。可是，还存在另一种形式的环境依赖性，影响*例型*而非类型。“这个人看上去很高兴”这个思想之特定例型的“宽式”内容在下述（更强的）意义上依赖于环境，即，这个思想依赖于该例型出现的语境：这个思想依赖于特定的人碰巧引起思想的这个例型的出现。必须区分这两种环境依赖性，因为某个特定状态例型要具有类型 T 的内容（例如，某个特定思想要成为*关于水*的思想），*该状态例型*不一定要由客体（即，水）类型引起，而 T 的存在却取决于该客体类型的存在。[2] 因此，某个状态例型可能与两个其他状态例型具有相同的内容 T，尽管一个状态例型由有关客体的类型引起，第二个状态例型由客体的另一个类型引起，第三个状态例型不由任何客体引起（幻觉情形）。

正如我们所看到的，我刚才提到的可能性——即，在外部环境变化中，使状态内容 T 保持不变——是“窄式内容”概念的主要含义之一。“这个人看上去很高兴”这个思想从一次出现到另一次出现，发生变化的是思想的“宽式”内容；其“窄式”内容保持不变。我们也许可以说，窄式内容是思想类型的内容——类型之所有例型共有的内容——而宽式内容是在语境中附于思想特定例型的内容。这一区分受到卡普兰对指示性话语分析的启发，是我所理解的双成分理论的要义。这一区分受到激进外在论的批评。但是，正如我所提出的，如果这就是双成分论者心中所主张的，那么，双成分理论图景就不能基于内容是内在地关系性的和环境依赖性的原因而受到批评。究其原因，双成分论者不需要否认这正是如此。既然内容也许可以在两种意义上说成是依赖（或者不依赖）于环境的，就有可能调和双成分论者的主张与外在论的主张。双成分论者主张，状态例型的窄式内容不依赖于*该例型*的环境；外在论则主张，状态类型的内容始终依赖于状态*通常*例型地出现的语境类型。

我刚才做出的区分在泰勒·伯奇 (1986) 设计的一个有趣的思想实验中呈现出来。假定思考者感知一只梨，却将之误识为一个苹果：由于某种原因，梨没有激活对应于梨的感知类型 $PT_\pi$，而激活了对应于苹果的感知类型 $PT_\alpha$。这是错误感知的实例。现在假定一个世界 $w$，在这个世界上，不存在苹果，而感知类型 $PT_\alpha$ 通常由梨的感知

1 这样说实际上太强了。可以认为，我们的概念系统*整体性地*依赖于环境，而不是每个特定概念局部性地依赖于环境。因此，即使我们周围没有水，只要我们具有“氢”和“氧”的概念和建构“$H_2O$”的概念的能力，我们就可能具有水的概念。在这样一个情景下，可能拥有水的概念，这个概念通过相邻概念而不直接通过同实际的水的关系基于环境。我将在第 12.5 节中论述这个整体性版本的外在论；同时，我将简化一点，（为了论述的目的）假定更强的版本，即，局部外在论。

2 关于这一点的详细论述，参见德雷兹克（1988：第 3 章）。

激活。假定出现在 $w$ 的同样事件出现在现实世界中：思考者感知相同的梨，梨激活相同的感知类型 $PT_{\alpha}$。尽管思考者在 $w$ 与在现实世界中处于相同的内心状态，但她的思想内容存在差异：在现实世界中，思考者把梨感知为苹果，而在可能世界 $w$ 中将之正确地感知为梨。其原因在于，感知类型 $PT_{\alpha}$ 是这样的类型，思考者（或更加普遍地说，他所属的人类）在 $w$ 藉此将梨同其他客体区分开来。当客体以那个类型感知，就在 $w$ 中感知为梨，与它在现实世界中感知为苹果的方式完全相同，理由也相同。

通过这个例子，伯奇旨在表明，内容不能是个体性的：即使个体的内在（神经生理）状态得到确定，包括在某个思想片段中得到激活的感知类型（例如，$PT_{\alpha}$），如果使环境发生变化，思想的内容就可能变化。在伯奇的例子中，当我们从现实世界到达 $w$ 时，主体的内心状态并不发生变化；然而，"这个苹果是 F"的思想转换成了"这只梨是 F"的思想。思想内容的这个变化只是由于思考者的外部环境改变了。不能认为，有关变化仅仅影响思想的"宽式"内容，而使思想的"窄式内容"原封不动；这是因为，经过转变的内容带有内容之窄式类型的所有特征。把梨认作苹果的那个人所思考的——即，"这个苹果是 F"——与如果他所感知的确实是一个苹果（或者如果他幻觉中感知一个苹果，而面前什么也没有）所思考的是相同的东西。伯奇所谈论的内容是思想的主观性成分，即思考者心中出现的东西。正像伯奇以麦金可能会使用的话语所说的，正是被感知的客体（如果存在任何客体的话）所感知为的样态，而不只是碰巧被感知的客体，受到外部环境变化的影响。

然而，伯奇的例子两面都说得通。这个例子无疑表明，内容没有哪个方面不受外部环境的影响，从而这个例子支持外在论。但是，它也表明，外在论并没有破坏以某种方式理解的宽式 / 窄式区分。伯奇区分环境的两种变异；这蕴含两种"独立于"环境的对应区分，[1] 从而蕴含"窄式内容"两个不同概念之间的区分——一个弱式概念和一个强式概念。正如伯奇指出的那样，我们可能或者改变正常引起（即，激活）某个感知类型的东西，或者改变碰巧引起该类型之特定例型的东西。弱式意义上的"窄式内容"是当发生后一种变化时保持不变的东西（在下述意义上，心理状态的窄式内容独立于引起该状态的东西，即，状态具有这个内容与原因属于这个或那个类型相一致）；但这个内容不需要在强式意义上是"窄式的"，亦即，当发生*前*一种变化时保持不变（正如伯奇指出的那样，状态不会具有这个内容，如果不是由如此这般类型的客体所正常引起）。同强式意义上的窄式内容相反——外在论者否认这种内容的存在——弱式意义上的窄式内容取决于带有内容的状态（例如，在伯奇的例子中的感知类型）与外部世界之间正常地具有哪种关系；但是，一旦由正常关系确定，这种窄式内容就是恒定的，例如，就会为真实的情形、错误感知的情形和幻觉情形所共有。[2]

---

1　说一个内容独立于环境，是说这个内容不受环境变化影响；因此，环境独立性概念派生于环境变化（变异）概念。因此，后一种概念的歧义蕴含前一种概念的歧义。

2　尽管窄式内容为真实情形、错误感知情形和幻觉情形所共有，不过，真实情形相对于其他情形显然是第一性的，因为这是"正常"情形，正常情形是窄式内容的*构成*成分。正如麦克多威尔所承认的（1986：152），赋予真实情形的这种第一性足以削弱笛卡儿理论的基础。

与窄式内容的两个概念相对应，存在双成分理论图景的两种形式。一种形式采用强式的个体论窄式概念，与外在论不相一致。另一种形式——我在为之论辩的形式——采用弱式概念，与外在论相一致。因此，人们可以按照外在论将内容看作内在地关系性的，同时坚持存在两种类型的内容，一种类型的内容确实依赖于思想片段的*实际*环境，而另一种则不依赖。不依赖于实际环境（而仅仅依赖于正常的环境）的那种“窄式”内容，构成了麦金称作表征的“行为指导性个体内作用”，与“其指称性方面”相对（McGinn，1982：114）。这种意义上的窄式内容同宽式内容一样不能看作个体性的。这是一个重大发现，但也不应当夸大其词。特别是，这并没有表明区分两种概念是错误的。必须加以拒斥的不是双成分理论图景本身，而只是就窄式内容同个体论相关联的那个特定形式的双成分理论图景。

## 12.4 二阶窄式内容：外在论的两难困境

我们来概括一下。我业已表明，基于宽式/窄式的区分，双成分理论也许可以这样地加以理解，从而与外在论不相矛盾。根据这种解读，“窄式的”在*相对的*而非*绝对的*意义上理解。在绝对意义上，“窄式内容”意谓“唯我论的”，亦即，完全独立于环境。我赞同外在论，认为不存在这种情况。然而，我以为，相对的窄式概念有着存在空间。说某个内容在相对意义上是窄式的，是说存在一个方面 $m$，在这个方面内容并不依赖于环境；这与在某个其他方面 $n$ 该内容依赖于环境是完全一致的。因此，某个内容可以说成在相对意义上是窄式的，如果该内容不依赖于思想片段的实际环境，尽管依赖于正常环境。假如不存在任何方面某个内容依赖于环境，那么，该内容就会在绝对意义上是窄式的。（自此往下，我将在弱式的相对意义上使用“窄式”；将“唯我论的”留给在强式的绝对意义上的窄式内容）。[1]

如果窄式是一个相对概念，那么看来，宽与窄必定有不同的*程度*。某些内容比其他内容要窄（或宽）。这个苹果是绿的这个思想（相对）窄的内容尽管也依赖于环境，并且不能说在绝对意义上是窄式的，但比起宽式内容来，其依赖于环境的程度*要小*，从而更窄。再进一步，我们可以假设一个内容甚至还要窄。例如，考虑一下帕特南著名的双子地球思想实验（Putnam，1975）。帕特南声称，我关于水的概念与双子地球上我的双生的水的概念具有某种共同的东西，尽管我们俩的概念指表不同的物质。这个共同的内容被认为甚至是独立于正常环境的：因为从地球到双子地球上发生变化的是正常的（而非现实的）环境。因此，帕特南谈论的窄式内容比依赖于正常环境（尽管不依赖于现实环境）的“窄式内容”*更窄*。无论我们是否像帕特南那样将这个“超窄”内容看作唯我论的内容，结果证明我们（至少）有三个层面而不只是两个层面需要区分。

[1] 在为宽式与窄式之分引入这个新的涵义时，我利用了以下事实，即，像“高”和“瘦”那样，“窄”与“宽”是相对表达式。

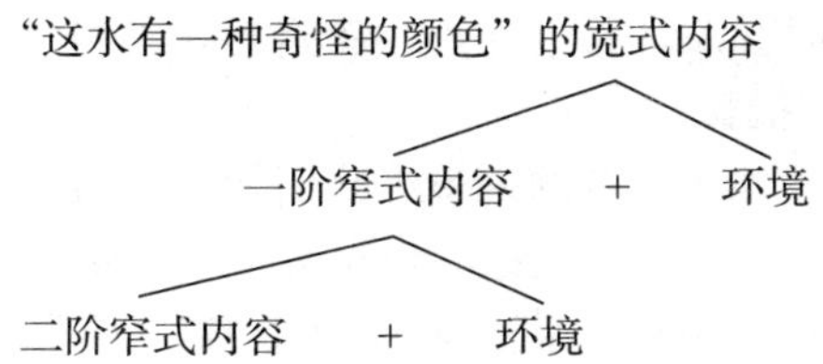


**图 5**

为了明白的确如此，让我们使帕特南的例子稍微复杂一点。假定我边看着一泓泉水边想：“这水有一种奇怪的颜色”；我的*幽灵*在双子地球上看着一泓泉水想着同样的事情。我的思想与我幽灵的思想显然在宽式内容上不同：我的思想指称地球上的泉水，而他的思想指称双子地球上泉眼里流出的物质。但是，正如伯奇正确指出的那样（Burge，1982），这两个思想的差异不仅限于此。我们实际看到与思想中指称的无论是什么，我将此看作地球上的*水*，我的幽灵将他所看到与想到的东西看作*双水*。换言之，在地球上与在双子地球上，不仅所表征的*内容*不同，而且表征的*方式*也不同。我们的思想具有*相对意义上的窄式内容*。这是因为相对意义上的窄式内容依赖于正常环境，正是正常环境在地球与在双子地球上不同。然而，帕特南声称，我们各自关于水和双水的概念在他称作“窄式内容”的层面上是相同的。实际上，帕特南对一种内容做出了双成分分析，*这种内容在我表征的相对意义上已经是窄式内容*（图 5）。

我们确实需要二阶窄式内容吗？我认为确实需要。究其原因，支持二阶窄式内容的直觉同支持一阶窄式内容的直觉一样强烈，实际上非常接近于这个直觉：窄式内容的这两个概念都得到我称之为“笛卡儿直觉”（第 12.3 节）的支持。从主体的视角看，无论他实际感知的苹果是苹果 A，还是性质上无以区分的苹果 B，或者是幻觉中的苹果，或者是错误地认作苹果的梨，体验世界的方式是相同的。十分类似的是，地球人与其在双子地球上的*幽灵*体验世界的方式被认为是相同的，因为地球与双子地球被表征为在主观上是无以区别的。水与双水的概念当然是不同的。但是，这种不同只有外在观察者可以理解。主观地看，把某物想作水和将之想作双水没有任何不同：这是帕特南在设计其思想实验中所规定的。帕特南的规定看来并无任何有悖直觉之处；我们并无任何困难设想帕特南想要我们设想的情景。所以看来，我们无法避免至少做出三重区分：（i）依赖于现实环境的宽式内容；（ii）依赖于正常环境的（一阶）窄式内容；（iii）帕特南双子地球思想实验中包含的内容，这种内容甚至都不依赖于正常环境。我将把这种内容称作“PASCs”，这是代表“Putnam's alleged supernarrow contents”（帕特南所谓的超窄内容）的缩略语。

问题在于，同（一阶）窄式内容相反，PASCs 引起一个外在论者乍看上去无法逾越的两难境地。外在论者不能接受帕特南关于 PASCs 是唯我论内容的观点。鉴于“唯我论内容”是一个*自相矛盾的说法*，如果 PASCs 是内容，就不可能是唯我论的，而必须是环境依赖性的；PASCs 如果不是环境依赖性的，就必须理解为内容载体而非真正的内容。然而看来，其中任何一个选择都不可接受——两者都同内在于帕特南思想实验的直觉相抵触。

让我针对 PASCs 来阐明外在论者的困境。我们如果说 PASCs 是内容，就必须承认 PASCs 是环境依赖性的（因为从外在论的视角看，不存在唯我论内容）。但是，这看来几乎没有道理。根据规定，PASCs 是“在头脑中的”——是思考者心中出现的东西。PASCs 因为在头脑中，所以独立于环境：无论什么出现在一个环境中（如，在地球）某人的头脑中也出现在另一个环境中（如，在双子地球上）其*幽灵*的头脑中。因此，当地球人思考水的时候，其*幽灵*怀有同样的内心表征，尽管表征所指表的分别是地球上的水和双子地球上的双水。两个表征“客观地”或者“指称性地”不同。但是，对于地球人与其*幽灵*而言，主观上一切都相同。这个唯我论特性是 PASC 每个概念的重要性质，对应于我们关于思想之“内在的”“主观性”维度的直觉概念，与其外在的或客观的维度相对立。这样，在外在论的框架中，这个唯我论的或内在的性质蕴含着 PASC 本身不是内容，甚至也不是内容的一个成分，而只是一个句法宾语，一个内容*载体*。然而，*这个结论也是不能接受的*，因为它与我们关于思想之内在或主观维度的直觉概念的另一个方面不相一致。

正像麦克多威尔所正确地强调的，我们把自己的主观经验看作本质上是表征性的，指向某个外在现实。经验是将世界经验为如此这般的。这是意向性的著名特征。布伦塔诺论述道，意向性是我们的心理活动固有的性质。由于这个特征，我们无法理解会剥夺经验之表征特性的主观经验概念。“从自身的角度看，经验不是空白或盲目的，而旨在显示我们所生活的世界”（McDowell，1986：152）：麦克多威尔说，这是“存在着的最明了的现象学事实”（同上）。大凡主观经验都有该经验的*内容*，大凡内在表征皆为*表征*。因此，将 PASCs 等同于我们的主观经验和内在表征，而同时将之理解为被剥夺了表征特性的模糊“句法”宾语，这是前后矛盾的。

这个两难困境必须认真对待，因为它可能挫败我为在外在论框架中满足笛卡儿直觉所做的努力。看来，外在论者必须将帕特南的思想实验看作前后矛盾而加以拒斥，因为这个思想实验包括下述规定，即，地球人与其生活在不同环境中的*幽灵*不仅共有心理状态，而且共有主观经验和内在表征。这个规定基于笛卡儿直觉，而双成分理论图景则建基于这个直觉：不同的世界原因可以在我们身上引发相同的主观经验的直觉。帕特南的思想实验只不过是对这个基本直觉的详述。因此看来，外在论者必须拒斥笛卡儿直觉，帕特南的双子地球思想实验和双成分理论图景两者都基于这个直觉。

然而，事实并非如此。正如我在第 12.3 节中阐明的那样，我将笛卡儿直觉和基于这个直觉的双成分理论看作是与外在论相吻合的。仅当双成分论者所假定的“内在的”或“主观”成分被看作是唯我论的时候，才会出现问题。这是因为“唯我论的”蕴含“非语义的”，这与窄式*内容*、主观*经验*或内在*表征*等概念不相一致。就对指示性思想的分析而言，我的策略是设计一个“内在的”窄式内容的相对概念，而在某种意义上却又不是“唯我论的”；我认为这个策略在眼下的实例中也能奏效。换言之，只要放弃关于 PASCs 的唯我论假设，就应当可能同时坚持笛卡儿直觉和外在论。因此，我建议不是通过把帕特南的思想实验拒斥为不相融贯以摆脱两难困境，而是通过否认这个思想实验所包含的内在表征与主观经验是唯我论的以做到这一点。下面我就转向这个解决办法。

## 12.5 整体外在论

为什么 PASCs 看来如此显然是唯我论的、甚至不依赖于正常的环境呢？因为 PASCs 是地球人与其*幽灵*共有的。由于地球与双子地球的差异在于正常环境上的差异，PASCs 自然地认为是独立于正常环境的。但是，我将论辩，这是一种误解。尽管我们在*除去水*的概念基础时，亦即，当我们从这个概念所基于的环境（即地球，与例如双子地球相对立）加以抽象时，PASC[[ 水 ]] 就是我们得到的东西，可是，这是具有*整体*基础并且依赖于环境的概念系统的一部分。因此，通过所属的概念系统，这个概念在某种程度上仍然是有基础的。我将论述，这足以在外在论框架中赋予该 PASC 以某个内容。

思想实验者要构建一个 PASC，就要只考虑该概念与基于不同环境的类似概念共同的东西，以从正常环境的相关方面加以抽象。正是在这个为给定概念“去除基础”的过程中，我们依靠相邻概念。考虑一下帕特南以及其他人阐明“水”的窄式内容的过程。水的（或者就此而论双水的）“窄式”概念被认为是以下这些的概念，即，无色无味、从天上作为雨掉下、可以在江河湖泊中找到、可以解渴，等等。“水”的窄式内容的典型表征包括其他概念——液体、雨水、江河、口渴，等等。这不足为奇，因为一般而言，概念可以沿着两个维度表征：纵向维度（指称维度，即，概念指表环境中的什么事物）和横向维度（在概念系统中这个概念与其他概念之间的关系）。当我们去除一个概念的基础时，亦即，当我们切断概念与其指称对象的联系时，所剩下的就是概念之间的联系——也许可以称作概念“角色”或（使用一个不同的隐喻）其在概念系统中的位置。如此理解的角色是（指表不同物质的）水的概念和双水概念共同的东西。

从外在论的观点看，角色不足以构成内容。一个概念与概念系统中其他概念的（形式）关系可能是确定的，尽管概念的理解（或者概念系统的整体理解）依然是不确定的。为了获得一个理解——为了知道有关概念是什么的概念——我们需要知道这些概念指表什么。然而，*如果 Φ 藉由其角色与之相联系的概念本身得到理解，亦即，基于某个环境*，知道概念 Φ 的角色就为人们提供了其内容的某种知识。这正是水这个实例中出现的情况：在去基础的过程中，我们从指称对象中抽象，只考虑该概念与概念系统中其他概念的关系，*但有关概念本身却得到理解*。这就是为何 PASC[[ 水 ]] 不啻是概念“水”的形式“角色”：它本身可以称作（窄式）“概念”；由于获益于与其联系的其他概念的环境基础，它并没有完全去除基础。

在这一点上，也许可以反对道，相邻概念本身受到去除基础过程的影响。以下雨的概念为例。这个概念与水的概念以及天空、云等概念相联系。假如我们去除水概念的基础，亦即，假如我们在概念系统各处以 PASC[[ 水 ]] 代替水概念，从而下雨的概念就得到转换而变得“更窄”（环境依赖性更小）。从用于水概念去除基础过程所产生的东西是下雨的“窄式”概念，亦即：天空中掉下来的 [[ 水 ]]，或者某种类似的东西，而不是雨水的普通概念（即，从天上掉下的水或者某种类似的东西）。在这个窄式概念下普通的雨水落下，但双子地球上的“雨水”（这不是真正的雨水，而是从天上落下的 XYZ）也落下。据此推论，当我们去除水概念的基础时，因为雨水的概念同水概念相联系，所以，雨水的概念在某种程度上也就去除了基础。但是，对于我的目的，重要的是，“雨水”的窄式概念藉由其与天空概念的联系，而天空概念没有（或者在我看来如此）由于用 [[ 水 ]] 代替水而受到很大影响，所以，“雨水”的窄式概念依然具有坚实的基础。天空的概念显然是有基础的：使之成为天空概念的是其与外部世界中的某种东西（即，天空）的关联。由于同天空概念的密切联系，雨水的窄式概念本身在某种程度上是有基础的，尽管其基础不如普通雨水概念的基础扎实。

当我们去除某个概念 Φ 的基础时，这对各种概念产生影响：Φ 本身若去除了基础，其近邻在稍小的程度上去除了基础，等等。不过，所有这些去除基础的过程是相对的，而非绝对的。究其原因，有关概念依然是概念系统的一部分；这个概念系统*总体上*是环境依赖性的，这个意思是说，系统中为数众多的概念是基于环境的。据此推论，Φ 本身，这个最初去除基础的概念，在某种程度上依然是有基础的，尽管这个基础是间接的。

我推断，外在论反对按照笛卡儿直觉将 PASCs 理解为内容的所谓论证必须予以拒斥。PASC[[ 水 ]] 尽管不依赖于正常的环境，却不需要理解为某种纯粹形式的与句法的东西。之所以如此，这是因为尽管在某种程度上独立于正常环境，PASC[[ 水 ]] 不是唯我论的，即，绝对地独立于正常环境的。藉由其与诸如“液体”“湖泊”“江河”“雨水”等环境依赖性概念的联系，就连 PASC[[ 水 ]] 也依赖于环境。我们通过从正常环境的某些方面（亦即，使地球与双子地球存在差异的那些方面）加以抽象而构建 PASCs。但是，正常环境还有许多方面，我们在沉溺于这种抽象过程时想当然地加以接受。这些方面赋予 PASC 以内容。假如我们从正常环境的*所有*方面加以抽象，亦即，假如我们同时为所有概念去除基础，*那么*，我们所剩下的就会是以各种方式相互联系而未得到解释之符号的网络。但是，这不是双子地球思想实验中发生的情况。在双子地球思想实验中，单个概念局部地去除了基础。正如我希望业已表明的那样，藉由系统中的其他概念，这样一个概念在某种程度上依然是有基础的；在外在论的框架中，这就足以使之成为赋有“内容”的（窄式）“概念”。

# 第二编

# 直接指称语用学

# 导 言

正如我在本书开篇所指出的，直接指称以两种形式出现。一方面，存在本身*是*指称性的表达式；另一方面，存在可以指称性地*使用*的表达式，尽管这些表达式并非固有地为指称性的。至此，我只考虑了第一种表达式，亦即，其语言意义包括我称作 REF 语义特征的表达式。但是，必须对非固有地指称性表达式（例如，有定描述语）的指称性用法做出某种阐述。

还必须对指称性表达式的非指称性（或者非纯粹指称性）用法做出某种阐述。在文献中，指示语、指示词语或专名的归属性用法没有得到像有定描述语的指称性用法那样普遍的承认与讨论。但是，这些归属性用法是存在的，必须加以阐释。考虑一下下面这个例子，源于杰夫·农贝格。在讨论关于法国文化与美国文化的差异的语境中，一位美国人说："我们（美国人）不能理解欧洲人的世俗权力的概念"。正如农贝格所指出的那样：

> 在这个实例中，代词*我们*并不"直接"指称 2 亿 5 千万具体的人，这些人事实上是美国人；并没有断言*他们*根本不理解世俗权力的概念。相反……我们藉由询问是否为以下情况而对这句话做出评价，即，某人可能是美国人，而且理解世俗权力的概念。（Nunberg，1990：9）

第 10 章讨论了一个源于斯蒂芬·希弗的类似例子（针对沙滩上的一个巨大的脚印说"他一定是个巨人"）。[1] 指示语与指示词语的这种"归属性"用法对直接指称论提出了一个严峻的问题。按照直接指称论，包含指称性表达式（例如代词）的话语表达单称命题。但是，直觉地看来，"我们不能理解世俗权力概念"（农贝格）和"他一定是个巨人"（希弗）成真，仅当*无论谁是美国人*就不能理解世俗权力概念、*无论谁踩出了那个脚印*就是一个巨人；换言之，对应于指称性表达式的命题成分似乎是一个概念或呈现方式，而不像直接指称论可能预言的那样，是指称对象本身。

就信念语句而言，我们面临同样的问题。直接指称论似乎蕴含着"约翰相信西塞罗是罗马雄辩家"和"约翰相信塔利是罗马雄辩家"表达相同的命题（因为"塔利"和"西塞罗"直接指称同一个人）。但是，直觉上很显然，一个可能成真，另一个可能成假。这表明，在这种语境中，指称性表达式对命题内容所做的贡献不只是指称对象。这对直接指称论造成了一个显见的问题。

在后面的章节里，我将表明非指称性表达式的指称性用法与指称性表达式的非

[1] 据我所知，首次明确提到指示语的描述性用法的是洛尔论述单称词项语义学的经典论文。在那篇论文中，他说道："人称代词……不仅有指称性用法，而且还有'归属性'用法。例如，当发现被谋杀的史密斯时，我可能说*'他疯了'*，意谓史密斯的谋杀者，无论可能是谁，疯了"（Loar，1976：356）。

纯粹指称性用法如何能够在语用学中得到处理。这些问题将在语用学中处理，这是相当平凡的，但是，对于当前的任务而言，关于直接指称的文献所诉诸的那种语用学太不成熟。有鉴于此，我将用两章的篇幅——第 13、14 章——讨论语用学方法问题，以便为后面的论述铺平道路。之后的几章论述指称性 / 归属性区分（第 15 章针对有定描述语；第 16 章针对指示语）以及信念转述（第 17—20 章）。

# II.1 方法论初介

## 第13章 真值条件语用学

### 13.1 充实格赖斯理论：两种语用解释

当代语言哲学家大多接受某种我称之为“格赖斯图景”的理论。在这一节，我将提供这个理论，表明这个理论图景体现一种令人生疑的假设——这一假设必须予以揭露和批判，然后，我们才能确有把握地使用格赖斯及其追随者建立的语用机制。

*格赖斯理论图景*

句子意义规约性地决定说出句子的字面所言——话语的真值条件；例如，“我今天没有吃早饭”这个句子的意义决定，如果S某天说出这个句子，他从而所说的是他在那天没有吃早饭。句子意义还决定话语意义的其他非真值条件方面，诸如引起“与”和“但是”之间差异的那些方面。格赖斯称之为“规约含义”。规约含义应当与话语的“会话”含义区分开来。会话含义也与所言不同，且外在于所言。会话含义是话语传达之内容的一部分。但是，会话含义不是由句子意义*规约性地*决定的；会话含义由语用而不由语义决定。例如，在说出他没有吃早饭，S可能向听话者传递他饿了、想吃东西的信息。正如格赖斯指出的那样，这些“会话含义”的生成可以通过将之与会话参与者相互期待遵守的某些普遍会话原则或“准则”相联系而得到阐释。在格赖斯的框架中，会话含义是话语行为的语境含义——这些含义是从说话者说出他所说的话，并且假定说话者遵守会话准则而推导出的假设。

既然所交流的信息包括语用的非规约成分，即，会话含义，所以，某个给定表达式在不同的语境中得到不同的理解，这个事实并不意味着这个表达式在语义上是歧义的。意义上的直觉差异可以通过假定两个不同的字面意义而在语义层面上解释；但是，这也可以通过假定会话含义而在语用层面阐释。在有些语境中，会话含义同字面的所言相结合。以句子“P或者Q”为例。这个句子可以做出包容性或排除性理解。与其说英语中的“or”（或者）是歧义的，我们或许可以将之看作非歧义地包容性的，而通过提出在某些语境中这句话会话性地隐含“P”和“Q”不能两者皆为真，以对排除性理解做出阐释。当存在这样一个会话含义时，话语的整个意义显然是排除性的。

按照格赖斯的观点，如果直觉性“歧义”可以或者在语义层面阐释，或者在语用层面解释，那么，宁可选择语用阐释。语义阐释假定两个不同的字面意义；而语用阐释假定会话含义。这是他称作“改良的奥康姆剃刀”的方法论原则之实质：*除非必要，勿增涵义*（Grice，1989：47）。像奥康姆剃刀那样，这是一条理论经济原则。语用解释若能够获得，应该优先选择，因为语用解释在下述意义上是经济的，即，语用解释所诉诸的原则与假设极具普遍性，且具有独立的理据。相反，假定语义歧义是一种代价高昂的专门性步骤——可能做出语用分析，就使得这个步骤完全多余。

我刚才提供的格赖斯理论图景影响巨大，理应如此；但是，这个理论引起的一个问题只在最近才为人们所认识。这个问题同关于句子意义规约性地决定所言的概念相联系。格赖斯意识到，所言不仅依赖于词语的规约意义，而且依赖于话语语境。说出“我今天没有吃早饭”所表达的所言取决于谁在说话、在什么时候说话。这就是为何词语的规约意义与说出词语的所言之间存在差异。根据格赖斯的观点，词语的规约意义只决定或帮助决定所言。但这是什么意思呢？通常的回答是，句子意义是从语境到命题的“函数”；这是一条规则，为每个语境决定在该语境说出句子时的所言。同样，像“我”这个词的意义是把我们从话语语境带到该语境中这个词的语义值的函数；在语境中的语义值（“我”的指称）是这个词对话语表达之命题所做的贡献。这个观点由于卡普兰关于指示词语之逻辑的研究而广为流行。根据这个观点，话语的所言不仅依赖于词语的规约意义，而且依赖于话语语境；然而，诉诸话语语境受到词语规约意义的指引与控制。“我”的意义告诉我们，为了充分识别所言，应当在话语语境中寻找什么；一旦提供了语境，所言就可以自动得到解码。

尽管简洁明了、颇富魅力，但对问题的这个看法是根本不切实际的。一般而言，即使我们知道谁在说话、什么时候说话、对谁说话，等等，词语规约意义也不足以提供充分信息，以利用语境知识，进而获得对所言的理解。考虑一个简单的例子，“他购买了约翰的书”。为了理解所言，人们必须识别“他”的意在指称对象。“他”的规约意义至多规定，指称对象为男性。但这个所谓的必要条件无疑是不充分的，无法在话语语境中唯一地鉴别指称对象。“他”的词义没有提供任何规则、没有提供任何标准，以使人们能够识别指称对象。在这个实例就像在许多其他实例中那样，句子意义严重地不充分决定所言。（第18.3节将进一步论述这一点。）这种不充分决定性也不局限于指称性表达式的指称。为了理解“他购买了约翰的书”的所言，必须识别“他”的指称对象、“约翰”的指称对象与（也许）“约翰的书”的指称对象。

但是，还必须识别认为约翰与书之间结成的关系。按照凯与齐默（1976:29）的观点，“属格话语呈现给听话者两个名词和一个元语言指令，即，在这两个名词之间存在一种关系，听话者必须提供这个关系”。因此，“约翰的书”之意谓类似于“同约翰具有关系 x 的书”。为了理解包含表达式“约翰的书”的句子之所言，这个意义必须在语境中通过变项“x”的例示加以充实。换言之，不仅是指称而且表达式“约翰的书”的描述性涵义也是依赖于语境的。此外，正如在“他”的情形中那样，没有规则或函数将我们从语境带至有关的语义值。唯一由语言施加于约翰与书之关系的限制是这个关系必须是约翰与书之间的关系。

这一章的目的不在于评述关于语境依赖性的文献。所以，我将不再列举更多的例子。我将径直假定：（1）语境依赖性远远超出指称派赋；（2）一般来说，语境依赖性在下述意义上是“自由的”，而非“受控的”，即，语境敏感性表达式的语言意义限制其可能的语义值，但并不存在于将我们从语境带至语义值的“规则”或“函数”之中。

直至这一点，我们无须背离格赖斯理论图景，而只需对之加以充实。我们具有三个意义层面：句子意义、所言和所交流的信息。所交流的信息不仅包括所言，而且包括话语的会话含义。[1] 由格赖斯提出的含义生成机制旨在阐释从所言到所交流信息的步骤。但是，我们如何阐释从句子意义到所言这一步骤？以什么来填补由自然语言中普遍存在的“自由”类型的语境依赖性造成的空缺？格赖斯没有论述这个问题。然而，正像许多人提出的那样（例如，Katz，1972：449；Walker，1975：157；Atlas，1979：276–278；Wilson & Sperber，1981：156），格赖斯藉以阐释会话含义的语用机制也可以用于阐释基于句子意义决定所言。在理解过程中，选定了“他购买了约翰的书”中“他”的指称对象以及约翰和书之间的关系，以使说话者的所言与关于他遵守会话准则的假设相符。说话者或许意谓吉姆购买了约翰写的书或者鲍勃购买了约翰想要的书。听话者将选择使说话者的话语符合下述假设的理解，即，说话者在试图说出某种成真并相关的话语。[2]

格赖斯理论一经以上述表明的方式加以充实，就出现了一个问题。格赖斯理论图景中隐含着一个假设，即，存在两种阐释表面歧义的方式，*而且只存在这两种方式*：一是语义方式，假定字面意义的多重性；二是语用方式，假定会话含义。[3] 改良的奥康姆剃刀提供了宁可选择语用方式而非语义方式的理由，如果可以采用语用方式的话。这两种方式对应于格赖斯理论中区分的意义之两个基本层面：句子意义，决定

[1] 所言与会话含义之间的对立不受关于所言是由句子意义规约性地决定的这个断言的影响。作为从说话者言说了他所说的话推导出的假设，会话含义根据定义是外在于所言的。

[2] 拉里·荷恩曾经相当惊人地声称“语用原则——包括熟悉的格赖斯含义——可能（与格赖斯的观点相反）影响命题内容，从而帮助决定真值条件……所含与所言之间没有直截了当的区分……将会存在”（Horn，1989：433）。但正如我在本页注 1 中所说，根据定义，会话含义外在于所言：会话含义作为从说话者言说所说的话推导的假设，足以使之不同于所言，尽管所言在很大程度上是语用地决定的。关于荷恩目前的立场，参见第 151 页注 3。

[3] 这是我在这一节开头提到的“令人生疑的假设”。

字面所言；话语的整体意义，不仅包括所言，而且囊括碰巧得到交流的一切，包括会话含义。语义方式将歧义定位在句子意义层面，而语用方式认为歧义只在所交流的信息层面生成。但是在经过充实的格赖斯理论图景中，存在意义的三个基本层面，而不是两个：句子意义、所言与所交流的信息。不仅从所言到所交流的内容包括语用过程，而且从句子意义到所言也包括语用过程。据此推论，阐释表面上的歧义有三种方式而不是两种。除了将歧义定位在第一个层面（即句子意义层面）的语义方式，还有两种语用方式，对应于意义的第二、三层面（所言与所交流信息）。经典格赖斯路径认为，“歧义”话语的所有读解都具有相同的所言，这些读解之间的差异归因于会话含义。在有些语境中，会话含义与字面所言结合。另一种语用路径主张，该差异是所言上的差异，尽管句子本身不是歧义的；这之所以可能，是由于所言的语义不充分决定性。[1]

重要之点是，改良的奥康姆剃刀并不支持藉由会话含义的路径，而反对另一条路径；这个剃刀原则只是说，若其他情况相同，语用路径比语义路径更加可取。因此，以所表明的方式充实格赖斯理论图景会带来的结果是，藉由会话含义阐释多重读解的经典格赖斯路径不再能够诉诸改良的奥康姆剃刀而得以辩护；但如果假定它是替代语义路径的唯一的语用学方法，也许就可以得到辩护。经典格赖斯路径由于一个语用学对手的出现而受到威胁。

例如，考虑一下唐纳伦对于有定描述语区分出的两种用法。唐纳伦认为，根据有定描述语“史密斯的谋杀者”究竟作归属性还是指称性使用，说出“史密斯的谋杀者疯了”这句话的所言不同。根据归属性的理解，所言成真，当且仅当存在一个人且只存在一个人，这个人谋杀了史密斯，他或她疯了。但是，如果描述语“史密斯的谋杀者”用于指称某人——琼斯，人们知道他谋杀了史密斯；而不是泛泛地指称谋杀史密斯的任何人；那么，这句话成真，当且仅当*琼斯*疯了：基于这个“指称性”理解，就跟我作为说话者不是说出“我疯了”这句话时的所言之真值条件的一部分那样，琼斯作为史密斯的谋杀者也不是所言之真值条件的一部分。这是唐纳伦的观点。（我在第15章将把这一观点称作“素朴论”——一种我将着手辩护的理论。）不过，众多有水平的哲学家运用格赖斯理论反驳这个观点。他们在反驳这个观点时，想当然地认为，对于唐纳伦的区分可能只有两种阐释方法：一是语义的方法，据此，基于指称性读解和归属性读解，句子的字面意义（从而其所言）不同；二是语用的方法，据此，基于两种读解，所言相同（即，存在史密斯的唯一谋杀者，他或她疯了），指称性读解只在所交流信息的层面上区分。他们将改良的奥康姆剃刀作为论据，为支持语用分析做出辩护，进而推断唐纳伦将两种读解的差异定位在所言层面是错误的。

---

[1] 也许可以认为，阐述表面上的歧义，不仅有不同的语用路径，而且有不同的语义路径。因此，科恩将“互动论”语义学与通行的“绝缘论”语义学相对。他说，藉由“互动论”语义学，格赖斯在含义框架中论述的这些表面性歧义可以用一种不受改良的奥康姆剃刀影响的方式阐释（Cohen，1971：56；关于互动论观点的最近表述，参见 Cohen，1986）。在本章中，我将不讨论这个问题；仅就语用路径而言，将对格赖斯理论图景提出质疑。

第15章将对这种反对唐纳伦观点的论证进行批判；这个论证依赖于一个错误假设，即，只存在两种可能的阐释，即，语义阐释和藉由会话含义的语用阐释。但并非如此：还可能做出另一种语用阐释，这种阐释结合了唐纳伦的观点。根据这个观点，指称性读解与归属性读解的差异是所言中的差异。这种路径将在第15章阐发。依照这一路径，“史密斯的谋杀者疯了”这个句子并没有歧义，然而，根据话语语境，却可以用来或者表达一个普遍命题，或者表达一个单称命题。改良的奥康姆剃刀并没有提供任何这样的理由，藉此理由能够认为基于会话含义的阐释比这个阐释更可取；相反，正像我试图在别处所表明的那样（Recanati，1989b：第8段），理论经济性的考虑往往青睐包括唐纳伦观点的语用阐释。

另一个例子由卡斯顿对于并列话语的语用分析提供（Carston，1988）。在某些语境中，并列话语“P与Q”传达了一个概念，即，第二个并列分句中描述的事件在第一个分句所描述的事件之后发生；因此，直觉地看，“他们结了婚，生了很多孩子”与“他们生了很多孩子，结了婚”不是同义的。在格赖斯的理论框架中，这个直觉可以按照以下思路阐释：

> 在这两句话语中，*严格的字面所言*相同。引起两个例子直觉差异的时间次序是*会话地隐含的*，而不是所言的一部分。这种含义很容易阐释：由于假定说话者遵守“要有条理”的准则，这就隐含着先描述的事件先发生，最后描述的事件最后发生。改良的奥康姆剃刀原则规定，这个方法比语义方法更加可取。语义方法将时间次序涵义归赋给“与/和”，以阐释这种例子；而为了阐释其他例子，却赋予其非时间次序涵义，在这些其他例子中，没有生成这种含义［例如，“Jane had three children and Mary two”（简生了三个孩子，玛丽生了两个），在这个例子中，并不隐含时间次序］。

然而，正如罗宾·卡斯顿表明的那样（Carston, 1988），采取另一种语用阐释是可能的。按照这种解释，时间次序*是*“They got married and had many children”（他们结了婚，生了很多孩子）所言的一部分，尽管“and”（与/和）在语义层面被赋予单一的非时间性涵义。[1] 改良的奥康姆剃刀没有为偏爱藉由会话含义的经典格赖斯阐释

[1] 卡斯顿的语用阐释大致如下。为了确定“他们结了婚，生了很多孩子”这句话的所言，听话者必须给每个指称性表达式（*包括“结了婚”和“生了”的过去时态*）派赋指称对象。正如在识别“他们”的指称对象中要运用语用原则那样，因而卡斯顿说，在派赋时间指称时也要使用语用原则。听话者超出所说出句子的严格的语义内容，并且基于语境假设与语用原则，从“他们结了婚，生了很多孩子”中复取一个表达式，诸如“约翰和玛丽在 $t$ 结了婚，在 $t + n$ 生了很多孩子”。“$t$ 是先于说话时间的大致具体的某个时间，$t + n$ 是晚于 $t$ 的某个大致具体的时间。因此，两个分句所描述事件的时间次序当作确定［所言］过程中所包含的指称派赋过程的副产品”（Carston，1988：161）。正如附录中的例1那样，如果用现在完成时替代过去时，这个分析就会引起一些问题。这是因为现在完成时几乎不能看作指称具体时间。（用熟悉的话语来说，现在完成时用于表达下述类型的普遍命题：“存在一个时间 $t$，先于说话时间，从而如此这般”，而有道理说，过去时是“单称的”，指称具体时间 $t$，这个时间必须在语境中——大体精确地——识别，以使话语表达完整的命题。）我在本章中，将不探讨这个问题；我只关心卡斯顿提出的*那种*分析——在所言层面的语用分析。她分析方法的细节是否正确，则是另外一个问题。

而不采取这个阐释提供任何理由。[1]

总之，充实格赖斯理论以考虑语义不充分决定性，这就隐含着拒斥格赖斯理论中隐含的一个假设，亦即，假设存在两种方法，而且只存在两种方法，阐释表面上的歧义。一种是语义方法，另一种是藉由会话含义的语用方法。一旦放弃这个假设，藉由含义对表面歧义的经典格赖斯阐述就极大地受到削弱；这个理论必须同另一个语用方法竞争，而不再拥有垄断的特权。这就提出了一个核心问题：用于在不同语用方法中做出裁定的标准问题。话语意义中语用地决定的方面何时应当算作会话含义？何时应当看作所言的构成成分？在下面的论述中，我将考虑这个问题各种可能的答案，即，可以用于确定意义的某个方面究竟是会话含义还是所言之语用成分的各种标准。

## 13.2 三条最小论原则

想起的第一组标准应当称作“最小论”标准，因为这些标准藉由使所言可以超出句子意义的那些方面最小化而发挥作用。像卡斯顿那样（Carston，1988：163–164），我将区分两条最小论标准：语言指向原则与最小真值可评价性原则。我还将提到第三条标准，这是另外两条标准的综合。那么，我们先从语言指向原则入手：

> *语言指向原则*：语用地决定的意义方面是所言的一部分，当且仅当其语境的决定是由语法触发的，亦即，当句子本身形成空缺，需由语境填充。

诸如“他”或者属格这样的语境敏感性表达式形成这种空缺。在有些情形下，这些空缺至少可以表征为变项，需要在语境中例示。据此推论，根据语言指向原则，“他”的指称对象以及约翰和书之间关系的语用决定，对确定说出句子“他购买了约翰的书”的所言做出了贡献。

该原则的这个版本存在一个问题。按照某些阐释（Jakobson，1957：第1.5节；

---

[1] 按照卡斯顿提出的关于“和/与”的观点，我们也许可以重新考虑格赖斯采用改良的奥康姆剃刀反对日常语言哲学家的做法。格赖斯将语义观归赋给日常语言哲学家，这种语义观认为，英语中的“and”（和/与）、“or”（或者）等是多重地歧义的。为何这个观点归于像斯特劳森这样的日常语言哲学家，主要原因如下：这些语言哲学家认为，说出诸如“P或者Q”或者“P与Q”这种句子的所言，随话语语境而变；他们认为，这些句子之一的话语之真值条件并非不随语境而变。因此，如果第二个分句所描述的事件在第一个分句所描述的事件之前（或同时）发生，“P与Q”有时成真；有时却不成真；如果“P”和“Q”皆为真，“P或者Q”有时成真，有时不成真。这样地阐述问题无疑同经典格赖斯路径不相一致。格赖斯路径假定基于所有解读，所言都相同；差异存在于含义层面。因此，基于只存在两种可能的路径（语义路径与藉由会话含义的语用路径）这个假设，将语义路径归于日常语言哲学家是很自然的。然而，这个假设必须摒弃，必须承认藉由所言的语用路径。一旦这样做了，改良的奥康姆剃刀不再能够提供任何理由，以拒绝关于诸如“P与Q”这样的句子在不同的语境中可以用于言说不同的东西这个观点；因为这个观点不再隐含诸如“P与Q”这种句子在语义上是歧义的，也不隐含“and”（与/和）在英语中有一系列不同的涵义。（关于按照这些路线对日常语言哲学家所做的更加充分的辩护，参见特拉维斯，1985。）

Ducrot，1973，1980），诸如“但是”这样一个词就像一个指示语，因为它形成一个空缺，需要在语境中填充。在杜克罗特的论证说框架中，句子“P 但是 Q”表明存在结论 r，需要在语境中鉴别，从而（i）“P” 支持 *r*（或者“是 [r] 的一个论据”）；（ii）“Q” 支持非 -*r*；（iii）“Q” 强于“P”，从而“P 但是 Q”也支持非 -*r*。然而，变项“*r*”的语境值不能看作所言的一部分，因为“所言”的概念实质性地与真值条件内容的概念相联系，“P 但是 Q” 成真，仅当“P” 和“Q” 两者皆为真。正如格赖斯所坚持的，话语意义的非真值条件方面，诸如同“但是”相关联的规约含义，不是所言的一部分。据此推论，作为在句子意义层面构成的变项的语境值，不是作为所言成分的充分条件；必须考虑所言的真值条件性质。

下一条标准考虑到话语所言与真值条件的密切联系：

> *混合最小论原则*：由语用决定的意义方面是所言的一部分，当且仅当：（i）其语境决定由语境触发，亦即，句子本身形成空缺，需要在语境中填充；（ii）需要填充有关的空缺，以使话语成为可做出真值评价的，并且表达完整的命题。

就会话含义而言，第二个必要条件没有得到满足：对于使话语“P 但是 Q”成为可做出真值评价的，在语境中决定“*r*”的值并不是必需的。（当然，这是理解该话语所必需的，但那是另一回事儿。）该原则的这个版本揭示了格赖斯的直觉，即，会话含义尽管是话语意义的一个方面，却外在于话语的命题（真值条件）内容。

但是，该原则的第二个版本也存在一个问题。佩里论辩道，在有些情形下，语用地决定的意义方面虽然*不是*由“标示成分”语法地触发或由变项在句子意义层面形成，但对于真值评价是必需的，从而构成话语真值条件内容的有机部分。当出现这种情况时，佩里提出所言就包含“未言说成分”。

> 那是帕罗奥图一个多雨的周六早晨。我计划去打网球。但我的小儿子朝窗外看了看，说道：“It is raining”（天在下雨）。我回头继续睡觉。
>
> 我儿子说得对，因为帕罗奥图是在下雨。有各种各样的地方没有在下雨：这不只是下不下雨，而是在有些地方下雨，而其他地方不在下雨。为了对我儿子的话赋予真值，正如我刚才做的那样，我需要一个地点。但他的话里并没有任何成分代表地点。动词“在下雨”提供了关系*下雨*（t，p）——时间与地点之间的二价关系，这正如我们刚才所指出的。带有时态的助动词“is”提供了时间，即，做出该陈述的时间。“It”不提供任何东西，而只是一个句法填充成分。因此，帕罗奥图是我儿子说的话之内容的成分，但他说的话中没有任何成分指称它；这是一个*未言说成分*。（Perry，1986c：138）

佩里的未言说成分概念使人们能够揭示“天在下雨”和“这儿天在下雨”之间的差异。在两种情形下，*下雨*（t, p）的第二个主目都是由语境提供的。但是，意义的这个语用成分在第二个实例中是“言说的”（它是由一个成分语法地表征的，这个成分构成一个空缺，将在语境中填充），而在前一个实例中却“未言说”。然而，在这两种情形下，这看来都是话语所表达命题的一部分。据此推论，混合原则中的第一个必要条件毕竟不是必要的。这暗示我们应当转向第三条（也是最好一条）最小论标准，最小真值可评价性原则：

> *最小真值可评价性原则*：由语用决定的意义方面是所言的一部分，当且仅当语境对这个方面的决定对于话语成为可做出真值评价的、表达完整命题是必要的。

根据这条原则，会话含义显然*不是*所言的一部分，因为没有会话含义话语就表达完整命题。（既然会话含义从说话者言说所说出的话推论得出，会话含义的生成预设言说了某种东西。）

我们应当如何看待这最后一条最小论标准呢？有些作者提出，不应当接受这条标准（Sperber & Wilson, 1986；Carston，1988）。反对最小真值评价性原则的论证基于诸如（1）和（2）这种例子：

（1）我们将花些时间到达那里。
（2）我吃过早饭了。

一旦确定了说话者和听话者的身份、说话的时间以及“那里”的所指，那么，可以认为，不再有空缺需要填充，以使（1）的话语表达一个完整的命题。我们在这一点上得到的是这样一个命题，即，在我们离开或者某个其他的参照点与到达某个地点之间有一段（某种长度的）时间流逝。但是，按照卡斯顿的观点（她从斯珀伯和威尔逊（1986：189–190）那里借用了这个例子），这不是实际表达的命题；要获得所实际表达的命题，我们需要超越句子能够表达的最小命题，通过语用地把相关的时间流逝确定为相当长（也许比预期的时间长）对最小命题加以充实。这种语境中的具体确定是所言的构成成分。然而，这并非句子表达一个确定的命题所必需的。据此而论，最小真值可评价性原则必须拒斥。同样，按照斯珀伯和威尔逊的观点，一旦确定了说话者的身份和说话的时间，（2）就表达了一个命题，即，说话者在说话时间之前至少吃过一次早饭的命题。假如说话者 20 年前吃过早饭，自那以后再没有吃过，这个命题也会成真。但这个命题并不对应于说话者在说出“我吃过早饭了”时意在表达的东西。同最小真值可评价性原则所预言的相反，说话者的所言超出了可表达的最小命题。

在斯珀伯、威尔逊和卡斯顿（自此往下“SWC”）制定的框架中，在从句子意义达致所言的过程中包括两种语用过程。第一种过程我称作“饱和”（Recanati，1989a）。每当一个空缺必须由语境填充，以使话语表达完整命题时，就包含这个过程。第二种过程是非最小论的；我称之为“（自由）充实”。按照 SWC 的观点，自由充实包含在（例如）“我们要花一些时间到达那里”中提到的流逝的时间长度的确定。将“一些时间”充实成某种更加具体的东西并不为话语表达一个完整的命题所需要，而为所表达的命题与说话者所意谓的东西相一致所需要。对第二种过程的输入是一个完整命题（该命题产生于第一种过程），结果产生一个更加充实的命题，即，蕴含输入命题的一个命题。SWC 关于所表达的命题不仅通过饱和，而且通过自由充实从句子除歧的意义获得之主张，同我称作最小论的学说不相一致。按照最小论，所表达的命题——所言——*是*话语可能表达的“最小”命题，即，只是将除歧后的句子意义加以饱和所产生的东西。

如果斯珀伯-威尔逊和卡斯顿是正确的，我们就必须彻底拒斥最小论；因为三条最小论标准无一能够坚持。我在第 14 章，将论述拒斥最小论确实是有道理的。然而，必须认识到，例（1）和例（2）本身不足以摒弃最小真值可评价性原则。需要另外的假设以去除这条原则，并且普遍地去除最小论。为了明白这一点，我们来考虑一下对最小真值可评价性原则可能做出的一种辩护。

## 13.3 含义分析

就其本身来说，例（1）和例（2）并不要求放弃最小真值可评价性原则。以符合这一原则的方式处理这些例子的一种显见的办法可能是藉由会话含义做出分析。根据这种分析，说出（2）的人“言说”他（至少）吃过一顿早饭，“隐含”着这个——他吃早饭——发生在说话当日。同样，也许可以声称说出（1）的人“言说”在离开与到达之间流逝了（某个长度的）时间，“隐含”着所流逝的时间相当长。根据这个分析（自此往下，称作“含义分析”），*不*为真值评价所必需、且由语用决定的意义成分事实上不是所言的一部分，而只是一种含义。

在面对诸如（1）和（2）这种表面上的反例时，含义分析使人们能够拯救最小真值可评价性原则。注意，同样的策略也可能拯救面临佩里反例时的语言指向原则。究其原因，我们也许可以将“天在下雨”以下述这种方式分析，从而未言说成分（即，下雨涉及的*地方*）不是*所言*的一个成分，而只是话语意义一个“隐含”的方面。基于这种分析，说出“天在下雨”这句话的说话者言说某个地方天在下雨（在所言层面没有确定），“隐含”正在*这里*——帕罗马奥图（佩里的例子）——发生。这样的例子佐证语言指向原则：*不*经语法地“言说”而是语用地决定的意义成分*不*看作所言的一部分，而只看作会话含义。

于是，含义分析可以用于为以各种形式出现的最小论辩护。但是，由于下面的原因，我并不认为这种辩护是可以接受的。不存在*直觉基础*认为，“天在下雨”的说话者表达命题（不确定的）*某个地方*在下雨；也不存在直觉基础认为，“我吃过早饭了”的说话者表达命题他的一生并不完全是没吃过早餐的：说话者与听话者都没有意识到，*这*就是所表达的命题。当然，大多数含义论者不大可能为这样一个质疑所动，因为他们认为所表达的命题（“所言”）不需要是意识上可获及的。按照这些理论家的观点，意识上可获及的只是“所交流的信息”，即，将字面表达的命题与诸如会话含义的各种额外成分结合起来的结果。[1]但是，这正是我所否认的。在雷卡纳蒂（1989a）中，我提出了相反的主张：我们意识到所言。更加确切地说，我主张对于某个给定话语的“所言”与“所含”，我们具有*不同的意识表征*：两者都是意识上可获及的，而且意识到是*不同的*。注意，这些表征同表达式本身一样是意识上可获及的。让我们考虑一个典型的例子：“我今天早晨没吃早饭”这句话（在某个很容易获及的语境中）隐含说话者饿了，想要东西吃。说话者和听话者都意识到说话者*言说*他今天早晨没吃过早饭，并且*隐含*他饿了；两人都意识到所言与所含之间的推导性联系。这是格赖斯本人提出的对含义的限制之一。格赖斯说道：“含义的存在必须能够推导出来”（Grice，1989：31）。某个含义要能够推导得出，必须满足两个条件：（i）所言与所含都必须领会；（ii）还必须领会两者之间的推导性联系。格赖斯的许多追随者将之（错误地）理解为要求*理论家*必须能够推导出所假定的无论任何会话含义，以解释某个特定的语义现象；而格赖斯心中所考虑的显然是会话活动参与者自己：正是说话者与听话者必须能够推导出话含；这蕴含所言和所含都是他们意识上可获及的。正如我们下面将看到的，这为我们提供了一条标准，以区分真正的含义与所言的语用成分——这一标准使我们能够摒弃含义分析。

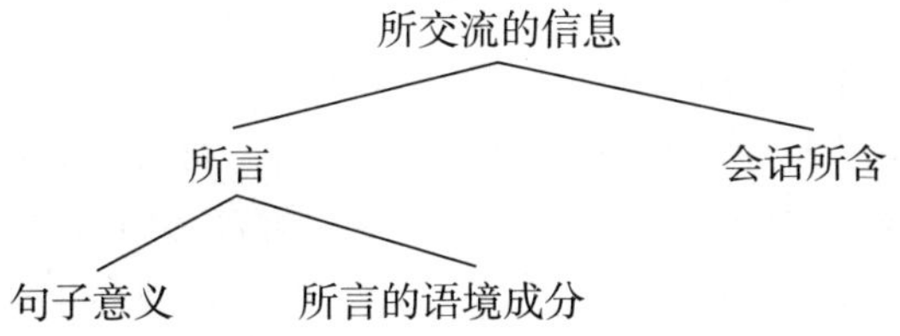


**图 6**

## 13.4 可获及性原则

让我们设法更加明确地表述关于所言可获及性的主张（我在阐述这个论题的第一篇论文中将之称作“可获及性假设”）。考虑一下图 6。从顶端开始，这个图形呈现通过分析抽象，从所传递的信息到句子意义的各个步骤。这样呈现的分析旨在反映理解话语的实际过程，这对应于图形自下而上的理解。在倒立的树的顶端（即，根部），“所交流的信息”是我们作为分析者所始于的直觉素材；这也是语用理解过程意识上可获及的结果。在树形图的底部，我们看到句子意义——同时表征语义解码过程之输出与语用理解过程之输入的理论构念。就句子意义而言，我们只能假定说出句子

[1] 正如理查德（代表萨蒙）在一段雄辩的文章中所说：“我们并非生而具有可靠地区分语义含义与语用含义的手段。诸如关涉‘and’（和 / 与）与时间次序的例子表明，在每个方面都像真值条件含义的东西可能结果证明不是”（Richard，1990：123）。遗憾的是，就那些持有这一立场的人来说，大部分语用学家现在看来接受下述观点，即与“and”（和 / 与）相关联的时间次序尽管是基于语用的，却是真值条件性含义。他们实质上是根据直觉而持有这个观点。（甚至连荷恩都持有这个观点，尽管他先前做出了第 142 页注 2 所引的断言。参见第 151 页注 3。）第 17 章将进一步论述这一点。

的说话者的内在（无意识）知识。当然，语言使用者声称具有关于语言中句子之意谓的直觉；但是，这些直觉并不直接关涉所指客体——语言意义。它们对句子的语言意义并不具有影响；句子的语言意义非常抽象，不能为意识所获及。但假如在通常的语境或者容易获及的语境中说出句子，这些直觉会对句子可能的所言或者所交流的信息产生影响。

**图 7**

"所言"定位在图形中的中间层面，这个层面不同于顶层。顶层是语用过程在意识上可获及的输出内容定位的层面。所以，普遍认为，"所言"与句子意义一样是亚信念的和无意识的。我们被认为只意识到"所交流的信息"，这个信息与所言不同。但我不接受这个观点。我主张，我们意识到所言（并且也意识到所含）。为了理解这个假设，我建议对图 6 稍作修改。如其所是，这个图形隐含所交流的信息——我们直觉的对象——是某种超乎所言而由会话隐含的东西：所交流的信息被看作具体认知过程（普遍语用理解过程的最后一步）的产物。所言与所含是这个过程的输入。鉴于所交流的信息由所言与所含*组成*，而不是*超乎*所言与所含的某种东西，理解关涉所言可获及性之主张的一种方法是彻底拒绝这个观点。与其将所交流的信息定位于一个层面，而将所言（以及含义）定位于另一个层面，我提出径直将"所交流的信息"看作我们确定所言和所含两者之层面的一个*名称*——顶层，其特点是意识上的可获及性（图 7）。根据这个观点，所言在意识上的可获及性不再是一个谜：假如意识上可获及的所交流的信息包含所言与所含，那么，所言只能是意识上可获及的。在新的图形中，不再提出存在一种具体过程将所言与所含归并。如图 6 所示，所言与所含构成普遍语用理解过程的最终产物，而不是一种中间产品，从而两者依然不同，而且作为不同的东西在意识上可获及。[1]

根据可获及性假设，所言与所含在意识上是可获及的（并且意识到是不同的）。从这一假设，我们可以容易地派生一条标准，以区分语用地决定的意义方面何时是所言的一部分，何时不是所言的一部分。我把这条标准称作可获及性原则：

> *可获及性原则*：在确定语用地决定的话语意义方面是否为所言的一部分时，即，在做出关于所言的裁定时，我们始终应当努力保持就此问题的前理论直觉。

[1] 为了简洁起见，含义的生成预设所言（和其他信息）的识别这个事实未在简图中表征。这也许可以通过如下方式加以表征，即在"所交流的信息"中区分两个从属层面，所言作为第一个从属层面的输入，含义作为第二个从属层面的输出。

在若干实例中，可以诉诸这条原则，以表明一种尝试性分析是受到误导的。考虑一下“每人都到巴黎去了”。在日常情况下，说话者说这句话所意谓的不是绝对意义上的每个人（即，世界上每个人）都到巴黎去了，而是意谓某个（在语境中可以识别的）群体中的每个人都去了巴黎。例如，假定业已确定说话者意谓的是约翰逊 & 约翰逊公司的每个员工都去了巴黎。这句话依然可以按两种方式分析。第一种分析相当直接：将说话者所言认同于他的意谓，即，认同于约翰逊 & 约翰逊公司的每个员工都去了巴黎这个命题。[1] 但还可能做出另一种分析。我们也许可以认为，字面所言是世界上每个人都去了巴黎，尽管这显然不是说话者的意谓。这种分析的支持者只需假定，说话者的所言不同于其意谓，即，说话者非字面地言说，这就像在隐喻中那样。这种分析曾由巴赫（1987）提出，并且扩展到许多例子，包括不完整的有定描述语出现其中的整个一类话语。因此，巴赫把由话语“门关上了”所字面地表达的命题认同为罗素式命题，即，世界上存在着的唯一的门关上了；说话者在说出这个句子时，并不意在传达这个命题。这种分析对所言的识别有悖直觉，遭到可获及性原则的反对。当说话者说出“每个人都到巴黎去了”或者“门关上了”时，将其所言认同于世界上每个人都到巴黎去了或者世界上唯一的门关上了这些命题，是有悖直觉的。说话者自己不会将这些命题看作其所言。因此，“非字面”分析必须藉由可获及性原则加以拒斥。[2]

可获及性原则的一个重要结论是，有些最为经常引用的会话含义实例结果根本就不属于会话含义。所谓的“级差含义”——或者大概是级差含义中的一部分——就是这样的例子。假定说话者说出“约翰有三个孩子”，从而传达了约翰确切地有三个孩子的意思。通常说，“约翰有三个孩子”字面地表达的命题是约翰至少有三个孩子的命题，尽管说话者意在通过这句话传达约翰确切地有三个孩子的意思。所交流的信息（即，约翰确切地有三个孩子）传统地通过以下方式阐释，即，假定一个会话含义同据称所表达的命题（即，约翰至少有三个孩子）相结合。这个方案有许多优点，它无须假定几个不同的词义，就能解释“约翰有三个孩子”的“歧义”（这个句子有时意谓“至少三个”，有时意谓“恰好三个”）。然而，这个方案无法通过可获及性检验，究其原因，在所意指的读解为“确切地三个”的情形下，说话者自己可能不会将他至少有三个孩子看作其所言。假如我们接受可获及性原则，那么，传统阐释看作字面地表达的命题由于在意识上不可获及，就不能认同于所言。可获及性

1 这样一个分析得到下述观点的支持，即，在像“每个人都到巴黎去了”这种受到限量的句子中，有关的限量域必须在语境中加以明确，才能表达一个确定的命题。参见下文第 14.2 节。

2 巴赫（1987，第4章）指出，“门关上了”这种句子的非字面用法是其*标准*用法；他提到“标准化的非字面性”。因此，他也许可以做出如下论辩以设法规避我刚才提出的质疑：说话者没有意识到说出了某种不同于他交流的东西，因为他使用的句子*标准地*用于交流某种不同于字面地表达之命题的东西。毕竟，同样的现象出现在“标准化间接表达”的实例中（Bach & Harnish，1979：192 及往后）：如果间接言语行为通常由某种类型的句子实施，会话交流活动的参与者可能意识不到直接地实施的言语行为（例如，在说出“你能把盐递给我吗？”时所施行的发问行为）。我将在下页注 2 中简要地探讨这种阐释。

原则规定，我们将格赖斯理论家（正确地）看作语用地决定的意义方面（即，隐含的限制：不超过三个孩子）视为所言的一部分，而不作为外在于所言的会话含义。[1]

可获及性原则的另一个重要结论是，将意义的有关语用成分看作外在于所言之"含义"，无法摒弃语言指向原则和最小真值可评价性原则的反例。如果可获及性假设是正确的,佩里例子（"天在下雨"）中下雨的空间定位与斯珀伯与威尔逊例子（"我吃过早饭了"）中的时间定位必须作为*所言*之（语用）成分。其原因在于，将这些话语的所言分别认同于某地在下雨和说话者吃过一次早饭了这两个命题，就会是有悖直觉的。我推断，诉诸含义分析无法为最小论做出辩护。（我将在第 14 章回头探讨最小论的问题。）

## 13.5 结语

没有多少人注意到，当应用于诸如"约翰有三个孩子"（格赖斯论者将之理解为表达了约翰至少有三个孩子的命题、隐含他有不超过三个孩子）这种例子时，格赖斯理论背离了我们的直觉。然而，这个例子与（比如）"我今天没有吃过早饭"存在重要的不同。"我今天没有吃过早饭"隐含说话者饿了，想要吃东西。在这个例子中，含义在直觉上感到外在于所言；这个含义对应于我们通常理解为某种"隐含的"意义。在前一个例子中，我们不能前理论地区分据称是话语意义的两个成分——所表达的命题（约翰至少有三个孩子）和含义（他至多有三个孩子）。我们只意识到两者的结合，即，只意识到约翰确切地有三个孩子。这个例子与另一个相对立。在这个例子中，所表达的命题与含义之间的理论区分并不与所言与所含的直觉差异相对应。[2] 如果我的阐述正确，这两种类型的例子之间的直觉差异指向一个重要的理论区分，即，真

[1] 拉里·荷恩是研究级差含义的主要理论家之一。正如他 1991 年 5 月在巴黎举办的一次讲习班上阐明的那样,现在接受关于基数含义（例如,从"八"得到"确切地八"）或者并列复合句的时间性与结果性含义。但是，他不接受针对诸如从"一些"到"不是全部"的推论这样的其他实例。他同意应当对我们的直觉做出阐释，这蕴含着必须区分作为所言一部分的含义和不是所言一部分的含义。他赞成藉由*规约化*含义做出阐释：规约化含义结合到所言之中。这种阐释同巴赫藉由标准化非字面性做出的阐释相似；参见下页注 2。

[2] 此时，有人可能会反驳，从科学的观点看，理论的应用范围扩展到直觉基础之外是好事。（就格赖斯的理论而言，直觉基础是所言与所含之间的日常区分。）我不想否认这一点；我同意，科学的理论阐释应当摆脱而非受制于直觉与常识。直觉与常识只是提供了一个起点。因此，在某种意义上，下面这样做是好事，即，超乎我们的直觉并且像格赖斯及其追随者所做的那样，表明在许多情形下，话语意义产生于无意识的"意义建构"过程。可是，我认为，当含义理论扩展至我们通常不会看作隐含意义的实例时，就会令人有某种担心。这并不意味着我不接受对待常识的"科学"态度。我们也许可以同时接受这个态度，并且认识到人类认知是一个非常特殊的领域：在这个领域中，我们的直觉不只是理论探索的第一步——某种类似维特根斯坦梯子的东西，登上去之后，就可以把梯子扔掉——而且*是理论所关涉的一部分*。这样，我们的直觉不能忽略。就目前的问题而言，忽略我们的直觉是错误的。我们的直觉告诉我们在隐含意义标准实例与其他所称的含义之间存在差异。

正的含义与所表达命题的语用成分之间的区分。[1]

正如我们在本章开头所看到的那样，人们只需认识到句子意义在很大程度上不能充分决定所言，就不得不得出结论，这种区分势在必行。但是，必须在何处划界？格赖斯用于会话含义的“检验标准”（可取消性、不可分离性，等等）检验是否存在语用地决定的话语意义方面。但是，这些检验手段无法向我们表明，这个意义方面究竟是真正的含义，还是所言的成分。必须制定新的标准，以使这种裁定成为可能。依照我的看法，在这一点上，可获及性原则是我们必须采用的根本标准。文献中提出了其他标准，但这些标准要么不够充分（譬如，在雷卡纳蒂（1989a）中遭到批判的卡斯顿的独立原则），要么预设了可获及性原则（比如，在附录第163–166页讨论的辖域原则）。

[1] 我关于有意识的“含义”与无意识的“含义”之差异的阐释依赖于后者不是含义这个主张。还有另外一种阐释采用格赖斯“一般化”含义的概念或者相联系的“短路的”、“标准化的”或者甚至“规约化的”含义概念。也许可以认为，采用这些概念，当含义经一般化（或者标准化，或者规约化）时，人们就不再意识到它是外在于所言的了。这种立场我前面归于巴赫（上页注2）和荷恩（上页注3）。这种（否则似乎合理的）阐释之问题在于，普遍性不足。从一开始，要获得含义，我们就需要所表达的命题；但是，我在第14章将像塞尔那样论述，没有语境提供未言说成分，就不可能表达任何命题。据此推论，至少所言的某些语用成分不能当作（一般化的、标准化的或者规约化的）含义。除了这些可以认为结合于所言之中的含义之外，我们需要所言的语用成分。

# 第14章 一位语用过程

## 14.1 导言

最小论是这样一种学说，按照这种学说，除非必要，意义的语用语境方面不应当看作所言的一部分。换言之，仅当必要时，我们才必须将某种语境信息结合到所言之中。第 13 章讨论了两条最小论原则：语言指向原则与最小真值可评价性原则。

> *语言指向原则*：语用地决定的意义方面是所言的一部分，当且仅当其语境的决定是由语法触发的，亦即，当句子本身形成空缺，需由语境填充。
>
> *最小真值可评价性原则*：意义之语用地决定的方面是所言的一部分，当且仅当其语境的决定对于话语成为可做出真值评价的、表达完整命题是必要的。

正如我指出的那样，这两条原则都有反例。佩里的例子“天在下雨”是这样的一个实例，其中所言的语用成分（下雨的地点）不是语法上“言说的”；在下面的（1）和（2）这两个例子中，所言的语用成分（我吃早饭的时间定位或者到达那儿要花多长时间）对于真值可评价性并非必需。

（1）我们要花些时间到达那里。

（2）我吃过早饭了。

在第 13 章结尾，我用可获及性原则表明，语言指向原则和最小真值可评价性原则的这些反例不能通过将意义的有关语用成分当作外在于所言的“含义”消除掉。这是否像我表明的那样意味着必须放弃最小论？我认为是这样。但这个问题相当复杂，应该得到比我至此所做出的更加充分的论述。

## 14.2 最小论能够得到辩护吗?

既然对“天在下雨”的含义分析不能成功（第 13.3—13.4 节），我认为我们无法避免得出结论：语言指向原则必须放弃。换言之，必须接受佩里的观点，即，存在所言的未言说成分。“天在下雨”与“这儿在下雨”之间形成的对照表明，下雨的空间定位是一个*未言说*成分；可获及原则的结论是，该未言说成分是*所言*的一个成分。

可获及性原则排除了将之理解为外在于所言的含义（因为那样，所言就会是某个地方在下雨，而这同我们的直觉是相反的）。

如何解释最小真值可评价性原则的两个反例（1）和（2）呢？含义分析在这种情形下也不能成功。将这些话语的“所言”分别认同为*要花一些时间到达那里*或*者说话者的一生并非从来没有吃过早饭*这两个命题，就会是有悖直觉的。[1]然而，我不认为含义分析的失败就使我们必须放弃最小真值可评价性原则。这是因为对（1）和（2）做出含义分析不是消除最小真值可评价性原则的这些反例的唯一路径。

卡斯顿、斯珀伯和威尔逊拒不接受最小真值可评价性原则，因为他们认为，（1）和（2）语用地决定的意义方面拥有以下两个特性：

（a）这个意义方面是构成所言的成分；然而，

（b）这个意义方面由语境决定，*不*是话语表达完整命题所必需的。

（a）和（b）的合取与最小真值可评价性原则不相一致。该原则认为，语用地决定的话语意义方面是所言的一部分，当且仅当这个意义方面由语境决定是表达完整命题所必需的。然而，最小真值可评价性原则同单独出现的（a）或（b）并非不相一致。含义分析的辩护者接受（b），但不接受（a）；因此，他们能够坚持最小真值可评价性原则。我们看到，对于（1）和（2）的含义分析是不可接受的，因为拒绝（a）同可获及性原则相矛盾。但是，这些例子有另外一种处理方式，这种处理方式同最小真值可评价性原则相一致：人们也许可以接受（a），但不接受（b），即，认为（1）和（2）意义的相关方面是所言的构成成分（从而不是会话含义），同时坚持这个意义方面的决定为话语表达完整命题所必需。让我简要勾勒一下例（1）和（2）的最小论的这种处理方式。

例（1）、（2）都可以藉由限量化加以分析。例（1）对一段时间限量（这句话说的是，有一段时间 $t$，从而我们要花 $t$ 以到达那儿）；例（2）对事件限量（这句话说的是，存在一个过去事件，这个事件是说话者吃早饭）。限量化包含某种程度的语境依赖性，因为一般而言，限量域必须在语境中确定。例如，可以认为，“每个人都到巴黎去了”这个句子本身不能表达完整命题——甚至不能表达世界上每个人都到巴黎去了这一命题：这句话说的是，每个在某个域 $x$ 的人都到巴黎去了，语境帮助例示变项“$x$”。（根据这个观点，变项“$x$”可能在语境中例示，以便使“世界上的每个人”成为正确的理解。但是，这个理解同任何其他理解一样依赖于语境。）假定我们接受这个观点。那样，就（1）、（2）和其他包含限量化的话语而言，对应于限量域，就有一个空缺需要填充，以使话语成为可做出真值评价的。据此推论，斯珀伯、威尔逊和卡

[1] 含义分析不仅有悖直觉，而且另外还存在一个缺陷，即，缺乏普遍性。这是因为这种分析不（或者不容易）适用于诸如“我没有吃早饭”这种例子。这种例子几乎无法分析为说话者从来没有吃过早饭这个命题加上某个含义。某人若不把“今天”这个特征看作所言的语用成分，唯一的可能性是将这个例子看作非字面意义的一个实例。在这种情形下，在所言与所意谓的内容之间就会存在矛盾。这就迫使人们对“我吃过早饭了”与“我没有吃早饭”做出两种不同的分析。

斯顿作为最小真值可评价性原则之反例而提供的（1）和（2）的具体理解同该原则是一致的——人们只是必须以恰当的方式定义限量域。就（1）而言，我们也许可以说，限量域是一组时间段，*在语境中局限于那些时间段，这些时间段足够长而值得相关于我们到达那儿这个过程提及*。（在这个理论框架中，我们将花“某段时间”到达那儿这个命题，对应于那种不大可能做出的理解，在这个理解中，限量域在语境中等同于所有可能时间段的集，包括毫秒。）就（2）而言，我们也许可以说，限量域是一个时间段，更确切地说，是由一个时间段规定的一集事件。这使我们能够阐释“我吃过早饭”和“我去过西藏”之间的直觉差异（Sperber & Wilson，1986：189–190）。在这两个实例中，仅由语言意义传达的是，在某个先于说话时间的时间域 *d* 中，存在某个事件，即，说话者吃早饭或去西藏；但在第一个实例中，时间段由语境局限于说话当天，而在第二个实例中，有关的时间段更长，涵盖说话者（直至说话时）的一生。

根据我刚才概述的观点，若认为一旦显见的指示语变项（说话者与听话者的身份、说话的时间、“这儿”的指称对象）得到确定，（1）和（2）就表达完整的命题，这个想法就是错误的。仍然需要填充一个空缺，这个空缺对应于限量域。据此推论，最小的可评价性原则可以保留，即使人们接受上述论点（a），即，尽管人们认为藉由（1）和（2）的所言是我们要*花很长*时间到达那儿或者说话者*在说话当天*吃过早饭。我刚才用斜体表示的语用描述远不是添加到业已为完整的命题之上的东西，而是填充空缺的结果。这个空缺必须以某种方式加以填充，以使话语表达一个完整的命题。

## 14.3 放弃最小论

尽管我认为，面对诸如上述（1）和（2）这种例子，最小真值可评价性原则可以保留，可是，若不放弃该原则、诉诸自由充实，那么，还有其他例子更加难以处理得多。卡斯顿提到了下面这些例子（她将这些例子归于黛安娜·布莱克莫尔）：

（3）他跑到悬崖边上，跳了。

（4）我到展览会上去了，碰到了约翰。

（5）她拿着枪，走到园子里，枪杀了她的母亲。

（6）我在奥地利度了假，玩了些越野滑雪。

正如卡斯顿所说，“在大多数话语语境中，（3）的理解会包括他跳下悬崖的理解，尽管句子中没有语言表达式告诉我们这一点，或者要求我们填补一个介词短语……同样，在（4）中，我们非常可能假定我碰到约翰的地方是在展览会上；在（5）中，是用枪在园子里杀害了母亲；在（6）中，所提到的滑雪是在奥地利进行的，尽管再一次地说，话语的语言内容没有提供这个信息或者指引索取这一信息”（Carston，1988：165）。要义在于，在例（3）—（6）的每个实例中，从真值评价的角度看，未言说成分都是*任选性的*。因此，假如不对意外碰到约翰的地点加以明确，依然可以对（4）做出真值评价。换言之，假如我们从所言中抽取（或减去）未言说成分，剩下的是一个不那么具体的命题，大意是下面两个事实成立：我到展览会上去了，我碰到了约翰（即，我在某地碰到了约翰）。这仍然是一个命题，这或许是（4）所表达的命题。[1] 假若那就是所表达的命题，就没有像在我在某地碰到约翰中那样提及具体的地点。假若认为基于那个理解也会包含一个未言说成分，尽管这是一个“普遍的”成分代表一个不确定的地点，这个想法就会是相当不自然的。认为基于那个理解，不会提供任何对应于地点的未言说成分，这样的想法要自然得多。这表明，实际提供的未言说成分是任选性的，[2] 因而最小真值可评价性原则必须放弃：在从句子意义达致所言的过程中*的确*包含某种类似于自由充实的东西。

必须认识到，诸如自由充实这样的语用过程不是偶然的，而是构成所言所必不可少的：我刚才提到的那种未言说成分尽管是任选性的，却在某种意义上是*不可消除的*。当我说“他来到悬崖上，跳了”时，我所描述或提及的情景是他跳*下悬崖*的情景，尽管我说的话里没有任何东西指明所提到的情景的这一具体特征。这个未言说特征是话语真值条件的一部分，是所描述情景的一部分。还有许多其他特征尽管未加言说，也是话语旨在描述的情景的一部分；可以认为，这些特征众多，所以不能同时都得到言说。例如，在跳的过程中，引力没有被中断，这是我旨在描述的情景的一部分。或者考虑一下 SWC 的例子，“我吃过早饭了”。SWC 认为，对应于时间（或者时间段）的未言说成分由语境提供。但是，正如约翰·塞尔向我指出的那样，在那个例子中还有许多更多的未言说成分在起作用：

> 我们将那个句子的话语理解为言说我吃过早饭，但是，当然，那并没有包括在句子的字面意义中。此外，即使我说了我吃过早饭了，我们将那理解为意谓我通过把饭放进嘴里咀嚼，等等，而相反不是（比方说）把饭塞进我的左耳或者通过我的鞋底消化食物。但是，“吃”的语义内容中没有任何东西排除这些理解。我可以很容易地给你讲一个故事，在这个故事中，这些会是自然的理解。（约翰·塞尔，个人交流）

鉴于关于引力或吃东西的正常方式这种“默认”特征是所描述情景的一部分，基于对“我吃过早饭了”或者“他跳下悬崖”的日常理解，我们无法对有关情景做

[1] 我说这个的意思是，我们可以假设一个语境，在这个语境中，（4）的句子会用于表达有关的命题。

[2] 同先前提出的相反，也许可以认为，从真值评价的角度看，*每*个未言说成分（包括佩里例子中下雨的地点）都是任选性的。相对于一个语境，在该语境中下雨的地点是无关的，“天在下雨”可能表达某地在下雨这个命题，这正像“约翰在吃”在许多语境中表达约翰在吃某种东西这个命题一样。在这个例子中，若认为包含一个具有“普遍的”或者“不确定的”性质的未言说“地点”成分，那也会是不自然的。在我看来，基于这个理解，认为不提供任何对应于地点的未言说成分，这要自然得多。（在诸如上述（1）和（2）这样的例子中，那种不大可能的“普遍性”理解大概产生于由语境提供一个对应于限量域的未言说成分。这个情景因而是不同的。）无论怎样，这是一个困难的问题，这个问题我只能*顺带*提及。

出完全*显性的*描述，即，不带未言说成分的描述，这（我希望）是显而易见的。塞尔在不同文章（Searle，1978，1980）和著作《意向性》(Searle，1983）中，通过与上述大体类似的例子，令人信服地表明情况的确如此。[1]关于这个问题，我完全赞同塞尔和其他“语境论者”的观点，并且推断“所言”——我们的话语旨在描述的情景——必然包括未言说成分。假如没有语境提供*某个*未言说成分，就不可能表达任何命题。[2]

## 14.4 一位语用过程与二位语用过程

摒弃各种形式的最小论具有重要的结果。这使我们能够引入若干“一位”语用过程，亦即，在构成所言的时候发挥作用的若干语用过程。一位语用过程[3]应当与二位语用过程相对照。二位语用过程预设做出某种所言（所表达的某个命题）。根据最小论的观点，只允许一种类型的一位语用过程：*饱和*，这个过程包含在语境地决定指示性话语所表达的命题的过程中。我已经提到另一种非最小论的一位语用过程，即，*自由充实*，第三种过程将在本节稍后部分介绍。

一位语用过程的概念与“语用歧义”概念密切联系。在语用学文献中，“语用歧义”经常使用，却少有定义。我建议下述定义：每当句子在语义上（即，语言上）没有歧义，却由于语境地决定所言中所包含的某种一位语用过程，可以在不同语境中表达不同的命题，就存在*语用歧义*。一种语用歧义的特定形式——这种语用歧义是指示性话语的特点——为所有理论家所认识。这种特定语用歧义由一种特定的一位语用过程（即，饱和）生成。但是，正如我们将要看到的那样，还存在其他一位语用过程和语用歧义的其他形式。

首先，必须指出，语用学文献中提到两种自由充实，只有其中一种与我做出的描述相一致。*强化*，即逻辑充实，将一个命题作为输入，产生另一个命题作为输出，所产生的命题蕴含所输入的命题。因此，根据 SWC 的观点，“我们要花些时间”被充实为“我们要花很长时间”，“我吃过早饭了”被充实为“我今天早晨吃过早饭了”，等等。在所有这些实例中，经过充实的命题蕴含输入命题：如果我今天早晨吃过早饭了，那么，我就吃过早饭；如果什么事情花很长时间，那么，这个事情就要花些时间。但是，文献中有时还诉诸另一种充实，即，*扩展*（Bach，1987）。这种充实将一个命题作为输入，但是，作为输出而产生的命题不一定蕴含输入命题。这是一种“句法”充实，而非“逻辑”充实。巴赫提供了下述例子：“我没有任何东西可穿”扩展

[1] 查尔斯·特拉维斯持有类似的观点：参见特拉维斯（1975，1981，1985 与 1989）。也可参见魏斯曼论《可证实性》(Waismann，1951）的经典论文——更不必说奥斯汀和维特根斯坦了。

[2] “语境论”是我用于称呼下述学说的名称，即，不依赖于语境，不能表达任何命题。我意识到，必须对语境论做出论证，而不只是像我在此做的那样予以假定。但是，这是一个很大的论题，对这个论题的探讨必须留给以后的著作。

[3] 在后面的章节里，为了方便表达，一位语用过程将称作“p- 过程”。

为“今晚聚会,我没有任何合适的东西可穿”;“门开着”扩展为“这个房间的门开着”。扩展概念的限制性比强化概念弱；每个强化实例（诸如“我吃过了”，这也是巴赫（1987）讨论的例子）可以当作扩展的实例，但反之则不然。今晚聚会，我没有任何合适的东西可穿，这并不蕴含我根本没有任何东西可穿；因此，将“我没有任何东西可穿”充实为“今晚聚会，我没有任何合适的东西可穿”，不能当作强化的实例。

强化概念比扩展概念具有一个优势：强化概念界定清晰，而扩展没有很好地界定（或者在我看来是这样）。[1] 另一方面，扩展概念显然比强化概念应用范围更广。就强化概念而言，对之做出解释的主要困难在于扩展看来缺乏普遍性。例如，考虑一下“一个男孩来了”这个句子。这个句子可用以言说某种相当具体的东西，即，*班上的男孩之*一来了。这似乎是强化的一个典型实例：或许可以说“一个男孩来了”表达“最小”命题至少一个男孩来了，这个最小命题由更加充实的命题“班上的男孩中至少有一个来了”所蕴含（如果班上的男孩之一来了，那么，一个男孩来了）；因此，强化概念直截了当地适用。但是，正如通过考虑其他实例可以看到的那样，这个阐释不具有充分的普遍性。其他这些实例看上去很相像，但藉由强化处理却要困难得多。因此，“每个男孩都来了”这个句子可用于言说班上的每个男孩都来了；这儿的问题是输出命题，即，班上每个男孩都来了这个命题，并不蕴含输入命题，即，每个男孩（即，世界上的每个男孩）都来了这个“最小”命题。因为这个问题，藉由强化概念的阐释看来不如藉由扩展概念的阐释（或者不如藉由语境中可变限量域的最小论阐释：参见第14.2节）具有吸引力。

对于否定，我们看到同样类型的局限性。我们可以采用强化概念解释“我吃过早饭了”的日常理解，因为“我今天早晨吃过早饭了”蕴含我吃过早饭；但是，我们无法解释藉由强化对“我没有吃过早饭”做出的日常理解。其原因在于，“我今天早晨没有吃早饭”（这个经过充实的命题）并不蕴含我从来没有吃过早饭（这个输入命题）；我即使今天早晨没有吃早饭，但完全可能在某个其他时机吃过早饭。

我将不试图在这两种充实概念之间做出裁定。让我只是针对上述批评，为强化概念提出一种可能做出的辩护。也许可以认为,强化可以理解为是*局部地*发挥作用的。例如，就“每个男孩都来了”而言，我们或许可以说，正是谓词“男孩”被强化为“班上的每个男孩”，而非“每个男孩都来了”被强化为“班上的每个男孩都来了”。这看来能够奏效，因为谓项“班上的男孩”以某种方式“蕴含”谓词“男孩”。同样，我们或许可以说，“我没有吃过早饭”中的强化不是用于整个命题，而是在该命题中用于所否定的命题：“我吃过早饭”被强化为“我今天早晨吃过早饭”，而*这个命题*受到否定。

这个评述很重要。究其原因，在我看来，一位语用过程一般*必须*理解为局部地

---

[1] 扩展概念的问题如下。得到充实的不是自然语言的句子，而是一个语义表达式。既然扩展是一种句法操作，扩展论者必须将语义表达式当作句法实体——当作心理“句子”。这样做未尝不可。但是，为了使这个建议更加确切（并且将之用于具体实例），我们需要就“思维语言”了解比现在所了解的多得多的东西。

起作用：这些过程在子命题层面发挥作用。正是这一点将一位语用过程与二位语用过程区分开来。假若一位命题——所言——没有得到识别，二位语用过程就不能发挥作用。但是，一位语用过程，无论是最小论的还是非最小论的，都不预设事先推演某个基本的命题值。假如我的观点正确，那么，可以由话语表达的、我先前称作“最小”命题的东西（第 13.2 节），即，*径直*从饱和产生的东西，是一个理论产物，意思是说，这个东西*不需要推演*，不具有心理现实性。[1]

让我们通过例示来考虑一下第三种一位语用过程。至此，我尚未提到这一过程，现在是介绍这个过程的时候了。我心里想到的是（非最小论的）*迁移*过程。在饱和与充实过程中，语境提供一个命题成分，要么为了填充语义结构中的空缺，要么纯粹出于语用原因；在迁移过程中，一个业已可以获得的成分映现到另一个成分，该成分取代了已经可以获得的成分。尽管迁移以两种主要类型出现，即类比迁移与转喻迁移，在此，我将只考虑转喻迁移。这种迁移过程农贝格（1978，1979）和福科尼耶（1985）开展了广泛的研究。他们提供了类似下面这种例子：

（M）火腿三明治变得焦躁不安起来。

正如农贝格和福科尼耶指出的那样，（M）可用于某些语境中，以叙述某个要了火腿三明治的人变得焦躁不安起来。在这个特定实例中，出现了一个从语言表达式“火腿三明治”的一位语义值到二位或派生语义值（即，要火腿三明治的人）的*转喻迁移*。这看上去像是克里普克（1977）和唐纳伦（1978）称作“语义指称”与“说话者指称”之间差异的一个标准实例；然而，正如伊万·萨格（1981）注意到的，这种现象在经典格赖斯框架中几乎无法处理。这种理论框架将字面地表达的命题与所交流的信息相对照。字面地表达的命题包括语义指称；而所交流的信息包括说话者指称。正如萨格在下面这段文章中指出的那样，这样一种处理可能是有悖直觉的：

> 在诸如（M）这样的例子中，语境的作用是什么？这是一个如下所述的荒唐的字面意义的实例（将焦躁不安归赋给食物）吗？这个字面意义由指导格赖斯式推理之合作原则附加某种辅助原则从语用荒唐中加以拯救。抑或从火腿三明治到要火腿三明治的人的转变以某种方式更加直接地包含在这种话语的语义结构之中？也许从火腿三明治到同火腿三明治具有某种关系的个人之转变（可能在不同的语境中不同）类似于指示语在不同的语境中说出时伴随着指示性表达式的指称对象的转变。（……）这种方法而非第一种方法是直觉性的，因为这些迁移看来在类型上与使人们从“*这里很热*”推导到“请把窗户打开”的意思迥然不同。这里的推导过程显然应当采用第一种处理方法阐释。在第一种处理方法中，所有类似（M）这样的例子都推给了语用理论，并且从语义分析中抽象掉了。（Sag，1981：275–276）

[1] 这尽管不具有心理现实性，却在理论中发挥作用：它对应于我将在第 16 章中称作“通常表达的命题”（第 16.6 节）的东西。

因为看来并非三明治本身（荒唐地）说成是焦躁不安的，所以，格赖斯式阐释可能有悖直觉。在这个问题上，我们无论是否相信自己的直觉，都必须对这样的直觉做出阐释，尤其要阐释这种例子和格赖斯理论显然直觉地适用的其他例子之间在直觉上的差异。萨格提到含义的一个标准例子（“这里很热”）。但是，提出反语的例子可能更具相关性。在反语的例子中，说话者实际上说出某种荒唐的事儿，以传达某个其他的意思。正如萨格所强调的那样，这看来并非在农贝格-福科尼耶那种例子中出现的情况；看来并非说话者言说某种荒唐的东西，以传达某种不同的意思。将转喻迁移当作一位语用过程，既符合我们针对诸如（M）那种例子的直觉，又解释了这种实例（包含一位语用过程）和格赖斯推理的标准实例（包含二位语用过程）之间的差异。

在一个显见的意义上，迁移是局部地发挥作用的。在理解过程中的任何阶段，我们都不需要持有那个荒唐的命题，即，三明治本身变得焦躁不安。我们并不从荒唐的命题推论到所传达的命题，即，要三明治的那个人变得焦躁不安；我们从一位语义值（三明治）推论出二位语义值（要三明治的人）[1]。进入话语整体理解的正是要三明治的人。换言之，在迁移和其他非最小论过程出现之前，不需要在中间阶段推导话语的整体理解。这是以另一种方式说，迁移是一位语用过程，而不是在某个先前的层面上预设命题识别的二位语用过程。

有人或许会质疑（确实，肯特·巴赫质疑我）说，“字面”理解的荒唐是促发从火腿三明治到要火腿三明治的人这个迁移的因素。因此，巴赫提出，字面理解必须以某种方式推演。我不认为是这样。再看一个例子：“昨天约翰被警察逮捕了。他刚偷了钱包”。代词“他”理解为指称约翰，而不是指称警察。为什么？因为前一个理解比后一个理解合理得多。这是否意味着人们必须首先考虑不那么合理的理解（“警察刚偷了钱包”）、意识到这个理解不合理，然后转向另一个理解？显然不是。人们甚至不需要*考虑*那个不大合理的理解。同样，描述语“火腿三明治”在（M）中理解为指称要三明治的人，因为那个理解——通过转喻迁移可以获及——比将该描述语所谓字面地理解为指称火腿三明治本身要合理得多。这并不意味着必须首先考虑不那么合理的理解（如萨格所说，把食物说成是焦躁不安的）、意识到该理解不合理，然后转向另外一个理解。正如在另一个实例中那样，在这个实例中，语境制约了指称性表达式（代词或描述语）的理解，从而排除了无关的理解。但是，这并不意味着为了拒绝无关的理解就必须考虑这些理解。无关的理解根本*得不到选择*。

当然，“火腿三明治”的字面理解必须首先做出，因为这一理解提供了迁移过程的输入。但是，*在那个语境中，那个字面理解没有作为可能的理解而得到选择*：这个理解只是作为产生令人满意的理解（“要火腿三明治的人”）之迁移过程的输入。正是这个理解进入到话语理解之中，并且经历与相关于话语中其他成分表达式之语

---

[1] 农贝格（1991）提供了一种不同的分析。在这种分析中，迁移作用于从“作为三明治”的*性质*到“作为要三明治的人”的*性质*，而不像在福科尼耶或者萨格的理论框架中，从三明治本身到要三明治的人。这个问题将不在此论述。

义值的组合过程。换言之，我们并没有一个从荒唐的命题*三明治本身变得焦躁不安*到更加合理的命题*要三明治的人变得焦躁不安*的“整体”迁移；而这样的迁移正是巴赫和其他许多人所声称的。我们所具有的只是描述语的字面理解到非字面理解的局部迁移。在那个语境中，只有这个非字面理解进入到话语的理解，并且经历基于各成分语义值而产生整句话之语义值的组合过程。根据我倡导的理论阐释，组合过程在包括迁移在内的各种一位语用过程局部地得到运用“之后”出现。各种一位语用过程并不预设推演话语的某种基本命题值；相反，这是预设之前一位语用过程运作的命题组合过程，因为这些一位语用过程提供了各成分的（相关）语义值，组合过程作用于这些语义值，以产生整个话语的语义值。[1]

迁移作用于“一位”语义值，这意味着我们需要区分几个层面。迁移对之发挥作用的一位值本身可能产生于另一个一位语用过程（如，饱和）在之前一个层面的运作。这表明，一位语用过程仅在相对意义上而非绝对意义上是一位的。这些过程在下述意义上是一位的，即，它们与二位语用过程相反，并不预设在某个之前的层面上对命题的识别。这些过程构成所言，而不预设言说了某物。但是，它们并非（或者并不必定）在第一个发挥作用这个意义上是“一位的”。同其输入由表达式类型的意义直接提供的一位语用过程相反，以另一个一位语用过程的输出作为输入的一位语用过程显然不是在第二个意义上为“一位的”。[2]

[1] 在决定所言中发挥作用的一位语用过程包括提供“未言说成分”（自由充实的一种具体形式）。未言说成分是不对应于任何句子“成分”的语义值。据此推论，必须拒绝组合性原则：整体的语义值并不完全取决于其成分的语义值与其组合方式。（参见 Crimmins & Perry，1989）

[2] 还存在这样的一位语用过程，其输入既不是表达式的意义，又非藉由之前应用另一个一位语用过程从该表达式所获得的语义值。我想到的是*本名*现象。当表达式像在“*Cat* is a three-letter word”（猫是三个字母的词）那样作“提及”理解时，一位语用过程在起作用，这个过程的输入是表达式本身（而非其意义）。我不能在此详述这一点。

附：

# 可获及性与辖域原则

第 13 章探讨了从所言的语用方面区分含义的两种标准：各种形式的最小论原则与可获及性原则。我采用可获及性原则反驳了最小论原则；最小论原则依靠有悖直觉的含义分析。在这个附录中，我想讨论可获及性原则与文献中提出的另一条原则之间的关系；这条原则即辖域原则（Carston，1988；Recanati，1989a；Wilson，1991）。辖域原则基于不同的人就相关于逻辑算子的会话含义性质之考察。这些考察往往为区分两种所谓的含义提供证据：那些处于逻辑算子辖域内的含义与那些不处于逻辑算子辖域内的含义。

考虑一下下面这对例子（引自 Cohen，1977）：

（1）老国王已死于心脏病发作，共和国宣告成立。

（2）共和国宣告成立了，老国王已死于心脏病发作。

在（1）中，隐含的意思是所描述的第一个事件（老国王去世）在第二个事件（宣告成立共和国）之前发生。在（2）中，同样的两个事件以不同的顺序陈述，含义颠倒了；所隐含的意思是，老国王的去世发生在宣告成立共和国之后，或许是由于宣告成立共和国所致。科恩将下述观点归于格赖斯，即，在两个实例中，隐含的时间顺序是一种会话含义，产生于关于说话者遵守方式准则的假定："要简洁明了"。一般而言，假如以事件发生的顺序陈述事件，叙述就更加简洁明了。因此，通过假定说话者遵守方式准则，他以某个顺序叙述一系列事件就隐含着这些事件以那个顺序发生。作为会话含义，时间含义不是所言的一部分，对话语的真值条件不做贡献。因此，根据格赖斯的观点，（1）和（2）严格的字面所言是相同的，尽管这两句话之间在（所传达的）意义上有着重要不同。因此，"and"的真值函项性得以坚持。

科恩（1971）对他归于格赖斯的观点提出了不可等闲视之的质疑。倘若（1）和（2）当真具有相同的真值条件，而只在会话含义层面上不同，那么，在格赖斯的理论框架中，（3）和（4）也应当具有相同的真值条件（在格赖斯理论中，给定"如果"的真值函项性）：

（3）如果老国王已死于心脏病发作，共和国宣告成立，那么，汤姆就会心满意足。

（4）如果共和国宣告成立，老国王死于心脏病发作，那么，汤姆就会心满意足。

但是，（3）和（4）看来并不具有相同的真值条件。（3）和（4）所说的是，如果下述条件成立，汤姆就会心满意足：老国王去世了，共和国宣告成立，*并且这两个事件之间存在某种时间关系*。据称由（1）和（2）隐含的这个时间关系是（3）和（4）中条件句前件的有机部分；这个时间关系处于条件句的辖域内。如果我们假定条件句的前件和简单话语（1）所表达的命题相同，这就蕴含（1）的所谓含义并不真是含义，而是所表达命题的成分（Carston，1988）。同样，当（1）被否定时，所称的含义处于否定的辖域内。假如下述条件之一不能得到满足，就使（1）的否定成真：老国王去世了，共和国宣告成立，*并且第一个事件在第二个事件之前发生*。因此，可以否定（1），从而像在（5）中那样意谓事件的隐含顺序与事实不相一致：

（5）实际情形并非老国王去世了、共和国宣告成立；事实是共和国先宣告成立，然后，老国王死于心脏病发作。

戴尔德丽·威尔逊提供了所称的含义处于逻辑算子辖域内的其他例子（Wilson，1991）：

（6）在聚会上总是一样：要么我喝醉了，没人愿意跟我说话；要么没人愿意跟我说话，我喝醉了。

（7）如果检修孔没有盖盖，你摔断了腿，就起诉。

在所有这些例子中，所说的简单句中的含义处于复杂句算子的辖域内。这个事实表明，它不是真正的含义，而只是所言的成分。或者说，这个事实就至少表明了这一点，如果接受我称作同一性那个重要前提：简单句表达的命题与由逻辑算子支配的命题相同。（我们在下文将看到，可以拒绝这个前提。）

这些因素表明了区分含义与所言之语用成分的如下标准：

*辖域原则*：由语用决定的意义方面是所言的一部分（因而不是会话含义），当——且也许仅当——这个意义方面处于诸如否定与条件句这种逻辑算子的辖域内。

藉由辖域原则，（3）和（4）提供证据证明，由（1）和（2）传达的所谓含义不是真正的含义，而是所言的语用成分。其他例子也如此。

按照我的理解，辖域原则依赖于两个前提。第一个前提是（e），即，下述论证的结论（参见 Anscombre & Ducrot，1978）：

（a）会话含义是言说某物之行为的语用结果。

（b）言说某物之行为只有通过完整话语实施，而不能通过诸如条件句前件这种非断言小句实施。

（c）因此，在小句层面，即，在诸如条件句前件这种非断言小句层面，不能生成含义。

（d）说含义处于逻辑算子的辖域内，是说含义在小句层面生成，即在逻辑算子运作的层面生成。

（e）因此，*没有含义能够处于逻辑算子的辖域内*。

我完全接受这个论证以及其结论（e）。然而，（e）本身并不满足辖域原则，认识到这一点是重要的。（e）可以意译如下：

对于每个包括逻辑算子 D 的复杂话语 **u**（即，对于每个诸如（3）—（7）这样的话语），如果 **u** 之意义的某个方面 ***m*** 处于 D 的辖域内，那么，***m*** 不能为 **u** 的含义。

换言之，某个意义成分 *m* 处于复杂话语中的逻辑算子辖域内这个事实表明，*m* 不是该*复杂话语*的含义，因为正是在*复杂话语*中，所称的含义会在小句层面出现（这同前提（c）相反）。但是，这并不蕴含任何涉及 *m* 在我们可以称作*简单*话语中之性质的东西，简单话语即在复杂话语中受逻辑算子支配的小句（独自出现的）话语。因此，根据（e），涉及两个事件（宣告成立共和国和老国王去世）时间顺序的隐含意思不能看作复杂话语（5）的含义；但是，这很可能看作*简单*话语（1）的含义。完全可以设想，当话语嵌入更大的结构时，作为简单话语层面之含义的某个东西获得了不同的性质。若要排除其作为简单话语之含义的可能性，就必须诉诸第二个前提，即，同一性原则：

*同一性*：简单句表达的命题与复杂句中受逻辑算子支配的命题相同。

如果（1）表达的命题与（5）中否定的命题相同，那么，（1）表达的命题就像（5）中所否定的命题那样，必须包括时间顺序含义，即，宣告成立共和国发生在老国王去世之前；如果这个“含义”是（1）所表达命题的一部分，那么，就同它不是（1）的含义一样，也不是（5）的含义。

问题是，同一性原则不一定能够成立。因此，荷恩（1989，第 6 章）继杜克罗特（1972，1973）之后，谈论逻辑算子的“元语言”用法。这种用法的特点是，简单话语表达的命题与处于算子辖域内的命题不相同一。正如威尔逊在其关于这个论题的第一项研究中所指出的那样（Wilson，1975：151–152），如（8）所示，否定话语的其他方面而非其命题内容，这是可能的：

（8）我不是玛丽的父亲；她是*我的*女儿。

在这个例子中，所否认的（处于否定辖域内的东西）不是由简单句“我是玛丽的父亲”表达的命题，而是表达该命题的方式。拉里 · 荷恩提到的一个（口头发言中）类似的例子是（9）：

（9）他们的胜利不是一场历史性事件；那是一个历史性事件。

正如荷恩阐明的那样，“元语言”否定可能依附于语法、话语层面、语音或者含义。当我说“她不是高——她是非常高”时，我并不否认她高，因为这由我的断言所*蕴含*，即，她很高（“很高”蕴含“高”）；我否认的是话语“她高”的含义，即，“级差”含义*她只是高或只不过一般地高*。正如荷恩还指出的那样，相关于其他算子，存在同样类型的元语言用法。在所有这样的用法中，处于逻辑算子辖域内的东西与简单话语表达的命题并*不*相同。

辖域原则要能够奏效，我们必须假定逻辑算子不是元语言地使用的。我们必须假定同一性。但是，我们如何知道同一性何时成立、何时不成立？我们不得不比较简单话语的所言与复杂话语的所言，以弄清在复杂话语中处于否定辖域内的命题（例如，被否定的命题）与简单话语表达的命题相契合。可是，这假定我们知道简单话语与复杂话语两者的所言。既然必须利用我们涉及这些话语内容的直觉，以便运用辖域原则，而辖域原则预设可获及性假设——在意识上可以获及语义内容。我推断，较之辖域原则，可获及性原则是一条更加根本的标准。

# II.2 指称性 / 归属性区分

第15章

## 有定描述语的指称性用法

### 15.1 导言

在过去20年里，关于有定描述语指称性与归属性这两种用法之区分，发表了数十篇论文。我认为，为何是这样有三个主要原因：

（1）这个区分不是一个理论构造物；这个区分对应于某个真正的现象——在“The *F* 是 *G*”句子中的有定描述语“the *F*”确实存在两种不同的“读解”。正是继唐纳伦最初论文之后的争鸣提供了某种证据，证明我们的确具有关于指称性 / 归属性区分的直觉；争鸣围绕如何阐释这些直觉，而不是围绕是否存在这些直觉。支持这一区分之现实性的间接证据也由以下事实提供，即，不同作者独立地做出了这一区分，其中一些作者的哲学背景大相径庭。[1]

（2）有定描述语两种读解之间的差异同指称性表达式与非指称性表达式之间的差异相像。（正如唐纳伦自己所说，用于指称的描述语“仿佛是”作为一个指称性表达式加以使用的描述语。）因此，对指称性表达式语义特征感兴趣的人自然对有定描述语两种用法之间的区分感兴趣。

（3）指称性 / 归属性区分提出了一个有趣的方法论问题，即，在解释表面歧义中，语义学与语用学的分工问题。

读解的多重性何时应当藉由语义歧义本身阐释，何时应当以语用语境的性质阐释？撰写论文论述指称性 / 归属性区分的许多哲学家主要关心这个方法论问题（例如，参见 Kripke，1977）。

在这一章里，我将探讨我刚才列出的三个论题：我们涉及指称性 / 归属性区分的直觉以及解释这些直觉的各种方法；特别是不同语义解释与语用解释之间的论争；

[1] 这个区分追溯到17世纪（Dominicy，1984：124–126）。关于这个区分的历史，参见尼尔（1990：xii-xiii）。

最后，指称性/归属性区分与指称性与非指称性表达式之语义区分的关系。我从唐纳伦自己提供的指称性/归属性区分入手；正如将很快变得显见的那样，本章将阐发的理论在很大程度上是对唐纳伦自己在其著名的论文《指称与有定描述语》(Donnellan, 1966)中简述的观点的详述。

## 15.2 唐纳伦的阐述

唐纳伦关于有定描述语指称性与归属性用法的论述有四个基本成分或特征。对之做出区分将使我能够排除通常提出反对唐纳伦观点的大部分质疑。我想为唐纳伦的阐释做出辩护，并且对之加以详述。正如我们将看到的那样，这些质疑要么集中于唐纳伦理论相对次要的特征（使用"不当的"描述语作为例子），要么依靠错误的方法论假设。

*第一个特征*：唐纳伦理论是我称作"素朴理论"(Recanati, 1989b)的一例——坚持这一理论的包括卡普兰、斯托尔内卡、维特根斯坦、巴万斯与佩里，仅举其中几例。素朴理论认为，当描述语作指称性用法时和当描述语作归属性用法时，"The F 是 G"这个话语的真值条件不同。素朴理论同含义理论形成对照。含义理论认为，在这两种用法中，话语的真值条件相同。两个对立的理论可以概括如下：

- 按照素朴理论，指称性/归属性区分是由"The F 是 G"字面地表达的两种命题之间的区分。基于指称性理解，某个客体被视作 G，话语成真，当且仅当这个客体是 G；根据归属性理解，所言是存在唯一一个既是 F 又是 G 的客体；话语成真，当且仅当存在这样一个客体。
- 按照含义理论，在两种理解中表达了同一个命题，即，存在这样一个 x，从而 x 唯一地是 F 而且 x 是 G 这个普遍性命题。当这个普遍性命题将其同语境隐含（即"会话地隐含"）一个单称命题的相关性归于某个客体 a 是 G 这个效应时，描述语被视作为"指称性地"使用的。基于归属性理解，字面地表达的普遍性命题独立于任何这种语境地隐含的单称命题而具有相关性。据此推论，在与*说话者*藉由话语所意谓的东西（即所交流的信息）相联系、不与*他的词语*的字面意谓相联系这个直截了当的意义上，指称性/归属性区分是"语用的"。

正如我们刚才所看到的那样，素朴理论认为，"The F 是 G"在真值条件上是歧义的。我想强调的唐纳伦理论的*第二个特征*是他的下述观点，即，在唐纳伦没有确切表征的某个意义上，有关的歧义不是"语义的"，而是"语用的"。如果藉由"语义的"，与"语用的"相对，他意谓某种类似"真值条件的"东西，唐纳伦的观点就可能是不相一致的。他在说该歧义性不是语义的时候，意思只是说这不是一种*词汇*歧义或*句法*歧义。唐纳伦认为，尽管在不同语境中可用以表达不同命题，这个句子类型并非语法地歧义的。

*第三个特征*是唐纳伦系统使用那些例子，在这些例子中，说话者“心里所想的”并且旨在指称的东西与描述语实际指表的东西存在差异。让我们将在使用中具有这种差异之特点的描述语称作“不当的”。有定描述语的不当使用在唐纳伦的讨论中起着十分重要的作用；在他看来，描述语指称性用法最为典型的例子*是*不当用法。

*第四个特征*是唐纳伦坚持我所称的“主观指称观”。假定在话语“The F 是 G”中的有定描述语“the F”用于指称某个客体 *a*。说话者就 *a* 做出断言，大意是 *a* 是 G；用罗素和卡普兰的术语说，说话者传达一个包含该客体及其作为 G 的性质的单称命题。出现的问题是，究竟这个单称命题是字面地表达的（素朴理论）还是仅仅传达的（含义理论）。但是，还存在另外一个问题，涉及作为单称命题“成分”的客体：这是哪个客体？存在两个候选项：描述语的“语义指称对象”，即，碰巧是 F 的客体，或者是说话者意指的指称对象，即，说话者指称性地使用有定描述语时“心中想到的”客体。当两者不一致时——例如，当说话者误以为 *a* 是 F 并且意在以描述语“the F”指称 *a* 时——问题就出现了，即，所传达的单称命题究竟包括语义指称对象还是说话者意指的指称对象作为成分？唐纳伦对这个问题的回答是，单称命题包括说话者意指的指称对象。这个观点我称作主观指称观。

唐纳伦自己的理论的这第四个特征在该理论中引起了某种张力。唐纳伦既接受主观指称观，又接受素朴理论；这样，对他来说，在实际上 *a* 不是 F 的语境中，说话者说出“The F 是 G”、使用”the F”指称 *a* 时，就字面地言说 *a* 是 G，或者，更确切地说，关于 *a* 言说了它是 G。但是，可以*既*接受主观指称观*又*接受素朴理论，这并不显而易见。假若所传达的单称命题包括*说话者*意指的指称对象，而非*语义*指称对象，那个命题如何可能是话语“字面地表达的”命题呢？人们感到不得不说，这只是说话者意在传达的命题。换言之，主观指称观与素朴理论很不相称。

可能感觉会产生张力的另一个方面是唐纳伦坚持不当的用法。在不当用法中，说话者意谓与词语意谓出现偏差。倘若描述语的指称性用法为典型的不当用法，这就支持与素朴理论相对立的含义理论。这是因为含义理论主张，指称性 / 归属性区分同*说话者*藉由话语的意谓（即，交流的信息）相联系，而不是同*其词语*的字面意谓相联系。

由于（第一个特征同第三、四个特征的）这些张力，唐纳伦理论本身被认为在素朴理论与含义理论之间存在歧义。按照素朴理论，“The F 是 G”是歧义的；而按照含义理论，则不是歧义的。唐纳伦谈论“语用歧义”（第二个特征）只不过是他自己在这个问题上含糊其辞的表现，即，表现出他不能确定究竟是赞成歧义论，还是支持语用论。然而，这个结论是错误的。在下文中，我将试图表明，唐纳伦的理论框架可以用来提供一个关于指称性 / 归属性区分的令人满意的理论。为此，我将提供素朴理论的一种形式，将“The F 是 G”的真值条件歧义看作语用的。许多人哀叹，唐纳伦没有明确表征其语用歧义概念。但是，我将使用的语用歧义概念，业已在第 14.4 节得到界定。至于不当用法，我将淡化其在这个理论中的作用；将赋予不当用法以纯粹启发功能；将表明该理论基于语义指称对象与说话者意指的指称对象相同的实例。既然在这种实例中，不会出现哪个客体是所传达单称命题之成分的问题，就没有必要讨论主观指称观。因此，在下文中，唐纳伦理论的最后一个特征就将忽略。

## 15.3 不当用法与真值条件无关性：素朴理论的直觉基础

正如克里普克和唐纳伦所说（Kripke，1977；Donnellan，1978），不当用法的特点是说话者指称与语义指称的背离。克里普克正确地强调，相对于任何类型的指称性表达式，都可能出现同样类型的背离；他提供的一个例子是某人看到琼斯，误以为他是史密斯，使用专名“史密斯”指称琼斯。不管相关于什么类型的表达式，无论是否为指称性的，都确实可能出现同样*类型*的情况。例如，人们可能就某个给定的词的意谓弄错，不当地加以使用。在一般的意义上，不当用法的特点是“说话者意谓”与“语词的意谓”相背离（Grice，1989）；说话者指称与语义指称的背离只是一个具体的实例。

唐纳伦系统地将不恰当的描述语用作例子是令人不快的，因为描述语的不当使用无法提供我们建立素朴理论所需要的那种直觉基础。素朴理论将“所言”视为在作指称性理解与归属性理解时是不同的。但是，通常有两种因素共同作用决定所言，一方面是句子的语义性质，另一方面是说话者的意向。当这两种因素发生背离时，我们对所言就没有清晰的直觉。当我指着琼斯说“史密斯在耙叶子”时，所言是什么呢？除了基于规定的回答，这个问题没有确切明了的答案。有定描述语的不当用法同样如此：在这种实例中，我们关于所言的直觉极不清晰明确，不能期望为素朴理论提供基础。

唐纳伦在其论文中采用了很多这样的不当用法。假如素朴理论的直觉基础由这些不当用法提供，那么，正如埃文斯正确地指出的那样（Evans，1982：322–323），该理论就没有坚实的直觉基础。但是，根据我对唐纳伦的理解，不当用法并不是提供所需基础的东西。让我来解释个中原因。

正如许多人所强调的那样（例如，Loar，1976；Recanati，1981a），唐纳伦在论文中混淆了两种区分。一方面，有定描述语的“鉴别性”（或“诉诸实体性”）用法与“非鉴别性”（或“概括性”）用法之间的区分，这一区分对应于我先前做出的“提供信息性”描述语与“指称确定性”描述语之间的区分（第 6.5 节）；另一方面，存在“说话者指称”与“语义指称”之间的区分。（再次地说，每当后一种区分适用时，即，每当说话者指称与描述语指称相背离时，描述语的使用就是“不当的”。）可是，这两种区分是相互独立的。首先，我们即使集中于描述语的恰当用法，也依然能够发现鉴别性 / 非鉴别性区分；其次，甚至非鉴别性用法也可能是不当的。

正如唐纳伦所例示的那样，尽管典型的指称性用法既是不当的，又是鉴别性的，显然唐纳伦并不意在使指称性 / 归属性区分涵盖下述复杂区分，即，*既是*鉴别性又是不当的用法与*既是*恰当的又是非鉴别性的用法之间的区分。究其原因，他明确承认*恰当*描述语指称性用法的可能性。因此，不当性不能看作指称性的标准。事实上，我认为唐纳伦论文中的重要区分——真正应当称作指称性 / 归属性区分的东西——是鉴别性用法与非鉴别性用法之间的区分。唐纳伦将不当用法引入理论，只是为了强调当描述语用于指称（即,鉴别）时,指称对象的呈现方式——描述语表达的概念——并不内在于所言；他关于尽管描述语是不当的，而所言可能成真这个主张从属于他的主要观点，大意是，指称对象是否符合描述语，这同指称性用法之话语的真值条件无关。因此，克里普克在坚持将唐纳伦的区分简约为说话者指称与语义指称的区分时（Kripke，1977），尤其是言不对题的。

如果我的观点正确，那么，我们关于有定描述语某些用法（与归属性用法对立的指称性用法）的描述内容在真值条件上的无关性这种直觉就为素朴理论提供了基础。我们具有的直觉是:（i）描述语的描述内容不是所言的一部分，不是话语真值条件的一部分;（ii）更加具体地说，真值条件是单一的，只包括描述语的指称。为了引发这些直觉，作为实例的描述语没有必要是不当的；当描述语为恰当的时候，我们具有完全相同的直觉。此外，*有关直觉与诸如大卫·卡普兰等直接指称论者关于指称性表达式所诉诸的直觉完全相同*。因此，卡普兰说，在“我秃顶”中，作为说话者的性质，或者更加普遍地说，作为话语的“施事”是同真值条件无关的，尽管这是由语言标明的,并且帮助鉴别据说是秃顶的那个人。卡普兰关于“场合意义”与“系统意义”、“话语语境”与“评价世界”的核心区分正是基于这个直觉的。由于正是同样的真值条件无关性被认为表征了诸如“当下的说话者秃顶”中描述语的指称性用法，所以，直接指称论者没有理由怀疑素朴理论。按照这个理论，描述语的指称性用法与归属性用法存在真值条件上的差异。

我推断，同经常声称的相反，素朴理论并*不*缺乏充分的直觉基础。主张描述语的指称性用法与归属性用法之间存在真值条件性差异的理论基于与下述理论相同的直觉。这个理论认为，指称性表达式与非指称性表达式（更加确切地说，指称性表达式与非指称性表达式的非指称性用法）之间存在真值条件上的差异。阐述了这一点之后，我转向含义论者用以反对素朴理论的主要论证。

## 15.4　支持含义论的所谓论证

数位哲学家认为，他们可以纯粹*基于方法论理由*表明含义理论较之素朴理论更加可取。我在本节中将提供他们的论证，利用第 13 章中做出的区分，以表明这个论证无效。

该论证从下述前提开始，这个前提如其所是，看来几乎没有争议：

（P）当诸如有定描述语作为主语项出现的句子可用于意谓两个不同的东西时，人们可能试图在两个层面解释意义上的直觉性差异：要么在语义层面，假定两个不同的字面意义，对应于表面上的同一个句子；要么在语用层面，假定会话含义，这个含义在某些语境中同字面所言相结合，从而修订话语的整体意义。

论证的后半部分是格赖斯“改良的奥康姆剃刀”（第13.2节）。根据那条方法论原则，假如可以获得语用解决办法，这个办法比藉由语义歧义的办法更加可取。格赖斯原则是一条理论经济原则，类似于奥康姆剃刀：就像一般的理论实体那样，*除非必要，勿增涵义*。所以，如果可以获得语用解释以说明为何表达式传达了不同于其标准涵义之意义，就没有必要将一个特殊的涵义赋予表达式，以便对其传达不同于标准涵义之意义的用法做出阐释。据此推论，假如能够获得语用解释，语用解释较之藉由语义歧义的解释更加可取。当然，并不总是可以获得语用解释的；但是，当语用解释可以获得时——例如，当可以表明说出表达有关两种意义之一的句子也许使人们能够藉由会话含义传达另一个意义时——那么，这个解释就更加可取。

正如我们所看到的那样，就眼下的情形——指称性/归属性区分——而言，可以获得语用解释。就有关的素材——对“The F是G”的话语可能做出两种理解——含义论按照如下路径阐释：

> “The F是G”话语的所言是无论谁（何物）唯一地是F便是G。当描述语归属性地使用时，这一点无可争辩地如此；但是，当描述语指称性地使用时，情况也是如此。为了阐释我们在指称性使用中的直觉，就必须引入语境因素。假定一个语境，在这个语境中，人们知道$a$是F；在该语境中，“The F是G”在语境中隐含$a$是G。进一步假定“The F是G”所字面地表达的信息（即，无论何人是F就是G）本身不相关，而只是因为这个信息在语境中隐含某种相关的东西，亦即，$a$是G。显然，在这样一个语境中，“The F是G”这句话即使看作为字面地表达普遍命题（即，无论谁是F就是G），也将理解为传达了单称命题$a$是G。这是因为说话者声称传达了某种相关的信息。显然，他的话语获得相关性，仅当其语境含义之一理解为所交流信息的一部分。[1]基于这种阐释，有定描述语的指称性用法只是这样一个实例，在这个实例中，说话者藉由言说the F是G，意谓某个客体$a$是G。说话者不仅交流了字面表达的普遍命题，而且表达了语境中隐含、给予话语以语旨的单称命题。

既然可以做出这个语用解释，据此推论，按照改良的奥康姆剃刀原则，语用解释更加可取。因此，倘若我刚才阐述的方法论论证是正确的，那么，含义理论就赢得了胜利，而素朴理论则败北了。

然而，上述方法论论证显然是不正确的。我接受改良的奥康姆剃刀原则。但是，我并不认为，从改良的奥康姆剃刀可以推论指称性描述语的含义论更加可取。格赖斯原则所隐含的是，含义论作为语用理论，较之藉由语义歧义的阐释更加可取。语义歧义阐释即将两种不同的字面意义归赋给一个句子类型。要得出结论必须拒斥素

1 这里使用的语用学术语借自斯珀伯与威尔逊（1986）。

朴理论，我们就不得不将素朴理论理解为藉由语义歧义做出的阐释。这样的理解在反对素朴理论的哲学文献中随处可见。这方面的典型是萨蒙将素朴论表述为“这个论调，即，包含有定描述语的句子在下述意义上是语义地歧义的：所表达的命题要么是单称的，要么是普遍性的”（Salmon，1982：38）——仿佛是，若不是在语义上歧义的，一个句子就不可能在不同的语境中表达不同的命题。[1] 由于这样地理解素朴论，当诸如唐纳伦这样的素朴论者拒绝句子“The F 是 G”在语义上是歧义的这个论调时，含义论者感到困惑。他们将这个立场看作一定程度上是不一致的。但是，当然，这里存在不一致性，仅当将素朴论理解为藉由语义歧义做出阐释的一种理论。

反对素朴论的论证基于将素朴论错误地认同为我自此往下将称作歧义论的理论。歧义论包括三个论点：

（a）所涉及的*句子*在语义上是歧义的，即，句子具有两个不同的字面意义。

（b）这个句子之*话语*（字面的）真值条件在两个理解中不同。

（c）字面的严格所言在两个理解中不同。

素朴论包含论点（b）和（c），主张当描述语作指称性用法与作归属性用法时，由“The F 是 G”表达的命题是不同的。格赖斯改良的奥康姆剃刀隐含着含义论较之歧义论更加可取；但并不意味着含义论比体现论点（b）和（c）而非论点（a）的弱式歧义论更可取。*正是论点（a）“不必要地增加了涵义”，因而按照格赖斯标准是不受欢迎的*。因此，问题是：坚持（b）和（c），而不坚持（a）可能吗？作为素朴论者而不作为歧义论者可能吗？对于这个问题，我的回答是肯定的。同反对素朴论的哲学文献中通常假定的相反，素朴论者不一定就是歧义论者。正如我们在第 14 章所看到的那样，在构成所言的过程中，有几种语用过程（例如，饱和、充实与迁移）发挥作用；这些过程生成“语用歧义”，亦即，尽管是语用性的（在语境性的意义上）而非语义性的（在将语义与句子意义相联系这个意义上），却影响真值条件的那种形式的“歧义”。藉由语用歧义做出的解释与藉由含义做出的解释一样为语用的；因而并不违背改良的奥康姆剃刀原则；这并没有不必要地增加语言意义。

关于前提（P），我在这一节开头说过，如其所是，这个前提看来几无争议。（P）说，存在两个可能的理论，含义论与歧义论。以其表面加以理解，这几乎没有争议。但是，反对素朴论的论证基于对（P）的一种*特殊*理解——谬误正在于此。根据这种特殊的限定性理解，（P）说*存在*两个可能的理论，*而且只存在两个可能*的理论：含义论和歧义论。基于这样理解的（P），结合改良的奥康姆剃刀原则，确实可以推

[1] 萨蒙在回顾时通过区分“语义上歧义的”之两种涵义为自己做出辩护：普通涵义与“人为的广义”。人为的广义囊括“普通歧义和*指示性*的不同现象两者”（Nathan Salmon，1991：95）。（假若不在*广义上*为语义地歧义的，一个句子当然就不可能在不同的语境中表达不同的命题。）萨蒙声称，在上面的引语中，他在广义上使用了“语义上歧义的”。可是，我发现，大多数像萨蒙那样将素朴论描述为“包括描述的句子是语义上歧义的论调”的作者看来是在*普通*意义上使用了“语义上歧义的”，这一点正如由下述这个极其常见的断言所表明：素朴论假定“英语单词‘the’中存在歧义”（Evans，1982：325）。

论，含义论在可以获得时，是正确的理论。但我不接受基于这种理解的（P）。我认为，存在的理论不只限于歧义论与含义论。因此，含义论尽管比歧义论更加可取，却可能不是正确的理论。

有许多句子尽管在语义上不是歧义的，但仍然在不同的语境中表达不同的命题。诸如“我饿了”这种指示性语句是显见的例子。在语境 C 中，这个句子表达汤姆在时间 *t* 饿了这个命题；在另一个语境 C* 中，该句子将表达比尔在时间 *t'* 饿了的命题。就这种例子而言，论点（b）和（c）成立，而论点（a）不能成立。这所表明的是，需要考虑三个基本层面，而非只是两个层面。其一，存在句子意义的层面。在这个层面，我们只关心句子类型及其语言意义。歧义现象定位于这个层面：歧义句是一个句子类型，语言的语义规约将两个不同的语言意义归赋给这个句子类型。其二，存在通过说出句子（例型）而表达的字面所言这个层面。就指示性语句和其他语境敏感性语句而言，所言依赖于话语语境，而不只依赖于句子类型的语言意义。其三，说出句子所传递的信息层面。所传递的信息可能与所言相同。但是，所传递的信息也可能多于或不同于严格的字面所言。[1]

正如我们在第 13 章中所见，如果一个句子在两个不同的语境或两类不同的语境中可用于传达两个不同的东西，这个不同也许可以用三*种*不同的方法处理，分别对应于三个不同的意义层面。这个不同也许可以看作只是第三层面上表面的语用差异。根据这个观点，随语境变化而变化的是所传递的信息，既不是所言，也不是句子的语言意义。按照含义论，描述语的指称性用法与归属性用法之间的差异就是这样一种表面上的差异；而歧义论将这两种理解上的差异归于最深的层面：歧义论将之看作句子类型两种涵义之间的差异。作限制性理解的原则（P）表明，这些是仅有的两个可能性。但是，还有第三个可能性：*将这个差异归于第二个层面，将之看作字面地表达的命题之间的差异，而又不将这个差异根植于第一层面真正的歧义之中*。这相当于将两种理解之间的这个差异理解为一种形式的语用歧义，这个歧义由在构成所言中发挥作用的某种语用过程生成。它是这样一种形式的素朴论，免受格赖斯方法论原则制约。这种形式的素朴论正是我在这一章想要提出的。

## 15.5 不确定论

我既然主张句子“The F 是 G”没有歧义，而在不同的语境中表达不同的命题，

[1] 为了例示这三个层面，考虑一下“这里很冷”这个句子。句子类型具有某个意义。但这个意义不是充分确定的命题。正如福格森所说，句子意义是某个可确定的东西；相形之下，话语意义——所言——是确定的（Forguson，1973：163–164）。从句子可确定的意义到话语确定的意义，理解者必须依靠话语语境。根据语境，“这里很冷”的句子或者表达馅饼在时间 *t* 凉了的命题，或者表达房间里的温度在时间 *t'* 低的命题，或者表达属于句子语义潜势的无论什么命题。话语确定的意义尽管依赖于语境，却是字面意义，这意思是说，这个意义只不过是一种充实，对句子可确定意义的确定。但是，话语也可能传达某个意义，不同于只是句子意义的确定。例如，通过说房间里冷，说话者可能隐含听话者应当关上窗户。这个含义是话语传递信息的一部分，但不是话语（字面）意义的一部分，更不是句子类型语言意义的一部分。

就必须说明这个句子的恒定意义是什么。这个意义必须具有这样一种性质，即能够解释这个句子如何能够在某些语境中表达普遍命题，而在其他语境中则表达单称命题。在这一节里，我将提供在以前阐述这个论题的一篇论文中提出的方案（Recanati, 1989b），这个方案我现在称作“不确定论”。在第 15.6 节，我将提供另外一个方案，这是我现在偏爱的方案。

在本书最初的两章中，我说道，句子意义部分地在于指明句子表达成真命题之条件。这些条件不应当混同于话语的真值条件，即，话语实际表达的命题成真之条件。句子所指明的是这个句子的任何话语可能表达成真命题的条件——句子的一个话语在世界 *w* 表达相对于 *w* 成真之命题而必须在 *w* 满足的条件。这些条件在语境变化中是不变的，而话语表达的命题及其真值条件一般都依赖于语境。

让我们举个例子。藉由其意义，“我是法国人”这个句子表明：对于这个句子的每个例型 *t*，*t* 表达一个成真的命题，当且仅当有一个人说出 *t*，这个人（在说话时间）是法国人。让我们假定实际说出了这个句子的例型 T。藉由知道句子的意义，我们自动地知道我将称作 T *之外在的真值条件*的东西——即使我们不知道话语语境是什么样的。“我是法国人”的例型 T 表达一个成真的命题，*当且仅当某人说出 T，而且他或她（在说话时刻）是法国人*。条件句右侧的斜体部分表述了我称作话语外在真值条件的内容，即“外在地”相关于话语的命题——或者简称为外在命题。

外在命题不同于 T 表达的命题。我们如果从语境中抽象出来，仅仅依靠 T 的语言意义，就无法说表达了哪个命题。确实，没有语境，就不能表达任何命题：所表达的命题实质上是语境依赖性的。一旦考虑到语境，结果证明 T 表达诸如吉斯卡尔·德斯坦（我们可能假定他说出了 T）是法国人这个命题——这个命题可以描述为吉斯卡尔·德斯坦是法国人的那组世界。现在，考虑一下相关于 T 的外在命题：如我所说，我们不需要知道话语语境就能鉴别这个命题。藉由其语言意义本身，T 告诉我们必须满足哪些条件，以使之表达一个成真的命题；T 告诉我们它表达一个成真的命题，当且仅当有某个 *x* 说出 T 而且（在说话时）是法国人。外在命题只是：有这样一个 *x*，*x* 说出 T，*x* 是法国人。

所表达的命题与相关于话语的外在命题之间的区分使人想起了斯托尔内卡在所表达的命题与“对角线命题”之间做出的区分。[1] 斯托尔内卡将相关于话语 E 的对角线命题定义为具有下述性质的命题：对于任何世界 *w*，该命题在 *w* 成真，当且仅当在 *w* 中说出 E 表达相对于 *w* 成真的命题（Stalnaker，1978：318）。假如我们决定忽略句子意义与其实际意义不同的那些世界，我所说的外在命题可以等同于斯托尔内卡的对角线命题。人们可以很容易地核查与 T 相关联的外在命题（即，有这样一个 *x*，*x* 说出 T，*x* 是法国人这个命题）是相对于世界 *w*（这个世界语言上类似于我们的世界）成真的命题，当且仅当 T 所表达的命题在 *w* 相对于 *w* 成真。

就“永恒句”而言，所表达的命题与外在命题是同一的。正如我刚才所说，外

1　佩里也做了类似的区分，他有时谈论“创造的命题”，有时谈论“纯真值条件”或“非累增性真值条件”——这两个说法所意谓的同我的“外在命题”非常接近。例如，参见佩里（1988：7–8）。

在命题是相对于在语言上类似于我们世界的任何世界 $w$ 而成真的命题，当且仅当话语出现在 $w$ 时，所表达的命题相对于 $w$ 成真。然而，无论话语在哪个世界出现（只要有关世界在语言上与我们的世界相似），永恒句都表达相同的命题。据此推论，与永恒句相关联的永恒命题成真，当且仅当那个句子表达的命题成真。因此，所表达的命题与永恒命题重合。但是，如果句子是语境敏感性的，所表达的命题与永恒命题之间就存在差异。例如，与 T 相关联的永恒命题显然同 T 实际表达的命题不同。前者可以描述为某人说出 T，而且说话者是法国人的一组世界；而后者则可以描述为吉斯卡尔·德斯坦是法国人的那组世界。显然，存在许多那样的可能世界，在这些世界中，吉斯卡尔·德斯坦是法国人，但却没有法国人说出 T；或者在那些世界中，说出 T 的是法国人，而吉斯卡尔·德斯坦却不是法国人。

就语境敏感性句子而言，由于所表达的命题与外在命题之间存在这个差异，我们不必为"'The F 是 G'的意义是什么？"而困惑。我们也许可以接受含义论者的观点，即，这个句子的意义是一个普遍命题或者包括一个普遍命题，即，存在一个唯一的 F、这个 F 是 G；并且坚持，同含义论者所认为的相反，这个命题不是所表达的命题，而只是外在命题。

如果我们假定，在第一层面，"The F 是 G"外在地表达（普遍）命题*存在一个唯一的F、这个F是G*，就容易解释为什么在第二层面这个句子可以或者表达普遍命题，或者表达单称命题。我在论文《指称性 / 归属性》（Recanati, 1989b）中做出了下述阐释，这个阐释使人想起卡普兰（1978：233）与斯托尔内卡（1970：285）的论述。外在命题整体上指明话语表达成真命题之条件，但却不告诉我们这些条件中哪些条件是语境条件，即，句子表达确定命题必须在语境中满足的条件；以及哪些是真值条件本身，即，所表达命题成真必须满足的条件。（例如，就"我是法国人"而言，存在一个人 $x$，这个人说出 T，这些是语境条件；这个人是法国人，则是真值条件。）与"The F 是 G"相关联的外在命题告诉我们，话语表达成真的命题，当且仅当存在这样一个 $x$，$x$ 是唯一的 F，而且 $x$ 是 G；但却没有告诉我们存在这样一个 $x$、$x$ 唯一地是 F 是否为语境条件或者是真值条件本身。据此推论，按照语境，存在两种可能的理解：在一种语境中，存在这样一个 $x$、$x$ 唯一地是 F 这个条件将理解为语境条件，所表达的命题将是一个单称命题，这个命题成真，当且仅当 $a$（满足语境条件的客体）是 G。在另一种语境中，存在这样一个 $x$、$x$ 唯一地是 F 这个条件将被看作完备的真值条件，这句话将表达普遍命题，即，存在这样一个 $x$、$x$ 唯一地是 F、$x$ 是 G。

综上，让我指明在这个理论框架中，如何在语义上区分用作指称的描述语与指称性表达式。假如吉斯卡尔·德斯坦说"本说话者是法国人"，指称性地使用描述语。他原本也可以说"我是法国人"。按照不确定论，两个话语都表达单称命题吉斯卡尔·德斯坦是法国人。因此，两者的差异不能定位于所言层面，因为两个话语的所言都是*吉斯卡尔·德斯坦是法国人*。显然，这个差异也不能定位于句子意义层面，因为在这个层面，每个话语都指明话语表达成真的命题，当且仅当存在这样一个 $x$、$x$ 正说出这句话、*x* 是法国人。那么，不确定论如何阐释这两个句子之间的语义差异呢？

解决这个问题的办法很简单。我们必须允许（确实，我们业已允许）句子意义*不仅*限于只是指明这个句子的话语表达成真命题的条件。再来看一下“我是法国人”这个句子的话语 T。藉由其语言意义，T 指明，当且仅当某人说出 T、并且是法国人时，T 才能成真；但是，这样的指明并不是 T 之语言意义的全部。*T 还指明，第一个条件（即：存在一个说出 T 的 x）是一个语境条件，而不是真值条件本身。*这一点是通过作为指称性表达式的代词“我”指明的。正是这样的指明造成了“我是法国人”与“本说话者是法国人”之间的差异。

指称性表达式具有以下性质：其意义包括一个特殊的特征，我称之为“REF”。藉由这个性质，这些表达式表示存在一个客体，即表达式的指称对象，从而指称性表达式出现在其主语位置上的话语成真，当且仅当这个客体符合谓词的描述。因此，指称性表达式表示，这些表达式出现其中的话语表达单称命题，指称性表达式的指称对象作为命题的一个成分。例如，在 T 中的“我”表示，存在这样一个 x，从而 T 成真，当且仅当 x 是法国人。在大多数情形下，也许在所有情形下，指称性表达式的意义还包括“呈现方式”，即，表达式指称对象必须满足的描述性条件（就“我”而言，这个描述性条件是：作为说话者）；但是，REF 的效应是将这个条件呈现为只是一个语境条件，外在于所表达的命题。与指称性表达式相关联的呈现方式使某个客体能够在语境中得到鉴别，而且话语呈现为成真的，当且仅当这个客体具有句中谓词所表达的性质。因此，藉由其语言意义，指称性表达式出现其中的话语不仅指明它表达成真命题的条件，而且指明哪个条件是语境条件，哪个条件是真值条件本身。由于进一步指明了这一点，以不确定性为特点并且藉此能够做出两种理解的描述-语句并不能转变为包含指称性表达式而非描述语的句子。

## 15.6　提喻论

不确定论提出了下述质疑。根据这个理论，尽管“The F 是 G”这种形式的句子赋予了语言意义，这个意义不能完全规定*话语*的逻辑式——即，句子的话语在语境中表达的那种（单称的或普遍的）命题——但不确定论仍然就“The F 是 G”这种*句子*的逻辑式做出了某种相当具体的阐述：不确定论用以表征这种句子之意义的外在命题本身依循罗素的描述语理论的思路加以分析。可是，在这种罗素式框架中，有定描述语的有些用法实难处理。有鉴于此，假如我们关于指称性 / 归属性区分的阐释并不使我们在外在命题层面信奉罗素理论，那就会更加可取。

我想到的描述语的用法是巴万斯与佩里（1983：158–159）称作“函数性的”用法。描述语函数性用法的例子包括“总统每四年一换”或者“温度在上升”。当我说出“总统每四年一换”这个句子时，我并不是在就语境中可以识别为“总统”的那个人，说*他*每四年一换；我也不是在说*无论谁是总统*都四年一换：相反，我是在就“总统”的函数说，该函数的值每四年一变。这是一种完全不同的用法，难以看出我们如何能够在不确定论的框架中对之加以阐释——作为不确定论基础的罗素语义学不能使人们以任何直截了当的方式阐释函数性用法。[1]既然如此，我将设法为描述语的指称性用法勾勒另外一种阐释，这种阐释（尽管本着同样的精神，却）不像不确定论那样坚持依赖于罗素理论。我将采取的策略如下。我将不采用罗素的描述语理论及其对“The F 是 G”的典型分析，而只是假定描述语“the F”表达描述性概念，即，唯一的 F 之概念。我将坚持最小的而且我希望是相当没有争议的基础，而不对“The F 是 G”完整句子做出分析；尤其是不说唯一的 F 之概念是如何与谓词 G 表达的性质在句子意义层面上相联系的。

那么，怎么从有定描述语表达的描述性概念 the F 达致符合那个概念的客体？在描述语的指称性用法中，该客体成为话语内容的一部分。福科尼耶（985 : 42）建议，从概念到客体的这一步可以理解为转喻迁移的一个具体实例。正如我们在第 14.4 节中所见，转喻迁移使我们能够阐释下述这样的情形，一个客体（例如，要火腿三明治的人）藉由指表另一客体（火腿三明治本身）的表达式指称。既然福科尼耶以实质上非弗雷格的方式，将“角色”——即，有定描述语表达的功能或概念——当作客体，[2]他将转喻阐释扩展至这种实例是相当自然的。但是，我并不想坚持这一特定的路径；假如我们在弗雷格框架中探讨，严格区分概念与客体，那么，福科尼耶的阐述就远不那么自然。不过，我认为，迁移的概念仍然可以使用，尽管不是以福科尼耶偏爱的直接方式采用这个概念。

我提议，我们将描述语的指称性用法看作包含从有定描述语表达的概念到*另一个概念*——用我的术语说，一个涉物概念——而不是直接到客体的转喻（更确切地说，提喻）迁移。我提出，两个概念的关系是包含之关系，即，部分–整体的关系：有定描述语字面地表达的概念是涉物概念内容的一部分。我在第 6—7 章，将涉物概念描述为装有从档案关涉的客体获得（或者关于该客体）的无论什么信息的档案；亦即，该客体是档案从其因果性地产生的客体。作为档案，涉物概念包含许多描述性概念作为其内容的一部分。因此，我关于乔治 · 布什的涉物概念是包含许多像下面这些概念的档案：“有一个叫作巴巴拉的妻子”“曾是里根下面的副总统”，等等。依据是否认为这些概念得到唯一地满足，这样的成分概念或者可能由有定描述语表达，或

---

[1] 在他对罗素的描述语理论的辩护中，斯蒂芬 · 尼尔没有提及函数性用法。这是令人意外的。他的辩护在其他方面很仔细。

[2] 个体与角色两者福科尼耶都称为“要素”。他试图提供统一的“要素”理论，从而降低弗雷格关于概念与客体之区分的重要性。下面这段文章体现了福科尼耶理论体系的非弗雷格特性：“我们至此谈论的要素 [ 即，普通个体 ] 具有确定的身份，但这些个体的其他性质可能发生变化。角色也是要素。但是，这种要素的身份（即，角色值）会发生变化，而一个特定的性质（例如，总统、房子）是固定的；与其他要素相对立，对于这种要素，身份是一个变化的性质。这种观点具有的优点是能够对像*变化*这样的动词做出统一的分析，如果‘X 变化’蕴含 X 的某个性质被添加、丢失或取代，那么，就角色的情形而言，那个性质可能是身份（这正如在‘每次大选总统都会变化’中那样），但就值而言，那将是除身份之外的一个性质（‘在过去的两个月里，里根变化了’）”。（Fauconnier，1985 : 41–42）

者可能由不定描述语表达。因此，“妻子叫作巴巴拉的男人”和“继任里根担任美国总统的男人”两者都表达描述性概念。这些概念是我关于乔治·布什之涉物概念的一部分。我提出，这些描述性概念如果在恰当的语境中激活，就能够唤起该涉物概念。这阐释了描述语的指称性用法，无论描述语是有定的，还是不定的：[1] 通过提喻这个一位语用过程——一种“迁移”——表达一个描述性概念 the F（例如，*该总统*），就激活了包含这个描述性概念的涉物概念（例如，我关于乔治·布什的概念）。这个过程正是格赖斯在他自己关于指称性 / 归属性区分所做的非常相似的阐释中所描述的（Grice，1969：141–144）：

> 对于例（1）[= 归属性用法] 与例（2）[= 指称性用法] 类型之间差异的概括性图式阐释也许可以按如下方式进行。让我们说 *X* 具有关于有定描述语 δ 的一个档案，如果存在一组包括 δ 的有定描述语，*X* 假定这组描述语的所有成员……由同一个事物满足。与类型（1）的实例不同，在类型（2）的实例中，说话者意在使听话者（通过认识意在他这样）认为，(a) 说话者拥有他使用的有定描述语 δ 的档案；(b) 说话者从其档案中选择 δ，至少部分地希望听话者拥有 δ 的档案，这个档案与说话者的 δ 档案“重合”（亦即，与说话者的档案共有实质性的，或者在某方面特别偏爱的子集）。（Grice，1969：141–142）

从描述性概念到涉物概念的转变仅仅提供了我们理论的前半部分。后半部分涉及从涉物概念到客体的这一步；该客体出现在由包含指称性用法的描述语的话语所表达的命题中。这后半部分理论由我前面对涉物概念的表征提供（第6章）。

涉物概念的根本性质之一是其内容的真值条件无关性。我说这个的意思是，档案包含无论什么样的描述性材料，包括涉物概念的思想（亦即，包含有关信息档案的一个“指示器”“标签”“称呼”的思想）表征单个事态，档案因果性地从之产生的客体作为思想的成分。正如我在第7章结尾说过的那样，涉物概念出现其中的思想被认为表征指称本身，不依赖指称满足用于思考指称的概念本身。因此，尽管我的乔治·布什概念包括“有个叫作巴巴拉的妻子”这个性质，但无论他是否有一个叫作巴巴拉的妻子，我关于乔治·布什是总统的思想成真，当且仅当*他*是总统。藉由这个真值条件无关性的性质，这个性质我们或许也可以称作“自我排除”，涉物概念指向思想之外的某种现实；涉物概念是思想的那些成分，这些成分赋予思想以意向性之典型特征。尽管这样，涉物概念的真值条件无关性具有以下后果：被认为表达说话者关于客体的涉物思想的话语必然理解为表征单个事态，并且以该客体作为一个成分。那样，我们就阐释了下述事实，即，带有用于指称的有定描述语的话语表达一个单称命题，该命题以描述语的指称，而非描述语所表达的描述性概念，作为成分。

[1] 关于不定描述语的指称性用法，参见查斯顿（1975：206–214）；里德（1978）；威尔逊（1978）；斯蒂克（1983）；以及福科尼耶（1985）。

综上所述，我来概括一下当说话者指称性地使用有定描述语时，涉物交流的运行方式。说话者抱有一个以涉物概念 R 作为成分的思想。他说出一个描述语 δ，表达属于 R 之内容的描述性概念，期望听话者将认识到，有关描述性概念代表某个关于 δ 之指称对象更具包容性的涉物概念。听话者无须鉴别（更不必说持有）说话者拥有的特定的涉物概念。对于他而言，理解话语只在于：（i）认识到说话者表达了一个涉物思想，亦即，表征单个事态的思想；（ii）鉴别有关的事态。不过，鉴别这单个的事态包括鉴别作为事态成分的客体（即，描述语的指称对象），这转而包括听话者一方形成关于该客体的涉物思想。正如埃文斯（1982）所说，听话者必须沿如下思路做出某种思考："*那个客体是 G*。这是说话者所说的"。然而，任何旧有的鉴别方式对于听话者一方均无效。必须满足一个限制：就像说话者关于客体的涉物概念那样，听话者的涉物概念必须包括描述语作为涉物概念内容一部分而表达的描述性概念。

将特定类型的涉物交流——采用非指称性表达式进行的涉物交流——与我们讨论过的其他类型（即，使用指称性表达式）进行的涉物交流进行比较，这是颇有启迪意义的。像描述语那样，诸如指示语或者甚至专名这样的指称性表达式具有描述意义，亦即，具有我称之为其指称的"语言呈现方式"。与有定描述语的差异在于，指称性表达式还传达了 REF 的特征，作为其意义的一部分。REF 迫使听话者将话语理解为表征单个的事态，以指称性表达式的指称作为一个成分。正像在用于指称的描述语的情形中那样，理解话语需要鉴别有关的客体，从而形成关于客体的涉物思想。于是，在听话者这边，REF 可以看作引发了从描述性概念到涉物概念的提喻迁移过程。假如使用了描述语而非指称性表达式，这个过程就是任选性的，取决于语境，而不是由语言触发的过程。

我刚才的论述对我在第 4 章相关于一般的指称性表达式、尤其是相关于指示语所做的两种呈现方式的区分，具有某些启发。这两种呈现方式即语言呈现方式与心理呈现方式（即，出现在与话语相关联的思想中的概念）。为了表明这些呈现方式是不同的，我指出了语言呈现方式是*描述性*概念，诸如"说话者"或"受话者"，而心理呈现方式是涉物概念，比如像*自我*这样的自我中心概念。我用几节的篇幅论述了两种呈现方式的关系。现在，我相信，情况明朗了许多。语言呈现方式是作为其语言意义一部分而与指称性表达式相关联的描述性概念*该 F*（或一个 *F*）。这个描述性概念是涉物概念的一部分；说话者与听话者分别以这个涉物概念思考指称性表达的的指称。因此，说话者以自我中心概念*自我*思考自己，这个自我中心概念包括描述性概念"这个话语的说出者"作为其内容的一部分（即，说话者意识到作为说出话语的人）。听话者也以涉物概念思考说话者，比方说，**那个人**，这也包括描述性概念"这个话语的说出者"作为成分（即，听话者就指示性地鉴别的说话者相信，他是说话者）。从听话者和说话者双方的视角看，将构成语言呈现方式的描述性概念包括在构成心理呈现方式的涉物概念之中，就使语言呈现方式能够代表心理呈现方式。用于指称的描述语也是这样：语言地表达的描述性概念是涉物概念内容的一部分，说话者与听话者以涉物概念思考描述语的指称。正是这个使得从描述性概念到涉物概念的提喻迁移成为可能。指称性表达式与描述语相对立的特点是，由于 REF 特征，人们*必须*超乎描述性概念。藉由标明描述性内容的真值条件无关性，从而标明话语表达之思想的涉物性质，REF 规定了从描述性的语言呈现方式迈出向非描述性的心理呈现方式这一步。相反，如果使用了诸如描述语这种非指称性表达式，描述性内容的真值条件无关性仅由下述语境假定施加，即，说话者表达关于描述语之指称的涉物思想，并且意在被认识到表达这一思想。

# 第16章 指示语的描述性用法

## 16.1 导言

正如我在第15章所说，描述语尽管可*用于*指称，但却不是指称性表达式。描述语的指称性用法是事实，而指示词语、指示语与专名则在语言上“标记”为指称性的。这是“类型指称性”与仅仅“例型指称性”之间的差异。类型指称性表达式只能用于指称，表达单称命题，而非类型指称性表达式则依据话语语境，既可以用于指称，又可以不用于指称。

杰夫·农贝格在最近的论文《理解中的指示语与描述语》中，对我一直论辩的观点概括如下：“[用于指称的]描述语与指示语的区分归结为语义学与语用学之间的区分”（Nunberg，1991：6）。他提供了他认为是对所述观点的决定性反例，即，*用于描述的*指示语的例子。这些例子旨在为针对直接指称论的两点质疑提供依据。其一，认为直接指称论因为蕴含指示语和其他直接指称性表达式只能用于指称，所以做出了错误的预测；其二，表明直接指称论所假定的指称性表达式与诸如描述语这种非指称性表达式之间的非对称性，表明并不存在：指示语与其他“指称性表达式”既可以用于描述（归属性用法）又可以用于指称，同有定描述语完全一样。正如农贝格所推断的，“指示语与描述语可以具有相同类型的理解，根据情况既可以作单称性理解，也可以作普遍性理解”（Nunberg，1991：10）。

农贝格的质疑得到了海量例子的佐证；依我看，这些例子是直接指称论遇到的最严峻的挑战。在这一章里，我将论述这些例子，从而表明适当加以弱化并且以那种正确的语用分析予以补充，直接指称论甚至*能够*处理农贝格提到的最具挑战性的实例。

## 16.2 农贝格的反例：理解中的涉物概念

让我们首先考虑以下这些例子：

（1）假定吉姆向梅拉妮自我介绍说：“你好，我是吉姆”……梅拉妮获得的信息和吉姆意在传递的信息不是吉姆是吉姆，而是*正在对梅拉妮说话的人*是吉姆。（Barwise & Perry，1983：200；强调体为我所加）。

（2）我有一次给我一位在家的同事打电话，当时他正等他母亲的电话。听到我的声音他很惊讶："哦，我以为你是我妈呢。"……显然，我的同事并不就我持有一个涉物信念，即我是他母亲；你的场合意义可以意译为*"打电话的人"*（Nunberg，1990：38）

（3）在电影《危险年代》中，梅尔·吉布森扮演苏加诺时期印度尼西亚的一位记者，这位记者正在寻找运给当地共产党人的一批武器；这些共产党人若发现他在找他们的麻烦就会杀了他。他在采访一位仓库管理员。这位仓库管理员告诉他说："我没有看到运送的这些武器。你得小心点；我也许是一位共产党人"……我的场合意义……是*"你向其问这些问题的人（无论那可能是谁）"*。（同上）

农贝格针对诸如这样的例子提出两点主张。其一，他指出，理解这些话语涉及概念而非客体。每个例子中的代词代表某个概念。其二，农贝格认为，有关的概念是描述性概念——例如，"正在说话的人"的概念。（用农贝格自己的术语来说，代词提供一个"性质"。）我接受第一点主张，但拒绝第二点主张。在我看来，同农贝格的建议相反，在（1）—（3）的每个例子中都包含涉物概念；或者至少，在思想中包含一个涉物概念，而思考这个思想构成听话者对话语的理解。

在（1）中，说话者意在让听话者梅拉妮思考（提供信息的）思想，即，"*那个人是吉姆*"（而不是不提供信息的思想"吉姆是吉姆"）。在有关的思想中，所出现的是涉物概念，亦即，梅拉妮以之思考正在对她说话的那个人的概念。梅拉妮对"我是吉姆"的理解在于她将"是吉姆"的信息填入该涉物概念。所说的这个概念尽管*包括*描述性概念"正在说话的那个人"（以及梅拉妮思考正在对她说话的那个人所符合的许多其他概念），但却与描述性概念"正在说话的那个人"不是同一个概念。

说出（3）的人也意在使听话者以特定类型的涉物概念思考指称对象。这个涉物概念大概是基于记者与其采访的那个人当前感知关系的指示概念，这个指示概念包含诸如"是仓库管理员""长着大鼻子""正在接受我的采访""能够为我提供最近武器运输的有用信息"这样的信息。当这个人说"我可能曾是一个共产党人"，听话者对这句的理解在于抱有下述思想："*这个人*可能曾是一个共产党人"。意在使听话者思考这个思想，亦即，让他认识到他关涉所说的这个人的涉物概念（他的档案）可能曾有一个共产党人作为指称对象。

例（2）的情形更加复杂，因为在这个实例中，包括两个涉物概念，这一次是在说话者这边。让我们考虑一下说话者在叙述的心理事件。说话者叙述其信念的变化。在意识到农贝格给他打电话之前，他以为是他母亲打的电话。这个信念变化可以解释如下。当电话铃响起时，比方说在 $t_1$，"打电话的人"这个档案就打开了，这个档案包含试探性信息"是我的母亲"（基于说话者的期望）；在 $t_2$，在听到打电话者的声音之后，"是农贝格"的信息就替代了"是我母亲"的信息。注意，"农贝格"和"我母亲"两者都是百科词条，因而皆为涉物概念。说"打这个电话的人"这个涉物概念包含“是农贝格”的信息,就是说它包含“农贝格”这个涉物概念作为成分。这样，我的建议如下：在例（2）中，代词“你”直接表达了说话者关于农贝格的涉物概念（即，说话者以之思考受话者的涉物概念），并且间接表达了“打这个电话的人”的涉物概念，后一个涉物概念包括前一个涉物概念。[1]正是后一个涉物概念在下述意义上进入到话语的理解之中，[2]即，说话者意在让听话者将这个概念辨认为是由代词“你”所表达的。

既然出现在理解中的概念是涉物概念，而非描述性概念，我将不把指示语的这些用法看作真正地描述性的。不过，人们必须对以下事实做出阐释，即，是概念而不是（或者不仅仅是）客体进入到理解之中。面对这些例子的直接指称论者具有的一个可能性在于*否认*有关的概念是话语理解的一部分，即否认是其语义内容的一部分。因此，巴万斯与佩里在理解与信息之间做出区分；话语的理解是话语所表达的命题，但是，从话语获得的信息并不一定存在于所表达的命题中。按照巴万斯与佩里的观点，将诸如（1）这样的例子看作直接指称论的反例，就会犯“误置信息的谬误”。究其原因，“我是吉姆”与“吉姆是吉姆”尽管不向听话者传递相同的信息，却很可能表达相同的单称命题。

我同意巴万斯与佩里的观点，即，话语传递的信息比起所表达之命题所包含的信息要多得多——例如，话语“我是吉姆”可能传递说话者英语讲得很流利的信息。像巴万斯和佩里那样，我也认为，诸如上述（1）—（3）这种例子并不对直接指称论构成威胁：至少就（1）和（3）而言，可以认为，话语表达单称命题，并且以指称作为一个成分。[3]但是，我认为，这些例子与强式直接指称论极不相符。按照强式指称论，包含指称性表达式的话语之语义内容（理解）不外乎单称命题。这是因为在我看来，（1）—（3）中包含的呈现方式实际上是*理解*之一部分，即为这些话语之*语义内容*的一部分。这些呈现方式不只是这些话语传递的“信息”之若干方面。[4]

按照强式直接指称论，包括指称性表达式之话语的语义内容不外乎单称命题。这种强式直接指称论在第 3 章受到了批判。我在第 3.4 节指出，甚至当有关话语包括指称性表达式时，呈现方式也是语义内容的真正成分。因此，我提到了洛尔的“股票经纪人”的例子。在这个例子中，尽管使用了直接指称性表达式，但呈现方式“对于正在交流的信息至关重要”（Loar，1976：357）。这与关于包含指称性表达式的话语表达一个单称命题的观点是一致的，因为与指称性表达式相关联的呈现方式与真值条件无关，而所表达的命题则基于真值条件得到个体化。因此，“他是股票经纪人”

[1] 注意，这里包括*双重*迁移：从“你”（这个话语的受话者）规约性地表达的语言呈现方式到将之作为成分而包括的涉物概念（“农贝格”）的迁移；从这个涉物概念到包括它的另一个涉物概念（“打这个电话的人”）的迁移。第一个迁移由说话者关于农贝格是受话者这个信念许可；第二个迁移由说话者关于打这个电话的是农贝格这个信念许可。下面将对这个复杂的例子做进一步的论述。

[2] 下面将对此加以限定。

[3]（2）的情形更加复杂，因为（2）是一个信念转述。关于信念转述的恰当分析，参见第 18—20 章。

[4] 巴万斯与佩里针对像（1）这样的例子谈论“颠倒理解”时，实质上阐述了这个观点。

（洛尔的例子）这句话将其真值条件呈现为单称性的，因而表达一个以“他”的指称作为成分的单称命题，尽管有关的指称对象必须以特定的呈现方式思考，以使话语得到正确理解（即，按照说话者的意向理解）。按照这个观点，指称性话语之语义内容包括所表达的单称命题，*加上*对于正在交流的信息至关重要的无论什么（与真值条件无关的）呈现方式。在大多数情形下，在语义内容的层面上，呈现方式在很大程度上没有得到确定：只是要求以某种涉物呈现方式思考指称，该涉物呈现方式包括语言呈现方式作为成分。但在某些情形下，正如我在第3.4节中指出的那样，在语境中很清楚，意在让听话者以具体方式思考指称。

我想农贝格甚至可能连我刚才提出的弱式直接指称论都不会接受。按照这一弱式直接指称论，包含指称性表达式的话语之语义内容包括一个单称命题加上某种呈现方式。农贝格否认（2）和（3）表达单称命题，大意是说，*麦克斯*（仓库管理员）也许是共产党人，或者农贝格的同事以为*农贝格*是他的母亲。我们来考虑一下他做出这一否认所基于的直觉，并努力对这种直觉做出解释。

就（2）而言，我认为农贝格在某种程度上是正确的，尽管我坚持这个例子和其他例子一样包含涉物概念。（2）报告的思想事件是说话者在听到电话铃响时想“这肯定是我母亲”。不过，可以认为，“这肯定是我母亲”的思想不是关于实际打电话的农贝格的涉物思想，而是关于“打那个电话的人”的描述性思想（同时还是关于来电话的涉物思想）。我能接受到这个程度。然而，有关的描述性内容“几乎”是一个涉物概念：这是一个*试探性的*涉物概念，类似于下述这些概念，即与诸如“乌利尤斯”（第10.4节）相关联的“描述性名字”的概念，或者与希弗的巨大脚印例子中的那种“描述性指示语”相关联的概念以及与洛尔之史密斯的谋杀者指示变体相关联的概念。[1] 正如我们（在第6—7章中）所看到的那样，涉物概念是信息档案；信息档案包含在（2）转述的思想事件之中，亦即，在 $t_1$ 当电话铃响起时打开的档案“打电话的人”。该档案在 $t_1$ 仍然是空的（尽管说话者期望很快就会用诸如“是我母亲”这样的信息填充）；这就是为何它只是一个“试探性的”涉物概念。但是这个档案一经填入了信息，就成为真正的涉物概念。从在说出（2）时的说话者的角度看，他在说出“你”时所间接地表达的有关概念，是一个真正的涉物概念。

结果证明，在例（2）中，四个不同的概念与“你”这个词相关联：（i）“你”规约性地表达的描述性概念“对之说出这句话的人”；（ii）包括（i）作为成分的涉物概念“农贝格”；（iii）包括（ii）作为成分的涉物概念“打这个电话的人”；最后（iv），作为（iii）之始祖的尝试性涉物概念“打这个电话的人”，在 $t_1$ 出现在说话者的思想中。正是这后边这个尝试性涉物概念说话者在（2）中归赋（给他先前的自己）。例（2）的奇特之处在于下述事实，即，用将在第20章中引介的术语说，说话者“动用”完备的涉物概念“打这个电话的人”（这个概念包括“是农贝格”的信息），以便“归赋”包括该概念此前阶段的思想。

我将在后面（第17—20章）探讨诸如（2）这样的信念句引起的特殊问题。让我

[1] 关于这些例子，参见第10.4节和第二编导言，注1。

们转向例（3），这个例子疑问要少些。农贝格坚持认为，“仓库保管员使用我这个词……提供了一个性质，而非个体；他不是就他自己说，他曾可能是共产党人”（Nunberg，1991：17）。但为什么假定保管员不是说他自己曾可能是一位共产党人？当然，他不是就他自己说，存在一个形而上的可能世界，在这个世界上，他可能是共产党人。这显然不是意指的理解。正如农贝格正确指出的那样（1990：38），“仓库保管员本人是否可能曾是共产党人（比方说，他的成长过程完全不同），显然同会话目的无关”。但是，为什么不接受他是在说他自己在某些*认识上*可能的世界里是共产党人呢？[1]从而这句话可以意译如下：“在同你对我的了解相容的某些世界里，我是一个共产党人”，或者更加简单地说：“就你所知，我可能是共产党人”。我看毫无理由坚持认为，仓库管理员这里不在指称自己。农贝格合理地做出的关于“我可能曾是共产党人”两种理解之间的区分——相关的一种理解与显然不恰当的那种理解——是对谓词两种理解的区分（该谓词可能或者表达形而上的可能性或者表达认识上的可能性），而*不是*关于主词两种理解（指称性与归属性）之间的区分。因此，我坚持认为，这个例子中表达了单称命题，麦克斯作为命题成分。结果，听话者持有（并且意在他持有）一个类单称命题，以一个涉物概念作为其成分：“就我所知，*那个人*可能曾是共产党人”。

## 16.3 其他所谓的反例

让我们转向农贝格提到的一种稍微不同的反例：

> （4）例如，我们在看到路旁的标牌上写道**你即将进入贝德福德瀑布**时，我们将你的例型理解为等同于“*在某些假定的条件下看到这个的无论是谁*”这个形式的描述语。（Nunberg，1991：18）

农贝格断然否认这句话表达一个以受话者作为成分的单称命题。他做出这种否认的一个理由是，说话者若不知道指称对象（不亲知受话者），甚至就不能领会那个单称命题。[2]但是，正如埃文斯所指出的那样，这根本构不成一个质疑。说话者即使不能领会一个单称命题，但仍然可能表达那个命题：决定是否表达了一个单称命题，至关重要的是*理解话语所需要的东西*（Evans，1982）。就眼下讨论的实例而言，受话者必须理解*自己*即将进入贝德福德瀑布；因此，他必须（藉由抱有一个类单称第一人称思想）领会一个单称命题。

当然，并非每个看到这个标牌的人都是受话者。正如农贝格所说，“这个实例中的你之系统意义不只简单地是‘读这个标牌的人’，而仅指在*恰当环境下*看到这个例型的人——亦即，从路上接近标牌、视力正常的人。这个代词不指称某个扭头看着

1 感谢保罗·霍里奇建议以这种方式阐述这个例子。

2 参见农贝格（1990：33）。

出城之路的人，不指称某个从恰好在市界外自家窗口看到那个标牌的人，也不指称某个在遥远的山上通过望远镜瞥见该标牌的人”（Nunberg，1990：28）。）因此，看到标牌的人必须首先确定他是否符合使其成为受话者的条件。但*这些条件并不是所表达命题的一部分*。[1] 用卡普兰的话说，作为受话人的条件“不应当看作所言内容的一部分，而相反应当看作帮助我们理解……话语具有某种内容的语境因素”（Kaplan，1978：228）。这个例子中与代词相关联的描述性概念（“在如此这般的条件下看到这个标牌的无论什么人）由于并不出现在所表达的命题中，而出现在话语理解的另一个层面，所以并不构成直接指称论的反例。出现在所表达命题中的是受话者自己，即，在有关条件下看到标牌的无论什么人。

农贝格的下一类反例看上去更接近于指示语真正的描述性用法：

> （5）假定在鸡尾酒会上，一位纽约人得知受话者来自蒙大拿州后接着说（X）：（X）你们不能理解为什么有人会想要住在大城市里。
>
> 对（X）最合理的理解是，代词提供了一种性质……这个性质由受话者例示——比如说，作为蒙大拿人、西部人、乡下人等等。为了对（X）做出评价，我们考察在所有境况中有这个性质的人，*包括受话人自己来自纽约的那些境况*。（Nunberg，1991：10；强调体为本书作者所加）。

看来在这个实例中，出现在理解中的是描述性概念“作为蒙大拿人”，而非客体，甚至也不是涉物概念。农贝格提供了另一个非常相似的例子，这个例子我已经提到过：当美国人说“我们理解不了欧洲人的世俗权力概念”，“代词*我们*并不‘直接’具体指称事实上作为美国人的2亿5千万人；这句话并没有断言*他们*永远不能理解世俗权力。相反…… 我们通过询问以下情形是否可能成真而对话语做出评价，即，某人作为美国人并且理解世俗权力”（Nunberg, 1990：9）。

注意，这些例子中用的是复数。不过，就诸如“我们”和“你们”这些复数指示语而言，必须对农贝格称作*指号*与*指称对象*的概念做出区分（Nunberg，1990，1991）。指称对象确定为同指号结成某种关系，而指号则是话语语境的一个特征。就“我们”的情形而言，指号是说话者或话语的“施事”，可是，“我们”并不（或者不仅仅）指称说话者：指称对象是包括说话者的*某一组*人，例如，一组吃香肠的人，或者梅拉妮的一组兄弟姐妹，或者一组美国人（或蒙大拿人）。就“你们”的情形而言，指号是受话者，而指称对象同样是包括受话者的一组人。像“我”或“你”这样的单数指示语并不需要这样区分指号与指称对象：“我”的指号（即，话语的施事）也是其指称对象。

这样，农贝格关于他的例子之描述性理解的观点可以重新表述如下。指号（即，涉及“我们”中的说话者，或者就“你们”而言的受话者）不是所表达命题的成分：

[1] 这个情形同语用学文献中经常讨论的情形非常相似：我们看到“摁这儿”时，就明白*无论谁想要进去*，必须摁某个按钮，但这并不能使“想进去的无论什么人”成为所表达命题的一部分。告知*受话者*摁按钮——这句话是对想进去的无论什么人说的。

因为所表达的命题相对于下面这样一个世界会成真，在这样一个世界中，说话者或受话者并不符合谓词的性质，而只要在有关的那个世界中具有所要求之性质的无论什么人符合谓词的性质（作为蒙大拿人或美国人）。这一观点很有道理，但并*不与直接指称论相左*。直接指称论只是提出，*指称对象*是所表达命题的一部分。那么，就“我们”或“你们”而言，指称对象是什么？正如农贝格本人所提出的：在所讨论的实例中，蒙大拿人或者美国人是“你们”与“我们”的指称对象。[1]那样，很可能这句话指称作为一个群体的美国人，而不是单个地指称事实上为美国人的2亿5千万具体的人。换句话说，不存在对类的成员的直接指称，因而没有对作为类之成员的指号直接指称，这个事实或许可以理解为仅仅蕴含诸如“法国人”或者“美国人”或者“蒙大拿人”这种集合实体并不“外延性地”个体化（即，以这样的方式，从而人们无法指称群体而不指称其成员）。尽管这样，我在本书中没有论述复数，我所勾勒的直接指称论仅仅关涉对殊相的单称指称。我既没有论述对集合实体的直接指称，也没有论述对抽象客体的直接指称。

总之，农贝格最后这种例子中“我们”与“你们”表面上的非指称性归因于所做出的指称是针对集合实体、而集合实体无须外延性地个体化这个事实。但是，农贝格并未表明，在这些例子中指称对象不是所表达命题的一部分；他所表明的只是*指号*不是所表达命题的一部分，但这对直接指称论并不构成问题，因为不指称指号（个体成员）而指称所指对象（集合实体）是可能的。

于是，至此，我们没有理由背离像本书中阐释的直接指称论——没有理由否认，指称性表达式用于表达以指称对象作为其成分的单称命题。下面我转向我认为是（单数）指示语描述性用法的真正实例，这个例子农贝格也曾提到过；我们将看到，只要对直接指称论加以弱化，使之适于第13—14章建立的语用学理论框架，甚至连这种例子也可以在直接指称论中加以处理。

## 16.4 农贝格的理论：指号/指称对象区分的推广

我想到的例子如下：

> （6）约翰在给我上第一堂象棋课；我刚走了一步没有把握的棋。他说道：“按照霍罗威茨的说法，你走那步棋常常会陷入困境”。……霍罗威茨不大可能在*我*遇到这种棋局时走PxP这步棋会就*我*经常遇到的事说过任何这样的话……［代词“你”］具有的理解是“*在这种棋局中走这步棋的无论什么人*”。（Nunberg，1991：16）。

为了说明这种用法，农贝格论述道，指号/指称对象之间的区分必须推广到所

[1] 农贝格在（Nunberg，1991：注16）中说，由拿破仑（或者甚至某个自认为是拿破仑的人）说出的“我们在滑铁卢吃了败仗”这句话中的代词指称“法国人”或者“法国人的类”。

有指示语，包括单数指示语。就单数指示语而言，对应于指号与指称对象之区分的是福科尼耶就顺从性指称所说的指称*触发者*与指称*目标*之间的区分（Fauconnier，1985：3–4；关于顺从性指称，也可参见农贝格，1978，1979）。以指示代词为例。指着一个香蕉，我可能说："那些不再进口了"。根据农贝格的观点，在这个例子中，我指着的香蕉是指号（触发者），而指称对象（福科尼耶所有说的"目标"）是香蕉的类，即香蕉的一种类型。或者在恰当的语境中，我可能指着香蕉说，"他现在非常富有"，意思是*进口这些香蕉的人*现在非常富有。在顺从性明示的所有这些实例中，农贝格提出，指号（在卡普兰的术语中称作被指示项）与指称对象之间的分离类似于指号/指称对象之间的区分，这个区分是复数指示语的特点。在这个框架中，（6）可以理解为包括作为特定客体的指号或者触发者（即，受话者）和指称对象或目标，这个指称对象或目标是由指号例示的*性质*，亦即，作为"执黑子以西西里防御变异方式走*5……PxP*这一步棋的人"（Nunberg，1991：16）。

在农贝格的理论中，指示语的指号是客体，而*指称对象*（实际进入理解的东西）则可以是任何东西：可以是指号本身，或者是藉由转喻同指号相联系的另一个客体，或者是一个性质。换句话说，指示语的理解不一定是"单称的"——不一定是特定的客体。假若指称对象是由指号例示的性质（或任何其他性质），那么，同直接指称论预言的相反，指示语的理解*不是*单称性的。

农贝格的观点如果正确，直接指称论就混淆了两个概念：*直陈性*与*理解单一性*（Nunberg，1991：3–4）。农贝格将指示语规约性地表达的描述性质对于真值条件的无关性称作"直陈性"，即指以下事实：系统意义或语言呈现方式仅仅用于帮助鉴别指号，具有纯粹的"陈述"功能。农贝格同意，直陈性是指示语的性质。但他认为，说指示语指明的客体是指示语的理解、推断指示语的理解必定是单称的，这则是错误的。农贝格认为，指称对象（进入理解的东西）不一定与指号相同一。与指号相反，指称对象不一定是特定的客体。正如在（6）中那样，假如指称对象是一个性质，所表达的命题就是普遍性的，而非单称性的。

农贝格的理论存在若干问题。首先，注意（6）中使用的"你"是一种无人称用法，这同（7）基于相同的理由：

（7）当你为自己工作时，你就必须非常谨慎地开支。

正如农贝格自己指出的那样（Nunberg，1991，注2），代词的无人称用法并不完全符合农贝格的理论。农贝格将诸如（6）或（7）这种无人称代词用法看作这样的情形，在这种情形下，"你"的指称对象不是仅仅发挥"指号"作用的受话者。但是通常情况下，诸如性别或数这种屈折变化特征被认为表征指称对象而非指号。那些屈折变化特征构成农贝格称作指示语分类内容的东西（与构成其*指示*内容的卡普兰式指称函数相对立）。然而，在法语中，正如农贝格指出的那样，即使在受话人被认为是指号而非指称对象的*无人称用法中*，在亲昵的 *tu* 和正式的 *vous* 之间做出的选择由说话者同受话者的关系决定。[1]农贝格推断，“这个问题需要进一步研究，但这并不能掩盖观察类似（6）和（7）这种句子所得出的重要观点：这些代词在理解上是泛指的”（Nunberg，1991：46）。然而，眼下的问题或许也可以看作一种证据，证明即使在无人称用法中受话者依然是指称对象，从而第二人称代词的这种用法在理解上是*单称性*的而非泛称性的，尽管表面不然。[2]我并不是说，这是应当坚持的正确立场；而只是说，这个问题依然相当不清楚。我们缺少关于代词无人称用法的一种令人满意的理论，将我们的语义理论基于包含这种用法的例子可能是没有把握的。

然而，农贝格理论的主要问题如下。由于我们发现，在许多情形下，触发者和指称目标之间的区分与指号和指称对象之间的区分*同时*发生作用，而引入后一种区分是为了处理复数指示语，所以，触发者与指称目标之间的区分几乎不能认同于指号与指称对象之间的区分。因此，通过说“我们”而指称我们住的房子，这是可能的。在某些语境中，人们也许可以说“我们在红砖（房）里”，意为：*我们所住的房子或我们拥有的房子是红砖造的*（参见农贝格，1978，1979 与福科尼耶，1985 中大量的这种顺从性指称的例子）。在这样的实例中，触发者与指称目标之间的区分显然不同于指号与指称对象的区分。其显见的理由是，指号既不是触发者，也不是指称目标。“我们”的指号是说话者，触发者是拥有那座房子或者居住在那座房子里的一群人（包括说话者），指称目标是房子本身。所以，我宁可坚持两种不同的区分，而不像农贝格那样将两者视为同一。一方面，我们区分指号与指称对象。农贝格坚持，为了对复数指示语做出正确的语义阐析，必须做出这一区分。另一方面，我们区分触发者与指称目标。这种区分在顺从性指称的实例中发挥作用。注意，顺从性指称这个现象远非限于指示语，而可以用无论哪种指称性表达式例示。

尽管存在这些问题，我感到农贝格的理论及其藉由从客体到性质之迁移对诸如（6）这种例子的分析颇具魅力。农贝格的观点如果正确，指示语以及（大概）其他指称性表达式*可以*用于描述，以表达普遍命题而非单称命题。这意味着直接指称论以至此呈现的粗陋形式只能对没有顺从性指称过程出现的实例有效。这无可争议地削弱了这一理论的功效。但是，下面我将论辩，所说的削弱必须看作该理论的精巧雅致，而并不构成对其基本主张的威胁。

---

[1] 正如农贝格所说：“你在对亲密的朋友说话时，会使用(i)，而在对某个你不太熟悉的人说话时则会使用(ii)，*尽管在两个句子中代词都不指称实际的受话者*：

(i)（当你为自己工作时，你就必须非常谨慎地开支。）(ii) 当您为自己工作时，您就必须非常谨慎地开支。）(Nunberg, 1991：45–46；强调体为雷卡纳蒂所加）

[2] 针对农贝格讨论的*另*一个实例，这就是我想采取的路径。在这个实例中，出现了同样类型的问题。农贝格指出，在“你不应该向随便什么人都开门；她可能会是入室行窃者”，代词的性表征他认为是指号（*实际上*在门口的人——一个女人）的东西，而不是指称对象。农贝格认为在这个例子中指称对象不同于指号。他将这个例子看作指示语描述性用法的一个实例。然而，我倒认为，由“她可能会是一个入室行窃者”所表达的命题是一个单称命题，代词“她”对这个命题贡献了一个个体而非（像农贝格声称的是）一个性质。根据我的观点，在这个例子中，门口的女人是指称对象。因此，指示语的性对她做出表征是再正常不过了。

## 16.5 理解的基础层面

如果农贝格的观点正确，指示语的语境理解存在两个层面。在我称作第二层面的这个层面（第一层面为语言意义层面），指示语指明客体；指示语在这个层面的理解是如直接指称论所说的那样——或者是一个客体（强式理论），或者是与真值条件无关的一个或一种呈现方式下的客体（弱式理论）。在下一个层面——第三层面——指示语的理解是一个“目标”（可能是一个角色或性质），这个目标通过从前一层面指明的客体之迁移达到。

我主张，第二层面比第三层面*更加基础*。之所以这样说，有两个原因：

- 第三层面的理解是*任选性*的。指示语指称可以是但不需要是顺从性的：没有任何东西能够阻止说话者实际地指称指示语指明的东西。另一方面，第二层面的理解是强制性的。在第二层面指明的客体之外，不一定存在指称目标，不一定有第三层面的理解；但*必须*有第二层面指明的客体。
- 当第三层面理解确实存在时，这个层面预设第二层面理解，因为第二层面的理解提供了“触发”迁移过程的东西。

既然在我表征的意义上，第二层面比第三层面更加基础，农贝格的例子只能反驳粗陋形式的直接指称论；因为这一理论可以重述，以提供对*第二层面*的正确表征；这是指示语理解的基础层面。注意，诸如克里敏斯和佩里这些作者在表述直接指称论时，所想到的看来是精致的而非粗陋的形式：他们说，直接指称论认为，“包含名称或指示代词的简单句*通常*表达‘单称命题’——将所指称的个体而非任何关于这些个体的描述或条件作为成分的命题”（Crimmins & Perry，1989：686；强调体为雷卡纳蒂所加）。在这段文字中，“通常”并没有加以定义，但可以释义为名称或指示代词*在基础层面*对包含该名称或指示代词的话语所表达之命题的*贡献*，是所指称的单个客体。这就不同于粗陋形式的直接指称论，那种形式的指称论主张指称性表达式对所言的贡献必定为个体。

卡普兰本人在《指示词语》中承认涉及指示语之顺从性指称的可能性。他说道：“我意识到，假如我们是在谈论一个出色的杂交作物培育者，那么，可以提供一个背景故事，使得通过指着一朵花以指称一个人在语境中成为适当的，尽管这是异常的”（Kaplan, 1989a：490 注）。农贝格对卡普兰在这段文章中使用的“异常的”提出了批评：

> 我假定，卡普兰在此意图以前理论的直觉方式使用“异常的”。花的例子有些牵强，但问题只不过在于使用花来识别杂交作物培育者的怪异性——你可能得假定一个语境，在这个语境中，谁杂交培育了什么、哪朵花是哪朵等是常识，等等……但是，下面这个实例又该如何解释呢？在这个实例中，某人指着鲁道

> 夫·卡尔纳普的照片说："他是 20 世纪最伟大的哲学家"。这是非例外的——肯定不是，因为决定如何使用指示语的语义规则为像照片这种明确表征做出了特殊考虑。只不过是通过指着某人的照片识别某人比起指着他杂交培育的花识别他要容易得多。假如仅凭直觉判断异常，那么，这种质疑不足以完全排除顺从性明示的例子。（Nunberg，1991：43–44）

农贝格正确地指出，顺从性指称在日常话语中普遍存在，并不一定在直觉意义上"异常"；但是，异常可以以这样一种方式定义，从而证明卡普兰关于顺从性指称的观点是有道理的。例如，也许可以说，对某个指示语的理解是"异常的"，当且仅当这个理解不同于该指示语的基础层面理解。

一旦在理解的两个语境层面之间做出了区分，就容易表明农贝格关于指示语归属性用法或者描述性用法之可能性的观点与直接指称论的核心论点并无抵牾；这个核心论点即指称性表达式与非指称性表达式两者的可能用法之间存在非对称性。确实，*指示语与描述语两者都可以用于指称或描述*。正如农贝格所言："指示语可以与描述语具有相同类型的理解，根据情况，既可以做出单称性理解又可以做出普遍性理解"（Nunberg, 1991：10）。然而，在基础层面，同有定描述语相反，指示语必须做出涉物理解。指示语的归属性或描述性理解在下一个理解层面成为可能，这一点也不能削弱如此理解的非对称论点。

让我们设法为基础层面的理解提供一个更加准确、更加普遍的表征。我提到的第一层面是句子意义层面。所有其他层面都是通过将一位语用过程（简称为"p– 过程"）应用于前一个层面上的语义表达式而生成的：第二层面的表达式通过将第一层面表达式作为输入生成，第二层面表达式作为生成第三层面的 p– 过程之输入。可是，在 p– 过程中，我区分了强制性过程与任选性过程。强制性 p– 过程或者因为真值评价所必需，或者因为在语言意义层面"有标记"（"最小论" p– 过程）而必须实施。藉由这个区分，我们可以将基础层面的理解普遍性地表征为*没有任选性 p– 过程出现时所达致的理解层面*。换言之，表达式基础层面的理解是仅仅通过将可能存在的无论何种 p– 过程应用于表达式的语言意义而产生的表达式理解。

REF 是从描述概念到涉物概念之提喻迁移的语言标记。涉物概念是指称性表达式的特点（第 15.6 节）。由于在语义上具有标记性，这个过程是强制性的。同样的提喻迁移过程也出现在用于指称的描述语中，但是对于描述语而言，这个过程是*任选性的*：有定描述语（尽管可能，但）不一定用于指称。据此推论，基础层面这个概念是相对的，而非绝对的。第二层面对于*指示语*来说是基础层面，这是因为将我们从第一层面带到第二层面的 p– 过程（即从描述概念到涉物概念的提喻）是强制性的，而将我们从第二层面带到第三层面的过程则是任选性的。然而，对（非指示性的）描述语而言，第一层面则是基础性的，因为就有定描述语的情形而言，将我们从第一层面带至第二层面的同一个提喻性 p– 过程是任选性的。

最后，让我们在所区分的三个层面系统地比较描述语与指示语。在语言意义层面，描述语与指示语都表达描述性概念。但是，指示语所表达的描述性概念（即语言呈现方式）由 REF 标记为与真值条件无关。REF 引发从该描述性概念到涉物概念的提喻迁移的 p– 过程。涉物概念包括描述性概念，但涉物概念的真值条件性意谓只不过是指示语的指称。该 p– 过程因为在语义上做了标记，所以是强制性的。这个过程所产生的（第二层面）理解是指示语基础层面的理解。相同的过程可能出现在有定描述语的理解之中，但这个过程所产生的理解（描述语的指称性理解）并非基础性的，因为有关的 p– 过程对于描述语是任选性的。

根据我刚才的阐述可以推论，描述语的基础层面理解是一个描述性概念（这个概念在第一层面表达），而指示语的基础层面理解——至少部分地——是一个客体（这个客体在第二层面指明）。当然，我们通过迁移，可能从作为第二层面指示语理解（之一部分）的客体达致另一客体或性质。在这（第三）个层面，可能出现指示语描述性——或者甚至归属性[1]——用法。但是，这显然同描述语的描述性用法基础不同。指示语的描述性用法预设更加基础的指称性理解，而描述语的归属性用法是基础性的，并不预设之前存在指称性理解。

重要的是，要意识到基础层面理解与其他非基础的理解之间的区分并不对应于字面地表达的（所言）与仅为“传递”的信息之间的区分。诸如包含在农贝格顺从性指称例子中的那些非基础理解本身构成了产生这些理解的话语之“所言”（第 14.4 节）。结果，理解的基础层面不能理解为所表达命题的层面；这是句子意义与所表达命题之间的中间层面。（下文进一步论述这一点。）

## 16.6 多层语用学与直接指称论

我们获得的理论采用丰富的多层语用学。首先，根据这一理论，正像含义与外在于所言的各个意义方面那样（第 13 章），所表达的命题由语用决定。其次，介于句子意义与所表达的命题之间存在一个中间意义层面，这个中间层面也是由语用决定的：这是理解的“基础层面”，直接指称论应当相对于这个层面进行评价。

由于采用了这个丰富的语用成分，就引起了两个问题。第一个问题是，如果直接指称论是不同于所言（即，基础层面的理解）的某种东西的理论，支持这一理论的直觉是什么？根据可获及性假设（第 13.4 节），我们具有关于“所言”的直觉，即（用奥斯汀的术语）具有关于以言话语的“以言表意的内容”；然而，精致形式的直接指称论声称是一种关于某种亚以言表意内容的理论，即，关于基础层面理解的理论。既然我们不具有关于亚以言表意内容的直觉，放弃直接指称论是关于所表达命题的主张，看来就像是放弃对这一理论所有类型的直觉支持。

---

[1] 我像农贝格那样，区分两种实例：假若指示语的理论是“性质”（或“角色”），就说指示语用于描述；假如有关的角色或性质是指示语规约性地表达的，即，客体必须在语境中拥有该性质，才能成为指称对象（语言呈现方式），就说指示语是归属性地使用的。因此，按照农贝格的观点，（6）中的“你”是描述性用法而非归属性用法，而（3）中的“我”不仅是描述性的，而且是归属性的。

针对“什么是这个理论的直觉支持”这一问题，我做出一个简单的回答。支持该理论的直觉关涉那样一些实例，在这些实例中，除了基础理解层面，没有任何其他理解层面，即，那样一些（可以认为是主要的）实例，其中的指示语用于指称所指明的客体：*非顺从性*指称的实例。然后，基于我们关于这些实例之直觉的理论通过恰当的语用机制扩展到其他实例。该语用机制解释两种实例之间的直觉差异。这种将基于仅仅涉及某些实例的理论扩展到其他实例的做法，根本不存在任何内在的错误。在很大程度上，这是理论建构之所在。[1]

我使用的丰富语用学引起的第二个问题，涉及我的阐释与使用只有两个层面——“所表达的命题”和“所交流的信息”——的更加简单的语用学其他阐释之间的差异。例如，我在第 15 章批判了我称之为含义论的学说。这一学说使用了这样一种简化的语用学。含义论认为，（描述语）的指称性 / 归属性区分同所表达的命题无关，而只涉及所交流的信息；我试图表明，指称性 / 归属性区分定位于所言层面。但是，既然我采用一种更加丰富的语用学，我们如何确信我称作所表达的命题与含义论者可能称作所表达的命题是同一回事呢？难道我们不能甚至将含义论者称作“所交流的信息”的东西看作与我称作“所言”的东西是同一回事、将*他们*称作“所言”的东西看作与*我*称作“基础层面理解”的东西相同？毕竟，在含义论者的理论框架中，“所表达的命题”不能在直觉上获及（参见第 13.3 与 17.3 节）；这像我的理论框架中的亚表意理解层面那样，是某种无意识的东西。相反，在他们的框架中，“所交流的信息”拥有我的框架中“所言”的特性：在很大程度上是语用地决定的，而且是我们直觉的对象。鉴于这个趋同现象，也许可以认为，我的理论与我在第 15 章（冠以含义论之名）不当地批判的理论相同。

我的回答是，有一个很大的不同应当能够阻止将我称作基础层面的理解等同于含义论者称作所表达命题的东西。严格地说，在理解的基础层面，不存在命题——或者至少没有在理解过程中发挥作用的命题。在基础层面，我们发现构成句子的各个表达式的一集基本语义值，而不存在整句话的基本语义值。之所以如此，这是因为仅当一位语用过程自由地运用之后，包括运用那些从成分的基础理解达致某个进一步的非基础理解的一位语用过程，话语的整体理解才能推演出来。（关于一位语用过程的*局部*运用，参见第 14.4 节。）换言之，没有出现组合过程将各部分的基础理解结合起来，以产生整句话的基础理解：没有组合过程纯粹在*基础*层面出现。要使命题性组合出现，如果语用需要，就必须提供通过一位语用过程从基础值获得的非基础语义值，而且如果需要，还必须提供未言说成分，即，提供不对应于话语中任何成分的语义值（Perry，1986c；Crimmins & Perry，1989）。

假如（为了方便）我们决定将某物称作话语的基础层面理解，那必定是一个纯反事实实体——某种并不实际推演的东西，在实际发生的理解过程中不起任何作用。

[1] 农贝格（1990）因为直接指称论者将一种例子置于优先地位而对其提出批评。但优先考虑某种例子有什么不对呢？对某个优先考虑一种例子的人的唯一要求是，他应当提供一种机制阐释未优先考虑的例子。一旦提供了这样一个机制（农贝格本人提供了这种机制），农贝格指出的偏见就不再存在任何问题。

因此，假若没有任选性 p– 过程发挥作用的话，我们也许可以将话语基础层面的理解鉴别为话语本可能表达的命题。为了使该实体的反事实性质得以凸显，让我们称之为“话语**通常**[1]表达的命题”，以区别于实际表达的命题。尽管依然可以质疑[2]这个概念对于描述目的可能是有用的：每当任选性 p– 过程发挥作用时，我们可以说所表达的命题与**通常**表达的命题不同。但是，**通常**表达的命题没有心理现实性（除非没有任选性 p– 过程发挥作用、**通常**表达的命题即是话语实际表达的命题，但这*实际上是不可能的*）。相反，在含义论的框架中，字面地表达的命题必须加以推演：含义可以从说话者“言说”了某物这个事实推导，因此，必须言说了某物才能生成含义。由于这个重要差异，我的阐释不只是含义论标注上的变体，这一点应当彰明较著。[3]

---

[1] 这提及露丝 · 米利肯的著作，我发现她的“传真功能”概念在语用学中有些用场。参见米利肯（1984）。

[2] 这个概念仍然是可以质疑的，这是因为假如塞尔和特拉维斯的观点正确（我认为他们是正确的），若不诉诸未言说成分（第 14.3 节），就不可能表达任何命题。

[3] 根据我的理论，不发生合成过程将各部分的基础理解结合起来，以产生整个话语的基础理解，这个事实挫败了农贝格对我关于指示语描述性用法阐释的质疑（Nunberg，即将发表）。农贝格说道，我主张像“我”这种指示语的基础层面理解是或者包括说话者——一个特定客体——即使作描述性理解，假如我的主张正确，那么，我们就不能恰当地阐释诸如下面这样的话语：

（8）*判了死刑的囚犯：通常允许我最后一顿喜欢吃什么就要吃什么。*

（9）*明天总是每年最盛大的聚会之夜。*

农贝格说，之所以如此，这是因为“副词通常与总是必须理解为包含对实例的限定，但是，如果这些句子的主语作单称理解时，这些理解就是不可能的”。这一点我同意。但是，正是由于指示语基础层面的理解与副词的理解之间的差异，在（8）和（9）的语境中，指示语基础层面的理解没有选作可能的理解；基础层面的理解没有进入整个话语的理解之中。仅当整个话语的基础层面理解必须得到推演、构成理解的“融贯层面”时，农贝格的批评才能证明是合理的。然而，根据我的观点，不必在基础层面追求整个话语的任何融贯的综合理解。这就是我的观点与格赖斯式分析的区别。格赖斯式分析会将有关迁移（例如，从说话者到他作为被判了死刑的囚犯的性质）看作将我们从字面表达的命题带至所交流的信息的过程。在那个框架中，在理解（8）的过程中必须以某种方式拥有字面表达的命题，即，说话者——某个特定的人——通常允许要他最后的一顿饭这个（荒唐的）命题。我赞同农贝格的观点，这个结果是不可取的。但是，根据我的理论，有关的迁移是局部的，而非整体的。正是指示语第三层面的理解，而非基础层面（第二层面）的理解，与句子中的副词及其他成分的理解结合，产生完整融贯的命题。因此，农贝格的例子并没有为拒斥我“关于指示语总的理解通过一种语用迁移产生的论点”提供任何理由，而只是对该论点做出的一个藉由整体迁移的特定格赖斯式解释。

# II.3 信念转述

## 第17章 信念转述与会话含义

### 17.1 关于模糊性之阐释

按照直接指称论，指称性表达式对包含该表达式之话语所表达的命题的贡献是表达式的指称。因此，这个理论蕴含强式可替代性原则（自此往下，称作“替代性原则”或“替代性”）：

> *替代性：*
>
> *两个直接指称性表达式假如外延相同（具有相同的指称），就可以相互替代而保持命题不变，从而保持真值不变。*

对这条原则以及对蕴含这条原则的直接指称论，信念语境提供了一个显见的反例。“A 相信 P”和“A 相信 Q”可能具有不同的真值，尽管“P”和“Q”之间的唯一不同、从而“P”和“Q”分别内嵌其中的两个话语之间的唯一不同是这两句话所包含的两个不同的却具有相同外延的指称性表达式 *t* 和 *t'*。

为了处理这些反例，人们也许可以选择各种对策。第一种策略是通过将表达式不以正常方式发挥作用的句子语境排除在应用范围之外，对直接指称论及其蕴含的替代性原则加以*限制*。[1] 例如，在引语语境中，表达式并不做出正常的语义贡献；这个表达式是本名地使用的，不指称（通常的）指称，而指称该表达式作为其例型的类型。正如卡尔纳普、奎因和许多其他人所强调的那样，信念语境在某种程度上类似于引语语境。在“A 相信 P”中，命题 P 作为 A 之信念的对象被*提及*。这也许可以认为提供了一个出发点，以解释为何在信念语境中，正像在引语语境中那样，替代是行不通的。

[1] 我依照中世纪逻辑学家给这个策略命名，这些逻辑学家在论述一种与不可解者（例如，说谎者悖论）相关的解决办法时，使用了“限制”。

这一路径或许能够以不同程度的激进方式进行。激进观认为，直接指称性表达式出现在信念语句内嵌部分时，根本不指称其（通常的）指称对象。这是弗雷格的观点。但是，正像布赖恩·洛尔指出的那样，“这是极不令人置信的观点”（Loar, 1972：43）。我假如说“约翰相信西塞罗很穷，不得不靠写诉状谋生”，当然是指称西塞罗。这句话描述约翰与西塞罗之间的一个关系：说的是约翰对西塞罗持有某些信念。不过，这里也呈现出模糊现象（替代性失效）：从“约翰相信西塞罗很穷”不能推论约翰相信塔利很穷。尽管西塞罗就是塔利，但是，约翰相信西塞罗很穷，他可能相信塔利很富，或者可能根本不抱有任何与塔利相关的信念。

布赖恩·洛尔为之辩护的不那么激进的观点将“双重作用”赋予信念语境中的指称性表达式（Loar,1972;还可参见 Hornsby,1977）。这样一个表达式指称（通常的）指称对象，但不限于此：还具体确定一种思考方式，一个表征相信者思考有关对象之呈现方式。因此，当我说“约翰相信西塞罗很穷”时，我指称西塞罗，但我不只是就他说约翰相信他很穷：我就西塞罗说约翰以*“西塞罗”的概念*相信他很穷。“西塞罗”这个表达式对所表达的命题做出双重贡献：提供指称——信念关涉的对象——而且*还*提供呈现方式，即，相信者思考该对象的方式。[1] 这种双重作用类似于奎因著名例子中“乔尔乔涅”的作用：“乔尔乔涅这样叫是因为其块头”。“乔尔乔涅”这个词同时既指称乔尔乔涅又被提及或指称。同样，“约翰相信西塞罗很穷”中的“西塞罗”指称西塞罗，使说话者能够陈述西塞罗与约翰之间的关系，又指称“西塞罗”，即约翰以之思考西塞罗的概念。正是由于这后一种功能（我们或许可以称之为本名功能），“西塞罗”不能由“塔利”替代，尽管两者外延相同。这是因为尽管“西塞罗”与“塔利”外延相同，但并不与相同的概念关联。西塞罗就是塔利，但“西塞罗”的概念不同于“塔利”的概念（或者至少对于像约翰这样不知道西塞罗就是塔利的人来说，这两个概念是不同的）。[2]

让我们像奎因那样，将那些句子语境称作“模糊的”语境，在这些语境中，表达式具有本名功能，使之不能由外延相同的表达式替代而保持*真值不变*。根据限制策略，直接指称论对于诸如“西塞罗很穷”这种简单句中的指称性表达式能够成立，但对于诸如“约翰相信西塞罗很穷”这种模糊语境中的指称性表达式则*不能*成立。因此，限制策略蕴含放弃清白原则：[3]

*清白原则：*

---

[1] 劳尔将“约翰相信西塞罗很穷”表征为：B（约翰，“x 是西塞罗、x 很穷”，西塞罗）（Loar，1972：53）。

[2] 最近，格雷姆·福布斯使劳尔的“双重作用”论重新获得了生机，他也将奎因“乔尔乔涅”的例子用作范例（Forbes，1990：535–536）。我们也许可以称作“乔尔乔涅句”的东西与信念句之间的相似性将在第 20.3 节论述。

[3] “清白”这个名称源于巴万斯与佩里（参见他们的论文《语义清白与非妥协情景》，1981）；他们参考戴维森选用了这个术语；戴维森写道：“如果我们只可能恢复前弗雷格语义清白，我认为，‘地球转动’这些词在‘伽利略说道’这些词后面说出时，如果意谓同这些词在其他境况下出现时习惯意谓有任何不同，或者指称别的任何东西，那会是绝对不可信的”（Davidson，1969：172）。

> 指称性表达式无论出现在简单句中，还是出现在诸如“约翰相信P”这种复杂句的内嵌部分，其语义性质相同。

由于据说指称性表达式在简单句和信念句内嵌部分的性质不同，就失去了清白。在简单句中，指称性表达式对所表达命题的贡献是其指称；因此，替代性原则适用。但是，信念句是模糊的语境，对于这种语境，替代性原则不适用。

尽管这个问题相当复杂，*保留*清白原则看来是可取的。这是因为在其他条件相同的情况下，符合这一原则的语义理论比起不符合该原则的语义理论更加简单雅致。[1]我们假如采用另外一种不同于我刚才探讨的策略（限制策略），保留清白原则当然是可能的。

一种替代性策略在直接指称论者中很流行。这种策略在于*否认*信念语境构成替代性原则的反例。可以认为，信念语境被看作反例，这是因为约翰可以相信西塞罗很穷，而不相信塔利很穷：表面看来，在信念句中无法用“塔利”替代“西塞罗”而保持*真值不变*。但是，这一点可予以否认。可以认为，“约翰相信西塞罗很穷”和“约翰相信塔利很穷”实际上表达相同的命题——言说同样的内容。这看来正是直接指称论藉由替代性原则所蕴含的。表面上的相反现象，可以诉诸“约翰相信西塞罗很穷”与“约翰相信塔利很穷”各自的*含义*解释掉。这两句话表达相同的命题，但是，由于会话含义上的差异，所传达的信息不同。这就对模糊性的出现做出了解释：用一个表达式替代另一个表达式影响话语所传达的信息。但是，这不影响“严格的字面所言”。因而，直接指称论及其所蕴含的替代性原则可以坚持。

在这一章里，我将探讨并批判刚才简述的含义论；在下一章，我将提出一种理论，解释（而非否认）替代性失败，而不与清白原则发生抵触。两种理论共有一个重要特征：都将模糊性（替代性失败）看作语用现象。我将首先阐述这样理解模糊性的理由。

## 17.2 含义论

我说过，从“约翰相信西塞罗很穷”，无法推出“约翰相信*塔利*很穷”，因为约翰可能相信塔利很富（西塞罗很穷）。这是信念句中模糊性即替代性失败的典型实例。可是，关于这种例子，首先要注意的一点是，“约翰相信西塞罗很穷”*有一种*理解，基于这个理解，替代性原则能够成立。这样一种理解一般称作信念转述的“透明性理解”。例如，假定我说：“约翰相信富有的西塞罗很穷！他显然没有多少古代历史知识”。在这个转述中，“富有的西塞罗”这些词应当透明地理解：这些词给予我们约翰信念的指称（信念关涉的那个人），但并不旨在表征约翰思考指称的方式（相反，这些词表达了*说话者*的观点）。使我能够使用“富有的西塞罗”这些词指称约翰信念

[1] 按照我的理解，清白原则是理论简约原则。这个原则也许可以看作格赖斯改良的奥康姆剃刀原则的结果。（还可参见杰肯道夫（1983：13）的“语法限制”。）

关涉的那个人的东西，也使我能够使用为此目的的任何共同外延性表达式，包括“塔利”或“你最喜欢的罗马演说家”。假如我在一次穿越时间的旅行中遇到了西塞罗，我也可以告诉他“约翰相信*你*很穷”。所有这些都是为人熟知的。这表明，信念句有两种理解：透明性理解，允许替代；模糊性理解，阻碍替代。意在做出哪种理解，依赖于语境。[1] 这表明，模糊性可能是一个语用现象，而非某种句子的语义性质。

在《逻辑与会话》中，保罗·格赖斯提出若干检验手段，以区分语境暗示（即像他所称的“会话含义”）与句子的语义蕴含。第一个检验手段是可取消性检验：会话含义被认为是可取消的，无论通过语境取消还是明确取消。

> 如果在假定具有含义 $p$ 的话语之语词形式上允许加上*但不是* $p$，或者*我不意在隐含* $p$，假定的会话含义 $p$ 可明确地取消；如果可以找到一些情景，在这些情景中，说出这些语词形式根本不带有该含义，则假定的含义就在语境中取消。（Grice，1989：44）

我们刚才看到，*可以*找到这样的情景，在这种情景中，诸如“约翰相信西塞罗很穷”这样的信念句不会带有约翰把西塞罗看作“西塞罗”的含义。在这种语境中，这个句子会作透明性理解，而非模糊性理解；表达式“西塞罗”会理解为仅仅提供了指称——信念关涉的对象——而不会被看作指明相信者自己思考指称的方式。用格赖斯的术语来说，这表明引起替代性失败的后一种指明是可以*被语境取消的*，而不是话语之语义蕴含的一部分。注意，这也可以*明确地取消*。正如巴万斯与佩里表明的那样，在对信念句做出模糊性理解看来是很自然的语境中，这个含义可以通过明确否定意在表达这个理解而加以取消：

> 关于指称模糊性的有些论证似乎基于对会话含义与语义蕴含的混淆。“史密斯相信西塞罗是演说家”并不隐含而最多暗示史密斯会将“西塞罗是演说家”评价为成真。这个暗示显然是可以取消的：“史密斯相信西塞罗是演说家，但只知道叫他‘塔利’”。（Barwise & Perry，1981：394）

因此，可取消性检验表明，诸如“约翰相信西塞罗很穷”这种信念句的话语严格地字面表达的命题对应于该话语的透明性理解；模糊性理解是在语境中将下述两者结合起来的产物：一是所表达的命题；二是（可取消性）含义，即，相信者以某种方式（例如，作为“西塞罗”）思考指称对象（例如，西塞罗）。

信念句的含义论结合了某种类似劳尔关于指称性表达式双重作用的概念。出现

---

[1] 有时说，理解的双重性是描述语同指称性表达式相对立的特征。例如，指示语据说必定是透明性的。这将在第20章中探讨。（事实是，指示语尽管可以作模糊性理解，却往往作透明性理解。后面详述。）然而，无论我们怎样看待指示语，专名像描述语那样，可以作两种理解。不过，专名与描述语之间确实*存在*差异：即使作模糊性理解，专名往往也是指称性的，而作模糊性理解的描述语很可能理解为非指称性的。在第20章，我将论述信念句中的名称、指示语与描述语的具体性质，并且在第18—19章阐发的理论框架中解释刚才提到的那些差异。

在信念句中（作模糊性理解）的指称性表达式指称其通常的指称对象，也指明思考该对象的方式；但是，按照含义论，后一个含义是语用含义。*暗含的*意义是，相信者将西塞罗认作“西塞罗”，而不认作“塔利”。但这并不是所言的一部分。“约翰相信西塞罗很穷”与“约翰相信塔利很穷”字面地表达相同的命题（以西塞罗作为一个成分），但基于其“模糊性”理解，这两句话隐含不同的意思——一者西塞罗被考虑为“西塞罗”，二者西塞罗被看作“塔利”；这解释了*出现*不可替代性的原因。然而，从逻辑的观点看，替代性原则是成立的：就字面地表达的命题而言，人们*可以*从“约翰相信西塞罗很穷”和“西塞罗 = 塔利”推出“约翰相信塔利很穷”。基于模糊性理解，这个推论听起来是无效的，这仅仅是因为模糊性理解大大超出字面表达的命题，并且包括了会话含义。

在这个阶段，有人可能反对道，诸如“约翰相信西塞罗很穷”的句子或许也可以看作*语义上歧义的*，既可以作透明性理解，又可以作模糊性理解。这与可取消性检验是一致的。像取消一样，除歧可以或者是显性的，或者是隐性的、依赖于语境的。因此，所谓的含义取消性否定（在“约翰相信西塞罗很穷”，但只知道称他为“塔利”）可以看作通过排除两个理解中的一个为话语*除歧*的一种方法。同样，看上去像含义的语境取消的东西或许也可以看作歧义性话语的语境除歧。

要解决这个问题，我们或许可以诉诸格赖斯的第二个检验手段——不可分离性检验。所说的歧义也许是句法性的而非词汇的。究其原因，系统地导致两种理解的正是“X + 动词 + p”这个*结构*，而非在其中一个空白处出现的（像“相信”这样的）词项。但是，假如有关的结构在语义上有歧义，就应当可能通过改变结构来消除歧义。确实，许多哲学家建议可以通过以“就……相信”取代“相信 + 从句”的结构做到这一点。“约翰就西塞罗相信他很穷”被认为导致透明性理解，而“约翰相信西塞罗很穷”（取决于语境）或者可以作模糊性理解，或者可以作透明性理解。果真如此，那大概就提供了反对藉由会话含义解释模糊性的论据。这是因为在下述意义上含义——这是格赖斯的第二个检验手段——实质上是*不可分离的*：当包含某个内容的话语带有给定的含义时，“除了下述情况，即替代形式的某个特征本身（藉由方式的一个准则）与确定含义相关，将不可能找到另一种方式言说同样的东西，而这种言语说方式径直缺少有关的含义”（Grice，1989：39）。因此，假如信念句的歧义产生于含义生成过程，而不是真正的语义歧义，仅靠改变结构，消除信念句的“歧义”应当是不可能的。

然而，不可分离性检验支持与歧义论相对立的含义论。肯特·巴赫表明，在适当的语境中，甚至连“就……相信”的话语也可以作模糊性理解（Bach，1987：198）。因此，仅仅改变信念转述的措辞看来不可能阻止模糊性的产生：模糊性（或者至少出现模糊性的可能性）看来从信念转述中是“不可分离的”。

当然，这个检验也并非决定性的。歧义可能位于句法分析相当深层的层面上，（“相信 + 从句”与“就……相信”）这两种结构可能只在更加表层的层面上存在差异。因此，许多哲学家认为，这种歧义是逻辑结构中的辖域歧义，人们或许可以将“逻辑结构”理解为对应于某种隐含的句法层面。然而，有若干理由拒绝这个观点。其一，正如巴赫（1987:207–208）正确强调的那样，以下*这个假定是不合逻辑的*，即，因为两个话语或某个话语的两个理解*可以*由逻辑形式中辖域差异表征，所以有关的话语在某个句法分析层面上就*具有*所说的“形式”。要做出这个推论，就必须为所声称的辖域差异提供独立的句法证据。但是,看来无法获得这样的证据（Cole,1981:9）;所声称的辖域差异看来无法赋予句法基础。正如巴赫所说，“这些逻辑形式用以表征说话者使用句子可以意谓的东西”，但缺少“辖域歧义观所需要的句法基础”（Bach，1987：210）。其二，福科尼耶对这个课题做出了丰富详细的研究；正如他在其研究中令人信服地表明，有关的差异甚至不能始终*表征为*逻辑式中的辖域差异（Fauconnier，1985）。我推断藉由句法歧义做出分析的前景暗淡。

让我们回到格赖斯。他说，可取消性与不可分离性检验仅仅提供了“一定程度的初步证据证明会话含义的存在……任何这样的证明必须由通过表明这样的方式佐证，即，以这种方式假定隐含的东西能够（从会话原则及其他素材推演出来而）得到隐含（Grice，1989:43）。我称作信念语境含义论的东西正是做出了这样一个证明。

就我所知，第一个表明如何从会话原则产生信念转述中生成模糊性意义成分的是J.O. 厄姆森。他在格赖斯在哈佛大学做了威廉姆·杰姆士讲座之后不久，于1968年举办的一个研讨会上表明了这一点（Urmson，1968）。后来，克里斯托弗·皮科克(1975：126–128)、特别是汤姆·麦凯（1981）做出了类似的阐释。他们两人都集中于信念语境中的专名，采用含义论为一种形式的直接指称论做出辩护。杰妮弗·霍恩斯比在其关于信念语境的论文中也（有限地）诉诸该理论（Hornsby，1977：38–39）。除了巴万斯与佩里遵循了厄姆森的路径（Barwise & Perry, 1981：394；1983：258–264），应当提到的下一个作者是乔治·比勒，他发展了含义论而没有参考之前的研究（Bealer，1982：166–174）。后来，这一理论的支持者众多，无法一一列述；我将只提及奈森·萨蒙，他撰写了一本书为这一理论辩护（Salmon，1986a）。

含义论者通常诉诸会话原则或忠实性准则，该准则内容大致如下：

> *忠实性准则：*
>
> 在转述关于一个对象的信念时，尤其是在指称该对象时，（就语言差异或语境差异允许的范围内）使用相信者自己会使用的表达式，或者至少努力忠实于相信者自己的观点，除非有理由不这样做。

这条准则也许可以看作与格赖斯的量准则相联系（“要求提供多少信息，就使你的贡献提供多少信息”）。信念内容有两个方面：“表征的内容与表征的*方式*”（McGinn，1982：214）——用第4章的术语来说，信念的真值条件内容及其窄式内容。信念归赋如果不仅具体确定了真值条件内容，而且具体确定了窄式内容，就提供了更多的信息。遵循忠实性准则是提供后一种信息的非常经济的方法。在陈述信念的真值条件内容是什么时，遵守忠实性准则的说话者同时表明或呈现出信念的内在的或窄式内容，因为他用于表达信念真值条件内容的表达式反映了相信者自己的观点，（有时）对应于相信者本人在表达自己的信念时可能使用的表达式。因此，在陈述信念之真值条件内容时遵守忠实性准则的说话者比不遵守该准则的说话者表达了更多的信息。[1]

当然，存在这样的语境，在这种语境中方式是不相关的——在这种语境中唯一重要的东西是信念的真值条件内容。例如，考虑一下我前面提到过的转述“约翰相信富有的西塞罗很穷”。这个转述旨在强调约翰的信念与所了解的古代史实之间的差异。在这个语境中，涉及约翰信念的内在方面（窄式内容），说话者并不试图尽可能地具体，也不期望他会尽可能具体，因为相反，说话者关心的是约翰的信念与证明该信念错误的外在事实之间的关系。在这种语境中，忠实性是不要求的。但是，当涉及信念窄式内容的信息尤其相关时，若其他情况相同，就将期望说话者遵守*忠实性准则*。[2]

采用忠实性准则，就很容易产生模糊性生成的含义，这种含义被认为引起了模糊信念转述中表面的替代性失败。在某些语境中，期望说话者会遵守忠实性要求；这种期望对双方是显现的，听话者感到有权假定说话者实际上遵守忠实性准则，并且以这样的方式表述信念转述，从而与相信者自己的观点吻合。从这个假定，结合说话言说了（例如）“约翰相信西塞罗很穷”，听话者将推论内嵌句“西塞罗很穷”酷似相信者本人会接受并用以表达其信念的句子。[3]

如一般的会话原则那样，忠实性准则可能与其他准则相抵触，并由于考虑到其他准则的因素而被取消（Grice，1989：30；Urmson，1968：117）。例如，同信念转述有关的其他准则包括厄姆森的成功指称准则（Urmson，1968：116）：“使用交流所针对的那个（些）人能够做出成功识别的指称性表达式”。可以很容易设想在这个准则与忠实性准则之间出现冲突，亦即，设想出现这样一个情形：很可能由听话者做出成功鉴别的指称性表达式不会是相信者本人想要使用的表达式（参见 Urmson，1968：117–118）。文献中提出的另一个准则是宽容准则（Barwise & Perry，1983：258）：“假定人们在认知上是融贯的”。在“富有的西塞罗”这个例子中，说话者遵守这个准则的假设阻止人们假定说话者忠实于相信者；因为如果他是忠实的，他就会（非

[1] 像奎因（1960：219）、戴维森（1969）和斯蒂克（1983：83 之后），许多作者持有这样的观点，即，信念归赋包含一种形式的模拟（Gordon，1986）：在归赋信念时，说话者实际上说出一个*类似于*相信者本人可能说出的句子（Jacob，1987）。根据这个观点，归赋的目的正在于“忠实于”相信者自己的观点。这是否意味着在这个框架中，忠实性准则是多余的呢？不是的。（正像相似性有程度之分）忠实性也有程度之分；“（在语言差异或语境允许的范围内）使用相信者本人会使用的指称性表达式”包含程度相当高的忠实性，这种程度的忠实性不能始终期望归赋者达到。

[2] 按照巴万斯与佩里的看法，当信念转述用于“解释某人的行动（与用作世界样态的证据相对）”时，忠实性准则尤为重要（Barwise & Perry，1983：258）。

[3] 用格赖斯的话说（Grice，1989：31），听话者会做如下推理：“说话者说了：‘约翰相信西塞罗很穷’；没有理由假定说话者不遵守忠实性准则；他除非认为约翰会接受‘西塞罗很穷’这个句子或某种非常相似的东西，否则就不会这样说；他知道（并且知道我知道他知道）需要做出以下假定，即，他认为约翰会接受‘西塞罗很穷’这个句子；他没有做任何事情，阻止我认为约翰会接受‘西塞罗很穷’；他意在我认为，或者至少愿意让我认为，约翰会接受‘西塞罗很穷’；因此，他隐含约翰会接受‘西塞罗很穷’”。

宽容地）将不相融贯的信念归赋给相信者，即，归赋给他某人既富有又贫穷的信念。一般而言，给定说话者转述信念的总的目的，在语境中哪个准则取消其他准则是清楚的。

含义论的主要特征——将之与其他语用理论区别开来的特征，像将在第 18 章提出的理论或者将在第 19 章讨论的那些理论——是其下述主张，即，模糊性信念转述所传达的指明涉及信念（窄式内容）的表达*方式*，不是信念转述表达之命题的一部分，不影响该命题的真值条件。按照含义论，模糊性信念转述的真值条件与透明地理解的相同转述之真值条件完全一样。转述的两种理解之间的差异完全存在于会话含义层面——亦即，处在不同于“所言”的层面上。即使在需要忠实性的语境中，亦即，在转述信念的窄式内容显然同听话者有关的语境中，只要说话者的转述作透明性理解可以算作成真，那么，违反忠实性准则的说话者也没有说假话。在这样一个语境中，说话者对会话的贡献就带有各种相互联系的缺陷：这个贡献是不合适的，或者“不恰当的”（厄姆森）、作为信念转述是“很糟的”（麦凯），最严重的是，这个贡献“很可能误导”（格赖斯），因为听话者期望说话者是忠实的，从而将内嵌小句理解为以某种方式反映相信者自己会接受的句子；但是，尽管存在所有这些缺陷，却不能说这个话语*成假*。之所以如此，这是因为按照含义论，信念转述*陈述*的唯一内容是相信者与内嵌句所表达的命题之间的关系是成立的，从而相信者具有一个信念，这个信念的真值条件内容是那个命题。关于信念的窄式内容，可能象似性地表明的不是话语陈述内容的一部分，并不影响其真值条件。据此推论，模糊性信念转述只是表面上违反了替代性原则；一旦将会话含义和其他语境暗示搁置一旁，结果就证明替代性原则是成立的：尽管表面上不然，如果洛伊丝·莱恩相信超人是超人，就可以推论她相信克拉克·肯特是超人。当然，“洛伊丝·莱恩相信克拉克·肯特是超人”作为信念转述会是不合适的，因为这会（通过忠实性准则）误导性地暗含洛伊丝·莱恩会接受“克拉克·肯特是超人”的句子。[1] 然而，尽管这会是不恰当并可能引起误导的，但是，按照含义论，这样一个信念转述可能严格地在字面上成真。

## 17.3 含义论之谬误（1）

含义论具有引人注目的反直觉后果。再次考虑一下超人的例子。作为该传说所规定的一部分，洛伊丝·莱恩*没有*意识到，肯特·克拉克是超人。换言之，在超人传说的语境中，（1）成假，而（2）成真：

（1）洛伊丝·莱恩知道肯特·克拉克是超人。

[1] 佩里关于“信念”与“接受”之间的区分在施事一方对应于真值条件内容与窄式内容之间的区分。他的区分由许多含义论者使用（例如，麦凯、巴万斯 & 佩里、比勒）。这些含义论者将其观点表述如下：得到编码的是相信者与命题之间的关系，而相信者与句子之间的接受关系只是隐含的。关于信念与接受的区分，参见第 2 章，第 23 页注 1 和注 2。

（2）洛伊丝·莱恩不知道肯特·克拉克是超人。

然而，正如我们刚才看到的，含义论蕴含（1）成真，而（2）成假。（1）被认为成真，是因为（i）洛伊丝·莱恩知道超人是超人；（ii）肯特·克拉克 = 超人；（iii）按照含义论，替代性原则即使在态度语境中也成立。（2）被认为成假，因为这是（1）的否定，而（1）成真。

显然，含义论远没有揭示我们关于信念句真值条件的直觉，而是严重歪曲了这些直觉。萨蒙和含义论的其他辩护者承认这一点。但是，他们认为，这并不反驳含义论，因为含义论是关于由诸如（1）和（2）这种话语字面地表达之命题的理论，我们的普通直觉则关涉这些话语所交流的信息。话语所交流的信息不仅包括严格的字面所言（用萨蒙的话说，即语义编码的信息），而且包括话语的含义以及其他“语用地传递的信息”部分。因此，按照萨蒙的观点，尽管（1）字面地成真，但所交流的信息成假；因为这句话交流了一个比字面所表达的更加丰富的命题。这就解释了我们的直觉与该理论预言之间的分歧，而不使这一理论受到威胁。

根据萨蒙的看法，由（1）字面地表达的命题是洛伊丝·莱恩具有一个信念的命题；而这个信念的真值条件内容是某个单称命题（即，*肯特·克拉克*是超人的命题，或等值地，*肯特·克拉克是肯特·克拉克*的命题、*超人是超人*的命题）。不过，说洛伊丝·莱恩相信这个命题是说*存在一个呈现方式，她以此方式相信这个命题*。（1）字面地成真，正是因为存在这样一个呈现方式：洛伊丝·莱恩通过“超人是超人”这个句子把握这个命题时，相信所说的单称命题（但是，当然，她在通过“肯特·克拉克是超人”这个句子把握命题时，就不相信）。然而，（1）所交流的信息不限于此；（1）不仅传递了存在一个呈现方式、洛伊丝以此方式相信所说的单称命题这一信息，而且更加具体地说，传达了以下信息：*当通过出现在“that”–小句中的那个句子呈现给她时*，她相信该命题。因此，（1）*交流的信息*是，洛伊丝·莱恩会同意“肯特·克拉克是超人”并且这成假。但是，这成假并不是话语严格的字面所言。这样，我们关于（1）成假的直觉可以作为关于（1）*交流的信息*成假的直觉解释掉；这与含义论是一致的。含义论说，（1）字面地表达的命题成真。

综上，尽管含义论不*信任*（因而也不试图保持）我们关于信念句真值条件的直觉，但不能指责该理论*忽视*这些直觉，因为它对这些直觉做出了阐释：含义解释我们为何具有这些直觉。这是对含义论惯常做出的辩护。在下文中，我将论辩，这样的辩护并不成功。含义论确实解释了我们的某些直觉，但还有些直觉该理论并未做出解释。正像我将论述的那样，解释这些直觉的最佳方法是放弃含义论。

我们关于信念转述之真值条件的直觉，含义论的解释是通过声称我们没有前理论地意识到以下区分，即我们话语严格的字面所言与其所含或所传递的信息之间的区分。我们由于没有意识到这个区分，往往将语义编码的信息与语用传递的信息混为一谈了。我们只意识到所交流的信息，即，这两种信息——所言与所含——合并过程的*产物*。马克·理查德（代表含义论者）在下面这段文章中非常清楚地表明了这一观点：

> 对我们反罗素式直觉的罗素式解释是，我们误将关于信念方式的一个常见的重要语用含义当作真值条件内容了。假如某人提出汉穆拉比相信长庚星是启明星，我们就会（大概正确地）把他理解为想表达汉穆拉比以某个句子持有该信念，这个句子我们肯定他没有相信其中的信念。我们如果坚持他的断言严格地在字面上成假，就（错误地）混淆了含义与严格的字面所言。
>
> 这种阐释是完全令人信服的。尽管关于态度归赋的一个原始事实是，这种归赋传递关于持有态度的方式的信息，但可以认为，这个信息同态度归赋的真值条件有关则不是一个*原始*事实。我们并不是自来就拥有一种尺度，能够可靠地区分语义含义与语用含义。诸如涉及“与 / 和”同时间顺序的例子帮助阐明这个观点，即，看来酷似真值条件含义的东西可能证明并不是这样一个含义。（Richard，1990：123）

我在第13章中已经引用了这段文章的最后几句，因为我在提出可获及性原则时，关于我们对所言与所含之间的区分不是前理论地有意识的这个观点正是我拒斥的观点。正如我在第13章中所阐述的，我们前理论地能够区分所言与仅为所“含”或“暗示”的；假如我们考虑含义的一个典型例子，例如，从“这儿很冷”到“你应当关上窗户”的含义，这就是相当显见的。格赖斯含义理论意在揭示意义成分之间的一个*日常区分*；因此，“普通大众”并不像萨蒙（1986a：85）所说的那样，意识不到这个区分。关于所言与所含的区分，语言的普通使用者具有相当强的直觉。含义论错误地忽视了*这些*直觉，声称我们意识不到与话语整体交流之信息相对立的严格的字面所言。[1]

含义论者可能回应说，至少*在有些实例*中，我们并不前理论地意识到这个区别。理论家通常提到“和 / 与”同时间顺序的实例（参见第13—14章附录）。这表明存在两种实例：一种实例（像“这儿很冷”），我们意识到意义两种成分之间的区分；另一种实例，我们前理论地无法做出这种区分。萨蒙在回应希弗的批评时阐述了这个观点：

> 希弗描述了一种特定机制，这种机制通过相互辨识所传递的信息不能是句子字面的意谓，使说话者能够使用句子传递（“隐含”）句子没有字面地意谓的东西。我想到另一种机制，这个机制使说话者能够使用一个句子传达某种比字面意谓更强的东西，从而创造一种相互的错误印象，即所传递的信息正是句子字面地意谓的……肯定可能存在这样一个机制，这个机制在运用时，有时具有非意欲的、不被注意的结果，即，说话者将所传递的（“隐含的”）信息误认为字面的内容。例如，考虑一下“简怀孕了，她结了婚”这个合取，正常情况下带有含义简在结婚前怀了孕。说出这个句子的人为了用以传递通常的含义，不

[1] 用理查德的术语说，我认为，关于持有态度之方式的信息（被看作）同态度归赋的真值条件相关，这是一个*原始*事实——即为需要阐释的直觉素材的一部分。

> 需要意识到这个句子字面地成真，即使简在结婚之后才怀了孕。一些说话者很可能受这个句子通常的含义误导而相信，句子字面的意谓正是它通常传递的意思——从而如果他们相信玛丽只是在结婚之后才怀的孕，就会因将之看作字面上成假的而拒绝这个成真但误导的合取……正是这种普遍的情景，或者某种十分相似的东西，我归于命题态度归赋。（Salmon，1989：252–253）

在一个脚注中，萨蒙认识到，关于命题态度归赋他想到的情景算不上标准的特殊会话含义的实例，但“更加适合格赖斯的*一般性会话含义与规约（非会话）含义*这两种对照性概念中的某一种”：[1]

> 肯定，许多说话者可能由于混淆了句子的规约含义或一般会话含义而认为，句子字面地（部分地）言说了句子实际上只是隐含的意义。格赖斯特殊会话含义的概念显然规避这种混淆的可能性。（Salmon，1989：275–276）

我认为，萨蒙主张存在一种特殊的“语用地传递的信息”（正像他会说的那样），这种信息的特点是其*与真值条件内容在直觉上不可区分*。这确实同“一般性会话含义”的问题相联系。数位语言学家和哲学家普遍地探究了这个论题，特别研究了“和/与”同时间顺序这个经典例子。然而，他们的结论并不支持含义论。这些研究者中的普遍倾向是将这种证明前理论地无法区分于真值条件内容的所谓含义，实际地当作真值条件内容的一部分，而非将之看作*错误地*与真值条件内容相混淆。[2]

正如萨蒙所做的那样，坚持直觉上同真值条件内容无以区别的话语意义之语用方面不是真值条件内容的一部分，唯一的理由看来是句子的字面意义（*所编码的意义*）与话语的真值条件内容（*所表达的内容*）之间存在的普遍混淆。显然，作为语用地传递的信息，萨蒙关心的那种含义不属于句子意义。但是，这根本无法表明，这个信息不能作为构成话语字面表达之命题的成分。正如我在第13章说过的，有三个层面需要区分，而不仅仅是有两个层面：句子类型的语言意义、说出句子所字面表达的命题、所交流的信息，这个信息包括根据说话者在那个语境中表达该命题这个事实显然能够推论的无论什么信息。意义的后一个成分包括语用地传递的信息，但所表达的命题也是语境依赖性的，可能包括语用地传递的信息。不仅从所言达致所含包含语用过程，而且从句子意义达致所言也包含语用过程。格赖斯检验（可取消性、不可分离性，等等）表明，意义成分产生于语用过程，因而不属于第一层面——即句子意义层面——但有关的成分很可能构成话语在语境中所表达的命题。换句话说，

---

[1] 萨蒙（1989:275）。正如其不恰当地提及格赖斯规约含义所表明的那样，萨蒙在这段文章中有些糊涂了。同他在同一个脚注中所说的相反，规约含义是不可取消的，因此，不可能是这儿所讨论的东西。萨蒙大概混淆了规约（非会话）含义与规约化的（短路的）会话含义了。关于后一个概念，参见摩根（1978）。这个混淆证实了“这儿的问题相当复杂”（Salmon，1989：276）。在同一篇文章中，萨蒙谦虚地承认，他没有彻底地探究有关问题，还有大量更多的东西需要探究（Salmon，1989：253）。

[2] 例如，参见第13章中列出的参考文献（卡斯顿，等等）、阿特拉斯最近的著作（Atlas，1989）以及斯蒂夫·莱文森即将发表的文章：《一般会话含义与语义学/语用学界面》。

存在两种语用意义成分：构成所言的那些成分；外在于所言并附加到所言上的那些成分。正如我在第 13 章中所指出的，*两种成分之间最显著的差异在于，同后一种成分相反，前一种成分在直觉上无法同真值条件内容加以区别。*

为了将萨蒙所考虑的那种语用信息看作所言的有机部分，我在第 13 章中提出的考虑因素在我看来是相当有说服力的。无论怎样，在那里勾勒的理论受到独立于眼下这个论题的素材的支持。因此，我建议将这种（在第 13 章进行了详细论述的）处理方法扩展到萨蒙的那种例子，并且承认萨蒙谈论的那种语用信息实际上是话语所表达之命题的一部分，对真值条件产生影响。我相信，为了克服萨蒙语用理论提出的主要质疑，这一步骤既必要又充分——现在该是考虑这一质疑的时候了。

## 17.4　含义论之谬误（2）

信念归赋发挥各种功能或服务于各种目的，这在关于信念归赋内容的理论阐述中不能忽视。例如，在将信念归赋给 A 时，我们的主要兴趣可能在于指出，A 同意（或不同意）B。（一个特定的实例是，在这个实例中 A *就是* B，我们想要表明 A 自己的一致性或不一致性。）在那个语境中，依照含义论的观点，将字面地归赋的信念内容看作未加充实的单称命题，排除该命题的任何具体的呈现方式，这会是很不自然的。原因在于，我们在对评价个体间或个体内一致性感兴趣时，*确实*将呈现方式考虑在内。某人只要以不同的呈现方式同意、不同意某个单称命题，我们就不会认为他犯了逻辑上不一致的错误；只要两个人以不同的呈现方式分别坚持或者否认某个他们显然理解的单称命题，我们也不会认为他们在任何强式意义上意见相左。

反驳含义论的信念转述的另一个用法出现在对行为的解释中。正如马克・理查德所说：

> 存在大量很容易界定的态度归赋，这些态度归赋可以合理地说成是以传递关于信念的方式，而非只是关于罗素式内容的信息为基本目的。在这些态度归赋中，包括用以试图解释行为的归赋，如在“兰迪挥手，因为他想让长庚星升起来，他想如果挥动手，长庚星就会升起来”。显然，如果这些确实解释行为的话，这些话能够解释行为，不是因为这些话告诉我们关于信念的罗素式对象。兰迪想要
>
> < 升起，金星 >
>
> 并且相信
>
> < 隐含，< 存在挥手这个罗素式命题，< 升起，金星 >>>
>
> 一点也不表明兰迪倾向于挥手。（假定他以“长庚星升起”抱有其意愿、以“如果存在挥手，那么启明星将升起”持有其信念，并且不知道“长庚星是启明星”这个事实。）（Richard，1990：126）

于是，质疑的要义是，正如威廉·塔斯切克所说，含义论“切断了”被归赋的那种内容与信念归赋在其中发挥某种作用的普遍机制（逻辑评价，或行为解释）之间的“密切联系”。[1]这就使得含义论相当没有魅力。至此，这尚不是一个决断性的质疑；但是，当我们认识到含义论无法恰当地阐释信念归赋从中发挥作用的更大的话语结构时，这个质疑就成为决断性的了。

让我们考虑一下理查德例子的一种简化形式：“兰迪挥手，因为他以为如果挥了手，那么，长庚星就会升起来”。信念转述出现在一个更大的语义单位之中，即“兰迪挥手，因为……”。我们如果追随含义论者，如何阐释更大结构的真值条件呢？我们会说信念转述（即，关于兰迪被认为以之相信单称命题 *<隐含，<存在挥手这个命题，<升起，金星 >>> 之呈现方式的信息*）的含义出现在句子联结语“兰迪挥手，因为”之内还是之外？这个逻辑联结语主导该信念句。假如出现在联结语之内，我们揭示了关于整个话语真值条件的直觉：将兰迪挥手的原因理解为他*以某种呈现方式*相信单称命题。但是，含义论者必须解释为什么呈现方式不是内嵌信念小句“兰迪认为……”所表达命题的一个方面，却*成为*更大的句子“兰迪挥手，因为他认为……”所表达命题的一个方面。另一方面，我们假如主张，所说的呈现方式不仅外在于内嵌信念句所表达的命题，而且外在于更大的包孕句所表达的命题，那么，就必须对关涉更大的包孕句之真值条件的直觉做出阐释。我认为，含义论者无论选择两难中的哪一难，都面临无法克服的困难。

我刚才提出的问题是相当普遍的。每当信念句处于逻辑联结语的辖域之内时，就会出现这个问题。我将比较详细地探讨的一个典型例子是（2）。这个例子中的信念句受到否定。这个问题也不限于信念句。例如，关于由“和 / 与”传递的时间顺序暗示的格赖斯含义论解释遇到同样的问题。正如乔纳森·科恩指出的那样，“简怀孕了，结了婚”的所谓时间含义影响更大的句子“如果简怀了孕，结了婚，她的父亲肯定不高兴”的*真值条件*；因此，结果证明，含义论只对有限的一类例子行得通，但无法阐释更加复杂的例子（Cohen，1971）。这是其中的一条理由，将由“和 / 与”传递的时间顺序含义看作所言的语用成分，而不看作外在于所言的含义（Carston，1988）。注意，科恩本人看到了格赖斯对“和 / 与”的阐释同厄姆森关于信念句之阐释的相似性。科恩在提交给厄姆森首次提出信念转述含义论的研讨会的论文中写道：“一旦从有关最简单断言性命题的考虑移向*更加*复杂实例的探究，同其他许多诉诸言语行为特征或会话程式规则以分析逻辑问题或认识论问题的理论（真值理论、概率论、含义论等等）一样，厄姆森先生的理论就会遇到麻烦”（Cohen，1968：133）。

让我们再来考虑一下（2），以例示我针对理查德的例子讨论的两难问题：

（2）洛伊丝·莱恩不知道肯特·克拉克是超人。

含义论者有两种选择。要么说，（2）中所否定的只是由“洛伊丝·莱恩知道肯特·克

[1] 参见塔斯切克即将发表在《心智》上的论文《弗雷格难题、涵义与信念内容》。

拉克是超人”严格地字面表达的命题；要么，按照含义论，说，（2）中所否定的是洛伊丝·莱恩知道肯特·克拉克是超人”这句话所交流的信息。后一种解决办法揭示了我们关涉（2）之真值条件的直觉——因此，我将称之为“直觉性解决办法”，以与“反直觉性解决办法”相对——但这相当于承认含义论坚持否认的东西，亦即，构成所讨论的信念窄式内容的呈现方式是所表达的命题的一个方面。在这一点上，同样存在两种选择：要么放弃含义论，从一开始，即，不仅在（2）中，而且在（1）中，就承认呈现方式是所表达命题的一个方面；要么坚持含义论关涉简单句（1），必须阐释（1）和（2）之间的差异：为什么当（1）出现在诸如（2）这种更大句子中时，简单句（1）的*含义*成为*真值条件成分*？某个意义成分性质这样改变的原因何在？代表含义论者，我能想到的唯一解释是采用*元语言*否定的概念（参见第二编第1部分的附录）。因此，含义论者可能分辩说，（2）中的否定像在“他不高——他*很*高”中的否定那样，简单句“他高”的含义处于否定辖域之内，影响复杂句的真值条件。但是，这个解释并不十分可信，因为元语言否定具有的性质像（2）这样的实例并不具有。考虑一下“他不高”这句话。显然，这样一句话的*默认*理解是作为描述性（即，普通的非元语言）否定实例的理解；元语言理解必须特殊地“标记”或指明。而（2）根本没有这种情况：（2）是以这样一种方式*正常地*理解的，从而呈现方式处于否定辖域之内，这与“元语言”处理相悖。

现在让我们考虑另一种选择——“反直觉性解决办法”，根据这种办法，（2）中只是否定了含义论看作由（1）字面地表达的命题，亦即以下命题：*存在一个呈现方式，以此呈现方式洛伊丝·莱恩知道单称命题克拉克·肯特*（*即，超人*）*是超人*。基于这种理解，（2）字面地表达以下命题：*不存在任何呈现方式，洛伊丝·莱恩以此方式就超人相信他是超人*。在这一点上，含义论者必须解释为什么表达这样一个（显然成假的）命题可能交流所交流的命题。我能想到的唯一解释诉诸一种修辞手法，类似于反语或隐喻中出现的现象。但是，（i）斯蒂芬·希弗做出了论证，萨蒙接受这个论证；大意是，这不可能是这种例子中包含的那种机制；（ii）即使按照这些思路做出的解释可以接受，人们仍然可能反对含义论，指出该理论使用*两种迥然不同的机制*，阐释显然*相同的*现象，亦即在（1）和（2）中讨论的信念的“模糊性”理解。[1]

在结束这一章之前，我深表遗憾，诸如萨蒙等含义论辩护者尚未详细阐述这一理论，萨蒙本人认识到了这一点（Salmon，1989：253）。他们如果这样做了，就会意识到这样的含义论必须摒弃：人们如果想要论述信念句处于逻辑联结语辖域之内的更加复杂的例子，该理论假定的所谓含义必须看作十足的命题成分（所言的语用方面）。既然有关的所谓含义体现出所言之语用方面的特性，亦即，与所言在直觉上的不可区别性，这也正是意料之中的了。

[1] 按照萨蒙的观点，（1）中发挥作用的机制包括将所表达的命题向更加具体的命题的充实。萨蒙似乎没有认识到这个机制无法对（2）做出解释。

# 第 18 章

# 信念转述与“that”- 从句的语义阐析

## 18.1 弗雷格难题与关系原则

含义论的主要优点是为我们提供了解决弗雷格难题的一个办法。弗雷格难题基于三个论点。若要解决这个难题，其中的一个论点必须摒弃。

*弗雷格难题：*

（A）如果两个指称性表达式 *t* 和 *t*’ 指称同一个对象，如果两个简单句“P”和“Q”的差异仅在于 t 出现在“P”中、*t*’ 出现在“Q”中，那么，“P”和“Q”表达相同的命题。

（B）如果“P”和“Q”表达相同的命题，那么，“约翰相信 that P”与“约翰相信 that Q”表达相同的命题。

（C）然而：至少在有些语境中，“约翰相信 that P”与“约翰相信 that Q”并不表达相同的命题，尽管（i）“P”和“Q”的差异仅在于 t 出现在“P”中、*t*’ 出现在“Q”中；（ii）*t* 和 *t*’ 指称同一个对象。

弗雷格的解决办法在于否认（A），从而拒绝直接指称论。含义论否认（C），将模糊看作一种幻觉，归因于混淆所表达的命题与所交流的信息。同含义论者相反，我接受（C），亦即，我接受（至少在某些语境中）“洛伊丝 · 莱恩相信超人是超人”与“洛伊丝 · 莱恩相信克拉克 · 肯特是超人”表达不相同的命题。我还接受直接指称论。所以，看来我必须否认（B）。[1]

确实，我认为基于若干理由，（B）是不可接受的。然而，许多哲学家不愿意拒绝（B）。其原因在于，若不同时拒绝下面陈述的关系原则，看来就难以拒绝（B）。关系原则蕴含（B），因而如果拒绝了（B），关系原则看来就无以维系。

*关系原则：*

“约翰相信 that P”陈述约翰与“P”表达的命题之间的关系。

我为何说这样表述的关系原则蕴含（B）？因为如果“P”和“Q”表达同样的命题，那么，根据关系原则推论，“约翰相信 that P”与“约翰相信 that Q”陈述相同关系

---

[1] 我对拒绝（B）之必要性的反思由希弗（在希弗，1987 的前身中）关于弗雷格难题的探讨促发。

*项*（即，约翰与有关命题）之间的相同关系，从而“约翰相信 that P”与“约翰相信 that Q”表达相同的命题（即，约翰与该命题信念相关这个命题）。因此，关系原则蕴含如果“P”和“Q”表达相同的命题，“约翰相信 that P”与“约翰相信 that Q”就表达相同的命题。

关系原则经常说成是不可商榷的，因为正如萨蒙所言（1986b：246），这一原则“受到强有力语言证据的佐证”，并且对诸如下述的某种推论“提供了最简单、最可信的解释”：

约翰相信 that S，
彼得相信约翰相信的一切，
因此，彼得相信 that S。

约翰相信我们民族忠诚于之的主张，
我们民族忠诚于之的主张是所有人生而平等，
因此，约翰相信所有人生而平等。

约翰相信 that S，
that S 成真，
因此，存在某种约翰相信的成真的东西。

有人假定这样的推论表明，“that P”是一个指称性表达式、“相信”是一个二位谓词。[1] 我个人认为，这个问题比当代哲学家愿意承认的更加复杂和富有争议。[2] 但我在此将不探讨这个问题，因为我并不意在否认“约翰相信 that P”陈述约翰与“that P”指表的命题或内容之间关系的观点。这个观点确实在某种程度上由上文列举的那种证据所佐证。我想拒绝的不是这个我称之为信念关系观的观点，而是上面陈述的关系原则。关系原则包括信念关系观，但还包括一个关于“that”-从句语义分析的令人质疑的论点。换言之，关系原则可以分解成两个论点，我拒绝其中的第二个论点：

---

[1] 例如，参见比勒（1982：223 往后）；萨蒙（1986a：5–6）；希弗（1987：459）。

[2] 人们有时说，没有其他方法替代将“相信”分析为二位谓词的方法。但是，亚瑟·普里奥尔因为提出了这样一种替代方法而著称（Prior，1963）。按照普里奥尔的观点，“that”-从句不是真正的语义单位；普里奥尔不将“相信”看作二位谓词、不把“that”-从句看作单称性表达式，而将“……相信 that……”看作从一个单称表达式与一个句子构成一个句子的连接短语。因此，我们就有了：“约翰 / 相信 that/P”而非“约翰 / 相信 /that P”。普里奥尔的分析强调诸如“约翰相信 that”这种认识算子与诸如“可能 that”这种模态算子的相似性，以及信念句与“按照约翰的观点，P”这种结构的相似性（Fauconnier，1985）。为了阐释文章中提到的那种推论，普里奥尔诉诸替代限量。有人可能不喜欢这个举措。但我认为，这个问题无法先验地解决；有人引证了某些经验性证据支持普里奥尔的观点（例如，Rundle，1968：194–195），这至少必须加以考虑。因此，业已表明，甚至*不及物动词*可以进入“X 动词 that P”这个结构。我们可能说“他 protested（抗议说）that P”，尽管“protest”是一个不及物动词，不带直接宾语。这个以及相关事实必须予以解释。（对这些问题的有趣探讨，参见 Rundle，1979：第 7 章。）

(RP-i)“约翰相信 that P”陈述约翰与“that P”指表的内容之间的关系。*[信念关系观]*

(RP-ii) 由“that P”指表的内容是“P”表达的命题。*[‘that P’的标准语义分析]*

上述推论要能成立，唯一的要求是 (RP-i) 成真、“that P”指表的内容在整个给定的推论中相同。没有任何更多的要求。据此推论，(RP-ii) *不*受有关推论有效性的支持。我推断，我们如果放弃论点 (RP- ii)，并且为“that”– 从句做出一种不同的语义分析，就可以拒绝（B）而坚持信念关系观 (RP-i)。这正是我将在第 18.3 节要做的。眼下，我想讨论对 (RP- ii) 的理解，指出这一论点引起的那种问题。

## 18.2 拒斥关系原则

从表面上看，(RP-ii) 是难以理解的，因为不存在由句子“P”表达的“该”命题这种东西。由于句子表达的命题依赖于语境（除非有关句子属于神秘范畴的“永恒句”)，相对于不同语境，“P”将表达不同的命题。考虑到“P”可能的指示性，人们也许可以将信念转述中内嵌句“P”表达的“该”命题认作“P”假如在相同环境中孤立地说出时可能表达的命题。[1] 根据这个理解，表达式“that P”出现在给定的信念转述中时，为“P”可能表达的命题命名，假如它正是在做出信念转述的那个语境中孤立地说出的话。这就为我们提供了对 (RP-ii) 的如下理解：

(RP-ii) 当表达式“that P”出现在特定话语 **u** 中时，该表达式所指表的内容是假如它在与 **u** 相同的环境中孤立地说出时“P”所表达的命题。

我想，这样理解的 (RP-ii) 必须拒绝。(RP-ii) 本身可以分解成两个论点：

（RP-ii/α）在特定话语 **u** 中，由表达式“that P”指表的内容是当句子“P”出现在 **u** 中时所表达的命题。

（RP-ii/β）当内嵌句“P”出现在复杂话语 **u** 中时所表达的命题是该内嵌句如果在与 **u** 相同的环境中孤立地说出时可能表达的命题。

我认为，这两个论点都存在质疑。我将首先批判第二个论点，这是克里敏斯与佩里所提供的一种形式的清白原则。[2]

正如我们在第 13—16 章所看到的，某个话语表达哪个命题不只是取决于话语语境的外在特征（谁在说话、什么时间说话、对谁说话，等等），这些特征决定指示性表达式的语义值，而且取决于在理解过程中可能发挥作用的无论什么任选性 p– 过

---

1 “环境”的概念旨在揭示话语语境的*外在*特征，即，谁在说话、什么时间、什么地方、对谁说话，等等。参见雷卡纳蒂（1987a：60 及之后）。

2 按照克里敏斯与佩里的观点，清白原则主张“信念转述中的内嵌句话语只表达这些话语不内嵌时所表达的命题”（Crimmins & Perry，1989：686）。

程。而任选性 p– 过程本身也是高度地语境敏感性的：这些过程（从而所表达的命题）以远超出仅仅指示性的方式依赖于语境改变句子例型地出现的语境，*无论变化程度多小*，都可能足以改变用于句子意义以产生所表达命题的 p– 过程。尤其是，将一个句子*内嵌*入诸如“约翰相信 that……”这种句子框架可能足以改变内嵌句的语义值，即使语境的外在特征（“环境”）没有改变。在下文中，我将提供若干例子，在这些例子中，句子“P”如果在 C 中孤立地说出会针对语境 C 表达一个给定的命题；但是，这个句子看来不能表达那个命题，如果我们假定该句子在 C 中只是作为信念转述的内嵌部分例型地出现，这个句子看来就不能表达那个命题。这种例子同（RP-ii/β）相矛盾，因而使（RP-ii）受到质疑；(RP-ii) 的观点是，“that” – 从句为内嵌句如果孤立地说出时可能表达的命题命名。

在第 16.4 节，我探讨了农贝格的一个极其引人注目的例子，这个例子涉及指示语的描述性使用；我在此将对这个例子稍作修改。约翰正在给我上第五十堂象棋课；我刚走出了一步没有把握的棋。这样，考虑一下约翰在这个语境中可能说出的两个句子：

（1）你走那步棋经常会惹上麻烦。

（2）按照霍罗威茨的看法，你走那步棋经常会惹上麻烦。

我认为，假如约翰在那个语境中说出（1），“你走那步棋经常会惹上麻烦”这个句子将理解为表达一个关于我的单称命题：约翰会被理解为在说*我*走那步棋经常会惹上麻烦。但是，约翰如果在那个相同语境中说出（2），因为霍罗威茨从未听说过我，所以，同一个句子“你走那步棋经常会惹上麻烦”就不再会被理解为表达一个关于我的单称命题（会作为霍罗威茨转述言语行为之内容的命题）。相反，正如农贝格指出的那样，(2) 中代词的理解不会是其指称，而是某种非基本语义值（亦即，“走了刚走出的那步棋的无论什么人”这个概念），该语义值通过迁移的一位语用过程衍生于其指称。这种（从基本的到非基本的）理解变化归因于增加了“按照霍罗威茨的看法”所体现的语境变化。尽管我们假定说出（1）和（2）的语境相同，但是，在两个实例中，“你走那步棋经常会惹上麻烦”这个句子例型地出现其中的语境*不同*：句子孤立地出现或者作为更加复杂话语的一部分出现这个事实，构成了语境的变化，这一变化足以引起理解的变化。

琼–皮埃尔·迪皮伊在会话中提到的另一种例子包括（3）和（4）：

（3）密特朗是头驴。

（4）我儿子相信密特朗是头驴。

语境如下：迪皮伊和他年幼的儿子居住在巴黎，靠近圣母院。在圣母院前面站着一个商贩和一头驴。这头驴叫作“密特朗”，小贩用之吸引周围的游客。迪皮伊的儿子认识这头驴，但几乎没有听说过弗朗索瓦·密特朗总统。迪皮伊的观点是，假如他（迪皮伊）说出（3），他的话“密特朗是头驴”就会表达关于弗朗索瓦·密特朗的一个单称命题。但相反，如果他说出（4），同样的词语“密特朗是头驴”将不再表达该命题:相反，这些词语就会表达叫作“密特朗”的个体是某种动物这个命题，或者更加一目了然地说，表达“密特朗”这个名字指称某种动物；正是这个元语言命题是在（4）中归赋给迪皮伊儿子的信念内容。

在这些例子中，看来“that” – 从句并不为内嵌句假如出现在相同环境、孤立地说出时可能表达的命题命名。相反，它为内嵌句在复杂话语语境中表达的命题命名，这个命题不同于内嵌句若在相同环境孤立地说出时可能表达的命题。

要为（RP-ii）辩护，就必须承认，像农贝格和迪皮伊的例子相当特殊。农贝格例子中的指示语和迪皮伊例子中的专名做出了非指称性的理解：在农贝格的例子中，指示语作泛指性理解；在迪皮伊的例子中，专名作元语言（本名）理解。将这种例子搁置一旁，以便集中于信念转述的标准实例，亦即，集中探讨像“约翰相信西塞罗很穷”（在这个例子中，“西塞罗”作模糊性理解，但指称西塞罗）这样的例子，这样做不无道理。可是，那样的举措将不足以拯救（RP-ii），因为在这个范畴中同样可以找到反例。

在第 18.4 节，我们将探讨马克 · 理查德（1983）提出的一个有名的例子。正如克里敏斯与佩里指出的那样，在那个例子中，“你遇到危险了”这同一个句子内嵌于“……相信你遇到危险了”图式的各个实例中时，可用以归赋*不同的*信念内容，尽管同确定那个句子指示成分之语义值有关的外在特征保持相同。理查德设想一个男子，比方说吉姆，在电话上同一位女士交谈，同时看着电话亭里的一个女士；他不知道，这两个女士是同一个人。我们还假定，他知道一个男子在看着他正与之在电话上交谈的女士，而没有意识到他自己就是那个男子。吉姆在那个语境说“我相信你遇到危险了”时，他赋予自己的内容包括将听话者呈现为他在电话上与之交谈的人这个方式。他将“我在电话上与之交谈的那个人遇到了危险”或者某种类似的东西归赋给自己。但是，如果在相同的语境中，他说“注视着你的那个人相信你遇到了危险”，所归赋的内容就会相当不同：他归赋给注视着你的那个人（即，他自己）的信念内容是某种类似于“我看到在电话亭里的那个人遇到了危险”（Crimmins & Perry, 1989 : 708）。这提供了进一步的证据，证明在信念转述中提到并归赋给相信者的内容受内嵌影响，从而证明这个内容不能等同于内嵌句如果在相同环境孤立地说出时所表达的命题。

在理查德的例子中，正像在迪皮伊和农贝格的例子中那样，一种高度语境敏感的任选性 p– 过程在发挥作用。所说的过程是具体的充实过程，我将之称为“类单称化”过程（第 19.2 节）；这个过程将我们从内嵌句表达的（单称）命题带到包含由语境提供的呈现方式的（类单称）思想内容。同农贝格和迪皮伊例子中包含的 p– 过程相反，可以认为，类单称化过程不影响内嵌句表达的命题。这是因为句子表达的命题在真值条件基础上个体化了，而类单称化提供的呈现方式同真值条件无关。[1] 因此，可以坚持认为，在理查德的例子中，内嵌句与其未内嵌时表达相同的单称命题（第

1 这一过程影响整个信念转述的真值条件，但这是另一个问题。参见第 20.3 节。

19.3节）。基于这种理解，是（RP-ii/α）而非（RP-ii/β）遇到了麻烦。理查德的例子表明，即使将一个句子内嵌于信念转述中也不会影响该句子所表达的命题，由“that”-从句命名并归赋给相信者的内容可能与有关的命题不同（比如，较之更加丰富）。

数位作者——包括克里敏斯与佩里——试图通过区分所归赋的信念内容与“that”-从句的指称，以拯救（RP-ii）。因此，面对理查德的例子，他们认为，“that”-从句命名一个单称命题（即内嵌句不内嵌时所表达的命题）；他们同时承认，所归赋的内容*不是*单称命题，而是某种更加丰富的东西。这个“二元论”策略将在第19章中予以批判。眼下，我想强调我所认为的（RP-ii）根本性不足之处，并且对“that”-从句做出一种不同的语义分析。

## 18.3 “that”-从句的指称

经常强调“that”-从句与引语的相似性——在我看来，这样强调是正确的。(RP-ii)的支持者将这种相似性陈述如下：“that”-从句指称内嵌句表达的命题，而引号内的句子（简称“引语”）指称引号内出现的句子。换言之，指称对象要么是语词的内容（间接结构），要么是词语本身（直接结构）。但是，我认为，这两种结构还在另一个方面相似，这种相似性在上述看法中忽略了。在我看来，在与（比如）指示代词的指称是不充分确定的这个非常相同的意义上，这两种结构的指称也是*不充分决定的*。我在此称作“不充分决定”的东西应当同单纯的“语境依赖”区别开来。像“我”或“今天”这种词的指称依赖于语境，但不呈现不充分决定性的有关特征：在给定情景中，像“我”或“今天”这种纯指示语的意义充分决定指称是什么，因此，这种指称并不依赖于可信性因素。指示代词则不然。“他”或“那个”的指称不由任何严格规则决定；其指称通过回答诸如以下问题决定：“在那个语境中，能够可信地认为说话者指称谁或者什么？”[1]我认为，这同样适用于引语和“that”-从句。我并不认为，相关于其中任何一个结构，存在一条“规则”或“系统意义”在语境中充分决定其指称是什么——例如，“that”-从句指称内嵌句所表达的命题这条规则，或者引语指称出现在引号内的句子这个规则。引语和“that”-从句的指称以灵活得多的方式决定。

首先来看引语：引语不一定指称出现在引号内的句子类型（Sperber &Wilson，1986：228）。假定我们在外国，我碰巧掌握该国的语言。我正同旅店老板说话。我朋友问我：他说什么？我答道：他说“你们为什么没有任何行李？”显然，我在此并不指称“Why don't you have any luggage?”（你们为什么没有任何行李？）这个英语句子。我不是说旅店老板说出了*那个*句子。我所指称的句子是那个英语句子在旅店老板自己语言中*对应的*句子。那甚至不一定是单个的句子：我也许在直接引语中*概括*旅店老板用自己的语言说的话。在这种实例中，引语的指称与出现在引号内的

[1] 大卫·卡普兰自己得出这个观点，即，指示代词与纯指示语之间的主要区别是，指示代词的指称取决于说话者的意向，而不是话语语境外在特征的作用（Kaplan，1989b；关于话语语境的“外在”特征，参见第211页注1）。

句子之间的关系并非同一关系，而是恰当的相似关系。

同样，“that” – 从句不一定命名内嵌句表达的命题。像引语的指称那样，“that” – 从句的指称不是由那样一条规则或一种系统意义决定的，这个规则或系统意义独立于任何可信性考虑，鉴别唯一的指称。相反，我提出，“that” – 从句的指称是按照两条普遍限制在语境中决定的：[1]

> （i）*自上而下限制*：对于所归赋之信念或言语行为的内容的性质（或者，更加普遍地说，对于句中包括的无论什么谓词之主目的性质），指称对象必须是一个可信的候选项。[2]
>
> （ii）*自下而上限制*：指称对象必须能从内嵌句中复取，即，必须可能（并且容易）通过“理解”内嵌句，获得满足限制（i）的内容。

要点是，（ii）中提到的理解过程可能包含*任选性* p- 过程，即，像充实或迁移这样的过程，将理解者从成分表达式的基本语义值带至某个进一步的非基本值。换言之，（ii）中提到的“理解”不一定是“严格地字面的”（正像有些会认为的那样）或者（正像我更喜欢说的）“最小论的”理解。任选性语用过程是否发挥了作用实际上取决于第一个自上而下的限制，亦即，根据纯粹语用的基础。[3] 第二条自下而上的限制所要求的只是，存在一条（合理地短的）*理解途径*，从带有其语言意义的内嵌句引向所归赋的内容。

现在，我们相当清楚地看到，为什么弗雷格难题的第二个前提（B）必须予以拒绝。即使孤立地表达相同命题的两个句子“P”和“Q”当内嵌在诸如“约翰相信 that……”这种信念句中时，继续表达该命题，但是，“that P”和“that Q”不一定指表有关的命题。基于我所勾勒的观点，“that” – 从句可能指称更加丰富的思想内容。这个思想内容通过以语境中凸显的呈现方式充实所表达之命题获得。这种充实（即类单称化）是一种特定类型的任选性 p– 过程；这个过程很可能在理解“that” – 从

[1] 正像了解情况的读者会注意到的，所说的这两条限制对应于斯珀伯与威尔逊“关联性”概念的两个方面。参见斯珀伯与威尔逊（1986）。

[2] 那条限制同决定诸如“他”或“那个”这种指示代词的指称对象发挥作用的限制很相似。一般而言，可信性——同可获及性一起——是使理解者能够成功地弄清指称对象是什么，尽管指称对象的不充分确定性。

[3] 像斯珀伯与威尔逊那样，我们也许可以假定，理解过程遵循经济原则，从而当发现一个满足（i）的理解时，理解过程即停止。（在斯珀伯与威尔逊的框架中，与“关联性”要求一致的第一个（即，最容易获及的）理解得以保留。）这是否意味着仅当表达式正常的最小论理解似乎不大可能对任何满足限制（i）的话语理解做出贡献时，任选性 p– 过程才对任何给定的成分表达式发挥作用？我并不这样认为。整个话语的正常理解甚至不需要加以*考虑*。在给定的语境中，情况可能是一个成分表达式（例如，一个词项）直接使人想起一个转喻或隐喻性理解，因为在那个语境中这样的理解心理上非常容易获及。在这样的语境中，迁移过程在*局部*出现：词项在心里唤起语境中可获及的非基本理解；正是这个理解进入到话语理解，经历同相关于话语中其他成分表达式的语义值的组合过程。话语的正常理解是否会满足（i）是一个甚至不能提出的问题：话语的正常理解并不首先考虑（从而根本不加以考虑），因为在那个语境中，这个理解结果证明不如实际的理解能够获及。（我认为刚才阐释的观点与斯珀伯与威尔逊提出的关于隐喻的阐释非常接近，他们强调在阐释隐喻时字面理解甚至都不作考虑。）

句时发挥作用，并且很可能对“P”和“Q”不同的那些方面敏感。因此，“约翰相信 that P”和“约翰相信 that Q”可能表达不同的命题，尽管内嵌句“P”和“Q”表达相同的命题。

注意，基于这一理论阐释，我们无须放弃清白原则。首先，我不是说，指称性表达式出现在简单句中与出现在信念句内嵌部分时，性质*不同*。当孤立地说出简单句时（尽管没有隐性地做出任何信念归赋），任选性 p– 过程也可能发挥作用。其次，对信念语境中替代失败做出解释的典型 p– 过程是类单称化过程；可以认为，在这种实例中内嵌句确实与句子不内嵌时表达相同的命题；因而，基于这一阐释，甚至由克里敏斯与佩里[1]倡导的强式清白原则也能够加以坚持——或者如果我们只考虑模糊信念转述的典型实例，至少可以坚持这个原则。（我将在第 19.3 和第 20.3 节回头探讨这个问题。）

## 18.4 “that”– 从句的语境敏感性

按照上面勾勒的理论阐释，“that P”在信念转述中的指称可能是但不一定是“P”（正常）表达的命题。假如“P”（正常）表达一个单称命题，所归赋的信念内容仍然可能是类单称的，包含一个由归赋者使用某个表达式在语境中表明的呈现方式，或者包含一个由其他语境特征表明的呈现方式（正像在理查德的“电话亭”例子中那样；这个例子将在下文探讨）。正像在上文讨论的一些例子中那样（如，农贝格的例子），所归赋的内容甚至可能是一个普遍性命题。“that”– 从句所指称的——信念转述归赋的内容——基于语用决定；唯一的限制是，通过一种理解过程，这个过程不一定是最小论的过程，而可能包含诸如充实或迁移这种任选性 p– 过程，所指称的内容能够从内嵌句中复取。[2]

我的观点如果正确，许多作者（如 Richard，1990；Jacob，1990）强调的信念转述的语境敏感性归因于一个更加普遍的现象，即，“that”– 从句之指称的不充分决定性。鉴于这种不充分决定性，语境的任何特征，包括说话者实际使用的语词，通过使某个理解假设比其他的更加可信或相关，就可能在决定“that”– 从句的指称中发挥作用。[3]作为例子，让我们回到西塞罗 / 塔利的例子。假定某人说：“约翰相信西塞

---

1 参见上面的第 211 页注 2。

2 正如我们在下面（第 220 页注 1）将要看到的那样，“that”– 从句的指称也可能不表达完整的命题。

3 （继希弗之后）理查德针对信念转述，讨论“指示性”，因为在不同的情景中，同一个句子“约翰相信 that P”可用于归赋不同的信念。我在第 13—14 章区分了两种一位语用过程，即，一方面为饱和，另一方面为任选性（或非最小论的）过程，理查德和希弗并未做出任何这样的区分。当某个呈现方式由语境提供时，我们就有了一个（非最小论的）充实过程；在（例如）农贝格的象棋例子中，我们也有一个非最小论过程，即，迁移。因此看来，这里起作用的那种语境敏感性与指示性不同，因为指示性包含一个最小论 p– 过程，即，饱和。但是，事实上，饱和要比那个更加复杂：我关于信念转述的观点如果正确，诸如充实和迁移的任选性过程作为饱和的整体（最小论）过程的一部分出现，即，为“that”– 从句找到一个恰当的语境指称的过程。这个过程在以下意义上是最小论的，即，没有这个过程，“约翰相信 that *P*”

罗很穷”。假如听话者在语境中假设归赋者对相信者是“忠实的”（第 17.2 节），就会导致他假定所归赋的关涉西塞罗的信念包含一个呈现方式或百科词条，这个呈现方式或百科词条包括同归赋者使用的名字“西塞罗”（作为语言呈现方式）相关联的描述性概念。这个描述性概念是“叫作‘西塞罗’”的概念。因而，听话者将假定，相信者把西塞罗*看作*“西塞罗”；他将把“that”–从句的指称理解为一个类单称命题，这个单称命题除了表达式“西塞罗”的指称之外，还包含某个（涉物）概念。而说话者如果说了“约翰相信塔利很穷”，那么，同样的假定就会导致理解者把“that”–从句的指称理解为包含一个*不同*概念的类单称命题。藉此，替代性失败就得到了阐释。假如在信念句的内嵌句中用一个表达式 *t* 替代一个共指表达式 *t'*，那可能足以改变“that”–从句的指称，从而改变复杂句所表达的命题。（第 20.3 节进一步阐述。）

斯蒂芬·希弗对这个阐释提出了异议。他说，有很好的理由说明，为什么直接指称论者在接受下述观点时应当谨慎，即，基于对诸如“约翰相信西塞罗很穷”这种信念转述的模糊性理解，所归赋的信念内容是类单称（而非单称性）命题，该命题包括指称对象在语境中决定的呈现方式（以及这些对象本身）。直接指称论者主张，藉由诸如“西塞罗很穷”这种话语做出的*断言*之内容是由西塞罗和贫穷的性质组成的单称命题。（像通常那样，我忽略时态。）按照希弗的观点，这个主张难以同刚才陈述的关于信念转述的观点相协调。在希弗看来，直接指称论者面临下述两难。要么为“拉尔夫说 that 菲多是一条狗”（断言转述）和“拉尔夫相信 that 菲多是一条狗”（信念转述）所归赋的内容提供*不同的*表征，而这“会不只是荒唐的”（Schiffer, 1987 : 461）；要么允许“拉尔夫的所言能够以与刚才讨论的对他信念转述相同的呈现方式表征”，但“这就会将呈现方式纳入到所言分析之中，这就否定了‘菲多是一条狗’之话语内容由单称命题穷尽”（Schiffer，1987 : 461）。

基于我的分析，认为“拉尔夫说 that 菲多是一条狗”所归赋的内容与“拉尔夫相信 that 菲多是一条狗”所归赋的内容不同，这不荒唐，更说不上“不只是荒唐”。归赋了哪个内容——“that”–从句指称什么——在与指示代词的指称依赖于语境这个相同意义上依赖于语境。正如我上面所说，话语语境的任何特征，*包括说话者在表述转述时所实际使用的词语*，藉由使某个理解假设比其他的更加可信或相关，可能在决定“that”–从句的指称中发挥作用。西塞罗 / 塔利的例子是这样一个实例，内嵌句措辞上的差异影响了“that”–从句的指称。但是，克里敏斯与佩里表明，诸如理查德的“电话亭”这种其他例子（恰当地理解），包含措辞上的差异，这种差异也影响所归赋的内容，尽管这些差异出现在信念转述内嵌句之外的主句中。显然，这正是在希弗讨论的实例中出现的情况：在“拉尔夫相信 that 菲多是一条狗”中，以“说”取代“相信”可能影响“that”–从句的理解，或者我将论证如此。

让我们先回到理查德的例子。理查德（1983）设想以下的情景：

（续前注）这个句子就不会表达确定的命题。在那个程度上，人们也许可能谈论相关于信念转述的“指示性”。然而，还存在另一个问题：鉴于那种卡普兰意义上相关于纯指示语的语境依赖性与指示代词及（如果我的观点正确）“that”–从句特有的不充分决定性，谈论指示性可能相当误导地暗示，在信念转述中发挥作用的语境依赖性属于前面这种类型。这就是为何我更愿意谈论语义不充分决定性，而非指示性。

考虑一下 *A*——一个确定为有智力、有理性、正常地讲英语的人，等等——他既看到街对面的电话亭里的一位妇女，又在电话上与一位妇女通话。他没有意识到，他正在与之通话的妇女——把她叫作 *B*——正是他看到的那个妇女。他感到她遇到某种危险——比方说，跑道蒸汽压路机正向她的电话亭碾压过来。*A* 朝那个妇女挥手；他什么也没有对着电话说。（Richard，1983：184）

理查德指出，在这种情景中，*A* 可能说出（5），而不是（6）：

（5）我相信她遇到了危险。
（6）我相信你遇到了危险。

（理查德说，所理解的是，“她”的使用伴随着指向街对面的那位妇女，而使用“你”是通过电话指称那位妇女的。）这个事实的自然解释是（5）和（6）转述不同的信念，这些信念包含相同指称（不为相信者所知的）的不同呈现方式。说话者持有第一个信念，而非第二个信念；据此推论，（5）成真，而（6）成假。

然而，理查德否认（5）和（6）具有不同的真值。他的推理如下。既然 *A* 相信她（他看到的妇女）遇到了危险，（5）显然成真。而从 A 说出的（5）的真值可以推理，“如果 *B*（即使是通过电话）说出：

（7）看着我的那个人相信我遇到了危险。

她说的话依然成真”（Richard，1983：185）。为了给（7）（以及为理查德的下一个例子）提供一个背景，克里敏斯与佩里假定 *B* 看到一个人（事实上是 A 本人）在街对面的楼里面发狂似地挥手。觉得挺逗，她说出（7），从而说了真话。A 相信她的话，而且呼应她而说出（8）：

（8）看着你的那个人相信你遇到了危险。

这样，情况是 A 会否定（6）而接受（8）；他将（6）看作成假、（8）看作成真。可是，理查德（1983）假定，*相同的*信念内容（即，内嵌句“你遇到了危险”所表达的命题）由（6）和（8）归赋给*相同的*相信者（即，*A*，分别由“我”和“正看着你的那个人”指称），所以他认为 *A* 将（6）和（8）看作具有不同的真值是错误的。理查德推断，尽管 A 没有意识到，但既然（8）指示性地成真，[1]（6）也就成真。

理查德的推断是相当有悖直觉的。正如克里敏斯与佩里所强调的，“自然的直觉……是，在所描述的环境中使用（6）会做出成假的断言”（Crimmins & Perry，1989：708）。为了坚持这个直觉，显见的策略——克里敏斯与佩里所采取的策略——在于否认理查德的前提，即，（6）和（8）将相同的信念内容归赋给 *A*。因此，克里敏斯与佩里认为（依我看，他们的观点是正确的），由（6）归赋的内容包含所指称

1 “如果 *B* 通过电话说出 [7] 的话由 *A* 听到会成真，那么，*A* 假如通过电话说出 [8]，就会说了真话”（Richard，1983：185–186）。

的人的呈现方式，这包括“我在电话上与之通话的人”的概念，而由（8）归赋的内容则不包括这个呈现方式。尽管*相同的*句子内嵌地出现在（6）和（8）中，（6）和（8）唯一的不同是在信念转述的*主句*中用于指称相信者的表达式之间的不同。正如克里敏斯与佩里推断的那样，“理查德的实例特别有趣，因为这个实例表明，语境转变如何可能由信念转述中内嵌句之外的措辞的变化引起”（Crimmins & Perry，1989：709）。

在希弗讨论的实例中，甚至更加显见的是，信念转述的主句中用“说”代替“相信”可能影响所归赋的内容。正如我反复强调的，根据希弗自己的观点，断言与信念的一个不同在于，断言的内容很可能是一个单称命题，而信念的内容——或者至少其完整内容——*不可能*是单称命题：人们无法抱有关于某个对象的信念而不以某种方式或以某个呈现方式思考该对象（Schiffer，1978：181）。因此，用希弗自己的术语来说，信念内容只可能是类单称的（Schiffer，1978：182）。断言与信念之间这个广泛认识的差异足以解释在转述中以“说”取代“相信”引起的理解上的差异。假如说话者说“拉尔夫断言菲多是一条狗”，将“that”－从句理解为指称单称命题 < 菲多，狗的性质 > 是可信的，因为单称命题是断言内容性质的候选项；但是，“拉尔夫相信 that 菲多是一条狗”就使自己不那么容易获得这种单称理解，因为单称命题不是信念内容性质可信的候选项。

罗素一个有名的例子是一个人相信某艘游艇实际比它的长度要长。针对希弗提出的问题也可以提及这个例子。如果假定相信者是理性的（相信者通常是这样），游艇实际比它的长度要长这个自相矛盾的命题不是信念内容可信的候选项。但是，假定相信者是个臭名昭著的疯子，这个归赋的目的正在于表明他是多么疯狂。假定我说：“约翰真是疯了。喏，他相信罗素的游艇实际上比其长度要长，而且没有任何东西与自身相同一！”在这种语境中，对于所归赋内容的性质，比起任何其他可从内嵌句复取的命题，游艇比其长度要长这个自我矛盾的命题是一个更加可信的候选项。再一次地，这是内嵌句*之外*的差异引发了“that”－从句理解中的主要变化。

隔一段之前，我说过，单称命题不是信念内容性质可信的候选项。那必须加以限定。从信念的完整内容只能是类单称的这个事实（因为它必定包含信念对象的呈现方式），不能推论没有可能将信念转述中的“that”－从句理解为指称单称命题。所不可能的是将“that”－从句*既*理解为指称单称命题，*又*理解为具体规定信念的完全内容。因此，将信念转述中的“that”－从句理解为指称单称命题是可能的，如果该命题理解为只是对转述信念的*部分*规定。在信念句的所谓透明性理解中发生的正是这种情况。出现在内嵌句中的指称性表达式被理解为给我们提供了信念的指称（信念关涉的对象），而没有规定思考该对象的方式。基于那个理解，相关于表达式的语言呈现方式仅仅反映说话者思考指称的方式，而相信者的思考方式则是不确定的。在这种实例中，只有信念的真值条件内容得到规定：据说相信者相信某个单称命题，并且是以特定的呈现方式相信该命题（因为单称命题只在呈现方式下，才是信念的对象）。但呈现方式未加规定。针对这种实例，萨蒙的等值观能够成立：说某人相信一个单称命题，就是说*存在*一个呈现方式，他或她以此方式相信该命题。[1]

本章阐释的信念转述分析方法的一个优点是其高度的灵活性。其他流行理论往往太过刻板。因此，在那些认识到单称命题只能以某种呈现方式作为信念对象的人中，存在两种主要倾向。一些人像萨蒙那样，提出所说的呈现方式在信念转述中受到限量，从而由“约翰相信西塞罗很穷”表达的命题是这样一个命题，即，*存在*一个呈现方式，约翰以此方式相信单称命题 < 西塞罗，穷困的性质 >。其他人说，呈现方式是“语境中决定的，并且隐性地受到指称”（Schiffer，1987 : 460）。[2] 因此，克里敏斯与佩里认为，呈现方式“（藉由未言说成分的机制）包括在信念转述的论题之中，而不只是受到限量”（Crimmins & Perry，1989 : 698）。根据我的观点，呈现方式*有时*受到限量，*有时*在语境中受到指称，包括在所归赋的内容之中。第一种理论适于包括指称性表达式的信念句之透明性理解；第二种理论适于模糊性理解；正确的理论必须两种理解都适用。我的理论其优点正在于适合这两种理解。[3]

1 所归赋的思想内容除了呈现方式，可以在其他方面不做具体规定。正如我们将在第 19.4 节中看到的那样，存在这样的实例，在这些实例中，转述信念*真值条件内容*（的某个成分）受到限量，而没有明确规定。当“约翰相信一*位医生*想同他结婚”中的不定描述语作“具体的”（无论模糊的还是透明的）理解时，说的就是存在这样一个人 *x*，从而约翰相信包括 x 的一个命题以及作为命题成分的想要与约翰结婚的性质；所说的这个人，进而作为约翰信念之真值条件内容的命题，一般性加以描述，而没有充分确定。在对“约翰相信罗素的游艇长度比实际的要长”通常的透明性题解中，约翰的信念内容也没具体规定：说的是存在某个长度 *n*，长于罗素游艇的实际长度，从而约翰相信罗素游艇的长度为 *n*。另一个有趣的例子“大多数欧洲人相信自己很穷”将在第 19 章第 229 页注 2 讨论。

表面上看，这些实例对我勾勒的理论形成了困难。按照我勾勒的理论，信念转述中的“that”–从句是指称性表达式，或者至少起到指称性的作用。我刚才提到的例子表明，有时归赋给相信者的内容没有充分确定。人们可能分辩说，在这些实例中，相信者的思想内容没有在指称这个词的强式意义上受到指称，而仅仅是*描述的*。远非指称特定的内容、言说施事相信这个内容，说话者说，在施事的信念中，*存在*一个带有如此这般特征的信念。我将这个观点称作“论点 Q”。可以做出很多论述，以支持这个观点。

论点 Q：当所归赋的信念不充分确定（受到限量）时，相信者的思想内容不受到指称，而只是加以描述。

我实际上接受 Q，但我否认这对我的理论造成困难。人们可以认为，在这种语境中，不充分确定的归赋只是描述施事的思想内容，同时认为，“that”–从句指称。换言之，Q *不蕴含* Q*：

论点 Q*：当所归赋的信念不充分确定（受到限量）时，“that”–从句不指称，而只是描述。

为了反对 Q*，人们可以坚持认为，即使*当所归赋信念的真值条件内容不充分确定*，亦即，即使当所归赋内容的某个成分受到限量时，“that”–从句仍然指称。在这种情形下，“that”–从句所指称的是一个不完整的（图式）思想内容。要使这个建议与 Q 一致，我们只需要将萨蒙的等值推广：*说某人相信一个图式的思想内容，就是说他相信图式的某种补全*。因此，藉由说施事相信（由“that”–从句指称的）某个图式，说话者将施事的信念“描述”为图式的一个实例。根据这个观点，施事的信念内容没有受到指称，但“that”–从句却指称某种东西，即一个图式，施事信念内容作为该图式的实例。

2 希弗表达这个意思的第一个陈述出现在希弗（1977 : 31 及其之后；也可参见希弗（1978 : 183）。他的最新陈述出现在希弗（即将发表）中。

3 在这方面，其他理论的境况跟我的理论相同。因此，福多尔（1990）承认，透明是对模糊的一种限制情形：呈现方式完全规定之程度可能不同，有时未加规定，而只是受到限量（参见第 19.3 节）。在注 2 提到，希弗本人在早期论文中提及过这个可能性（Schiffer，1977 : 40，注 10）。在最近的论文中，他的阐释是说，隐性地指称的呈现方式是一种呈现方式，其完全规定的程度不同，而且还可能完全不加规定（透明性理解）；在透明性理解中，我们可以说，呈现方式受到限量。还可参见斯蒂克（1983，第 6 章）以及克里敏斯与佩里（1989，第四节）。

# 第 19 章

# 同其他理论的比较

## 19.1 信念转述的一元论阐释与二元论阐释

第 18 章中阐述的信念转述理论同克里敏斯与佩里（1989）、雅克布（1990）、福多尔（1990）、理查德（1990）和希弗（即将发表）等提出的理论非常相似。[1] 我们都接受下述论点：

（i）（模糊性地理解的）信念转述具体描述信念转述的窄式内容，亦即，确定了相信者思考构成信念真值条件内容之事态的方式。

（ii）话语意义的这个成分在下述意义上是“语用”成分，即，这不是信念转述中所用词语规约意义的一部分；因此，不是信念句子本身，而只是作为在特定语境中说出的信念句，传达了关于所转述信念（窄式内容）之“方式”的有关具体描述。

（iii）所说的这个描述尽管是语用的和语境性的，但同信念转述的真值条件有关：是信念归赋者所言的一部分，而不只是其所“含”的一部分。

论点（i）和（ii）是上述理论与含义论共有的论点。论点（iii）是上面这些理论与含义论的不同之处。正如克里敏斯与佩里所说，“将语用成分归于适切性与含义方面是错误的。就信念转述的情形而言，语用成分对于内容与真值的理解至关重要”（Crimmins & Perry，1989：711）。理查德和希弗都主张信念句具有“指示性”或者包含“隐性指示语”；这个主张反映下述直觉，即，话语意义的有关成分既是语用的（语境性的），又是话语所言的一部分。

在这一章里，我想阐明我自己的理论与刚才提到的这些哲学家（以及其他持有类似观点的哲学家）提出的理论之间的不同之处。我认为，有两点主要不同。第一点不同涉及关系原则，我不接受这条原则（第 18.2 节）。或许除斯蒂克（1983）之外，所有其他作者都接受下述观点，即，“that” - 从句所命名的是（而且只能是）内嵌句所表达的命题——在我看来，这个观点不能正确阐释“that” - 从句的指称所体现的高度语境敏感性。第二点不同没有这样突出。我在这一章将予以强调。这一差异涉及理论的普遍结构。正如我下面要着手解释的那样，我所倡导的理论是*一元论的*，而上面提到的作者所提出的理论则是*二元论的*。

[1] 第一个提出这种理论的是希弗，他在前面提到的那篇论文（Schiffer，1977：31 及之后）中阐述了该理论。

为了了解根据什么而将信念转述理论表征为一元论的或者二元论的，我们必须考虑这样一种理论应当阐述的那些实体。这有三个实体，即：

（a）内嵌句所表达的命题（或者更确切地说，其语义内容）；[1]
（b）"that" – 从句的指称；
（c）所归赋的信念内容。

某个理论是一元论的，当且仅当这一理论将相（a）、（b）与（c）等同。这是我将在本章为之论辩的理论。基于我将为之辩护的观点，转述将某个信念内容*归赋*给相信者；内嵌句在信念转述的语境中*表达*该内容；"that" – 从句*指称*藉此表达的信念内容。相反，二元论的阐释区分（a）内嵌句所表达的命题和（c）所归赋的信念内容。因此，福多尔或者克里敏斯与佩里坚持区分内嵌句表达的东西与归赋给相信者的内容。他们认为，内嵌句表达单称命题，而归赋给相信者的内容很可能包括呈现方式。[2]

依据我们是否区分（a）和（b），即，内嵌句表达的命题与"that" – 从句的指称，或者将两者相等同，就存在两种二元论的观点。像大多数作者那样，福多尔或克里敏斯与佩里将（a）和（b）相等同，亦即，他们认为"that" – 从句指称内嵌句所表达的东西。但是，二元论者还有另一种可能性：人们可能将诸如"约翰相信西塞罗很穷"这种模糊地理解的信念转述看作表达一个单称命题，同时认为，"that" – 从句不指称该单称命题，而指称某种更加丰富的东西，即，包含该单称命题加上特定的呈现方式。同第一种形式的二元论相反，这种形式的二元论与第 18 章中提供的对"that" – 从句的语义分析以及对关系原则的拒斥是相一致的。

概言之，（至少）存在三种可能的理论形式，即如下所述：

*二元论观点：*
（1）（a）=（b）≠（c）
（2）（a）≠（b）=（c）
*一元论观点：*
（3）（a）=（b）=（c）

藉由将（b）与（c）– "that" – 从句的指称与所归赋的信念内容——相等同，第 18 章中阐述的信念转述理论排除了第一种形式的二元论，这个理论几乎为所有接受上述论点（i）—（iii）的作者所提倡（理查德、福多尔、克里敏斯 & 佩里、雅克布以及希弗）。[3] 但是，这一理论在第二种形式的二元论与一元论之间基本上保持中立。在这一章里，我想再进一步，普遍地反驳二元论。

---

[1] 下文（第 19.3 节）将诉诸话语所表达的命题与其语义内容（第 3.4 节）的区分。

[2] 理查德（1990）也许并没有认识到自己持有这种观点，因为他认为内嵌句表达一个 RAM（罗素式注释句），而不是传统意义的命题。关于理查德的观点，参见第 229 页注 1。

[3] 正如我在上文中提到的，似乎不受二元论吸引的唯一一位理论家是斯蒂克（1983，第 6 章）；但他从未明确讨论这个问题。

## 19.2 二元论的不融贯性

在这一节里，我想强调我所理解的存在于二元论之中的一个张力——这一张力会导致二元论者至少接受第二种而非第一种形式的二元论。我在下文中，主要采用克里敏斯与佩里简明的表述。但我关于他们的论述适用于其他二元论者的方案，诸如希弗、福多尔、理查德或者雅各布等的方案。这些作者强调信念转述的语境敏感性。他们（正确地）认为，之前的研究者没有充分估计这种语境敏感性。但是同时，他们在论述信念转述中的内嵌句时，延续了不充分估计语境敏感性的传统。

克里敏斯与佩里的阐释实质上采用了佩里的重要观点，即，话语表达的命题可能包含“未言说成分”，即，句子中没有与之对应的表达式的命题成分（Perry，1986c）。这种命题成分在句子中未予“标记”——甚至没有通过需要在语境中实例化的指示变项。克里敏斯与佩里列举了下面的例子：

> 我如果说“天在下雨”，你理解我说的是那时在语境提供的某个地方天在下雨。那经常是、但不一定是说话的地方……在语境依赖性方面，未言说成分现象类似于指示性现象。但这两种现象不应当混淆。我们如果说“这里在下雨”，我们的话里有一个表达式指明了地点。这个地方以语境敏感的方式得到言说。就指示语而言，表达与语境共同承担识别成分的任务……在未充分言说的情形下，没有任何表达式以这种方式决定成分。（Crimmins & Perry，1989：699–700）

可以认为，在诸如“天在下雨”这样的例子中，有关的命题成分必须由语境提供，以使句子表达确定的命题，亦即，成为可做出真值评判的某种东西。但是，正如我们在第13—14章中看到的那样，语境中也可能提供未言说成分，这些成分并不为句子表达确定命题所必需。罗宾·卡斯顿提供了若干例子，诸如“他拿出钥匙，打开门”，这句话自然地理解为意谓他*用钥匙*开了门。在这个例子中，工具成分“用钥匙”既未言说（卡斯顿辩称，在语言分析的任何层面都没有这个介词短语出现），又不为真值评判所必需（没有这个未言说成分，句子依然表达一个清楚的、不那么确定的命题，即，“他掏出钥匙并且以某种手段开了门”这个命题）。

克里敏斯与佩里诉诸未言说成分现象阐释信念转述。在他们的理论框架中，诸如“约翰相信西塞罗很穷”这种信念转述所明确陈述的，是相信者约翰相信某个单称命题，即，内嵌句表达的命题；然而，该陈述还包括某种没有明确言说的东西，但这个东西属于所言。那个未言说成分关涉约翰思考西塞罗的方式，他关于西塞罗的“概念”。通常，当某人关于特定客体的信念得到转述时，信念涉及客体的哪个表征（或“概念”）——相信者如何思考该客体——在语境中是清楚的；因此，说话者就可能归赋一个包括该概念的信念内容，而不需要明确地具体描述有关的概念，这只不过是因为语境提供了这个概念。克里敏斯与佩里说，在这种情形下，该概念是所归赋信念的未言说成分。在前面（第18.4节）讨论的理查德的例子中，在“我相信你遇到了危险”和“看着你的人相信你遇到了危险”中，（由内嵌句“你遇到了危险”表达的）相同的单称命题据说由同一个人A相信（这个人既是说话者，又是看着受话者的那个人）；然而，在每种情形下，却提供了不同的未言说成分，从而两句话言说了不同的事情：假如A说出“我相信你遇到了危险”，他会归赋给自己的信念内容就包括关于B作为A在电话上与之通话者的某种概念，而当A说“看着你的人相信你遇到了危险”，他归赋给看的人（即，A他自己）的信念内容就包括一个不同的概念，这个概念与看的人对B的视觉感知相联系（Crimmins & Perry，1989 : 708）。

正如我刚才所说，克里敏斯与佩里开始就指出，话语的语义值可能不只取决于构成句子的成分表达式的（基本）语义值：他们主张，如果语用需要，未言说成分可能也进入到理解之中。这看来是一个相当普遍的观点，不是专门针对信念转述的观点。信念转述只是特定类型的例子，在这种例子中，提供了一个未言说成分。但是，他们还坚持认为，诸如“约翰相信西塞罗很穷”的内嵌句的语义值是一个单称命题，这个单称命题不包括未言说的呈现方式（例如，约翰关于西塞罗的概念）。他们说，这个呈现方式由语境提供。他们认为，那个未言说成分是信念转述所表达的命题的成分，而*不是*内嵌句表达的（单称）命题的成分。我相信，这两个主张之间存在张力，即，一是关于未言说成分的一般性主张，为他们对信念转述的阐释提供基础；另一个是具体的主张，即，诸如“约翰相信西塞罗很穷”这种信念转述中的内嵌句表达一个单称命题，这个单称命题不受未言说成分影响。假如未言说成分能够在语境中充实诸如“天在下雨”或“他开了门”这种话语的理解，为什么不承认对于“西塞罗很穷”可以发生同样的情况？为什么不承认在信念转述的语境中，“西塞罗很穷”的语义值由一个未言说成分充实并且包括这个成分？该成分以这样的方式对应于约翰关于西塞罗的概念，从而在这个语境中，句子表达某个类单称的东西，即，表达包括西塞罗特定概念的信念内容，而不只是一个包括西塞罗却不含其呈现方式的单称命题。

当然，由“西塞罗很穷”表达的出现在信念内容中的未言说呈现方式与真值条件无关，而出现在由“天在下雨”、“他开了门”或者“约翰相信西塞罗很穷”所表达的命题中的未言说成分是十足的真值条件成分。这一差异对于解释克里敏斯与佩里为何提出下面的主张很有帮助；他们说，未言说呈现方式出现在由整个信念转述做出的陈述之中，而不是内嵌句所表达的内容之一部分：他们按照隐含的规定，以有限的方式使用“未言说成分”的概念。这个隐含的规定是，任何与真值条件无关的东西，无论是否言说，都不是真正的*命题成分*。这个术语上的选择与我自己的主张是一致的，即，由话语表达的命题基于真值条件个体化（第19.3节进一步论述）。可是，在我看来，没有理由如此局限地看待我们在讨论的*普遍*现象——无论我们称之为“未言说成分”，还是“充实”——以至于排除那些提供与真值条件无关之意义成分的情形。无论由语境所提供的内容是否与真值条件相关，都涉及相同的现象。我们的理论必须反映这一点。

我推断，二元论的观点同克里敏斯与佩里用以作为提出这个观点之论据的描述本身实难相符。基于他们的描述，“严格的组合性”必须放弃，因为各个成分的语义值及其结合方式并不决定整体的语义值（因为整体的语义值还取决于未言说成分）。[1] 由于坚持内嵌句的语义值是一个单称命题，这个单称命题基于其成分的语义值严格地组合决定，而不是一个完整的信念内容，克里敏斯与佩里给人的印象是并不认真对待他们自己描述的主张。他们似乎退回到一个弱得多的立场。按照这个立场，对于*信念语句*，但并非普遍性地（尤其是，并非就内嵌于信念句中的简单句），必须放弃严格的组合性原则。同第一个更强式的立场相反，这个立场相当程度上是专门针对眼下之特定目的的，而没有基于关于语言理解与语境作用的普遍性主张。但是，如果持有强式的立场（正如克里敏斯与佩里显然所持的立场），就几乎无法拒绝照此对待内嵌句。人们一经接受指称的呈现方式是通过未言说成分的机制提供的，就也必须接受内嵌句的语义内容是由此得到充实的：在信念转述的语境中，内嵌句表达类单称信念内容，正是这个类单称信念内容，为“that”－从句所指称，并且由信念转述归赋给相信者。换言之，我们必须接受信念转述的一元论阐释。（正如我将在下一节所表明的那样，这并不蕴含要彻底放弃二元论：有一种形式的二元论与一元论相一致；当面临上述质疑时，二元论者也许可以撤退到这种形式的二元论。）

一元论的要义在于，在信念转述的语境中，*内嵌句本身表达了所归赋的信念内容*。正如我在第 18.3 节中建议的那样，内嵌句通过充实这个任选性 $p$– 过程表达所归赋的信念内容；这一充实过程将一个单称成分转变为某种类单称的东西。（“类单称化”）这一过程在应用于“约翰相信西塞罗很穷”这个内嵌句时，运作如下：

<西塞罗>→<西塞罗，“西塞罗”>

<<西塞罗>，贫穷的性质>→<<西塞罗，“西塞罗”>，贫穷的性质>

作为名字对所表达命题之贡献的单称成分（即，由西塞罗自己组成的单元集）通过增加与真值条件无关的呈现方式得以类单称化，因此，由单称成分和贫穷的性质组成的单称命题得以类单称化。[2]

## 19.3 结合论

刚才为支持一元论阐释而做出的论证尚不足以消除二元论观点。通过诉诸我前面提出的一组区分，可以为二元论观点做出辩护。

回忆一下我在第 2 章（第 2.3—2.4 节）的论述。话语表达的*命题*基于真值条件而个体化；相反，相关于话语的*思想*基于认知而不仅仅基于真值条件而得以个体化。正由于此，思想可能包括与真值条件无关的成分，例如，涉物概念。因此，诸如“你遇到了危险”这种话语表达一个以“你”的指称作为其成分的单称命题，而说话者

[1] 克里敏斯与佩里（1989：710–711）。并参见福多尔（1990：170–171）中一个类似的观点。

[2] 在这个框架中（第 20.3 节），整个信念转述表达的命题中出现*真值条件性*未言说成分很容易得到阐释。既然信念转述包含对内嵌句所表达内容的指称，呈现方式本身受到指称，而不仅仅得到表达，因此，它影响转述之真值条件。

的*思想*是类单称性的，包括关于所说的那个人的（涉物）呈现方式。

在有些实例中，含有指称性表达式的话语不只表达一个单称命题；正如洛尔所说，有时呈现方式“对于所交流的信息至关重要”。至少在这种实例中，话语的语义内容（话语的理解）比单称命题丰富，接近于成为完整的思想。[1] 可以认为，这是在诸如“我相信你遇到了危险”这种信念转述中出现的情况：这种转述中的内嵌句表达完整的类单称思想，与对象本身一起，还包含（与真值条件无关的）所思考之对象的呈现方式。这是第 19.2 节勾勒的一元论阐释的要义。

按照一元论，内嵌句表达类单称思想（思想类型）。这种理论同二元论关于所表达的是单称命题这个主张不一致吗？实际上并非不一致。正如我们前面所看到的，类单称思想的重要性质是其真值条件内容——我们或许可以说，其语义核心——是单称命题；据此推论，*每当表达一个类单称思想时，也就表达了一个类单称命题（这个命题构成思想的真值条件内容）*。因此，二元论者不需要放弃其观点，即，在信念转述的语境中，内嵌句表达一个单称命题，呈现方式添加到这个命题之上。二元论者可能同意，内嵌句的语义内容是类单称思想或一种包括指称之呈现方式的思想，同时坚持自己的观点，即，内嵌句表达一个单称命题；内嵌句表达的命题与其语义内容之间的区分使这样做成为可能。包括指称性表达式的句子例型的语义内容或理解超乎所表达的命题，如果该例型表达完整的类单称思想，而非仅表达一个单称命题。这样，这两种观点得到调和：诸如“约翰相信西塞罗是秃子”这种信念转述中的内嵌句（模糊性地理解）既表达单称命题，又表达类单称信念内容；在该语境中，类单称信念内容是句子的理解或语义内容。

注意，我们提出的二元论形式——这种形式与一元论相一致，因此，我称之为“结合论”——与第 19.1 节中提到的第二种形式比与第一种形式更加接近。现在我们有四种而非三种实体需要处理：

（a）内嵌句表达的内容：
（a-i）单称命题
（a-ii）类单称思想内容
（b）“that” – 从句指称的对象
（c）所归赋的信念

像一元论那样，结合论将（a-ii）、（b）与（c）相等同：内嵌句表达的思想内容是“that” – 从句指称的对象和信念转述所归赋的东西。像二元论阐释那样（无论是第一种形式还是第二种形式），这一理论区分（a-i）和（c），亦即，区分所表达的命题与所归赋的信念内容。最后，像第二种形式的二元论，结合论区分（a-i）和（b），亦即，区分所表达的命题与“that” – 从句的指称对象：“that” – 从句的指称对象是类单称思想内容，而不是单称命题。因此，采取结合论阐释就蕴含着拒绝关系原则（第 18.1—

[1] 正如我在第 3 章结尾所建议的那样，含有指称性表达式的话语的语义内容*决不能*简约为单称命题（尽管话语表达一个单称命题）；这个语义内容始终至少包括指称的基本（类型的）呈现方式。参见第 3.4 节。

18.2 节），并且接受“that” – 从句指称之不充分确定性的观点（根据语境，“that” – 从句可能或者指称所表达的命题，或者指称相关的思想）。

我尽管感到结合论较之任何其他形式的二元论更加可信与融贯得多，但却认为，这个理论作为包含指称性表达式之信念转述的普遍阐释尚不尽人意。这个理论能够阐释那些（可以认为是核心的）实例，在这些实例中，所归赋的信念内容是涉物思想，但该理论无法阐释另一种实例，在这种实例中，所归赋的信念内容是*描述性*思想。

我在第 18.2 节中讨论了以下例子，其中的指称性表达式作描述性理解：

（1）按照霍罗威茨的观点，你走那步棋经常会惹上麻烦。

（2）我儿子相信密特朗是一头驴。

根据农贝格的看法，（1）中的代词意谓某种类似“处于你位置上的任何人”的东西；同样，（2）中的专名意谓某种类似“称作*密特朗*的个体”。在两个实例中，所归赋的思想内容是描述性的，而非涉物的。[1] 我们如何在二元论的框架内阐释这个理解呢？

按照结合论，内嵌句表达单称命题，尽管其语义内容是非单称性的。假如内嵌句的语义内容是类单称性的，确实存在一个可以说是由内嵌句表达的单称命题，即，构成类单称思想之真值条件内容的命题。类单称思想可分析成两个要素，即，构成真值条件内容的单称命题（二元论将之看作由内嵌句明确规定），加上某种别的东西。但是，像在（1）中那样，当所归赋的思想内容是描述性的时候，结合论就遇到了麻烦。这是因为描述性思想的真值条件内容不是一个单称命题。在那种情形下，将所归赋的信念内容分析成两种要素是无用的，即，分析为信念的真值条件内容，加上语境中提供的呈现方式：因为不能以呈现方式充实单称命题而获得一个普遍性命题。可以通过那种方式获得一个类单称思想，但那不是描述性思想。因此，所建议的机制不能阐释（1）例示的那种实例。

我推断，其内嵌部分包括一个作普遍性或描述性理解的指称性表达式的信念转述不能在结合论中得到令人满意的阐释。结合论蕴含所归赋信念的真值条件必须是单称性的（因为内嵌句包括一个指称性表达式，从而表达一个单称命题，这个单称命题被认为构成信念之真值条件内容）；然而，当指称性表达式作描述性理解时，所归赋信念的真值条件不是单称性的，而是普遍性的。面对这种情形，二元论者只能“不必要地增加涵义”，提出（例如）“你”是歧义的，从而像在（1）中那样，作描述性泛指理解时，就不是一个真正的指称性表达式（而是一个与指称性表达式“你”同音 / 形异义的描述性表达式）。正如格赖斯所强调的，那种“解决办法”是临时之举，必须尽可能避免。二元论者可能很想回答说，即使当孤立地说出“走那步棋你经常惹上麻烦”时，也可能包含对代词的泛指性理解。正如这个事实所表明的，存在真正的歧义。但是，这个（正确的）观点并不证明这个代词是歧义的，也不能反对我

[1] 在这样说时，我有意忽略了以下事实，即（1）中的内嵌句中除了作描述性理解的指称性表达式外，还包含一个指称性表达式（“那步棋”）。

就（1）中内嵌句的理解做出的论述。任选性 p– 过程是否能够发挥作用取决于语境。信念语境正是一种（尽管不是*唯*一的一种）语境，在这种语境中这样的过程可能影响话语的理解。

为了阐释指称性表达式的描述性理解，无论这些表达式出现在信念语境还是其他地方，我们必须像我在第 16 章中所做的那样，将直接指称论弱化，承认句子即使包括（非空洞的）指称性表达式，也并不一定表达单称命题。那最多可以主张的是，包括（非空洞的）指称性表达式的句子**通常**表达单称命题。尤其是，信念转述中的内嵌句即使包括（非空洞）指称性表达式，也不一定表达单称命题；所表达的是什么根据第 18.3 节中提到的两条限制决定；例如，正如在（1）中出现的情况那样，假若非最小论的迁移 p– 过程将我们从指称性表达式（即，其指称）带至描述性概念，那就很可能表达了一个普遍性命题。据此推论，二元论——即使根据其最可辩护的形式结合论——也不可能得以维系。

## 19.4　先验图式的信念转述

我反对二元论的最后一条意见基于那样一些实例，在这些实例中，所归赋信念的真值条件内容虽是单称的，却由归赋者不完整地规定。根据二元论者的观点，信念转述中的内嵌句表达作为所归赋信念之真值条件内容的命题，而相信者以之理解该内容的“心理句”或思考方式只是在语境中隐含。在福多尔和理查德的阐释中，相信者的思考方式通过相信者的心理句与归赋者所使用的内嵌句之间的某种相似关系指明。据此推论，内嵌句有两种功能：表达信念的真值条件内容（或者如福多尔所说，“命题对象”）；“呈现”心理句，亦即，信念的“媒介”（Fodor，1990：169）。不过，按照福多尔的看法，内嵌句发挥的这两种功能之间存在重要不同：

> 就内嵌式的第一种功能而言——规定所归赋信念的命题对象——事情是清楚的：内嵌式必须表达“相信”这个谓词归赋的那个命题。然而，我认为，对于媒介的规定则不然；这里一切都是捉摸不定的和语用性的。大致地说，所需要的是与眼下目的相适合的媒介在一定程度上相同态的东西；至于多少同态性才足够，则没有任何独立于目的的规定……换句话说，这不是由于存在涉词归赋与涉物归赋；相反，这是由于存在一个连续体，沿着这个连续体，内嵌表达式可以就所归赋信念的媒介加以明确。如果有规则在起作用，那就是一条会话规则：“承蒙这样地理解我的内嵌式，以便基于我的基本特征是理性的这个假设，我的信念归赋能够成为可信的”。我如果说约翰相信西塞罗是塔利，就必定试图规定约翰的媒介；我若告诉你某种东西，这个东西藉由约翰相信西塞罗是西塞罗而成真，我告诉你这个话又有什么用呢？另一方面，我如果告诉你英国人想要从荷兰人手中夺取纽约，我不可能会想规定其媒介的；那时，大家都把那个地方叫作新阿姆斯特丹。（Fodor，1990：171–172）

于是，两种功能之间的不同如下：由于是语用性的且依赖于目的，媒介的规定沿着连续体变化。媒介完全规定的程度可能不同，甚至可能未加规定（透明性理解）。但是，信念的命题对象，亦即，其真值条件内容只可以*确切地*规定：虽然信念的媒介只被假定在有关方面同内嵌句“相似”，但信念的命题对象则被认为与内嵌句所表达的命题*相同*一。这里不允许有语用变化。[1]

这个观点蕴含信念的真值条件内容总是得到规定的（除非“that”-从句内的某个表达式缺少语义值），这与窄式内容相反。窄式内容可能不同程度地完全规定的，甚至可能未加规定。但这是错误的。信念的命题内容不需要完全规定。看一下下面这个例子：

（3）约翰相信一位医生想与比尔结婚。

假设说话者说出（3）以传达存在某个人，比方说 A，约翰相信她想与比尔结婚。在此，约翰是否认为 A 是医生无关紧要：约翰可能把 A 看作一位医生，或者说话者（而非约翰）可能认为 A 是医生，或者他们两人可能都把 A 看作医生（Hornsby，1977）。重要的是，基于那个理解，（3）将一个信念归赋给约翰，这个信念的真值条件内容显然是单称的：据说约翰就某个特定的人（这个人要么说话者相信是医生，要么约翰相信是医生）相信她想同比尔结婚。但那个人的身份并没有给出，这个人是单称命题的一个成分；该单称命题是约翰信念的真值条件内容；因而，作为约翰信念之真值条件内容的单称命题没有完全规定。我们仅知道约翰相信某种类型的单称命题，但我们不确切知道是哪个命题。[2]

像（3）这样的例子对我的理论框架不构成问题：在像这样的实例中，“that”-从句的指称理解为（或包括）不完全规定的单称命题。在对信念转述的整体理解中，

---

[1] 尽管术语不同，但理查德（1990）阐释的观点与福多尔（1990）中阐释的观点非常接近。理查德的观点包括一个 RAM 概念（即，“罗素式注释句”）。RAMs 产生于将句子的成分与其罗素式理解配对；稍加简化，我们也许可以将之看作句子与命题的对子。因此，由诸如“西塞罗很穷”这种话语表达的 RAM，无论是否内嵌于信念转述中，都由说出的句子与句子所表达的罗素式命题一起组成。所归赋的内容也是一个 RAM，包含一个心理句加上其真值条件内容。在信念转述中，内嵌句表达的 RAM 代表相信者的 RAM，当且仅当（i）“剔除了语言部分，两个 RAMs 构成相同的罗素式命题”（Richard，1990：138）；（ii）两个 RAMs 的语言部分本身在有关方面“相似”。理查德的阐释丰富详尽，我在此无法充分论述。但这一阐释的核心在我看来显然依循了二元论的路线，同样遭受到本节提出的质疑。

[2] 同样类型的分析适用于像“大多数欧洲人相信他们很穷”这样的例子（这个例子我归于斯蒂芬·尼尔）。这句话说的是，对于大多数 x 如此，从而 x 是欧洲人，存在一个 y，从而（i）x = y；（ii）x 相信 <<y，自我 >，是贫穷的性质 >。针对这个例子，有四点应当注意：

（a）“that”-从句指称一个图式（参见第 18 章，第 220 页注 1）。但是，在这个具体的例子中，有一个复杂现象。藉由一个充实过程，变项“y”理解为回指“大多数欧洲人”。结果，我们将这句话理解为说大多数欧洲人把*他们自己*（x = y）看作是贫穷的。在这种实例中，我说所指称的图式是*贴了标签的图式*，包括变项和对这些变项理解的限制。

（b）同样藉由充实过程，呈现方式**自我**由语境提供。我们将这句话理解为说，大多数欧洲人认为*他们自己*（**自我**）很穷。

缺失的成分受到限量，其方式与下述情况中的方式相同，即，当信念句中的“that”-从句理解为指称单称命题时，缺失的呈现方式受到限量（第 18 章，第 220 页注 15）。因此，（3）自然地理解为意谓存在一个人（或者说话者或者约翰相信这个人是医生），从而约翰相信她想与比尔结婚。

相反，二元论者处理这种例子有困难。由于二元论者将内嵌句表达的命题等同于所归赋信念的真值条件内容，他们必须主张所归赋信念的真值条件内容是“一个医生想与比尔结婚”所表达的命题。可是，这个句子可能表达各种命题，这取决于我们是否将该不定描述语理解为指称性的，等等。但是，这些命题都是完整的命题，因而没有揭示以下事实，即，所归赋信念的真值条件内容只是不完整地规定的。

二元论者的一个可能的解决办法或许是说，他们不关心信念句的“关系性”或“涉物”理解，而只关心“涉词”理解。但那将是自我挫败的，鉴于二元论者明确（试图）阐释信念句中所谓的“指称性歧义”；尤其是阐释涉物 / 涉词“歧义”。（参见上文，福多尔关于涉物理解与涉词理解的引语）。然而，他们所能做的是声称，不存在诸如“这个”涉物 / 涉词歧义。他们也许（可信地）声称，涉及不同的现象（Richard，1990：129）。一方面，存在着透明 / 模糊“歧义”，这可以依循二元论路线阐释，声称所要求的内嵌句与心理句之间的相似性程度依赖于语境，可能沿着一个连续体变化：局限性实例是，不期望说话者“忠实”（第 17.2 节），内嵌句透明性地理解为只提供了所归赋信念的真值条件内容。另一方面，存在一个十分不同的现象，亦即，限量词辖域歧义，这种歧义由（3）和诸如“某一天，房间里的所有人都将饥饿”这种句子例示。在讨论二元论的优点时，后一种现象必须搁置一旁：我们必须仅仅考虑以下这种句子，即句中的限量词语（诸如，“一个医生”）赋予窄式辖域。（在（3）的相关理解中，限量词赋予宽式辖域。）我们如果这样做，那么就可以坚持认为，内嵌句表达的命题揭示了所归赋信念的真值条件内容。

在我看来，并不清楚对二元论立场的那种辩护究竟意谓什么。这是否意谓诸如（3）这样的例子（按照我建议的方式理解）是关于由内嵌句表达的命题是所归赋信念的真值条件内容这个主张的*例外*？或者二元论的辩护者会否认在（3）中，当限量词被赋予宽式辖域时，内嵌的是句子“一个医生想与比尔结婚”？或者，二元论者是否会承认那个句子是内嵌的，但却否认在限量词被赋予宽式辖域时，这个句子表达一个命题？我当然不是说二元论者无法找到一条摆脱由诸如（3）这种例子引起的困难；我只是指出，存在一个困难。尽管这样，我基于那个例子的质疑只不过如下：二元论者主张，在信念归赋中，信念的真值条件内容得到确切的规定，而对窄式内

---

（续前注）（c）萨蒙的等值式成立：说某人相信图式，就是说他相信图式的一个实例。说大多数欧洲人$_i$相信 <<$y_i$, **自我** >，是贫穷的性质 >，就是说他们相信该图式的一个实例。例如，我是一个欧洲人，我相信我很穷——亦即，我相信 << 雷卡纳蒂，**自我** >，是贫穷的性质 >。

（d）我们几乎不能说，像我前面（针对另一个例子）说的那样，“我们只知道 [ 施事 ] 相信一个……某种类型的命题，[ 而不知道 ] 确切是哪个命题”。在某种意义上，我们确切知道哪个命题大多数欧洲人相信。可是，那个命题是描述的，而非指称的，因为它的一个成分（即，相信者本人）只是限量的。

容的规定是程度上的事儿。这个主张在我看来绝对是错误的。像窄式内容一样，信念的真值条件内容在信念转述中无须完全规定。甚至可能*窄式内容和真值条件内容两者同时*都在某种程度上未加规定。因此，存在这样的理解，其中的窄式内容和真值条件内容受到限量。例如，假定（3）以这样一种方式理解，从而描述语“一个医生”是说话者表征 A 的方式，而不是归赋给约翰自己的呈现方式。正如我在上文指出的那样，这是（3）一个可能的理解。这样地加以理解，这句话也许可以意译如下：*存在一个人 x，这个人是医生，而且存在这样一个呈现方式 m，从而约翰以 m 就 x 相信她想与比尔结婚*。在此，“that” – 从句的指称是一个信念内容，这个信念内容相对于窄式内容和真值条件内容两者均部分地未予规定。

我想我们又回到了前一节讨论的问题。二元论者承认信念转述的语境敏感性；像含义论者一样，二元论者承认转述信念的窄式内容是由语用而非语义（规约性地）指明的。但是，同含义论者相反，二元论者认识到，信念转述意义的语用成分是信念转述表达之命题的必要部分。换言之，二元论者认识到，甚至是话语的真值条件内容也可能受到语用因素的影响，其影响方式远远超乎通常的“指示性”。但是，这些二元论者还不够激进。他们依然认为，信念转述的内容可以分析成两个成分：一个由语义表达，（除了以与指示性有关的非常有限的方式）不受语境变化影响；而对于另一个成分，“一切都是捉摸不定而依赖于语用的”。换句话说，正像福多尔在其论文《替代论证》（Fodor，1990：172–174）清楚阐明的那样，二元论者想使信念转述内容的某个核心部分同语用因素绝缘。在第 19.2 节中，我试图揭露那个二元论策略的不融贯性：人们无法同时放弃和坚持严格的组合性原则，或者承认和否认语义内容的语境敏感性。对于整个信念句是正确的，对于内嵌句也同样正确：内嵌句的语义内容不仅依赖于话语语境的外在特征（这些特征用以确定指示性表达式的基本语义值），而且依赖于相关性或可信性的语用因素，这些因素转而使之依赖于一系列背景假设。福多尔想不惜一切代价避免那样地陷入整体论。但他这样做的理由令人质疑：他显然认为，假如承认信念归赋的内容基于语用因素整体地决定，那么，我们心理状态的内容本身就必须在这种基础上个体化，亦即，以非实在论的方式个体化。我个人并不完全看出这两点之间的联系。（我也不认为，我所勾勒的激进的观点蕴含任何类似于放弃“外延语义学”的立场：我在本书中提倡的正是这样一种语义学。）尽管这样，正如我希望在这一节所表明的那样，二元论的绝缘策略不能奏效。正是作为*整体的*归赋信念内容，而不只是其窄式内容，按照第 18.3 节提到的自上而下限制，语用地得以决定的。

# 第 20 章

# 信念语句具有怎样的歧义性？

## 20.1 导言

正如我数次指出的那样，我的信念转述理论的一个优点是其高度的灵活性。我业已表明，在这个理论阐释中，人们能够解释“that”– 从句的指称是普遍的、单称的或类单称的实例，还能解释它是不完整命题的实例。我现在想要更加具体地论述信念转述可以加以理解的各种方式。关于信念句可能的“理解”不久前提出了若干观点。我想表明这些观点可以在我的理论框架中得到阐释。尤其是，我想表明信念句中指称性表达式与非指称性表达式的相反性质佐证了本书提出的理论。

我从包含有定描述语的信念句入手。含有指称性表达式（专名与指示语）的信念句将在第 20.3 节（专名）和第 20.4 节（指示语）探讨。

## 20.2 信念语境中的有定描述语

诸如（1）这种句子可能做出哪些理解呢？

（1）约翰相信 that 获胜者将去香港。[1]

为了论述这种例子，文献中通常做出几种区分：

- 关系性与概念性
- 涉物的与涉词的
- 透明性与模糊性
- 宽式辖域与窄式辖域
- 指称性与归属性

我们先从奎因关于“相信”谓词的概念性理解与关系性理解之区分开始。当“相信”作概念性理解时，归赋的内容是完整的内容。例如，在（1）中，据说约翰相信这一点：“获胜者将去香港”。描述语对归赋内容的贡献是所表达的概念，即，“获胜

---

[1] 我从福科尼耶（1985）借用了这个例子。下面的分类类似于福科尼耶（1985）、霍恩斯比（1977）、斯蒂克（1983）以及巴赫（1987）中做出的分类。

者”的概念。然而，在作关系性理解时，描述语对归赋信念内容的贡献是其指称，即，获胜者：据说约翰就获胜者相信她将去香港。这样地加以理解，该转述并没有告诉我们约翰如何思考他认为将去香港的那个人；思考内容没有完全地规定。正如奎因所言（Quine，1956），信念转述将一个部分的内容（即，谓项“……将去香港”）和一个对象（即，描述语“获胜者”的指称）归赋给约翰，从而约翰的信念关涉那个对象（并且包含该对象的某个——未加规定的——表征）。这两个理解可以表征如下：

（1a）$B^n$（约翰，“获胜者将去香港”）

（1b）$B^r$（约翰，“……将去香港”，获胜者）

许多哲学家显然认为，上面列出的五个区分以稍微不同的方式发挥同样的作用。涉物 / 涉词区分被认为尤其与奎因的区分接近，只不过这个区分适用于信念对象，而非“相信”谓词本身。当“相信”作概念性理解时，信念对象是一个完整的陈述：据说约翰在他的信念箱中具有一个对应于句子“获胜者将去香港”的心理表征。当“相信”作关系性理解时，信念对象是一个对子，包含一个部分的内容（即，谓项“……将去香港”）和信念关涉的对象：从而所归赋的信念是涉物性的——包含一个特定的客体。其他区分也可以看作奎因之区分的标注法变体。与其像奎因那样，将动词“相信”看作词汇上歧义的，我们也许同样可以说，“相信”的辖域比描述语的辖域更宽或者更窄。（这个步骤奎因本人无法采取，因为他拒绝限量。）如果像在（1b）中那样，描述语取宽域，就是“透明的”：描述语表达的概念不是所归赋内容的一部分。假如像在（1a）中那样，描述语取窄域，就是模糊的：所表达的概念就是归赋内容的一部分。这看来也对应于指称性 / 归属性歧义，因为指称性地使用的描述语对内容的贡献是其指称，而归属性描述语对内容的贡献则是所表达的概念。

然而，这种调和论是完全错误的。正像诸如（1）这种句子不止为双向歧义这个事实所表明的那样，不是一种而是*几种*区分在起作用。考虑一下描述语“获胜者”是模糊性的、表达作为相信者思想内容有机部分的概念这个实例；亦即，约翰据说相信“获胜者将去香港”的实例。在我看来，取决于后一句中的描述语如何理解，这个实例依然是歧义的。相信者可能认为“获胜者无论是谁，将去香港”，或者他可能就某个人而认为他将去香港。这所表明的是，描述语可能用于归赋涉物信念，亦即，包含特定对象的信念，即使这个信念作*模糊性*理解。（作为这种理解的一个例子，珍妮弗·霍恩斯比提到下面这个句子：“比尔认为银行家粗鲁，但比尔实际上针对一名职员得出了那个结论”。）[1] 因此，像许多哲学家依照奎因所做的那样，将“模糊”与涉物相对照是错误的。两种信念之间存在有用的区分，亦即，在包含特定对象这个意义上涉物的那些信念，与那些在纯粹一般性这个意义上涉词或更确切地说“描述性的”信念加以区分。但这个区分不同于、不能简约为信念句中描述语的透明性（宽域）与模糊性（窄域）理解之间的区分。这个区分或许可以说对应用于模糊地使用

[1] 霍恩斯比（1977：34）。

的描述语之指称性 / 归属性区分。但是，那样，就必须注意到，指称性 / 归属性区分也适用于透明地使用的描述语：像（1a）那样，（1b）允许两种不同的理解——说话者可能说获胜者无论是谁，是这样的，从而约翰相信他将去香港；或者就呈现为获胜者的某个特定的人，约翰相信这个人将去香港。

于是至此，我们有两种基本“歧义”，生成有关（1）的四种而非两种不同理解：

> *透明与模糊：*有定描述语表达某个（描述性）概念——“获胜者”的概念。这个概念可能或者由说话者运用，以鉴别约翰信念关涉的某个对象（透明性理解），或者作为约翰信念的成分归赋给约翰自己（模糊性理解）。
>
> *涉物性与描述性：*有定描述语表达的概念尽管是描述性概念，但藉由第 15.6 节中描述的提喻过程，可能代表包括该描述性概念的涉物概念。那是描述语的指称性或涉物性理解，与其描述性或归属性理解相对。

前一种歧义与后一种歧义在下述意义上相结合，即当运用这个概念时（透明性理解）和当归赋这个概念时（模糊性理解），均存在两种可能性。当运用这个概念时，可能将之理解为纯粹描述性或涉物的；在两种情形下，该概念被理解为规定所归赋信念关涉的某个对象。当归赋这个概念时，该概念也可能理解为纯粹描述性的或涉物的，亦即，说话者可能理解为将一个描述性概念或涉物概念归赋给相信者。这就给我们提供了四种理解：

透明性用法

[1] 这个概念被运用，并且理解为纯粹描述性的。根据这个理解，说话者不以指称的方式而以归属性方式，具体规定所归赋信念关涉的对象：他说获胜者无论是谁，是这样的，从而约翰认为该获胜者将去香港。（*归属性用法。*）

[2] 这个概念被运用，并且理解为涉物的。根据这个理解，说话者表达了一个关于某个特定个人（比方说，玛丽）的涉物思想；说话者关于玛丽的涉物概念包括描述性成分“获胜者”（即，说话者相信玛丽是获胜者），他藉由提喻（第 15.6 节）以描述性成分代表涉物概念。他就被看作是获胜者的那个人（即，玛丽）说约翰认为这个人将去香港。（*指称性用法。*）

模糊用法

[3] 这个概念归赋给相信者，并且理解为纯粹描述性的。在这种情形下，所归赋的信念本身是描述性。相信者据说相信这一点：“获胜者无论是谁将去香港”。（*间接归属性用法。*）

[4] 这个概念归赋给相信者，并且理解为涉物的。在这种情形下，相信者被认为就某个看作获胜者的特定个人相信他将去香港。（*间接指称性用法。*）

这些是主要的理解，当然还有其他理解。首先，除了将我们从描述性概念带到更加包容性的涉物概念外，各种任选性 p- 过程可能发挥作用。因此，或许有某个迁移 p– 过程将我们从描述语表达的描述性概念带到某个其他的描述性概念（福科尼耶，1985：46 及之后）。其次，我们看到，即使将自己局限于这四种理解，这些理解并不是互相排斥的，因为描述语所表达的概念可能既运用又归赋（Hornsby，1977：36–37）。这给我们进一步提供了两种理解，一种理解中，说话者和相信者都把一个特定的人（比方说，玛丽）看作获胜者；另一种理解中，相信者被认为心里把一个特定的人看作获胜者，而说话者对获胜者有着纯粹描述性的概念：

混合用法

[5] 说话者以描述的方式运用概念，同时将包含该概念的涉物思想归赋给约翰：约翰被认为就获胜者（无论那是谁）思考那个人将去香港，*而且*将这个人看作“获胜者”。（*归属性 + 间接指称性。*）

[6] 说话者以指称的方式运用概念——他就看作获胜者的那个人（比如，玛丽）说，约翰认为这个人将去香港——但他还将这个概念归赋给约翰：约翰被认为就玛丽相信，她将去香港，而且将她看作“获胜者”。（*指称性 + 间接指称性。*）

不存在其他“混合”理解，这有两个原因。其一，信念内容不能既是涉物的又是描述的；因此，仅有的混合理解出现在描述语可能既是透明的又是模糊的情形中（即，表达一个既运用又归赋的概念）。其二，在模糊用法中，只有间接指称用法可以同时为透明用法。间接归属性用法不能这样使用。这是因为间接归属性描述语用于归赋描述性信念，亦即，普遍性思想内容；假若描述语作透明性理解，所归赋的思想内容不能为普遍性的。（说描述语是透明性的，或者透明性使用，就是说描述语为我们提供归赋信念所关涉的对象，因此，所归赋的信念中*必须*有一个对象——因而所归赋的信念不能是普遍性的。）据此推论，仅有的“混合”理解是上面表明的那些，即，指称性 + 间接指称性与归赋性 + 间接指称性理解。

诸如（1）这种句子尽管有几种“理解”，但是这些句子不需要看作语言意义上歧义的，即，不需要看作词汇上或句法上为歧义的。正如我们刚才所看到的，涉及两种基本区分：涉物与描述；透明与模糊。在我前面解释的意义上（第 14.4 节），源于第一种区分的歧义显然是语用的。如果我在第 15.6 节的论述是正确的，就存在一种提喻 p– 过程，这个过程使描述性概念——例如，由有定描述语所表达的描述性概念——可能代表包含这个描述性概念的涉物概念。每当描述语用于指称时，这个过程就会发生作用。但是，这个过程也说明了描述语的间接指称用法。就另一种区分而言，经常可以藉由相对的“辖域”表征。但是，这并不表明，基于该区分的歧义是句法结构性歧义（第 17.2 节）。可以假定，假如这个区分是句法性的，有定描述语表达的概念就不可能*既*有窄式辖域，又有宽式辖域，而混合理解中出现的情况正是这样。尽管这样，我们在谈论（例如）信念算子的辖域时所区分的“逻辑式”，是信念句可能具有的各种*理解*之显著的表达式。但是，在任何句法结构层面上，这些句子本身不一定具有这些“形式”。在缺乏支持句法歧义论点的任何实质性证据的情况下——更不用说缺乏词汇歧义的任何证据——我假定，就逻辑式而言，信念句只是

*不充分确定的*。

我们无论将信念句看作是歧义的，还是语义上不充分确定的，理解过程都在实质上是为“that” – 从句寻找合适指称的过程。听话者必须就“that” – 从句的指称（即，所归赋的信念内容）做出若干决策：听话者必须在语境中决定所归赋的信念内容是否可能包括描述语表达的概念、这个信念内容究竟非常可信地理解为涉物性的还是描述性的、这个信念内容究竟可以认为得到完全规定还是只部分地规定，等等。当做出这些理解性决策时，“歧义”也就得到了消除。

让我们更加仔细地考察一下基于我所区分之各种理解的“that” – 从句的指称。正如我上面所说，当描述语作透明性理解时，“that” – 从句的指称通常不能是普遍性命题。描述语给我们提供信念关涉的对象，所以，在所归赋的信念中必须有一个对象。人们或许可以更进一步，声称当描述语为透明性的时候，“that” – 从句的指称必须是单称性的，而不是类单称的；这是因为基于这样一种理解，相关于描述语的呈现方式不看作所归赋内容的一部分。但是，相关于描述语的呈现方式不看作所归赋内容的一部分这个事实并不蕴含*没有任何*呈现方式是所归赋内容的一部分。某个语境中凸显的呈现方式不同于说话者在具体描述信念的指称时所运用的呈现方式；正如在克里敏斯与佩里所理解的理查德的例子中那样（第 18.4 节），这个凸显的呈现方式可能归赋给相信者。或者正像在混合理解中那样，说话者运用的同一个呈现方式可能同时归赋给相信者。我推断，描述语的透明性理解排除了所归赋内容的普遍性理解，而没有排除类单称理解。“that” – 从句的指称可能或者是单称的，或者是类单称的，这取决于所归赋内容完全规定的程度。

正像描述语的透明性理解排除“that” – 从句指称的普遍性理解那样，描述语的模糊性理解排除“that” – 从句的单称理解：如果描述语是模糊性的，所归赋的内容必须包括相关于描述语的呈现方式，从而所归赋的内容必须或者是类单称的或者是普遍性的（取决于所归赋的呈现方式究竟理解为描述性的还是涉物的）。

除了透明性 / 模糊性区分和涉物性 / 描述性区分，归赋内容还有另外一条分类原则。正如我们在第 18.4 和 19.4 节所看到的那样，所归赋的内容可能是完全规定的思想内容或者部分地规定的思想内容。当“that” – 从句的指称理解为单称性的时候，相信者的思想内容不完全得到规定：相信者以其思考信念所关涉对象之呈现方式只是受到限量的（第 18.4 节）。当描述语是透明性的、语境没有提供任何凸显的呈现方式时，就会出现这种情况。正如我们在第 19.4 节中所看到的那样，所归赋信念的真值条件内容也可能在某种程度上未加规定。假如描述语是归属性的（亦即，透明且为描述性的），尤其会出现这种情况。透明性描述语为我们提供了信念将关涉的对象，而不是提供信念要包括的概念。每当使用透明性描述语时，就假定这个对象。但是，该对象未必得到*鉴别*：假如描述语是归属性的，所归赋信念关涉的对象就加以假定而*没有*得到鉴别。例如，我们知道，获胜者无论是谁，约翰相信该获胜者将去香港。但是，我们不知道那个人是谁；我们仅对信念关涉的对象具有描述性知识。结果，我们可以描述构成约翰信念真值条件内容的单称命题，但“我们并不亲知命题本身”

（Russell，1918：218）。

假如描述语作模糊性理解，可能出现同样的情况。基于描述语的间接指称性用法，归赋者据说以某个呈现方式、涉物性地思考某个对象，认为该对象具有某种性质；但是，据说在相信者思想中起着这一作用的对象不需要受到鉴别，而可能只是假定。在 [4] 中，相信者据说就某个被认为是获胜者的特定个人相信，他将去香港。但*说话者自己*并没有对该个人做出“鉴别性指称”。这在霍恩斯比的例子中是清楚的，“比尔认为银行经理粗鲁，但实际上那是一位职员，就这位职员比尔得出了那个结论”。比尔的信念是涉物性的，然而，信念关涉的人只是模糊地描述为“一位职员”。对所说的职员没有任何鉴别性指称。在这种实例中，信念的单称成分只是限量的。

## 20.3 信念语境中的专名

在这一节和下一节中，将对本书提出的直接指称论加以检验；检验的方式是通过考察当以指称性表达式替代描述语时，诸如（1）这种信念句可以具有的主要理解。这个理论预测，由于 REF 这个特征区分指称性表达式与有定描述语，这些理解的数量会大幅减少。我还将考察并试图解释信念语境中专名与指示语之间性质上的差异。本节将考察专名，下一节考察指示语。

由于语义上标记为“指称性的”，指称性表达式应当只具有指称性用法。这就排除了所有那些理解，在这些理解中说话者对所归赋信念关涉的对象不做出鉴别性指称，亦即排除了下面三种理解：

（a）在这种理解中，所归赋的信念不关涉任何特定的对象（间接归属性理解，即，前面的 [3]）；

（b）在这种理解中，说话者描述归赋信念关涉的对象，但却不对之做出鉴别性指称（归属性理解与混合归属性 + 间接指称性理解，即，前面的 [1] 和 [5]）；

（c）在这种理解中，说话者归赋一个鉴别性指称，但却没有做出这个指称（间接指称性理解，即，前面的 [4]）。

只剩下两种理解，亦即，指称性理解（前面的 [2]）与混合指称性 + 间接指称性理解（前面的 [6]）。这对应于第 17—18 章中讨论的歧义现象，即，我当时在诸如“约翰相信西塞罗很穷”这种信念句子中称作专名透明性理解与模糊性理解之间的歧义现象。

让我们回忆一下第 17 章中所做的论述。说话者在说“约翰相信西塞罗很穷”时，他的话可能以两种方式理解，这取决于是否假定约翰本人把西塞罗看作“西塞罗”。基于“透明性”理解，说话者运用相关于专名“西塞罗”的呈现方式，即，“叫作*西塞罗*”的概念，以便鉴别约翰信念所关涉的对象。但是，这个呈现方式没有作为表征他自己思考西塞罗的方式而归赋给约翰本人。基于“模糊性”理解，“叫作*西塞罗*”

的概念（更加确切地说，包括这个概念的涉物概念）归赋给约翰本人。按照在第 20.2 节中的讨论，我们现在认识到，将之称作专名的透明性 / *模糊性*歧义是（有点）不恰当的。相反，这是透明性用法与混合用法（亦即，既透明又模糊的用法）之间的区分。当“约翰相信西塞罗很穷”中的专名作“模糊性”理解时，这个专名在下述意义上仍然是透明的：*说话者自己将西塞罗呈现为“西塞罗”，与此同时藉由相同的呈现方式，将对同一个人的鉴别性指称归赋给约翰*。这在上述分类的意义上不是纯粹模糊性用法（即，诸如 [4] 的用法），而是一种混合用法。在讨论信念语境中专名的性质时，很容易忽略这个区分。究其原因，在上述分类中对应于 [6] 的混合用法是唯一不被 REF 语义特征排除的模糊性用法；专名将 REF 特征作为其意义的一部分加以传递。（由于在语义上具有指称性，专名只能用于指称；具体地说，“西塞罗”这个名字只能用于指称西塞罗。而纯粹模糊性用法，亦即，对应于上述分类中 [4] 的用法，则会是使用“西塞罗”而不指称西塞罗。回忆一下，在 [4] 中，说话者本人并不指称信念关涉的对象，而仅仅假定这样一个对象。“西塞罗”的纯粹模糊性用法会是这样一种用法，在这种用法中，说话者并不指称西塞罗，而确切地说，是归赋给约翰关涉某人的信念，约翰将这个人考虑为“西塞罗”。）

对我刚才提出的主张，有一个显见的质疑，即，对应于上述分类中 [6] 的混合用法没有为专名作为其意义一部分所传递的语义特征 REF 排除。究其原因，按照我的标准，仅当其真值条件贡献是其指称（而别无任何其他东西）时，专名的性质才符合 REF。看来可以据此推论，如果（1）中的描述语由专名替代，像 [6] 这样的理解应当被排除，因为基于这种理解的专名所贡献的*不止*其指称：该专名不仅指明归赋信念关涉的对象，而且表明思考该对象的方式。

我对这个质疑的回应分为两步。首先，让我们考虑一下藉由区分指称性表达式与有定描述语的 REF 特征究竟排除了什么。若说 REF 排除了除单称命题之外的所有理解，那就会是误导性的。REF 特征的作用在于限制包括传递该特征之表达式的任何话语的真值条件。藉由 REF，话语的真值条件必定是单称性的。据此而论，诸如“西塞罗很穷”的句子所表达的命题必定是单称性命题，该命题由西塞罗和贫穷的性质组成（第 2.1 节）。但是，话语可能还表达某种比该命题更加丰富的内容，亦即，一个完整的类单称思想内容：REF 并不阻止话语表达这样一个内容，因为表达类单称思想的话语由此表达一个单称命题，亦即，一个构成思想之真值条件内容的命题（第 19.3 节）。重要之点在于，*作为类单称思想之成分的呈现方式与真值条件无关，因而不能阻止话语的真值条件成为单称性的*。据此而论，指称性表达式的理解很可能是类单称性的，却又不违背 REF 建立的限制。（相反，普遍性或描述性理解被排除掉了，因为这个理解会违背该限制。）[1]

不过，反对者会进一步质疑，根据对应于上述分类中 [6] 的理解，归赋给相信者的呈现方式远非与真值条件无关：请萨蒙原谅我的不同看法，这些呈现方式确实影

[1] 这并不意味着，这种理解（事实上）是不可能的——如果有足够的背景假设和 p– 过程发挥作用，这样的理解是可能的。

响信念转述的真值条件（第 17.3—17.4 节）。因而，基于这种理解，就违背了 REF 建立的限制：专名的*真值条件*贡献不止是其指称，这违背了 REF。

我回应上述质疑的第二步在于，通过指出信念转述与诸如奎因“乔尔乔湼”例子（Quine，1943，1961）的“双重指称性”话语之间的相似性，否认后一个主张。正如我前面提到的那样（第 17.1 节），这个相似性业已受到许多作者的强调。让我先探讨奎因的例子，并且按照我认为应当采取的方法做出分析。在“乔尔乔湼这样叫是因为其块头”中，名字“乔尔乔湼”的性质符合 REF：这个名字对话语真值条件做出的贡献是其指称，*仅此而已*。的确，言说了关于“乔尔乔湼”这个名字的某种东西，从而这个名字的性质本身影响话语的真值条件；因此，人们很想得出结论，这个名字对真值条件的贡献超出了其指称。但是，这个结论太过匆忙了。实际情况如下：句中有两个指称性表达式，一个是名字“乔尔乔湼”，另一个是“这样叫”中的指示副词“这样”。“乔尔乔湼”指称乔尔乔湼，“这样”指称名字“乔尔乔湼”。鉴于有两个指称性表达式，我们可以认为，名字“乔尔乔湼”对真值条件的贡献只是其指称。对名字“乔尔乔湼”的指称不是通过名字本身做到的，而是藉由另一个指称性表达式，即，这个指示性副词。替代性失败通过以下事实得到解释，即，替代句子中的名字就改变了*另一个*指称性表达式的指称。（就名字本身的语义贡献而言，替代性原则能够成立。）

同样，在“约翰相信西塞罗很穷”（基于“模糊性”理解，亦即，按照第 20.2 节中的分类对应于 [6] 的混合理解）中，名字“西塞罗”的语义贡献符合 REF：它是类单称性的，而且包括名字的指称，加上与真值条件无关的呈现方式。因为名字对话语真值条件做出的唯一贡献是其指称（呈现方式因为同真值条件无关），这就没有违背由 REF 建立的限制。但是，“that” – 从句本身是一个指称性表达式，指称内嵌句表达的内容，这就像奎因例子中指示副词指称名字“乔尔乔湼”一样。因此，与真值条件无关的呈现方式作为该内容的一个成分，自己也受到指称，成为由信念转述所表达之命题的（与真值条件相关的）成分。不过，我认为，名字自己的贡献满足 REF 建立的限制。这是因为作为由信念转述表达的命题（与真值条件相关）之成分的呈现方式不是专名对那个命题所做语义贡献的一部分：[1] 这是*另一个*指称性表达式（即，“that” – 从句）的语义贡献的一部分。

总之，我们可以坚持这个观点，即，除了对应于第 20.2 节分类中 [2] 和 [6] 的理解，REF 排除了信念句的所有其他理解。包含有定描述语的信念句有多重歧义。同这种信念句相反，带有专名的信念句只是单一地“歧义的”。基于一种理解，相关于专名的呈现方式既反映说话者思考指称的方式，又反映相信者思考指称的方式，而基于另外一种理解，呈现方式由说话者运用，却不归赋给相信者。

[1] 可以认为，名字“西塞罗”在“约翰相信西塞罗很穷”中对由复杂句表达的命题不做*直接*贡献；相反，它对由内嵌句（在信念转述的语境中）表达的内容有贡献，而“that” – 从句将该内容贡献给由整个信念转述所表达的命题。

## 20.4　信念语境中的指示语

像有定描述语那样，在信念语境中，专名可以作模糊性理解或作透明性理解。从这个事实，有些哲学家极想得出结论，在信念语境中，同只能透明性地使用的指示语相反，专名和描述语的性质相同。这被认为对下述观点产生了质疑，即，专名与指示语是指称性表达式，而有定描述语则不是。在信念语境中专名可能的模糊性被认为表明了专名*不是*直接指称性的，而像有定描述语那样，具有“涵义”，或“内涵”。这种论辩方式显然是错误的。我业已表明，专名与有定描述语之间存在巨大差异，这种差异在信念语境中并没消失。由于 REF 这个特征，专名只能作指称性理解，从而在包含有定描述语的信念句六种可能的理解中只剩下两种理解是可能的。这正是直接指称论所预见的，这也与我们的直觉一致。

让我们稍微更加精准些。正如我在第 2 章中所言，*有两种直觉*直接指称论旨在阐释*两种*直觉——一种直觉关涉必须鉴别指称性表达式的指称；另一种关涉用于鉴别指称对象的无论哪种呈现方式与真值条件的无关性（第 2.5 节）。关于第一点，我们确实有着这样一个直觉，即，“约翰相信西塞罗很穷”*鉴别*约翰信念关涉的对象，而（1）中的描述语则不一定鉴别约翰信念关涉的对象。如果像在（1）中那样使用了描述语，就可能不存在约翰信念关涉的对象；如果有这样一个对象，那不可能受到鉴别性指称；相反，如果使用了专名，REF 就要求对所归赋信念关涉的对象做出鉴别性指称。无论我们（在第 17 章中不恰当的意义上）“透明性地”还是“模糊性地”理解名字，这条限制均成立。因此，专名在信念语境中的性质符合支持直接指称论的第一种直觉。

就第二种直觉而言，专名在信念语境中的性质看似同直接指称论相抵牾。究其原因，基于对信念句的“模糊”理解，归赋给相信者的呈现方式同信念转述的真值条件相关。然而，我业已表明，专名正如直接指称论所预言的那样做出语义贡献，尽管表面不然（第 20.3 节）。影响模糊信念转述之真值条件的呈现方式不是由信念句中出现的专名提供的；这种专名通过类单称化（充实的一个具体实例）的 p– 过程，确实提供了一种呈现方式，但这种呈现方式与真值条件无关。

信念语境中专名的性质如果符合直接指称论，我们又如何解释信念语境中专名与指示语的所谓差异呢？同专名相反，指示语经常被认为必然是透明性的。在某种意义上，专名本身必定是透明性的，因为正如我们所看到的，专名的所谓“模糊”用法实际上是一种混合用法。在这种用法中，专名既透明又模糊地使用。但是，指示语的透明性被认为要更强：对于指示语而言看来，甚至连第 20.2 节的分类中由 [6] 例示的混合用法也排除掉了。因此，我若对获胜者说：

（2）约翰相信你将去香港。

这只有一种可能的理解，即，对应于第 20.2 节的分类中 [2] 的理解。相关于代词“你”的呈现方式当然不是归赋给约翰的信念内容的一部分，因而诸如 [6] 这种理解就排除掉了。这看来对于指示语而言是相当普遍的：同专名与有定描述语都相反，指示语往往是纯透明性的。关于指示语的这个事实似乎难以用我在本书中阐发的理论做出阐释，因为按照这个理论，指示语与专名在语义上十分相似。在这两种情形下，表达式的语言意义由 REF 特征加上（语言）呈现方式构成。

我认为，可以坚持这个观点，即，从语义的角度看，指示语与专名非常相似。正如汤姆·麦凯指出的那样（McKay, 1981 : 293–294），两者在信念语境中的不同性质可以通过纯粹语用因素加以阐释。正像我们所看到的那样，相关于指示性表达式的心理呈现方式是一种涉物呈现方式（档案），这种呈现方式受到语言的制约，包含构成指示语系统意义（即，语言呈现方式）的描述性概念。例如，相关于对保罗说的特定例型“你”的呈现方式是一个涉物概念，这个概念以保罗作为指称，包括“是受话者”的信息。人们除非能够获得保罗正是受话者这个信息，否则就不能以该呈现方式思考保罗。可是，只有参与到会话情景中的人方能获得那个信息。据此推论，相关于“你”的呈现方式——一般而言，相关于指示语的呈现方式——同使用指示语的特定语境相联系。唯有在该语境中的某个人才能以该呈现方式思考指称对象。因此，相关于指示语的呈现方式几乎不能出现在说话者及其受话者的思想之外，说话者和受话者都处在恰当的语境中；尤其是，没有任何理由认为，有关的呈现方式也是*相信者*思想的成分，因为相信者一般不是言语事件参与者中的一员。

让我举一个例子。当汤姆对西塞罗说“约翰相信你很穷”时，汤姆和西塞罗两人都以包括“受话者”概念的一个涉物呈现方式思考西塞罗（“你”的指称对象）：汤姆把西塞罗（特别）看作他对之说话的人，而西塞罗则把自己（特别）看作汤姆对之说话的人。但是，将关于西塞罗的思想归于之的约翰并不参与言语事件。没有任何理由认为，他关于西塞罗的概念包括“汤姆正对之说话”的概念。这就是为何指示语作透明性理解：相关于指示语的呈现方式与言语情景相联系，因而不能可信地归赋给相信者，因为相信者并不是言语情景中的参与者之一。

为了验证这是正确的阐释，让我们来考虑两种检验案例。让我们首先假设一个信念转述情景，在这个情景中，彼此相信用于指称所归赋信念关涉的对象之专名只出现在言语情景实际参与者的全套词汇中。因此，假定汤姆和山姆共有一套“密码”，只在他们谈论人的时候使用：他们使用秘密的名字而不是日常通用的名字。让我们进一步假设，出于偶然的原因，他们的朋友迈克斯在他们的密码中有两个不同的名字，即“奥瑞西克”和“叶拉特”。汤姆无论说“约翰相信奥瑞西克很穷”，还是说“约翰相信叶拉特很穷”，假定约翰关于迈克斯的概念包括“叫作*叶拉特*”或“叫作*奥瑞西克*”这个成分，那将是不可信的，因为这些名字并不在约翰的词汇中。我们可能假定，约翰在其词汇中只有迈克斯的一个名字，即“迈克斯”。在这种情景中，“约翰相信奥瑞西克很穷”和“约翰相信叶拉特很穷”这两句话将同样的信念归赋给约翰：两句话将作透明性理解。（同样类型的更多例子，参见 McKay，1981 : 294。）这样，为何在这个特定语境中，这两句话会作透明性理解，其原因与为何指示语在信念转述中一般作透明性理解的原因相同。

我想要考虑的第二个检验案例是，相信者本人是言语情景的参与者之一。让我们假定，在约翰、山姆及西塞罗的会话过程中，山姆对西塞罗说“约翰相信你很穷”。在这个语境中，对应于第 20.2 节的分类中 [6] 的那种混合用法证明是可能的：不仅山姆和西塞罗以包含“作为受说话者的人”这个概念的涉物概念思考“你”的指称，而且归赋给约翰的信念也可能被看作包含这样一个概念。信念的自我归赋提供了这种情形的一个普通示例。约翰如果对西塞罗说“我相信你很穷”，所归赋的信念将被理解为包括说话者以之思考受话者的涉物概念，这只不过是因为在这个实例中说话者就是相信者。对于这样一句话，某种对应于 [6] 的理解是最为自然的理解。

我推断，所观察到的指示语与专名之间的差异实质上是语用差异。这种差异产生于同指示语相关联的呈现方式之语境依赖性；而这种呈现方式与相关于专名的呈现方式相对。关于某人叫作某个名字的信息对语境的依赖程度通常要比有关的人正作为受话者这个信息对语境的依赖程度要低（前一种信念比后一种信息流行更广）；这是为何较之专名，指示语作模糊性理解的可能性要小。然而，正如上述例子表明的那样，最终是否能够可信地认为相信者以相关于指称性表达式的呈现方式思考指称对象，这取决于语境。这并不是否认，由于专名和指示语各自特有的语言呈现方式之间的差异，存在各种规律性。由于这些规律性，我们可以说，一般而言，同专名相反，指示语往往作纯透明性理解。

# 参考文献


Adams F, Drebushenko D, Fuller G, et al. Narrow content: Fodor's folly. Mind and language, 1990, 5:213–229.

Anscombe E. The first person. //Guttenplan S. Mind and language, Oxford: Clarendon Press, 1975: 45–65.

Anscombre J-C, Ducrot O. Echelles argumentatives, echelles implicatives et lois de discours. Semantikos, 1978, 2:43–67.

Atlas J. How linguistics matters in philosophy: presupposition, truth and meaning. Syntax and semantics, 1979, 11:321–336.

Atlas J. Philosophy without ambiguity. Oxford: Clarendon Press, 1989.

Austin J L. Philosophical papers. 2nd ed. Oxford: Clarendon Press, 1971.

Bach K. Part of what a picture is. British journal of aesthetics, 1970, 10: 119–137.

Bach K. What's in a name? Australasian journal of philosophy, 1981, 59: 371–386.

Bach K. Thought and reference. Oxford: Clarendon Press, 1987.

Bach K, Hamish M. Linguistic communication and speech acts. Cambridge, Mass.: MIT Press, 1979.

Baker L. Content by courtesy. Journal of philosophy, 1987, 84: 197–213.

Barwise J, Perry J. Semantic innocence and uncompromising situations. Midwest studies in philosophy, 1981, 6:387–403.

Barwise J, Perry J. Situations and attitudes. Cambridge, Mass.: MIT Press/Bradford Books, 1983.

Bealer G. Quality and concept. Oxford: Clarendon Press, 1982.

Benveniste, E. La nature des pronoms. Reprinted (1966) in his *Problemes de linguistique generate*, Paris: Gallimard, 1956: 251–257.

Block N. Advertisement for a semantics for psychology. Midwest studies in philosophy, 1986, 10:615–678.

Brody B. Kripke on proper names. Midwest studies in philosophy, 1977, 2: 64–69.

Burge T. Belief De Re. Journal of philosophy, 1977, 74:338–362.

Burge T. Individualism and the mental. Midwest studies in philosophy, 1979, 4:73–121.

Burge T. Other bodies. //Woodfield A. Thought and object, Oxford: Clarendon Press, 1982: 97–120.

Burge T. Cartesian error and the objectivity of perception. Pettit P, McDowell J. Subject, thought, and context. Oxford: Clarendon Press, 1986: 117–136.

Carston R. Implicature, explicature, and truth-theoretic semantics. Kempson R. Mental representations: the interface between language and reality, Cambridge: Cambridge University Press, 1988: 155–181.

Castaneda H-N. “He”: a study in the logic of self-consciousness. Ratio, 1966, 8:130–157.

Castaneda H-N. Indicators and quasi-indicators. American philosophical quarterly, 1967, 4:85–100.

Chastain C. Reference and context. Gunderson K. Language, mind, and knowledge, Minneapolis: University of Minnesota Press, 1975: 194–269.

Chomsky N. Knowledge of language. New York: Praeger, 1986.

Chomsky N. Language and problems of knowledge: the Managua lectures.Cambridge, Mass.: MIT Press, 1988.

Church A. Introduction to Mathematical Logic. vol. 1. Princeton, N.J.: Princeton University Press, 1956.

Cohen L J. Criteria of intensionality (symposium with J.O. Urmson). Aristotelian society proceedings, supplementary volume, 1968, 42:123–142.

Cohen L J. Some remarks on Grice’s views about the logical particles of natural language. Bar-Hillel Y. Pragmatics of natural language. Dordrecht: Reidel, 1971: 50–68.

Cohen L J. The individuation of proper names. van Straaten Z. Philosophical subjects: essays presented to P. F. Strawson. Oxford: Clarendon Press, 1980: 140–163.

Cohen L J. How is conceptual innovation possible. Erkenntnis, 1986, 25: 221–238.

Cole P. On the origins of referential opacity. Syntax and semantics, 1981, 9:1–22.

Cornulier B. Meaning detachment. Amsterdam: J. Benjamins, de 1980.

Cresswell M J. Structured meanings. Cambridge, Mass.: MIT Press, 1985.

Crimmins M, Perry J. The prince and the phone booth. Journal of philosophy, 1989, 86:685–711.

Davidson D. Causal relations. Reprinted in his *Essays on Actions and Events*. Oxford: Clarendon Press, 1967: 149–162.

Davidson D. On saying that //Davidson D, Hintikka J. Words and objections: essays on the work of W.V. Quine. Dordrecht: Reidel, 1969: 158–174.

Dennett D. Beyond belief//Woodfield A. Thought and object. Oxford: Clarendon Press, 1982: 1–95.

Descartes R. Les meditations metaphysiques. Reprinted (1973) in C. Adam and P. Tannery (eds), *Oeuvres de Descartes*. vol. 9(1), Paris: Vrin, 1647: 1–72.

Devitt M. Designation. New York: Columbia University Press, 1981.

Devitt M. Against direct reference. Midwest studies in philosophy, 1989, 14:206–240.

Dominicy M. La Naissance de la Grammaire Mod^e: Langage, Logique et Philosophie a Port-Royal. Bruxelles: Pierre Mardaga Editeur, 1984.

Donnellan, K. Reference and definite descriptions. Philosophical review, 1966, 75:281–304.

Donnellan K. Speaker reference, descriptions and anaphora. Syntax and semantics, 1978, 9:47–68.

Dretske F. Knowledge and the flow of information. Oxford: Basil Blackwell, 1981.

Dretske F. Explaining behavior: reasons in a world of causes. Cambridge, Mass.: MIT Press, 1988.

Ducrot O. Dire et ne pas dire. Paris: Hermann, 1972.

Ducrot O. La Preuve et le Dire. Paris: Marne, 1973.

Ducrot O. Les Echelles Argumentatives. Paris: Minuit, 1980.

Evans G. Understanding Demonstratives. Parret H, Bouveresse J. Meaning and understanding. Berlin: de Gruyter, 280–303, 1981.

Evans G. The varieties of reference. McDowell J. Oxford: Clarendon Press, 1982.

Fauconnier G. Mental spaces: aspects of meaning construction in natural language.Cambridge, Mass.: MIT Press, 1985.

Fodor J. Psychosemantics: the problem of meaning in the philosophy of mind. Cambridge, Mass.: MIT Press, 1987.

Fodor J. Substitution arguments and the individuation of belief. A theory of content. Cambridge, Mass.: MIT Press, 1990: 161–176.

Forbes G. The indispensability of sinn. Philosophical review, 1990, 99: 535–563.

Forguson L W. Locutionary and illocutionary acts //Berlin I, et al. Essays on J.L. Austin. Oxford: Clarendon Press, 1973: 141–185.

Frege G. Translations from the philosophical writings of Gottlob Frege. Geach P, Black M. 2nd edition. Oxford: Basil Blackwell, 1960.

Frege G. Logical investigations. Geach P.T., Stoothoff R.H. Oxford: Basil Blackwell, 1977.

Gardiner A.H. The theory of speech and language. Oxford: Clarendon Press, 1932.

Geach P. Mental acts: their content and their objects. London: Routledge and Kegan Paul, 1957.

Geach P. Reference and generality: an examination of some medieval and modern theories. Ithaca: Cornell University Press, 1962.

Gibson J J. The senses considered as perceptual systems. London: George Allen & Unwin, 1968.

Goodman N. On likeness of meaning. Reprinted (1952) in L. Linsky (ed.), *Semantics and the philosophy of language.* Urbana: University of Illinois Press, 1949: 67–74.

Gordon R M. Folk psychology as simulation. Mind and language, 1986, 1:158–171.

Grice P. Vacuous names //Davidson D, Hintikka, J. Words and objections, Dordrecht:

Reidel, 1969: 118–145.

Grice P. Studies in the way of words. Cambridge, Mass.: Harvard University Press, 1989.

Horn L. *On the semantic properties of logical operators in English.* Los Angeles: University of California, 1972.

Horn L. A Natural history of negation. Chicago: University of Chicago Press, 1989.

Hornsby J. Singular terms in contexts of propositional attitude. Mind, 1977, 86:31–48.

Inwagen P. Indexicality and actuality. Philosophical review, van 1980, 89: 403–426.

Jackendoff R. Semantics and cognition. Cambridge, Mass.: MIT Press, 1983.

Jacob P. Thoughts and belief ascriptions. Mind and Language, 1987, 2: 301–325.

Jacob P. Semantics and psychology: the semantics of belief-ascriptions. Cooper N, Engel P. New inquiries into meaning and truth. Hemel Hempstead: Harvester Wheatsheaf, 1990: 83–109.

Jakobson R. Shifters, verbal categories, and the Russian verb. Russian language project, Department of Slavic Languages and Literatures. Harvard University, 1957.

Kahneman D, Treisman A. Forthcoming: changing views of attention and automaticity. Parasumaran R, Beatty J. Varieties of attention. New York: Academic Press.

Kaplan D. Quantifying in //Davidson D, Hintikka J. Words and objections. Dordrecht: Reidel, 1969: 206–242.

Kaplan D. Dthat. Syntax and semantics, 1978, 9:221–243.

Kaplan D. Demonstratives. Almog J, Wettstein H, Perry J. Themes from Kaplan. New York: Oxford University Press, 1989a: 481–563.

Kaplan D. Afterthoughts. Almog J, Wettstein H, Perry J. Themes from Kaplan. New York: Oxford University Press, 1989 b: 565–614.

Kaplan D. Words. Aristotelian society proceedings, supplementary volume, 1990, 64:93–119.

Katz J.J. Semantic theory. New York: Harper & Row, 1972.

Katz J .J. A proper theory of names. Philosophical studies, 1977, 31:1–80.

Katz J.J. The neoclassical theory of reference. French P, Uehling T, Wettstein H. Contemporary perspectives in the philosophy of language. Minneapolis: University of Minnesota Press, 1979: 103–124.

Katz J.J. Why intentionalists ought not be Fregeans. LePore E. Truth and interpretation: perspectives in the philosophy of Donald Davidson. Oxford: Basil Blackwell, 1986: 59–91.

Katz J.J. Has the description theory of names been refuted? Boolos G. Meaning and method: essays in honour of Hilary Putnam. Cambridge: Cambridge University Press, 1990: 31–61.

Kay P, Zimmer K. On the semantics of compound and genitives in English. Sixth California linguistics association conference proceedings. San Diego: Campanile, 1976: 29–35.

Kneale W. Modality, De Dicto and De Re. Nagel E, Suppes P, Tarski A. Logic, methodology and philosophy of science, Stanford: Stanford University Press, 1962: 622–633.

Kripke S. Identity and necessity. Munitz M. Identity and individuation. New York: New York University Press, 1971: 135–164.

Kripke S. Speaker's reference and semantic reference. Midwest studies in philosophy, 1977, 2:255–276.

Kripke S. A puzzle about belief. Margalit A. Meaning and use. Dordrecht: Reidel, 1979: 239–283.

Kripke S. Naming and necessity. Oxford: Basil Blackwell, 1980.

LePore E, Loewer B. Solipsistic semantics. Midwest studies in philosophy, 1986, 10:595–614.

Levinson S. Forthcoming: generalized conversational implicatures and the semantics/pragmatics interface.

Loar B. Reference and propositional attitudes. Philosophical review, 1972, 81:43–62.

Loar B. The semantics of singular terms. Philosophical studies, 1976, 30:353–377.

Loar B. Names and descriptions: a reply to Michael Devitt. Philosophical studies, 1980, 38:85–89.

Lockwood M. On predicating proper names. Philosophical review, 1975, 84:471–498.

McCulloch G. The game of the name: introducing logic, language and mind. Oxford: Clarendon Press, 1989.

McDowell J. On the sense and reference of a proper name. Mind, 1977, 86:159–185.

McDowell J. De Re Senses. Wright C. Frege: tradition & influence, Oxford: Basil Blackwell, 1984: 98–109.

McDowell J. Singular thought and the extent of inner space. Pettit P, McDowell J. Subject, thought and context. Oxford: Clarendon Press, 1986: 137–168.

McGinn C. The structure of content. Woodfield A. Thought and object. Oxford: Clarendon Press, 1982: 207–258.

McGinn C. The subjective view: secondary qualities and indexical thoughts.Oxford: Clarendon Press, 1983.

McKay T. On proper names in belief ascriptions. Philosophical studies, 1981, 39:287–303.

Mill J.S. A system of logic. London: Longmans, 1947.

Millikan R. Language, thought and other Biological categories. Cambridge, Mass.: MIT Press, 1984.

Millikan R. The myth of the essential indexical. Nous, 1990, 24:723–734.

Millikan R. Forthcoming: white queen psychology.

Morgan J. L. Two types of convention in indirect speech acts. Syntax and semantics, 1978, 9:261–280.

Morgan M J. Molyneux's question: vision, touch and the philosophy of perception.Cambridge: Cambridge University Press, 1977.

Neale S. Descriptions. Cambridge, Mass.: MIT Press, 1990.

Nozick R. Philosophical explanations. Oxford: Clarendon Press, 1981.

Nunberg, G. *The Pragmatics of Reference.* Bloomington: Indiana University Linguistics Club, 1978.

Nunberg G. The Non-uniqueness of semantic solutions: polysemy. Linguistics and philosophy, 1979, 3:143–184.

Nunberg G. Indexicality in contexts. Paper delivered at the conference on Philosophy and Cognitive Science, Cerisy-la-Salle, France, 1990.

Nunberg G. Indexicals and Descriptions in Interpretation. Ts. Nunberg G. Forthcoming: On the meaning and interpretation of indexical expressions. Final version of Nunberg, 1991, to appear in *Linguistics and Philosophy.*

Peacocke C. Proper names, reference, and rigid designation. Blackburn S. Meaning, reference and necessity. Cambridge: Cambridge University Press, 1975: 109–132.

Peacocke C. Demonstrative thought and psychological explanation. Synthese. 1981, 49:187–217.

Peacocke C. Sense and content: experience, thought and their relations.Oxford: Clarendon Press, 1983.

Peacocke C. Perceptual content. Almog J, Perry J, Wettstein H. Themes from Kaplan. New York: Oxford University Press, 1989: 297–329.

Perry J. Frege on demonstratives. Philosophical review, 1977, 86:474–497.

Perry J. The problem of the essential indexical, Nous, 13:3–21, 1979.

Perry J. Belief and acceptance. Midwest studies in philosophy, 1980a, 5: 533–542.

Perry J. A problem about continued belief. Pacific philosophical quarterly, 1980b, 61:317–332.

Perry J. Perception, action, and the structure of believing. Grandy R, Warner R. Philosophical grounds of rationality: intentions, categories, ends, Oxford: Clarendon Press, 1986a, 333–361.

Perry J. Circumstantial attitudes and benevolent cognition. Butterfield J. Language, mind and logic. Cambridge: Cambridge University Press, 1986b, 123–134.

Perry J. Thought without representation. Proceedings of the Aristotelian society, supplementary volume, 1986c, 60:137–151.

Perry J. Cognitive significance and new theories of reference. Nous, 1988, 22:1–18.

Perry J. Meaning and the self. Paper delivered at Ecole Polytechnique. Paris, 1990a.

Perry J. Individuals in informational and intentional content. Villanueva E. Information, semantics and epistemology. Oxford: Basil Blackwell, 1990b, 172–189.

Perry J. Meaning and the self. Lectures delivered at CREA, Paris, March–April, 1992.

Prior A. Oratio Obliqua. Reprinted (1976) in his *Papers in Logic and Ethics* (ed. by P. Geach and A. Kenny). London: Duckworth, 1963: 147–158.

Putnam H. The meaning of meaning. Reprinted in his *Philosophical Papers vol. 2: Mind, Language and Reality.* Cambridge: Cambridge University Press, 1975: 215–271.

Putnam, H. Representation and reality. Cambridge, Mass.: MIT Press, 1988.

Quine W.v.O. Notes on existence and necessity. Reprinted (1952) in L. Linsky (ed.), *Semantics and the Philosophy of Language.* Urbana: University of Illinois Press, 1943: 77–91.

Quine W.v.O. Quantifiers and propositional attitudes. Reprinted (1976) in his *The Ways of Paradoxes and Other Essays,* revised and enlarged edition, Cambridge, Mass.: Harvard University Press, 1956: 185–196.

Quine W.v.O. Word and object. Cambridge, Mass.: Harvard University Press, 1960.

Quine W.v.O. From a logical point of view. 2nd edition. Cambridge, Mass.: Harvard University Press, 1961.

Read S. Identity and reference. Mind, 1978, 87:533–552.

Recanati F. La Transparence et VEnonciation. Paris: Editions du Seuil, 1979.

Recanati F. On Kripke on Donnellan. Parret H, Sbisa M, Verschueren J. Possibilities and limitations of pragmatics. Amsterdam: John Benjamins, 1981a, 595–630.

Recanati F. Les Enonces performatifs. Paris: Minuit, 1981b.

Recanati F. On defining communicative intentions. Mind and language, 1986, 1:213–242.

Recanati F. Contextual dependence and definite descriptions. Proceedings of the Aristotelian society, 1987a, 87:57–73.

Recanati F. Meaning and force: the pragmatics of performative utterances. Cambridge: Cambridge University Press, 1987b.

Recanati F. Rigidity and direct reference. Philosophical studies, 1988, 53: 103–117.

Recanati F. The pragmatics of what is said. Mind and language, 1989a, 4: 295–329.

Recanati F. Referential/attributive: a contextualist proposal. Philosophical studies, 1989b, 56: 217–249.

Recanati F. Direct reference, meaning, and thought. Nous, 1990, 24: 697–722.

Reichenbach H. Elements of Symbolic Logic.London: Macmillan, 1947.

Richard M. Direct reference and ascriptions of belief. Reprinted (1988) in N. Salmon and S. Soames (eds), *Propositions and Attitudes.* Oxford: Oxford University Press, 1983: 169–196.

Richard M. Propositional attitudes.Cambridge: Cambridge University Press, 1990.

Rundle B. Transitivity and indirect speech. Proceedings of the Aristotelian society, 1968, 68:187–206.

Rundle B. Grammar in philosophy.Oxford: Clarendon Press, 1979.

Russell B. Knowledge by acquaintance and knowledge by description. Mysticism and logic and other essays. London: Longmans, Green and Co, 1918: 209–232.

Russell B. Introduction to mathematical philosophy. London: George Allen &Unwin, 1919.

Russell B. Logic and Knowledge: Essays 1901–1950. Marsh R. C. London: George Allen & Unwin, 1956.

Sag I. Formal semantics and extralinguistic context. Cole P. Radical pragmatics. New York: Academic Press, 1981: 273–294.

Sainsbury M. The varieties of reference. Mind, 1985, 94:120–142.

Salmon, N. Assertion and incomplete definite descriptions. Philosophical studies, 1982, 42:37–45.

Salmon N. Frege's puzzle. Cambridge, Mass.: MIT Press, 1986a.

Salmon N. Reflexivity. Reprinted (1988) in N. Salmon and S. Soames. *Propositions and Attitudes.* Oxford: Clarendon Press, 1986b, 240–274.

Salmon N. Illogical belief. Philosophical perspectives, 1989, 3:243–285.

Salmon N. The pragmatic fallacy. Philosophical studies, 1991, 63:83–97.

Schiffer S. Naming and knowing. Midwest studies in philosophy, 1977, 2: 28–41.

Schiffer S. The basis of reference. Erkenntnis. 1978, 13:171–206.

Schiffer S. Indexicals and the theory of reference. Synthese, 1981, 49:43–100.

Schiffer S. The "Fido"-Fido theory of belief. Philosophical perspectives, 1987, 1:455–480.

Schiffer S, Forthcoming: Belief ascription.

Schoemaker S. Self reference and self-awareness. Journal of philosophy, 1968, 65:555–567.

Searle J. Speech acts. Cambridge: Cambridge University Press, 1969.

Searle, J. Literal meaning. Erkenntnis, 1978, 13:207–224.

Searle J. The background of meaning. Searle J, Kiefer F, Bierwisch M. Speech act theory and pragmatics. Dordrecht: Reidel, 1980: 221–232.

Searle J. Intentionality. Cambridge: Cambridge University Press, 1983.

Shepard R, Chipman S. Second-order isomorphism of internal representations: shapes of states. Cognitive psychology, 1970, 1:1–17.

Smith B C. Forthcoming: Varieties of self-reference. To appear in the proceedings of the conference on theoretical aspects of reasoning about knowledge. Monterey, California, March 1986.

Sperber D. Le Savoir des anthropologues. Paris: Hermann, 1982. [English trans. On anthropological knowledge, Cambridge: Cambridge University Press, 1985.]

Sperber D, Wilson D. Relevance: communication and cognition. Oxford: Basil Blackwell, 1986.

Stalnaker R. Pragmatics. Synthese, 1970, 22:272–289.

Stalnaker R. Assertion. Syntax and semantics, 1978, 9:315–332.

Stalnaker R. Indexical belief. Synthese, 1981, 49:129–151.
Stich S. From folk psychology to cognitive science. Cambridge, Mass.: MIT Press, 1983.
Strawson P. Logico-linguistic papers. London: Methuen, 1971.
Strawson P. Analyse et Metaphysique. Paris: Vrin, 1985.
Taschek W. Content, character, and cognitive significance. Philosophical studies,1987, 52:161–189.
Taschek W. Forthcoming: Frege's puzzle, sense, and information Content. To be published in *Mind.*
Travis C. Saying and understanding. Oxford: Basil Blackwell, 1975.
Travis C. The true and the false: the domain of the pragmatic. Amsterdam: J. Benjamins, 1981.
Travis C. On what is strictly speaking true. Canadian journal of philosophy, 1985, 15:187–229.
Travis C. The Uses of Sense. Oxford: Clarendon Press, 1989.
Treisman A. L'attention, les traits, et la perception des objets. D. Andler. Introduction aux sciences cognitives. Paris: Gallimard, 1992: 153–191.
Urmson J.O. Criteria of intensionality (symposium with L.J. Cohen). Aristotelian society proceedings, supplementary volume, 1968, 42:107–122.
Waismann F. Verifiability //Flew A. Logic and language. 1st series. Oxford: Basil Blackwell, 1951: 17–44.
Walker R. Conversational implicatures //Blackburn S. Meaning, reference and necessity. Cambridge: Cambridge University Press, 1975: 133–181.
Wettstein H. Has semantics rested on a mistake? Journal of philosophy, 1986, 83:185–209.
Wiggins D. Sameness and Substance. Oxford: Basil Blackwell, 1980.
Wilson D. Presuppositions and non-truth-conditional semantics. London: Academic Press, 1975.
Wilson D. Pragmatics and time. Paper delivered at the ESPRIT workshop on Pragmatics and its Boundaries. Paris, May 1991.
Wilson D, Sperber D. On Grice's theory of conversation. Werth P. Conversation and discourse. London: Croom Helm, 1981: 155–178.
Wilson G. On definite and indefinite descriptions. Philosophical review, 1978, 87:48–76.
Wittgenstein L. Philosophical investigations. Oxford: Basil Blackwell, 1953.
Wittgenstein L. The blue and brown books. Oxford: Basil Blackwell, 1958.

# 索引

## E



## F



## G



## H

## I



## J



## K



## L

## Q



## R



## S



## T



W



## X

## Y



## Z

# 中国人民大学出版社外语出版分社读者信息反馈表

尊敬的读者：

感谢您购买和使用中国人民大学出版社外语出版分社的 ____________ 一书，我们希望通过这张小小的反馈卡来获得您更多的建议和意见，以改进我们的工作，加强我们双方的沟通和联系。我们期待着能为更多的读者提供更多的好书。

请您填妥下表后，寄回或传真回复我们，对您的支持我们不胜感激！

1. 您是从何种途径得知本书的：
   □书店　□网上　□报纸杂志　□朋友推荐
2. 您为什么决定购买本书：
   □工作需要　□学习参考　□对本书主题感兴趣　□随便翻翻
3. 您对本书内容的评价是：
   □很好　□好　□一般　□差　□很差
4. 您在阅读本书的过程中有没有发现明显的专业及编校错误，如果有，它们是：
   ______________________________
   ______________________________
   ______________________________
5. 您对哪些专业的图书信息比较感兴趣：
   ______________________________
   ______________________________
   ______________________________
6. 如果方便，请提供您的个人信息，以便于我们和您联系（您的个人资料我们将严格保密）：

您供职的单位：______________________________
您教授的课程（教师填写）：______________________________
您的通信地址：______________________________
您的电子邮箱：______________________________

请联系我们：黄婷　程子殊　吴振良　王琼　鞠方安
电话：010-62512737，62513265，62515538，62515573，62515576
传真：010-62514961
E-mail：huangt@crup.com.cn　chengzsh@crup.com.cn　wuzl@crup.com.cn　crup_wy@163.com　jufa@crup.com.cn
通信地址：北京市海淀区中关村大街甲 59 号文化大厦 15 层　邮编：100872
中国人民大学出版社外语出版分社